Ralf Gréus

Entdeckertouren mit dem Wohnmobil

Umbrien

und Marken

Die Anleitung für
einen Erlebnisurlaub

AF637179

WOMO®
Der Wohnmobil-Verlag

Die Deutsche Bibliothek – CIP-Einheitsaufnahme

Bibliografische Information der Deutschen Bibliothek

Die Deutsche Bibliothek verzeichnet diese Publikation in der Deutschen Nationalbibliografie.
Detaillierte bibliografische Daten sind im Internet über <http://dnb.ddb.de> abrufbar.

Titelbild: Blick auf Spello (Tour 4)
Bild vordere Klappe: Urbino (Tour 12)
Bild Seite 8/9: Torgiano - Stellplatz Nr. 65 (Tour 5)

Karten: Ralf Gréus
Fotos: Bildnachweise Seite 344

Herzlichen Dank an Florentine Zeun für die Ausdauer bei der Suche nach Fehlern

4. vollständig bearbeitete und erweiterte Auflage – 2023

Reihen- und Umschlaggestaltung:
www.martinveicht.de

Druck:
Beltz Grafische Betriebe GmbH, 99947 Bad Langensalza

Vertrieb:
GeoCenter GmbH, 70794 Filderstadt

Herausgeber:
WOMO-Verlag, OT Mittelsdorf, 36452 Kaltennordheim
GPS: N 50°36'38.2" E 10°07'55.6"

0049 (0) 36946-20691
verlag@womo.de
www.womo.de

MIX
Papier aus verantwortungsvollen Quellen
FSC® C089473

Autoren-E-Mail: Greus@womo.de

ISBN 978-3-86903-124-8

Jede Tour und jeder Stellplatz sind von uns meist mehrfach überprüft worden, wir können jedoch inhaltliche Fehler nie ganz ausschließen. Bitte achten Sie selbst auf Hochwasser, Brandgefahr, Steinschlag und Erdrutsch!
Verlag und Autoren übernehmen keine Verantwortung für die Legalität der veröffentlichten Stellplätze und aller anderen Angaben. Unsere Haftung ist, soweit ein Schaden nicht an Leben, Körper oder Gesundheit eingetreten ist, ausgeschlossen, es sei denn, unsere Verantwortung beruht auf Vorsatz oder grober Fahrlässigkeit.

EINLADUNG

Die Toskana mit ihren bezaubernden Landschaften und unendlichen Kunstschätzen haben Sie vermutlich schon ausgiebig bereist. Vielleicht waren Sie traurig, als wir im Toskana-Reiseführer kurz vor dem Trasimenischen See und nördlich des Sees von Bolsena noch vor den Fresken von Assisi abgebogen sind, anstatt weiter nach Osten bis nach Urbino und an die Adria vorzustoßen.

Mit vorliegendem Buch liefern wir die Beschreibung dieser Gebiete nach, erweitert um Hinterland und Küste der Marken, wobei schon im Vorwort die Frage beantwortet werden soll, wo eigentlich die Marken, italienisch *Marche*, liegen: Im Norden beginnen Sie glücklicherweise erst südlich von Rimini, sie grenzen mit ihrer Westseite an die Toskana und an Umbrien und sie enden im Süden auf der Linie von Ascoli Piceno, noch vor den Abruzzen. Bestandteil der Marken ist ein Küstenabschnitt der Adria von etwa 150 Kilometer Luftlinie.

Womöglich gehören Sie zu den Lesern, die mal wieder etwas Neues entdecken möchten, ein Gebiet, das touristisch noch nicht überlaufen ist, mit landschaftlichen und kulturhistorischen Schönheiten, abseits der Haupttouristenstrecken und mit unverfälschten italienischen Städten. Dann folgen Sie uns mit diesem Buch, in dem die Touren mit zahlreichen Badeplätzen an den Seen und der Küste aufgewertet sind, mit dem Sie also auch Badeferien erleben können. Der Reiseführer ist zudem durch einen Abstecher nach Ravenna erweitert, um Sie zu Kulturschätzen zu führen, die auf der UNESCO-Liste stehen.

Wir bleiben auch in dieser vollständig überarbeiteten und abermals erweiterten Auflage unserer Linie treu und nennen Ihnen für Sie ausgewählte Stellplätze, die schönsten Campingplätze, die lohnendsten Sehenswürdigkeiten, gute Lokale sowie kleine und größere Besonderheiten aus der Sicht des Reisenden im Wohnmobil.

Dabei wünsche ich Ihnen eine genussvolle Entdeckungsreise,

Ihr

Orvieto

In einer lebhaften Altstadt halten wir den Dom für die größte Sehenswürdigkeit in Umbrien – vor allem wegen der bahnbrechenden Fresken von Luca Signorelli.

Tour 2, Seite 52

Assisi

Assisi findet man auf der Liste des Weltkulturerbes; keine andere Stadt Umbriens nimmt in diesem Buch so viel Raum ein, keine andere ist gleichermaßen berühmt.

Tour 5, Seite 103

Cascata delle Marmore

Die Wasserfälle im Süden Umbriens gehören zu den höchsten in Europa und bieten ein grandioses Naturschauspiel neben einem Stellplatz an ihrem Fuß.

Tour 6, Seite 144

Spoleto

Die Stadt am südlichen Rand der Valle Umbra hat neben Kunstwerken der Rennaissance ihre römische Vergangenheit täuschend gut bewahrt.

Tour 7, Seite 159

Piano Grande

Die Hochebene bei Castelluccio bietet zu allen Jahreszeiten ein grandioses Naturschauspiel, besonders während der Mohn- und Linsenblüte.

Tour 8, Seite 191

Ascoli Piceno

Diese Piazza Popolo unterscheidet sich von allen anderen Schönsten Plätzen Italiens durch den Verkauf frittierter und mit Hackfleisch gefüllter Oliven.

Tour 9, Seite 198

Abbadia di Fiastra

Das Naturschutzgebiet an der Zisterzienserabtei hält vor allem im Frühjahr oder Herbst ein vielfältiges Angebot für einen Kurzaufenthalt im Wohnmobil bereit.

Tour 10, Seite 219

Gubbio

Wer es einrichten kann, kommt wegen der Prozession an Karfreitag oder wegen des legendären Kerzenlaufs am 15. Mai in die mittelalterliche Stadt in Umbrien.

Tour 11, Seite 246

Urbino

Von unserem Lieblingsstellplatz an der Festung sind es nur wenige Schritte in die historische, von Studenten geprägte Altstadt, die unter dem Schutz der Unesco steht.

Tour 12, Seite 272

Ravenna

Schon außerhalb der Marken, aber nur wenige Kilometer vom Rückreiseweg entfernt, besuchen wir frühchristliche Mosaike, die als die weltweit schönsten gelten.

Tour 14, Seite 301

Inhaltsverzeichnis

Tour 14: Heimreise über Ravenna

Tipps und Infos

Wissenswertes (im beigen Kasten)

Gebrauchsanleitung

Reisegebiet

Umbrien *(Umbria)* und Die Marken *(Marche)* sind jeweils eine italienische Region mit einer eigenen Verwaltung unterhalb der italienischen Staatsverwaltung. **Umbrien** liegt ziemlich genau in der Mitte Italiens und wird gerne als das grüne Herz Italiens bezeichnet, weil es bewaldet und ländlich ist. Hier leben auf einer Fläche von rund 8.400 Quadratkilometern nur rund 880.000 Einwohner, das sind etwa 100.000 Einwohner weniger als im Saarland – bei mehr als der dreifachen Größe. Die Region ist also dünn besiedelt und bietet viel Platz für Wohnmobilreisende. Die **Marken** hingegen sind mit 9.600 Quadratkilometern kaum größer, aber mit rund 1.500.000 Einwohnern deutlich dichter besiedelt, was daran liegt, dass der ganze östliche Teil des Gebiets an die Adria grenzt und in Italien die meernahen Zonen schon seit der Antike dichter bewohnt werden.

In beiden Gebieten treffen Sie die eine Mischung von kunsthistorischen, kulturellen und landschaftlichen Reizen an, wie Sie diese von einer nord- oder mittelitalienischen Region erwarten – einschließlich der sprichwörtlichen italienischen Lebensfreude und Gastfreundschaft.

Karten, Symbole und Kilometerangaben

Alle WOMO-Reiseführer sind nach Touren untergliedert, die mit den wichtigsten Ortschaften auf der **Übersichtskarte** im hinteren Bucheinband dargestellt sind. Einzelheiten zu diesen Touren, insbesondere die dort empfohlenen Stell- und Campingplätze, finden Sie in den jeder Tour vorangestellten **Tourenkarten**, deren verwendete **Symbole** auf der hinteren Einbandklappe erläutert sind.

Die **Kilometerangaben** neben den Tourenüberschriften erlauben nur eine erste Orientierung über die Länge der jeweiligen Tour und betreffen die Entfernung ab dem letzten Stell- oder Campingplatz der vorhergehenden Tour, soweit diese an die beschriebene Tour unmittelbar angrenzt (ansonsten von dem im Text beschriebenen Touranfang), bis zum letzten Stell- oder Campingplatz der aktuellen Tour.

Stellplätze, Farben und Nummern

Die Stellplatzsymbole zeigen auf den ersten Blick, ob es sich um einen **Campingplatz** (Zelt), einen übernachtungsgeeigneten **WOMO-Parkplatz** (vollfarbiges Oval) oder um einen **Offiziellen WOMO-Stellplatz** (Wohnmobilzeichen) handelt. Letzterer betrifft Flächen, die von privater oder amtlicher Hand für Reisemobile – meistens über eine Preisangabe oder ein Wohnmobilsymbol – ausgewiesen sind.

Auch die **Farbe** eines Stellplatz-Symboles hat eine Bedeutung: **Blau** steht für eine nahe Bademöglichkeit in natürlichen Gewässern, einer Therme oder einem besonders interessanten Schwimmbad. **Grün** kennzeichnet einen Platz, an dem typischerweise Wanderungen beginnen und dort meistens beschildert sind. **Hellgelb** sind alle Plätze bei Winzern, Bauernhöfen oder Gaststätten, die nicht öffentliche Parkplätze sind. **Orangegelb** sind die Plätze ohne die vorgenannten Merkmale. Nur Plätze, die eine durchlaufende **Num-**

mer tragen, sind zur Übernachtung geeignet oder dafür zugelassen. Diese Plätze werden im Text entsprechend ihrer vorgenannten Eignung farbig unterlegt und stehen meistens in einem **Stellplatzkasten** mit den wichtigsten Informationen. **Olivgrün** sind dort die Campingplätze.

Zum Verständnis der **GPS-Daten**, der Geräteeinstellung und dem Bezug der Daten erfahren Sie genaue Einzelheiten hinten bei den Tipps.

Max. WOMOs meint die Kapazität von Stellplätzen, bei öffentlichen Parkplätzen die geschätzte Anzahl, die man der Bevölkerung noch zumuten kann oder die Wohnmobilen mittlerer Größe zur Verfügung steht. Diese Angaben hängen von der Größe anderer Wohnmobile, von den Dimensionen Ihres eigenen Fahrzeuges und von dem Parkverhalten anderer ab. Selbst auf offiziellen Plätzen, auf denen durch feste Einzeichnungen oder Buchten die Parzellen definiert sind, besteht bisweilen die Möglichkeit, mehr Fahrzeuge unterzubringen. Nicht alle in diesem Buch erwähnten Stellplätze kommen für Wohnmobile im Lastwagenformat infrage, zumal die Geeignetheit für **große Reisemobile** zum einen davon abhängt, ob schon andere Großfahrzeuge dort parken, aber auch, ob man lange Wagen beispielsweise mit dem Heck über eine Grünfläche ragen lassen kann, was ebenfalls situations- und fahrzeugabhängig ist. Maßangaben sind daher nur eine grobe Schätzung. Ich bitte um Verständnis, dass ich auch einige Plätze erwähne, auf die ausschließlich kleinere Fahrzeuge passen. Etwa die Hälfte aller Neuzulassungen betrifft heute Kastenwagenausbauten.

Bei Campingplätzen und offiziellen Stellplätzen nenne ich immer die **Öffnungszeiten**.

Ich vermittle Ihnen die **Ausstattung** der Plätze, insbesondere mit Ver- und Entsorgung, Strom (wobei nicht zwingend jeder Benutzer einen Steckdosenzugang findet), Toilette, Dusche und Müllgefäßen, bei Campingplätzen vor allem mit Pool oder Einkaufsmöglichkeit Unter **Beschreibung** wird Ihnen Näheres zur Beschaffenheit, der Lage, der Nutzungseignung und meiner eigenen Beurteilung mitgeteilt. Es wird Ihnen verraten, wenn ich Stellplätze für **klappstuhlgeeignet** halte, wenn Sie also außerhalb Ihres Fahrzeuges sitzen und essen können. Niemand zwingt Sie aber, dort Ihre Campingmöbel vor die Tür zu stellen, falls sich meine Einschätzungen als zu unsensibel erweisen. Kein WOMO-Parkplatz in diesem Buch ist dafür geeignet, sich tagelang wie auf einem Campingplatz aufzuhalten, mit Markise, Stühlen und Grill. So gut wie kein Stellplatz eignet sich dafür, Campingmöbel über Nacht vor der Tür zu belassen und nur wenige Stellplätze sind Grillplätze, – wobei kein WOMO-Autor jemals verspricht, dass man irgendwo auf der Welt noch auf eigener Kohle grillen darf.

Das angegebene **Preisniveau** ist nur eine Orientierung und bezieht sich bei den Campingplätzen auf ein WOMO mit zwei Erwachsenen in der preiswertesten und in der teuersten Zeit – ohne Strom (falls er nicht im Grundpreis enthalten ist), Kurtaxe und Hund; bei den Stellplätzen ohne Kurtaxe, Strom und Wasser.

Der letzte Stichpunkt in den Tourenkästen ist die Beschreibung der **Zufahrt**. In Zeiten der GPS-Navigation halte ich die Darstellung möglichst knapp, – es sei denn, die Anfahrt zu einem Platz mithilfe des Navis bereitet Probleme.

Wanderungen

Ich schildere Ihnen die Streckenführung, nenne deren Länge oder die benötigte Wanderzeit sowie die erforderliche Wanderkarte (und meistens eine sinnvolle App). Damit die gehfaulen Leser entspannt weiterlesen können, sind die Beschreibungen von Wanderstrecken grün unterlegt.

Restaurants

Meine Restauranttipps beziehen sich überwiegend auf Ristoranti und Pizzerien, die ich bezüglich der Essensqualität oder der Stimmung für überdurchschnittlich, nicht unbedingt außergewöhnlich halte und die mehr bieten als Durchschnitt. Sonst wäre die Empfehlung letztlich nur eine Warnung vor dem Reinfall anderswo. Aber diese Hinweise erweisen sich leider als immer kurzlebiger. Sie müssen also die Augen und die Nase offenhalten. Angeführte Ruhetage gelten meistens nicht an Feiertagen.

Top Ten, Sehenswürdigkeiten, Tipps und Infos

Mit den Seiten vier und fünf dieses Reiseführers soll Ihre Neugier geweckt werden. Dort haben wir aber nicht unbedingt die größten Sehenswürdigkeiten des Zielgebietes aufgezählt, sondern zehn Kleinode oder Knüller, die uns persönlich besonders gut gefallen haben und die wir nicht nach einem Ranking, sondern nach ihrer Reihenfolge in den Touren beziffert haben.

Bei den Öffnungszeiten von Sehenswürdigkeiten nenne ich, soweit bekannt, die Kassenöffnungszeiten und gebe in der Regel die nicht ermäßigten **Preise** an.

Die **Tipps und Infos** am Ende des Buches machen Sie mit den Besonderheiten der Reiseregion vertraut.

Reiseführer und der Zahn der Zeit

Bei den Stellplätzen und allen anderen Angaben kommt es im Laufe der Lebensdauer einer gedruckten Auflage immer wieder zu Veränderungen. Es lohnt sich deshalb stets ein kurzer Blick ins Forum des WOMO-Verlages (www.womo.de). Ich versorge Sie dort mit weiteren aktuellen Informationen. Sie können dabei helfen, Hinweise für alle Leser aktuell zu halten, indem Sie selbst dort melden, wenn sich irgendetwas (Ristorante, Wanderweg u. a.) verändert hat, vor allem, wenn ein Platz nicht mehr existiert oder verboten ist, oder wenn Sie etwas Neues entdeckt haben. Sie erreichen mich jedoch auch direkt über die Mailadresse greus@womo.de.

Ich freue mich über jede Zuschrift!

TOUR 1
CORTONA
Band 08 WOMO-Reiseführer Toskana und Elba
T O S K A N A
5 km
Sanguineto
003
Tuoro
Torre Torta
Vernazzano
71
nach Siena
Castel Rigone
Punta Navaccia
Passignano
009
Campo del Sole
WC 004
006
007
008
Isola Maggiore
005 WC
Torricella
L a g o
010
Mte. del Lago
P WC
002
011
316
nach Montepulciano
Castiglione del Lago
Zocco
014
Band 08 WOMO-Reiseführer Toskana und Elba
Isola Polvese
S. Feliciano
013
001
WC 012
S. Savino
T r a s i m e n o
015
La Valle
017
016
599
Sant'Arcangelo
Panicale
nach Perugia
Paciano
Santuario M. di Mongiovino
018
019
Tavernelle
Tour 2
220
(Tour 2)
020
Città d. Pieve
nach Orvieto

Tour 1: Lago Trasimeno 90 km

Castiglione del Lago – Tuoro – Passignano sul Trasimeno – Monte del Lago – San Feliciano Sant'Arcangelo – Panicale – Paciano

Stellplätze:	in Castiglione del Lago, bei Tuoro, bei Passignano, in Castel Rigone, in Monte del Lago, in San Feliciano, in San Savino, in Sant'Arcangelo, in Panicale, beim Santuario Madonna di Mongiovino
Campingplätze:	bei Castiglione, Tuoro und Passignano, bei Torricella, Monte del Lago, San Feliciano und Sant'Arcangelo
Besichtigen:	Castiglione del Lago, Schlachtfeld und Campo del Sole bei Tuoro, Isola Maggiore, Castel Rigone, Monte del Lago, San Feliciano mit Fischereimuseum, Panicale und Paciano, Santuario Madonna di Mongiovino
Wandern:	von Tuoro über das Feld der *Schlacht am Trasimenischen See*, zur Torre Torta, Spaziergang um die Isola Maggiore, durch das Naturschutzgebiet *La Valle*, bei Sant' Arcangelo, von Panicale nach Paciano
Essen:	Ristoranti *La Cantina* oder *L'Acquario* in Castiglione del Lago, *Trattoria del Pescatore* in Passignano sul Trasimeno, *Da Settimio* in San Feliciano, *Locanda dei Pescatori del Trasimeno* in Sant'Arcangelo und *Lillo Tatini* in Panicale

Der Entschluss zu einer Umbrien-Marken-Reise ist Ihnen möglicherweise nicht leichtgefallen. Auf Ihrer Straßenkarte haben Sie angstvoll Tausende von Kurven erblickt, und Sie haben sich gefragt, ob Sie überhaupt Badesachen einpacken müssen. Meeresstrände konnten Sie nämlich nicht entdecken, weshalb Sie mit Recht vermuten, dass es auch uns nicht gelungen ist, die Grenzen Umbriens bis an die Adria auszudehnen. Aber wir haben unser Reisegebiet um große Teile der Marken erweitert, sodass Sie ab der 9. Tour doch noch in der Adria schwimmen werden.

Die Badeutensilien dürfen aber auch bei einer Umbrien-Fahrt nicht zu Hause bleiben. Der **Lago Trasimeno** ist nämlich, zumindest wenn man ihn etwas kennt, ein mit Abstrichen brauchbarer **See**, an dem man einen ganzen Sommerurlaub verbringen kann. Das Wetter ist zu dieser Zeit fantastisch, Sie können an kleinen Stränden in der Sonne braten, und auch das sonstige Flair eines Badeurlaubs in südlichen Gefilden ist stellenweise gewährleistet. Nur fehlt der Massentourismus. Aber das wollten Sie ja so, sonst wären Sie nach Rimini gebrettert.

Treue Leser meiner Bücher, die bisweilen kritisieren, ich würde alles mies machen, was teuer und überfüllt ist, reiben sich verdutzt die Augen. Wie konnte es geschehen, dass

Lago Trasimeno – Passignano (bei den Plätzen 05 und 06)

dieser Autor ein Gewässer lobt, vor dem andere Reiseführer warnen? Will er nur sein Buch verkaufen? Das wünscht er gewiss, aber er möchte seinen Lesern auch mitteilen, dass am Trasimenischen See viel getan worden ist.

Dabei waren die von der Natur gegebenen Voraussetzungen denkbar schlecht: Der Trasimeno ist mit 128 km² und einer Entfernung zwischen den Ufern von bis zu 15 Kilometer der viertgrößte See Italiens.

Die größten Seen Italiens

Gardasee	370 km²
Lago Maggiore	212 km²
Comer See	146 km²
Lago Trasimeno	**128 km²**
Lago di Bolsena	114 km²

Zum Vergleich die drei größten Seen in Europa:

Plattensee	592 km²
Genfer See	580 km²
Bodensee	536 km²

Der Trasimeno hat aber nur eine durchschnittliche Tiefe von 4,5 Metern, und an der tiefsten Stelle lotet man kaum 7 Meter. Ein weiteres natürliches Dilemma kommt noch hinzu: Das Gewässer wird nur von kleinen Bächen gespeist, was einen geringen Wasseraustausch zur Folge hat – und einen sehr schwankenden Wasserstand obendrein. Schon die Römer haben versucht, dieses Problem in den Griff zu bekommen, als sie am südöstlichen Ufer des Sees, bei San Savino, einen künstlichen Abflusskanal angelegt haben, um wenigstens der Überschwemmungsgefahr Herr zu werden. Nachdem diese künstliche Wasserader versandet war, ging man im 15. Jahrhundert das Problem nochmals an und baute neue Abflusskanäle, deren jüngste und effektivste Variante seit dem Jahre 1998 in Betrieb ist. Damit konnte man aber nur Überschwemmungen begegnen. Das Problem des Austrocknens und das stetige Absinken des Wasserstandes waren damit noch nicht gelöst. Das hat sich bis heute nicht grundlegend geändert, auch wenn man später den Zulauf der Flüsschen verbessert hat. Die Folge sind verschilfte und versumpfte Ufer; ein Grund dafür, dass der Trasimenische See noch nicht in die Hände der Tourismusinvestoren gefallen ist. Als ich für diese Neuauflage erneut nachgesehen habe, hatte ich das Gefühl, dass der Wasserstand nicht weiter gesunken ist.

Es ist auch noch nicht lange her, da drohte der See ständig zu kippen. Die Abwässer der – glücklicherweise kleinen – Orte wurden ungeklärt eingeleitet, und die Düngemittel der Landwirtschaft hatten ein explosionsartiges Algenwachstum bewirkt. Aber dann besann man sich rechtzeitig, man dachte an den reichen Fischbestand, der heute allerdings weniger wird, und sicher hatte man auch stets die Touristen im Blick. Man baute eine Ringkanalisation, und Naturschützer konnten durchsetzen, dass im Jahre 1995 der gesamte See zum Regionalpark

erklärt, also unter Naturschutz gestellt worden ist, und dass zumindest an manchen Stellen keine Motorboote mehr fahren. Außerdem hat man begonnen, Wasser aus einem Nebenfluss des Tiber zuzuführen. An 18 ausgewiesenen Stränden wird im Sommer die Wasserqualität nach EU-Normen kontrolliert.

Die neben der Anhebung der Wasserqualität für uns Touristen wichtigste Maßnahme besteht zusätzlich darin, dass man rund um den Trasimeno an ausgesuchten Stellen die Badeplätze pflegt und diese mit speziellen, an Rasenmäher erinnernden Schiffen von Schilf und Wasserpflanzen freihält. So muss man heutzutage zumindest an Campingplätzen und einigen Badestränden nur leicht auf morastigem Untergrund ins Wasser glitschen, man muss nicht entsetzt aufschreien, wenn beim Schwimmen ein Schilfbüschel den Bauch kitzelt, man braucht nicht mehr nach dem Baden einen klebrigen Film vom Körper duschen und man kann getrost den Kopf auch einmal unter Wasser halten. Die Kinder können auf Luftmatratzen und Gummibooten paddeln, und die Behauptung, die Ufer seien so flach, dass auch nach 50 Metern die Badehose noch trocken bleibt, ist bei vielen Badeplätzen eine Anekdote. Beachten Sie aber, dass es von den Windverhältnissen und der Jahreszeit abhängen kann, ob der jeweilige Strand bzw. das Uferwasser von Algen oder anderen Pflanzen verunreinigt ist (was unter Umständen nur hässlich aussieht).

Sie fragen sich, ob Sie am Trasimenischen See mit einer Mückenplage zu rechnen haben. Ich musste während vier einwöchiger Aufenthalte im August und mehrerer Nächte im Frühjahr oder Frühsommer insgesamt an weniger als 15 Stichen kratzen, was aber wohl auf chemische Bekämpfungsmittel zurückzuführen war. Denn am Abend schwirren (erst) im August Hunderttausende kleiner Moskitos um das Licht und an die Schutzrollos, darunter auch solche Viecher, die dem äu-

ßeren Anschein nach stechfähige Schnaken sind. Das irritiert etwas, es beeinträchtigt aber nicht das Urlaubsvergnügen. Gleichwohl würde ich keinen der von uns beschriebenen Stellplätze anfahren, ohne eine Moskitoschutzlotion im Gepäck zu haben.

Wenn Sie mit uns einmal um den See gefahren oder geradelt sind, die Strecke misst etwa 60 Kilometer, und Sie, vor allem am Südufer, bei prachtvollen Sonnenuntergängen geträumt haben und dabei auf den Geschmack von fangfrischen Fischen gekommen sind, wird der Lago Trasimeno in Zukunft zu Ihrem Urlaubsrepertoire gehören.

Hoffen wir, dass der Massentourist das nicht gelesen hat, und fangen wir am **Westufer** an: Unser erstes Ziel ist zugleich auch das schönste, es ist das hoch über dem See thronende Städtchen **Castiglione del Lago** (15.400 Einwohner, im historischen Zentrum wohnen unter 500 Menschen), wo wir zum ersten Mal Bekanntschaft mit dem »Umbrischen-Meer« machen. Unsere Erwartungen sind nach der Lektüre anderer Reiseführer, die dem See nicht sehr viel abgewinnen konnten, und beim Durchfahren zersiedelter Randgebiete des größten Ortes am Trasimenischen See gedämpft. Aber dann biegen wir südlich des Halbinselberges, auf dem das historische Zentrum liegt, seewärts ab und stehen bald auf dem vielleicht besten Stellplatz am Ufer des Lago:

(001) Offizieller WOMO-Stellplatz: Castiglione del Lago
GPS: N 43°07'26" E 12°03'02"; Viale Divisione P. Garibaldi.
Max. WOMOs: 35. **Öffnungszeit**: Ganzjährig.
Ausstattung: Ver- und Entsorgung, Spülbecken, im Preis enthaltener

Strom, Mülleimer, Badegelegenheit in der Nähe (der Hauptstrand liegt 150 m entfernt).
Beschreibung: Sie stehen außerhalb der Bebauung auf einem schattigen, klappstuhlgeeigneten Gelände mit Naturboden fast am Wasser – mit. Strandbar und dortigem WLAN. Gaststätten und Geschäfte im historischen Ortskern erreichen Sie nach etwa 700 m über einen hoch in den Ort führenden Treppenweg (den Stellplatz im Rücken ca. 250 m nach rechts und vor dem nächsten Parkplatz bergauf), einen Supermarkt nach 1 km (vom Stellplatz nach links, Westen).
Das Gelände wird bei starkem Regen stellenweise matschig. Der früher zusätzlich empfohlene, fast benachbarte Asphaltplatz wurde mit einer »Teppichstange« ausgerüstet.

Preis: 16 €/24 Std.; keine Kreditkarte (defekt), der Parkautomat nimmt keine Scheine. Es wird angeblich häufig kontrolliert.

Zufahrt: Biegen Sie am ersten Kreisverkehr südlich von Castiglione von der SR 71 zur Bootsanlegestelle ab, der Stellplatz ist nicht zu verfehlen und liegt hinter dem Hafen.

Auf der Nordseite der Halbinsel und ausgesprochen schön liegt ein angenehmer Campingplatz:

(002) WOMO-Campingplatz: Castiglione del Lago – *Listro*

GPS/Kontakt: N 43°08'02" E 12°02'41", Via Lungolago, Tel. 075 951193; www.listro.it/de/homepage-de/. **Öffnungszeit**: 1.4. – 30.9.
Ausstattung: Badestrand, Pool mit zwei Becken (Schwimmer und Nichtschwimmer), kleiner Laden, Fahrradvermietung.
Beschreibung: Der teilweise schattige Platz mit Parzellen direkt am Ufer ist vom gut zu Fuß erreichbaren historischen Zentrum 1,2 km entfernt; *Lidl* nach etwa 800 m. **Preise**: 22–25 €.
Zufahrt: Der Platz ist nördlich der Halbinsel an der Hauptstraße beschildert.

In Castiglione del Lago, dessen alter Ortskern auf einer Halbinsel im See thront, die bis zum Mittelalter eine richtige Insel war, bevor der Wasserstand abgesunken ist, gehört zu

In Castiglione del Lago

Castiglione del Lago – Blick von der Festung

den *I Borghi più belli d'Italia* (*Die schönsten Dörfer Italiens*). Sie kennen Ähnliches aus Frankreich; in Umbrien und den Marken gibt es zurzeit jeweils 29 dieser Dörfer oder Kleinstädte, die bis zu 15.000 Einwohner haben dürfen und nach bestimmten Kriterien in eine Vereinigung aufgenommen werden können. Der Rummel hält sich trotzdem in Grenzen. Sogar in der Hochsaison, wenn zugegebenermaßen schon einmal ein paar Menschen mehr durch die Stadttore bummeln, verbleibt noch ein deutlicher Rest von Provinzatmosphäre und gewachsenem Italien. Entspannt lassen wir uns auf der Piazza am Brunnen einen Cappuccino schmecken, nachdem wir uns die touristischen Highlights zu Gemüte geführt haben:

Die viertürmige, vom deutschen Stauferkaiser Friedrich II. um das Jahr 1247 ausgebaute **Festung**, hat mit ihrem 39 Meter hohen Bergfried einmal zu den größten Anlagen Europas gehört und galt als uneinnehmbar. Auf dem ehemaligen Wehrgang kann man promenieren und dabei lernen, dass die feindlichen Attacken heutzutage von oben drohen. Es sind Taubenkot-Angriffe, die gerade noch so verhalten geführt werden, dass der eine oder andere an sich traumhafte Blick auf den See und seine Ufer möglich ist. Auf dem Weg zur Festung muss man durch einen 180 Meter langen Gang, der im **Palazzo della Corgna** beginnt, dem heutigen Sitz der Gemeindeverwaltung, dessen Säle im Erdgeschoss im 16. Jahrhundert prachtvoll freskiert worden sind *(9.30 – 18.15 Uhr, jahreszeitenbedingt auch kürzer, 9 € für Festung und Fresken)*. Genauso schön wie der Rundgang auf den Festungsmauern und obendrein noch taubenfrei ist der hübsche **Spazierweg** unterhalb und vor allem auf der Nordseite der Burg, von dem man über mit uralten Olivenbäumen bestandene Wiesen und unter mächtigen Pinien immer wieder malerische Blicke auf die Wasserfläche hat. Diese Ölbäume sind eine richtige Sehenswürdigkeit und nicht ohne Grund mit Geldern der EU vor Jahren alters- und artgerecht beschnitten und gepflegt worden. Versäumen Sie deshalb auch nicht den frei zugänglichen Hain links vom Krankenhaus.

Castiglione del Lago - Weg an der Festung

Und wir bestaunen im Innern der **Kirche Santa Maria Magdalena**, die wir im westlichen Teil der Hauptstraße im historischen Zentrum an den Säulen erkennen, das um 1500 gemalte, berühmte Gemälde *Madonna mit dem Kind* von Eusebio da San Giorgio sowie ein schönes Fresko.

Wer schon andere Bücher von mir gelesen hat, ahnt, dass unserem Kaffee am späten Nachmittag gelegentlich etwas kleines Alkoholisches folgt, ein *Ramazotti* zum Beispiel, und die Planung des Abendessens. Letztere nimmt uns der Wettergott mit einem lauen Sommerabend ab, an dem das **Ristorante *La Cantina*** die beste Wahl ist. Das ordentliche Essen – wir empfehlen ausnahmsweise auch mal Pizza – wird nämlich in einem reizenden Garten serviert. Kommen Sie rechtzeitig, denn die Nachfrage ist am Wochenende während der Freiluftsaison oder der Ostertage beachtlich *(im historischen Ortsteil an der Straße zwischen zentralem Platz und Festung; Tel. 075 9652463; mit Ausnahme von Juni bis August Mo. geschlossen; niedriges Preisniveau)*.

Etwas anspruchsvoller und gediegener, kaum teurer, aber pizzafrei ist das ***Ristorante L'Acquario***, in dem wir erneut sehr gut gespeist haben *(ein paar Häuser westlich von La Cantina, Tel. 075 9652432, Mi. geschlossen, kleiner Freisitz an der nicht befahrenen Straße, mittleres Preisniveau)*.

Auf unserer Seerundreise starten wir nun nach Norden und umrunden die nordwestliche Ecke, um bei **Tuoro** auf geschichtsträchtigem Boden zu wandern.

Die Schlacht am Trasimenischen See

Dunkel erinnern Sie sich vielleicht noch an den Geschichts- oder Lateinunterricht, in dem Sie die **Schlacht am Trasimenischen See** erschaudern ließ, eines der berühmtesten Gemetzel der Weltgeschichte. Man schrieb das Jahr 217 v. Chr., als der karthagische Feldherr **Hannibal**, der mit seinen berühmten Elefanten von Nordafrika über Spanien kommend die Alpen von Norden her überquert hat (wobei er seine Elefanten einbüßte, der letzte starb während eines Schneesturms). Hannibals Ziel war Rom, was die dortigen Herrscher begreiflicherweise zu Gegenmaßnahmen veranlasste. Die schickten daher den Nordafrika-

Bereich der Schlacht am Trasimenischen See

nern, die sich unter anderem mit Galliern und Kelten verstärkt hatten, vier Legionen mit 20.000 Mann entgegen. Gaius Flaminius, der römische Konsul und Feldherr, geriet aber bei Tuoro, am Nordufer des Lago Trasimeno, in einen Hinterhalt. Es herrschte dichter Nebel, weshalb Flaminius nicht bemerkte, dass die Feinde verborgen auf dem Halbrund der Hügel westlich von Tuoro lauerten. Es ist heute unvorstellbar, dass die Römer die mehr als 30.000 versteckten Feinde nicht bemerkt und auch keine tauglichen Späher ausgesandt haben. Als sie derart nichts ahnend in der Ebene am See lagerten, schlug Hannibal zu. So wurden die Römer auf der einen Seite von den nordafrikanischen Truppen und auf der anderen Flanke vom Seeufer eingekesselt. 15.000 römische Soldaten, von denen viele versucht hatten, über den See und durch die Sümpfe zu fliehen, kamen ums Leben, darunter auch der Konsul, während Hannibal »nur« 1.500 Mann verlor. In der lateinischen Literatur kann man lesen, das Blut der Römer habe noch nach Tagen den See rot gefärbt.

Nach diesem Sieg marschierte Hannibal weiter gen Süden, und in Rom machte die Schreckensnachricht die Runde: »*Hannibal ante portas*« (»*Hannibal vor den Toren*«), woraus dann ein ‚geflügeltes Wort' geworden ist.

Ganz so schlimm kam es für Rom aber nicht. Obwohl Hannibal im Jahre 216 v. Chr. den Römern bei Cannae eine weitere, bittere Niederlage beigebracht hatte, musste er im Jahre 203 sein ehrgeiziges Ziel aufgeben, 18 Jahre nachdem er in Nordafrika mit 50.000 Mann losgezogen war. Man kann sich kaum vorstellen, wie dieses Heer derart lange versorgt und verjüngt worden ist (Näheres siehe auch bei der folgenden Wanderung).

Die nachfolgend beschriebene Wanderung führt zum Teil über das ehemalige **Schlachtfeld**:

Zum Feld der Schlacht am Trasimenischen See

Als Ausgangspunkt wählen wir einen für alle WOMOs ausreichend großen Parkplatz direkt an der Strecke: Wir folgen oben in **Tuoro** dem Wegweiser *‚Sanguineto‘*, fahren an einem rechtsgelegenen Parkplatz vorbei und stellen unser Fahrzeug nach den letzten Häusern rechts der Straße ab. Hier könnte man sogar mit schöner Sicht und nicht einsam übernachten [**003**: N 43°12'45" E 12°04'10", Via Baroncino, siehe nebenstehendes Foto].

Parkplatz Nr. 003

Oberhalb dieses kleinen Parkplatzes ist die ***Area 8*** (Foto Seite 21) des heutigen ***Percorso Annibalico*** *(Hannibal-Rundweg)* eingerichtet, ein auch in deutscher Sprache detailliert erläuterter und bebilderter Info-Punkt zur Geschichte der Schlacht. Insgesamt gibt es 12 solcher Merkpunkte, aber unsere Wanderung führt nicht an allen vorbei. Achtung: An den Straßen sieht man noch veraltete Schilder, die zum *'Percorso storico'* und zu als *Sosta* bezeichneten Punkten weisen. Die Strecke ist dieselbe geblieben, die Nummerierung hat sich allerdings geändert. An jeder heutigen *Area* ist der ganze Weg vorbildlich verständlich dargestellt.

Wir starten also am Parkplatz unterhalb der Area 8 nach Norden und bleiben für den Rest der Strecke auf Asphalt. Schon nach wenigen Metern müssen wir auf einen Pfad achten, der uns nach links auf einen kurzen Abstecher zu den sogenannten ***Brennlöchern*** führt, den *Ustrini*. Es handelt sich hierbei vermutlich um Gruben, in denen auf Befehl Hannibals die zahlreichen Toten wegen großer Epidemiegefahr verbrannt worden sind. Jedenfalls hat man dort menschliche Überreste und Teile der Ausrüstung gefunden (Area 9).

Auf der Straße gehen wir weiter nach Norden und treffen sogar auf eine rot-weiße Markierung, die uns beim Wegweiser *‚Sanguineto‘* nach links schickt. Vor den ersten Häusern gehorchen wir nicht dieser Markierung, sondern durchqueren den Weiler **Sanguineto**. Der Name dieses Dörfchens ist von dem lateinischen Wort für Blut abgeleitet und erinnert an das antike Gemetzel. Sofern man von den leicht erhöhten Häusern dieser Ortschaft hinab ins Tal blickt, hat man das ehemalige Schlachtfeld genau unter sich, auch wenn die Historiker, wie man an fast jeder *Area* nachlesen kann, darüber streiten, wo genau sich einzelne Kriegshandlungen zugetragen haben.

Bald zieht sich die Straße schnurgerade und teilweise von Zypressen gerahmt nach Süden, bis wir bei der *Area 4* abbiegen und auf Tuoro zugehen. Bei der *Area 11* treffen wir auf die Häuser, überqueren kurz danach die Landstraße und wandern durch das Dorf, vorbei an der *Area 10* (mitten im alten Ortskern) zu unserem WOMO zurück.

Die Wanderung, eher ein ausgedehnter Spaziergang, dauert **höchstens 2 Stunden** und ist auf der Kompasskarte Nr. 2463, *Lago Trasimeno*, eingezeichnet, ebenso wie verschiedene Abwandlungen. Der Schlachtfeldspaziergang ist wegen der lieblichen Landschaft ausgesprochen kurzweilig, er bietet aber kaum Schatten.

Selbst wenn Sie nicht wandern, können Sie fast alle Stationen der Schlachtgeschichte auf dem vorgenannten Wanderweg mit dem **WOMO** abfahren – besser wäre das **Fahrrad**, lediglich zu den Brennlöchern müssen Sie ein paar Meter gehen. Wählen Sie das schmale Sträßchen, wie ich es Ihnen zur Wanderung empfohlen habe. Es kann vollständig mit dem WOMO befahren werden. Falls Sie sich von Tuoro aus den Geländeverlauf anschauen, fragt sich der römische Hobby-Feldherr in Ihnen, welche Überheblichkeit den römischen Konsul in diese Falle tappen ließ.

Tuoro

Tuoro (3.700 Einwohner) ist erst einige Hundert Jahre nach der Schlacht gegründet worden und nur mittelmäßig reizvoll. Aber Sie finden das **Museo di Annibale** zur Geschichte der Hannibalschlacht *(3 €; https://livingtuoro.it/luoghi-di-interesse/museo-di-annibale/)* und am Sportplatz einen riesigen Parkplatz als Behelfsstellplatz (Wegweiser *,Campo sportivo'*, besser ist der oben beschriebene Ausgangspunkt zur Wanderung). Im Sommer ist der am See gelegene Ableger, der Ortsteil **Tuoro Punta Navaccia**, wegen seines respektablen **Strandes** reizvoller, an dem man baden und sonnen kann, wenn man Eintritt bezahlt (baden kostet nichts, aber zum Sonnen muss man einen Liegestuhl mieten). Außerdem stören einige an einen Jahrmarkt erinnernde Etablissements und am Wochenende viel Rummel. Dahinter gibt es einen großen Parkplatz, auf dem man erfreulicherweise, wenn auch zu mancher Zeit nur gegen Gebühr, fast am Wasser stehen darf. Man muss aber deuten können, dass das in einer der Parkplatzreihen montierte Schild mit durchgestrichenem Zelt und Wohnwagen sowie dem Zusatz *,No Camping'* nur Klappstuhl und Markisen, nicht aber die Nacht im WOMO verbietet:

(004) WOMO-Parkplatz: Tuoro – *Punta Navaccia*

GPS: N 43°11'37" E 12°04'39".
Max. WOMOs: 15-20.
Ausstattung: Toilette, Mülleimer, (teilweise kostenpflichtiger) Badestrand.
Beschreibung: Das ist ein großflächiger, geschotterter Parkplatz des Badestrandes mit schattigen Bereichen außerhalb der Ortsbebauung. Es gibt eine Gaststätte, am Wochenende wohl auch eine Disco, und am nahen Campingplatz kann man einkaufen. Am Wochenende würde ich diesen Bereich des Sees eher meiden. In ruhigen Zeiten kann man hier abends sicher auch mal verschämt die Klappstühle rausstellen, obgleich das verboten ist *(,No Camping')*. Das ist jedenfalls für niemanden störend, sondern scheint hier eher dem Campingplatz zu dienen.
Preis: An Sonn- und Feiertagen tagsüber 10 €.
Zufahrt: Fahren Sie von Tuoro oder dem Raccordo auf der Stichstraße an den See (Wegweiser *,Punta Navaccia'*).

Der halblegale Stellplatz so dicht am Ufer ist umso erstaunlicher, als in unmittelbarer Nähe ein sehr großer und bekannter **Campingplatz** angelegt ist, der uns wegen der zahlreichen Dauercamper und des leicht heruntergekommenen Zustands weniger gefallen hat. Allerdings grenzen die Parzellen für Kurzzeitcamper überwiegend direkt an das Seeufer und bieten einen schönen Blick *(mit zwei Pools; Mitte März bis Anfang November, Tel. 075 826357, www.puntanavaccia.it/)*.

Überhaupt nicht hausbacken ist der Skulpturenpark zwischen Stellplatz und See, der **Campo del Sole**, wo mehrere bekannte Bildhauer in den Jahren 1985 bis 1989 aus örtlichem Sandstein herausgearbeitete, bizarre Figuren und Säulenpfeiler aufgestellt haben, mit denen auf interessante Weise der Schlacht gedacht wird *(kostenlos; in der Nähe des Touristenbüros und der Toilette ist eine Tafel aufgestellt, auf der zu jedem Objekt und seinem Künstler eine Erläuterung nachgelesen werden kann)*.

Gibt es einen Turm, der noch schiefer ist als der von Pisa? Es gibt ihn, er wird ***Torre Torta*** genannt, und Sie können ihn

Campo del Sole

sehen, wenn Sie zwei Kilometer östlich von Tuoro nach **Vernazzano** abbiegen, das Dörfchen Vernazzano Basso durchqueren, eine steile, schmale Straße bewältigen und hinter der Kirche von Vernazzano Alto parken (N 43°13'04" E 12°06'13"; Fahrzeuge, die deutlich über sieben Meter messen, parken schon unten am Ortsausgang von Vernazzano Basso bei N 43°12'32" E 12°05'49", der Fußweg entlang der nahezu unbefahrenen Straße ist dann 1,2 Kilometer länger). Folgen Sie bei einer Hinweistafel der rot-weißen Markierung. Nach dem ersten Haus zeigt ein Schild zum nordwestlich von Vernazzano Alto gelegenen Torre. Sie durchsteigen eine kleine Schlucht und können den mit einem Korsett und starken Seilen gesicherten Turm dann nicht verfehlen (der Weg ist auf einer Schautafel dargestellt). Sie sehen das Gebäude auch von der Straße zwischen Tuoro und Passignano (dort auch Wegweiser zum *'Torre pendente'*).

Torre Torta

Wer mehr das faule Urlaubsleben im Sinn hat, fährt weiter bis nach **Passignano sul Trasimeno** (5.700 Einwohner, gehört ebenfalls zu den *Borghi più belli d'Italia*), dem Hauptbadeort am See, der sich touristisch gefällig gibt; mit einer Burgruine am Hang über dem alten Ortskern, einer schattigen Uferpromenade, den passenden Läden und schönen Ristoranti, von denen uns die etwas abseits in einer Gasse gelegene ***Trattoria del Pescatore*** nicht nur wegen einer Laube sehr gut gefallen hat. Hier speisen die Einheimischen, und es schmeckt entsprechend, weshalb Sie unbedingt reservieren sollten *(Via San Bernardino 5, Tel. 075 8296063; vermutlich kein Ruhetag; preiswert).*

Passignano sul Trasimeno

Von der Promenade sehen Sie eine merkwürdige, metallene Skulptur im Wasser. Sie ist weniger rätselhaft, wenn man weiß, dass sie an eine kleine Flugzeugwerft mit Pilotenschule bei Passignano erinnern soll. Wer mit dem WOMO einen Parkplatz sucht, muss östlich des Ortes dafür bezahlen. Etwa 450 Meter noch weiter östlich liegen nebeneinander zwei gepflegte und empfehlenswerte Campingplätze, die wir für einen längeren Aufenthalt den Stellplätzen vorziehen:

(005) Offizieller WOMO-Stellplatz: Passignano – *L'Airone*

GPS/Kontakt: N 43°11'04" E 12°08'43", Via Giappesi 3; Tel. 347 6613387. https://areacamperlairone.weebly.com/. **Max. WOMOs**: 20.
Öffnungszeit: Ende März bis Anfang November.

Ausstattung: Ver- und Entsorgung, Toilette, warme Dusche, Spülbecken, Strom, kostenloser Strand jenseits von einem Parkplatz (kostenpflichtig hingegen ist dort ein kleiner Pool), Mülleimer.
Beschreibung: Das ist eher ein kleiner, schattiger und enger Camping- als ein klappstuhlgeeigneter Stellplatz. Er grenzt an die nachts wenig, tagsüber aber stark befahrene Straße, tagsüber dezente, nachts keine Bahngeräusche. Der Ort mit Gaststätten, Geschäften und Supermarkt ist etwa 900 m entfernt.
Preise: 21 – 25 €.
Zufahrt: Biegen Sie etwa 300 m östlich von Passignano zum Hafen ab; der privat betriebene Stellplatz liegt links der Parkplatzzufahrt.

(006) Offizieller WOMO-Stellplatz: Passignano – Asphalt

GPS: N 43°11'05" E 12°08'39", Via Europa. **Max. WOMOs**: 10-15.
Öffnungszeit: Ganzjährig.
Ausstattung: Toilette mit Wasser, Dusche am kostenlosen Strand (kostenpflichtig hingegen ist dort ein kleiner Pool), Mülleimer.
Beschreibung: Das ist ein Asphaltplatz, den wir *‚offiziell'* nennen, weil ein Wohnmobiltarif angegeben wird. Er liegt neben dem vorgenannten, privaten Stellplatz, weshalb alle weiteren dortigen Angaben auch hier gelten.
Preis: 8 - 20 Uhr: 1,50 €/Std.

Zufahrt: Biegen Sie etwa 300 m östlich von Passignano zum Hafen ab; ausgewiesene Wohnmobilparkplätze sowie Ver- und Entsorgungseinrichtungen liegen rechts der Zufahrt, während links der Badestrand angelegt ist, hinter dem WOMOs nicht parken dürfen.

(007) WOMO-Campingplatz: Passignano
Camping La Spiaggia

GPS/Kontakt: N 43°11'02" E 12°08'55", Via Europa 22. Tel. 075 827246, https://campinglaspiaggia.it/. **Öffnungszeit**: 1.4. – 31.10.
Ausstattung: Schön gelegener Pool, Badestrand mit Hundestrand am See, schönes Restaurant, Laden, Fahrradvermietung.
Beschreibung: Der schöne, teilweise schattige Platz grenzt unmittelbar an den See. Tagsüber dezente Bahngeräusche, wenige Parzellen liegen nahe an der Straße. Der Ort mit Gaststätten, Geschäften und Supermarkt ist etwa 1.300 m entfernt. **Preise**: 25 – 33 €.
Zufahrt: Der Platz ist östlich des Ortes an der Hauptstraße beschildert.

(008) WOMO-Campingplatz: Passignano
Camping Kursaal

GPS/Kontakt: N 43°11'01" E 12°09'01", Via Europa 24. Tel. 075 828085; https://campingkursaal.it/. **Öffnungszeit**: 1.4. - 1.11.
Ausstattung: Traumhafte Poolposition, Badestrand am See, gepflegtes Restaurant (das wir bei unserem letzten Besuch nicht mehr so gut fanden wie früher; aber man sitzt weiterhin schön), Laden, Sauna, Fahrradvermietung, Hundedusche.

Beschreibung: Das ist nach unserer Beobachtung der gepflegteste Platz unmittelbar am Lago (obiges Foto); tagsüber hört man dezente Bahngeräusche, wenige Parzellen grenzen nahe an die Straße; für WOMOs über 7,50 m Länge gibt es nur ein beschränktes Platzangebot. Der Ort mit Gaststätten, Geschäften und Supermarkt ist etwa 1.300 m entfernt. **Preise**: 27 – 42 €.
Zufahrt: Der Platz ist östlich des Ortes an der Hauptstraße beschildert.

Blick von der Isola Maggiore nach Passignano

Von Passignano sul Trasimeno (oder Tuoro) bietet sich auch eine Überfahrt zur **Isola Maggiore** an (im Sommer fast stündlich), zu einem niedlichen Fischerdorf und einer Behausung, in der Franz von Assisi im Jahre 1211 während 42 Tagen gebetet und zwischendurch nur an einem halben Brotlaib geknabbert haben soll. Am Rand eines schönen Rundweges thront ein trutziges Castello, die Villa Guglielmi, die ein römischer Marchese um 1855 im mittelalterlichen Stil erbauen ließ. Die irische Haushälterin seiner Gemahlin führte auf der Insel bald darauf das Spitzenklöppeln ein, das aber heutzutage allmählich wieder aus der Mode kommt, weil die Klöpplerinnen aussterben. Kurzweilig ist ein etwa einstündiger **Spaziergang** über das Eiland. So schön die Insel ist, so entsetzlich wird sie an Sonn- und Feiertagen von Massen heimgesucht, besonders an Ostern.

Klöpplerin

Marienkrönung

Östlich von Passignano raten wir zu einem sechs Kilometer langen Abstecher ins nördliche Hinterland. Vom 653 Meter hoch gelegenen Dorf **Castel Rigone** (400 Einwohner), besonders bei der Talfahrt, genießen Sie wunderbare Blicke auf den See. Und die **Kirche Maria dei Miracoli** begeistert durch reizende Fresken aus der ersten Hälfte des 16. Jahrhunderts, darunter mehrere schöne Abbildungen der *Marienkrönung*. Direkt gegenüber können Sie sogar übernachten:

(009) WOMO-Parkplatz: Castel Rigone

GPS: N 43°11'59" E 12°13'31", Via del Santuario. **Max. WOMOs**: 5.
Ausstattung: Mülleimer.
Beschreibung: Das asphaltierte, nur wenig schattige Gelände am Rand der Bebauung ist ein geräumiger, gut gelegener, teilweise etwas abschüssiger Parkplatz auf zwei Ebenen. Einen Lebensmittelladen finden Sie direkt oberhalb und wenigstens ein *Ristorante* im Ort. Der Rother-Wanderführer beschreibt ab hier eine schöne Wanderung.
Zufahrt: Der beschilderte Parkplatz ist am Ende des Dorfes unterhalb der Kirche nicht zu übersehen.

Für den Rückweg an den See empfehlen wir die Strecke des Hinweges. Man kann den Badeort Passignano nicht als mondän bezeichnen, und dennoch ändern sich Dörfer und Strukturen merklich, wenn man um die nordöstliche Ecke des Sees nach Süden auf das Ostufer eingeschwenkt ist, die schönste und beschaulichste Seite des Lago Trasimeno, an heißen Hochsommertagen wegen des Windes auch die kühlste. Dass es dort auch nette Stell- und Badeplätze gibt, macht die Sache umso erfreulicher.

Gleich im Norden, bei **Torricella**, lädt der kleine **Campingplatz *Eden Parc*** *(www.campingedenpark.com/index.html ganzjährig geöffnet)* zum Verweilen ein, ein freies Stehen ist in dessen Nähe nicht möglich. Aber knapp zwei Kilometer weiter südlich finden Sie jenseits der Straße einen großflächigen Bereich, der sich zwar nicht für die Nacht, aber sehr gut für ein paar Stunden am See eignet:

WOMO-Parkplatz: *Spiaggia Albaia*

GPS: N 43°08'58" E 12°10'20". **Max. WOMOs**: ca. 10.
Ausstattung/Lage: Toilette, Gaststätte, Mülleimer / außerorts.
Zufahrt: Der Parkplatz liegt zwischen Torricella und Monte del Lago und ist beschildert.
Hinweise: Der Platz eignet sich schon wegen der Straßennähe nicht für die Nacht; im Sommer werden zeitweise Schilder aufgestellt, die das Übernachten verbieten. Außerhalb der Badesaison fehlt jeder Reiz.

Wenn es Sie am Ostufer des Sees nach einem längeren Aufenthalt gelüstet, bietet sich etwa Hundert Meter weiter südlich auch der gut ausgestattete **Campingplatz *Cerquestra*** an, wo wir wenige schattige Plätze für Wohnmobile, einen Strand und einen geräumigen, schön gelegenen Pool gesichtet haben *(Ostern bis Mitte Oktober)*. Die Straße durchschneidet aber das Gelände.

Etwa 500 Meter weiter im Süden folgt das Dorf **Monte del Lago**, das, wie der Name vermuten lässt, auf einer Anhöhe thront und uns von allen Ortschaften rings um den Lago fast am besten gefallen hat. Es gibt keine Durchgangsstraße, die Autos bleiben außerhalb, und Sie entdecken reizvolle Treppchen zwischen Backsteinhäusern und immer wieder wunderbare Seeblicke. Monte del Lago kam schon im Jahr 1823 zu touristischen Ehren, als der bayerische König Ludwig I. hier abstieg, um sich mit einer Geliebten, einer umbrischen Marchesa, zu treffen. Später war in dem Dorf auch der Komponist Puccini auf der Jagd, seine Beute waren allerdings Enten.

Wir haben sogar einen eingeschränkt übernachtungstauglichen Park- und einen Badeplatz ausfindig gemacht (dort aber selbst bislang weder genächtigt noch gebadet). Zuerst zum Stellplatz mit Blick:

(010) WOMO-Parkplatz: Monte del Lago – oben

GPS: N 43°08'42" E 12°09'44", Via della Strage.
Max. WOMOs: 2.
Ausstattung: Wasser (rechts an der Straße ins Dorf), Mülleimer.
Beschreibung: Der asphaltierte, teilweise schattige Platz am Rand der Bebauung eignet sich nicht für WOMOs über 7 m Länge und ist im Sommer möglicherweise belegt. Parken Sie zunächst an der Ortszufahrt bei einer Bushaltestelle und erkunden Sie nach wenigen Schritten die Lage. Sie können sonst nur schlecht wenden. Wer baden will, geht ins Dorf und dann geradeaus bergab zum See mit einem kleinen Kiesstrand nach ca. 300 m ab dem Stellplatz.
Zufahrt: Biegen Sie von der Seeuferstraße auf der Kuppe nach Monte del Lago ab und fahren Sie vor dem Dorf rechts auf den Parkplatz.

Ein sehr kleiner Badeplatz liegt direkt am See und bietet einen schilflosen Strand (was an dieser Stelle des Sees keine Selbstverständlichkeit ist), aber kaum Stellfläche:

(011) WOMO-Parkplatz: Monte del Lago – *See*

GPS: N 43°08'36" E 12°09'41", Via dell Università.
Max. WOMOs: 1-2.
Ausstattung: Wiesenstrand, man kann auch von den seitlichen Stufen des nahen Bootsanlegesteges baden.
Beschreibung: Das ist kein richtiger Stellplatz, eher ein Spleen

für kleinere Fahrzeuge und nichts für turbulente Tage, weil Sie dann wahrscheinlich keinen Parkraum finden und zum Wenden ein Stück rückwärtsfahren müssen, wenn die Wendebuchten zugeparkt sind. Sie brauchen zudem leistungsfähige Keile.
Zufahrt: Biegen Sie südlich des Dorfes zum See hin ab und fahren Sie bis fast zum Ende des Weges, bevor WOMOs das Parken verboten wird. Kurz vor dem Ende müssen Sie am Rand des Weges eine Nische suchen, weil die eigentlich schöne Wiese gesperrt ist.

Bei der Weiterfahrt nach Süden sehen Sie links das fotogene Ensemble des in Privatbesitz befindlichen und dennoch dem Verfall preisgegebenen Castello di Zocco, das im Jahre 1274 erbaut wurde und einst die größte Burg am See war. In Sichtweite folgen zwei kostenpflichtige **Strandbäder**, auf deren Parkplätzen man das WOMO gut abstellen kann. Es scheint, als könne man hier auch **übernachten**. Letzteres haben wir nie ausprobiert, weil wir eine unbestreitbar romantischere Alternative im nahen Dorf **San Feliciano** (580 Einwohner) kennen, wo wir unter Bäumen an einem malerischen Hafen, von dem inzwischen nur noch sehr wenige Fischer täglich zur Arbeit tuckern, ein lauschiges Plätzchen aufgespürt haben (Foto Seiten 32/33). Leider kann man dort aber nicht baden. Alternativ finden Sie südlich des Dorfes einen offiziellen Stellplatz und nördlich einen Campingplatz:

(012) Offizieller WOMO-Stellplatz: San Feliciano

GPS: N 43°06'53" E 12°10'13", Lungolago a Alicata. **Max. WOMOs**: 20.
Öffnungszeit: Ganzjährig.
Ausstattung: Ver- und Entsorgung (Wasser nur zeitweise), Toilette, Strom, Mülleimer.
Beschreibung: Sie stehen schattenlos am Rand der Bebauung beinahe am Ufer. Die Rasengittersteine neben Asphaltfahrbahnen sind nicht besonders lauschig, ermöglichen aber Klappstühle. Eine Pizzeria grenzt an den Platz, weitere Gaststätten und Geschäfte sind fußläufig erreichbar.
Preis: 18 €/Tag inkl. Strom. An Ostern und im Herbst standen die Schranken offen, und der Strom war kostenlos.
Zufahrt: Der Platz liegt beschildert in San Feliciano am südlichen Hafenbecken südlich der Schiffsanlegestelle.
Hinweis: Ich habe keinen Strand und keine taugliche Badestelle gesehen.

(013) WOMO-Parkplatz: San Feliciano Am Fischereimuseum

GPS: N 43°07'08" E 12°09'55", Largo Pace e Lavoro. **Max. WOMOs**: 3-4.
Ausstattung: Mülleimer.
Beschreibung: Sie stehen auf geschottertem Untergrund am Rand der

Bebauung und des Hafens mit schönem Blick (siehe unser Foto) und können am Abend vermutlich die Klappstühle benutzen. In das Ortszentrum mit Gaststätten und Geschäften sind es nur wenige Schritte.
Es würde mich nicht wundern, wenn dieses schöne Plätzchen irgendwann zugunsten des offiziellen, zeitweise kostenpflichtigen Platzes gesperrt würde.

Zufahrt: Fahren Sie von Norden kommend im Ort die erste Straße rechts, Beschilderung ‚*Museo della pesca*' (Fischereimuseum), vor dessen Gittertor links geradeaus unter Bäume an den Rand eines Fischereihafens.

(014) WOMO-Campingplatz: San Feliciano *Parco dei Pini*

GPS/Kontakt: N 43°07'23" E 12°09'59", Via Gandhi 1. Tel. 075 843661; www.villaggioparcodeipini.it/. **Öffnungszeit**: Mindestens Ostern bis Mitte Oktober November, nicht genau bekannt.

Ausstattung: Pool, Wiese am See, Restaurant, Brot / Ortszentrum 0,5 km.

Beschreibung: Der kleine, schattige Platz liegt direkt am hier nicht zum Baden geeigneten See. Durch die hohen Bäume wird das Rangieren für große Fahrzeuge etwas schwierig. Es gibt allerdings zahlreiche Dauercamper in Hütten, die seitlich der Fläche für Kurzzeitcamper nicht stören.
Preis: 25 €.
Zufahrt: Der Platz ist nördlich des Ortes an der SP 316 nicht zu verfehlen.

Das **Fischereimuseum** *(Museo della pesca)* ist im Gebäude jenseits des Gittertores vor dem Stellplatz Nr. 013 untergebracht und erläutert anschaulich alte Fischfang-Techniken und die Bedeutung der Fischerei für die Menschen am See. Außerdem gibt es ein Aquarium mit prächtigen Fischen und schöne

historische Fotografien *(April, Mai, Juni, September: Do. – So. und die ganze Woche nach Ostern 10 – 13 und 15 – 18 Uhr; Juli, August: Di.– So. 10.30 – 13 und 16 – 19.30 Uhr, zeitweise auch abends; im Winter nur Sa. und So.; 3 €).* Wir sind von dem Museum sehr angetan. Ähnlich wie von dem **Ristorante *Da Settimio***, etwa 100 Meter weiter südlich am Hafen, das zu Recht wegen seiner Fischgerichte zu den besseren Adressen am See gehört *(Fr. – Di.; Tel. 075 8476000; Reservierung kurz vor dem Essen dürfte reichen, von uns länger nicht mehr getestet, höheres Preisniveau).*

In San Feliciano nimmt man – im Sommer fast stündlich – das Boot, wenn man die heute unbewohnte, aber größte Trasimenische Insel, die **Isola Polvese**, erkunden will. Wo sich bis Ende der Fünfzigerjahre noch eine eigenständige Gemeinde angesiedelt hat, kann man heute hauptsächlich zu einem renovierten Schloss, einem ehemaligen Kloster und zu einer Kirche spazieren. Die meisten Touristen liegen nur am Strand und sitzen in der *Impact Zero Beachbar*, wo es an Sommerwochenenden ziemlich rummelig wird.

San Feliciano – bei Platz Nr. 013

Fährt man auf dem Festland weiter in die südöstliche Ecke des Gewässers, ist ein Abstecher zu dem schönen, leicht erhöht gelegenen Weiler **San Savino** angeraten, wo übernachten sollte, wer weite Blicke liebt und ein nicht zu großes WOMO fährt:

(015) WOMO-Parkplatz: San Savino

GPS: N 43°06'22" E 12°11'30"; Viale d. Persico. **Max. WOMOs**: 2-3.

Ausstattung: Mülleimer.

Beschreibung: Das Beste an diesem weitgehendschattenlosen Asphaltplatz ist für Fahrzeuge unter 7,50 m die Lage, wenngleich Sie im angrenzenden Ort nichts einkaufen und auch nicht einkehren können. Am Abend hätte man auf dem bei unserer Nachschau völlig leeren Platz auch quer zu den Markierungen parken können.

Zufahrt: Der Platz liegt vor und oberhalb des Ortes unterhalb des Friedhofes (Wegweiser ‚P'), eine Etage tiefer finden Sie parallel zur Zufahrtsstraße weitere Plätze mit etwas Gefälle für größere Fahrzeuge.

Gedanken an ein Schwimmvergnügen kommen hier nicht auf. Ihnen zu Füßen liegt nämlich bei einem breiten Schilfgürtel der Teil des Sees, der Umweltschützern besonders wichtig ist, weil in den unzugänglichen Uferregionen sehr viele Wasservögel brüten. Das **Naturschutzgebiet *La Valle*** kann besichtigt werden, mit Glück bekommt man sogar Fischadler oder Rotreiher vor die Linse *(Okt. – Mai Di. – Fr. 10 – 13 Uhr; Sa. und So. auch 15 – 18 Uhr; Juni – Sept. vermutlich täglich 9 – 13 und 16 – 20 Uhr; 3 €; Hunde sind erlaubt; schauen Sie am besten unter www.oasinaturalisticalavalle.it/).*

Am **Südufer** des Sees gibt es nur eine bedeutsame Ansiedlung. Es ist das Dörfchen **Sant'Arcangelo**, dessen Cam-

Bei Sant'Arcangelo

pingplatz einst unser Lieblingsgelände am See war. An der schönen Lage hat sich auch bis heute nichts geändert, jedoch hat man den Eindruck, dem Betreiber sei das Geld ausgegangen. Alles ist veraltet und wenig gepflegt. Aber suchen Sie mal einen Stellplatz, der vergleichbar schön liegt wie das Terrain auf einem kleinen Halbinselchen. Deshalb können Sie sich hier schon ein paar Tage aufhalten, solange Sie notfalls den eigenen Sanitärraum benutzen. Vielleicht sind inzwischen sogar die angekündigten Renovierungsarbeiten durchgeführt:

(016) WOMO-Campingplatz: Sant'Arcangelo
Villaggio Italgest

GPS/Kontakt: N 43°05'18" E 12°09'23", Via Martiri di Cefalonia. Tel. 075 848238; https://de.italgest.com/. **Öffnungszeit**: Ostern – 30.9.
Ausstattung: Pool mit Riesenrutsche, Badestrand, Laden (besser und preiswerter ist der Laden im Ort), Restaurant.

Beschreibung: Der große Campingplatz liegt direkt am See, in dem wir gebadet haben. Ob das immer noch erfreulich ist, konnte ich nicht nachrecherchieren. Sehr schön ist der Bereich einer kleinen Halbinsel. Falls man allerdings in Ufernähe keinen Platz bekommt, rate ich eher ab. Im hinteren Bereich ist das Gelände nämlich mit mobilen Behausungen vollgestellt, und alle Einrichtungen sind veraltet und relativ ungepflegt. Ins kleine Ortszentrum sind es 600 m.
Preise: 23 – 42 € (am teuersten, aber wirklich sehr schön sind große Plätze direkt am Wasser, siehe Foto).
Zufahrt: Biegen Sie in Sant'Arcangelo, auf der Südseite des Sees, bei der Beschilderung ab.

Fährt man am Campingplatz geradeaus weiter bis zum See, gelangt man an einen romantischen, kleinen Hafen. Seit dem Jahr 2021 reicht es den Mitgliedern der Fischerei-Kooperation nicht mehr, sich in ihrem am Wasser gelegenen Vereinsheim nur zu versammeln oder die Beute zu verkaufen. Sie haben einen Umbau gewagt und die rustikale ***Locanda dei Pescatori del Trasimeno*** eröffnet, wo Ihnen zu maßvollen Preisen leckere Köstlichkeiten serviert werden. Neben Fisch aus eigenem Fang werden auch Tiefgekühltes sowie Fleisch- und Pastagerichte angeboten *(Tel. 075 545 1067; Mo. geschlossen; preiswert).* Man hat daher etwas Hemmung, dort einfach neben den Fischerbooten zu übernachten (aber noch am Ende der Straße links und rechts des früheren Anlegestegs auf öffentlichem Gelände), sondern man fühlt sich verpflichtet, bei den Wirtsleuten um Erlaubnis zu fragen, die nach unseren Informationen gerne erteilt wird:

(017) WOMO-Parkplatz: Sant'Arcangelo
Locanda dei Pescatori del Trasimeno

GPS: N 43°05'21" E 12°09'22", Via Martiri di Cefalonia; siehe bei der vorstehenden Gaststätte **Max. WOMOs**: 3-5.
Ausstattung: Gaststätte *(Mo. geschlossen)*, Spielplatz.
Beschreibung: Sie stehen schön an einem kleinen Hafen, an den Öffnungstagen sicherheitshalber im Zusammenhang mit einem Gaststättenbesuch, bei dem Sie um Erlaubnis fragen sollten. Das Gelände ist im hinteren, teilweise grasigen Teil aber sehr geräumig, weshalb ich nicht weiß, ob meine Vorsicht begründet ist. In den Ort mit Einkaufsmöglichkeit sind es 700 m.
Zufahrt: Biegen Sie in Sant'Arcangelo zum See ab, Beschilderung *'Campeggio Villaggio Italgest'*. Fahren Sie am Campingplatz vorbei und am Ende der Straße vor einen Anlegesteg, bzw. nach Rücksprache neben das Haus der Gaststätte.
Der Anlegesteg ist nicht mehr in Betrieb. Allerdings springt die einheimische Jugend von den vordersten Stufen in den See und klettert mit deren Hilfe auch wieder hinaus.

Uns hat es in Sant'Arcangelo mehrfach so gut gefallen, dass wir gewandert sind und uns an den wunderbaren Blicken auf den See erfreut haben:

Kurzer Rundweg bei Sant'Arcangelo

Wir parken in **Sant'Arcangelo** seitlich der SR 599 bei der Kirche (oder gehen vom Camping- oder dem Anlegesteg zu Fuß dahin), spazieren ein kurzes Stück nach Osten (also Richtung Campingplatz) und biegen von der Durchgangsstraße bergwärts in die Straße Via Italia 61 ein, auf der wir das Dorf verlassen.

Bei den letzten Häusern stoßen wir auf eine rot-weiße Markierung, die uns in einem großen Linksbogen zwischen Olivenhainen und Wald oberhalb des Dorfes um dieses herumführt. Wir erfreuen uns hier an weiten Blicken über die anmutige Landschaft und den See.

Wenn der Weg in seinem Bogen schon fast das Dorf wieder erreicht hat, sehen wir links des Weges **zwei Strommasten**, an denen wir rechts abbiegen, während der markierte Weg nach links auf die Häuser zuläuft (N 43°04'56" E 12°09'50").

Wir wandern – nun vorübergehend ohne Markierung – auf ein Gartentor zu, vor dem der Weg links abknickt und Höhe gewinnt. Bald ist seitlich der Strecke eine alte, **historische Dampfmaschine** ausgestellt, der zwei Häuser und ein Waldweg folgen. Von diesem Waldweg biegen wir etwa 400 m nach dem letzten Haus rechtwinklig nach links ab (auf Steinen sind weiße Markierungen gemalt, der Weg, der kerzengerade aufwärtsführt, ist mit einem Verkehrszeichen gesperrt). Nach weiteren 10 -15 Minuten treffen wir am Waldrand auf eine breite, von unten kommende **Schotterstraße** (bis hier sind wir etwa eine Stunde unterwegs).

Auf diesem Weg gehen wir später zurück. Wir dehnen die Wanderung aber noch etwas aus, gehen auf der Schotterstraße nach rechts etwa 80 m bergauf und halten uns auf einem Sattel bei Wegzeichen halb links, um auf dieser Straße auf gleicher Höhe weiterzuwandern, bis wir auf ein Anwesen stoßen. Vor dem Tor halten wir uns links (das ist die zweite Linksabbiegung seit den Wegzeichen), und stoßen nach einem Bogen und etwa 35 Minuten wieder auf besagte Schotterstraße, die uns in weiteren 30 Minuten nach Sant'Arcangelo leitet. Insgesamt sind wir – etwa zur Hälfte im Schatten – **2 Stunden und 20 Minuten** unterwegs. Die Kompasskarte Nr. 2463 und die entsprechende App helfen, sie sind aber nicht fehlerfrei. Man kann sich allerdings nicht ernsthaft verlaufen.

Auf dem Endstück unserer See-Rundreise gibt es bis nach Castiglione nun keine weiteren, jedenfalls keine von uns entdeckten Marksteine. Es fällt daher nicht schwer, dem See etwa fünf Kilometer westlich von Sant'Arcangelo den Rücken zu kehren, um auf einem schmalen, aber gut befahrbaren Sträßchen **Panicale** (5.200 Einwohner), eine der schönsten Kleinstädte Umbriens (und Italiens: *Uno del Borghi più belli d'Italia*), zu er-

Panicale

reichen. Zwischen aus rotem Backstein gemauerten Häusern kann man weit über den Trasimenischen See blicken, und 200 Meter vor den Mauern, in der **Kirche San Sebastiano**, sind das berühmte und zudem noch bestens restaurierte Altarbild *Martyrium des Heiligen Sebastian* (aus dem Jahre 1505) sowie das leicht beschädigte (abgenommene) Fresko *Mariä Krönung* (1490) des weltberühmten Renaissance-Malers Perugino (Näheres zu diesem Künstler bei den folgenden Touren) zu sehen. Erst beim dritten Anlauf liegen wir richtig in der Zeit, um uns beim Touristenbüro am zentralen Platz (!!) einem Besichtigungsrundgang anzuschließen, von September bis Juni die einzige Möglichkeit, um die beiden Fresken zu sehen. Die auf Italienisch und Englisch erklärende Dame führt zuerst in das kleine **Teatro Cesare Caporali** von 1848, das im Jahr 1994 nach Restaurierung neu eröffnet worden ist (nur rund hundert Plätze, davon 32 im Parkett – und trotzdem noch in Betrieb). Danach ist dann die erwähnte Kirche dran, und Sie erfahren

Panicale – San Sebastiano

Panicale – der zentrale Platz

alle Details dieser Fresken und ihrer Entstehung – mehr als Sie wissen wollen *(Führungen finden statt um 10.30, 11.30, 15.10, 16, 16.50, 17.50, 18.30 und 18.50 Uhr; 5 €; im Juli/August können Sie die Perugino-Fresken auch ohne Führung besichtigen, da die Kirche in dieser Zeit von 10.30 – 12.30 und von 16 – 19 Uhr geöffnet ist; 4 €; Achtung, während der Pandemie hatten sich die Zeiten verändert).* Lohnend ist auch das Renaissance-Bild *Geburt Christi* von Giovanni Battista Caporali (1519) in der **Kirche S. Michele**, am dritten Altar links *(oberhalb des Marktplatzes und ohne Führung).* Ein offizieller Stellplatz liegt sehr gut, seit Jahren muss ich aber den Zustand bemängeln:

(018) Offizieller WOMO-Stellplatz: Panicale

GPS: N 43°01'43" E 12°06'08", Via della Repubblica. **Max. WOMOs**: 6 (auf den 8 eingezeichneten können realistisch nur 4 Fahrzeuge stehen, 2 weitere WOMOs passen noch an anderer Stelle auf den Platz, wenn man Keile benutzt). **Öffnungszeit**: Ganzjährig.
Ausstattung: Ver- und Entsorgung, Strom (nur zeitweise in Betrieb), Mülleimer.

Beschreibung: Das leicht abgestufte, teilweise klappstuhlgeeignete Gelände liegt am Rand der Bebauung, etwa 500 m vom Zentrum mit Gaststätten und Geschäften entfernt. Der Blick ist überwiegend zugewachsen, die Äste der Bäume stoßen unter Umständen an das WOMO-Dach. Seit Jahren ist der eigentlich schöne Platz kostenlos, aber etwas veraltet. Wasser und Strom haben zeitweise nicht funktioniert.

Zufahrt: Der Platz liegt seitlich der südlichen Zufahrt nach Panicale, der Straße nach Tavernelle; wenn die offiziellen Plätze belegt sind, können Sie auch eine Etage tiefer (etwas schräger) stehen.

Panicale ist einer unserer umbrischen Lieblingsorte. Besonders im Sommer, wenn wir an der oberen Seite des schrägen Dorfplatzes von der kleinen Terrasse des ausgezeichneten **Ristorante *Lillo Tatini*** das unaufgeregte Geschehen um den ehrwürdigen zentralen Brunnen überblicken *(Tel. 075 837771; Mo. geschlossen, leicht gehobenes Preisniveau; man kann gut über das Internet reservieren www.lillotatini.it/it/prenotazioni-ristorante-lillotatini_18.html).*

Ristorante Lillo Tatin

Auch **Paciano** (900 Einwohner), der Nachbarort, gehört zu den *Borghi più belli d'Italia*. Er liegt wie Panicale hoch über der Ebene, und leicht verwechselt man die Namen der beiden Dörfer. In Paciano sind die Häuser vielleicht ein wenig zu sehr

In Paciano

herausgeputzt. Und viel schneller als man denkt, hat man die Ansiedlung durchquert.

Leider haben sich alle Stellplatztipps früherer Vorauflagen als zu klein oder zu steil erwiesen. Große Fahrzeuge **parken** vor der Kirche (nicht zu verfehlen) oder beim Sportplatz (N 43°01'19" E 12°04'04"), kleinere nördlich (links) unterhalb der Kirche (N 43°01'25" E 12°04'12"). Hasardeure, die riskieren, ihr frontangetriebenes Fahrzeug von einem Traktor die kurze, aber enge und überraschend steile Zufahrt zurückschleppen lassen zu müssen, entscheiden sich für den mit weißblauem ‚*P*' ausgewiesenen Parkplatz, rechts oberhalb des historischen Zentrums (N 43°01'17" E 12°04'10").

Eine schöne Wanderung, die auch im Rother-Führer beschrieben wird, verbindet Panicale mit Paciano:

Von Panicale nach Paciano

Außerhalb des westlichen Stadttores von **Panicale** sehen Sie auf der anderen Straßenseite eine Markierung, die Sie auf einer gepflasterten Straße bergauf aus dem Ort heraus nach Westen schickt. Sie bleiben mit schönen Rückblicken nach Panicale auf dem Fahrweg, der auf dem

Bergrücken verläuft. So gelangen Sie in ein Wäldchen und folgen an einer Gabelung nicht der nach links abzweigenden rot-weißen Markierung. Sondern Sie halten sich weiter auf dem Kamm, der sich allmählich absenkt und auf eine prächtige **Schirmpinienallee** trifft. Sie können sie durchwandern und müssen an ihrem Ende aber umkehren.

Jedenfalls stiefeln Sie wieder auf dem Hinweg ein Stück (ab der Pinienallee etwa 10 Minuten) bergauf zurück bis zu einem Durchfahrtsverbotsschild mit dem Zusatz *»a tutti i veicoli a motore«*, an dem Sie bereits vorbeigekommen sind. Hier biegen Sie ab und gelangen nordwärts bergab bald nach **Paciano**.

Für den Rückweg nehmen Sie die sehr wenig befahrene Straße nach Panicale, die in Paciano oberhalb des Waschhauses beginnt *(Kompass-*

*Karte Nr. 2463 bzw. entsprechende App; **3 Stunden**; auf der Karte ist für den ersten Teil des Rückweges eine Alternative eingezeichnet).*

Ein kleines Juwel habe ich erst entdeckt, als ich auch mal eine Kirche angesteuert habe, welche manche Reiseführerkollegen nicht erwähnen. Vielleicht sind denen die Fresken des **Santuario Madonna di Mongiovino** aus dem späten 16. und frühen 17. Jahrhundert zu neu, oder Antonio C. Pomarancio und Arrigo Fiammingo sind zu unbekannt. Letzterer heißt richtig Heinrich von der Broeck, aber daran dürfte es auch nicht liegen, dass die mächtige Wallfahrtskirche oberhalb von **Tavernelle** übergangen wird, die kein Geringerer als Bramante, der Erbauer des Petersdoms, kurz vor seinem Tod im Jahr 1514 geplant hat. Mir gefallen die Bilder sehr, und wir waren die einzigen Besucher. Beachten Sie auch das eigenwillige Eingangsportal.

Santuario Madonna di Mongiovio

Hinter der Kuppelkirche finden Sie einen geräumigen Übernachtungsplatz in ruhiger Lage:

(019) WOMO-Parkplatz: Tavernelle Santuario Madonna di Mongiovino

GPS: N 43°00'45", E 12°08'53", Via Aldo Capitini. **Max. WOMOs**: 5.
Ausstattung: Wasser, Spielplatz, Mülleimer (alles vor der Kirche).
Beschreibung: Der geschotterte Parkplatz mit schattigem Randbereich ist klappstuhlgeeignet und bietet einen weiten Blick, wenn auch auf ein Kraftwerk.
Zufahrt: Folgen Sie ab Tavernelle dem Wegweiser *'Santuario Madonna di Mongiovino'*, und fahren Sie links an der Kirche vorbei auf den Parkplatz direkt hinter die Kirche; kurz vor der Kirche verengt sich die Straße, aber Ihr WOMO wird durchpassen (sicherheitshalber vom Beifahrer einwinken lassen).

TOUR 2
Tour 1
220
020
Città d. Pieve
71
021
Santa Maria
1
10 km
Fabro
Band 08 WOMO-Reiseführer Toskana und Elba
Ficulle
022
71
1
WC
023
Tour 3
ORVIETO
2
71
030
031
025
Bolsena
489
024
029
WC
WC
028
Gradoli
La Grata
032
026
027
2
71
033
Lago di Bolsena
034
WC
312
035
WC
Montefiascone
Capodimonte
036
nach Bomarzo
037
038
Marta
2
nach Viterbo

Tour 2: Fresken, Dom und Badesee 190 km

Città della Pieve – Orvieto – Lago di Bolsena – Bomarzo

Stellplätze: in Città della Pieve, in Santa Maria, in Ficulle, in Orvieto, am Lago di Bolsena, bei Bomarzo

Campingplätze: mehrere Möglichkeiten am Lago di Bolsena

Besichtigen: Città della Pieve, Orvieto, Bolsena, Montefiascone, den Heiligen Wald von Bomarzo

Essen: *Trattoria Delli Poggi* in Orvieto, *Il Podere del Contadino* oder *Trattoria da Picchietto* in Bolsena

Diese Tour ist eine ideale Tour, weil sie Ihnen alles das bietet, was Ihnen den Urlaub verschönt: Fresken, einen wunderbaren Dom und am Ende, zur Belohnung, mehrere Badetage an einem See mit glasklarem Wasser.

Sie können es morgens trotzdem ruhig angehen lassen. Sie werden nämlich auf allen Etappen dieser Tour brauchbare Übernachtungsplätze finden. Vermutlich werden Sie dennoch nicht schon nach etwa 30 Kilometern, in **Città della Pieve** (7.100 Einwohner), einen Stellplatz suchen, obgleich es dafür vor den Mauern der Stadt eine offizielle Gelegenheit gibt, neben der ich keine weiteren Alternativen mehr für sinnvoll halte:

(020) Offizieller WOMO-Stellplatz: Città della Pieve

GPS: N 42°57'07" E 12°00'24". **Max. WOMOs:** 14, an der Zufahrt finden Sie weitere Möglichkeiten. **Öffnungszeit**: Ganzjährig.
Ausstattung: Ver- und Entsorgung, Strom, Mülleimer.
Beschreibung: Der schattenlose, klappstuhlgeeignete Platz liegt sehr günstig und unterhalb der Bebauung. Näheres erkennen Sie auf dem Foto. Gehen Sie oberhalb des Platzes vor einem Pkw-Parkplatz rechts über einen schmalen Fußweg und dann durch ein Stadttor in die Via Roma.
Zufahrt: Der Platz liegt südöstlich unterhalb der Altstadt und ist an der Straße nach Orvieto, der SS 71 beschildert.

Città della Pieve

Die auf einem Bergrücken in 509 Meter Höhe gelegene Stadt steht nach meinem Eindruck nicht an oberster Stelle der Prioritätenliste deutschsprachiger Urlauber, was ein Fehler ist oder ein Vorteil. Letzteres bemerken Sie schon nach den ersten Schritten zwischen den aus rotem Ziegelstein erbauten Häusern, wenn Sie durch das bei der Stellplatzbeschreibung erwähnte Stadttor bergauf gegangen und beim Auftreffen auf die schmale Haupteinkaufsstraße nach links abgebogen sind. Von dort sind es nur noch 80 Meter bis zum **Duomo**, den Sie vor allem wegen **Perugino** (1445–1523) suchen, dem berühmtesten umbrischen Maler. Sie haben ihn bereits in Panicale, auf der vorangegangenen Tour, kennengelernt, möglicherweise waren Sie auch schon in Perugia, der Stadt, nach der dieser Künstler benannt ist *(‚der aus Perugia')* und wo seine zweitberühmtesten, aber vielleicht schönsten Fresken zu sehen sind (siehe Tour 5; als am bekanntesten gilt das Fresko *Christus übergibt Petrus die Schlüssel*, in der Sixtinischen Kapelle im Vatikan). Weniger geläufig jedoch sind sein richtiger Name, Pietro Vanucci, und sein Geburtsort, Città della Pieve, dem immerhin fünf seiner Werke geblieben sind: im **Dom** die *Taufe Christi* (ca. 1510; in der ersten Kapelle links nach dem Eingang), welcher Vanucci seinen Ruhm sicher nicht verdankt. Sie ist nämlich ähnlich steif und mittelmäßig wie die *Madonna im Glorienkranz mit Heiligen* (im Chor hinter dem Hauptaltar). Beides sind Spätwerke aus der Zeit, als der Meister seine Kreativität verloren hatte.

Ein perfektes Perugino-Fresko hingegen dürfen Sie im äußerlich unscheinbaren **Oratorio di Santa Maria Bianchi** in der Via Pietro Vanucci betrachten *(die Straße gegenüber dem Dom abwärts, etwa 200 Meter vom Dom entfernt auf der rechten Seite; Mo. geschlossen; 10 – 12.30 und 15.30 – 18 Uhr;*

5 €). Die *Anbetung der Könige* (1504) ist eines der berühmtesten Bilder von Perugino, mit zarten Pastelltönen, lieblicher umbrischer Landschaft samt Trasimenischem See. Nach meinem Geschmack vielleicht ein bisschen zu süßlich, aber ein vortreffliches Schaustück dessen, was Renaissance-Malerei ausmacht. Die Kunsthistoriker spüren auf dem Bild alte Bekannte auf: In der zweiten Reihe links, mit roter Haube, Perugino höchstpersönlich, rechts von ihm neben dem Pfeiler der Pergola, die den Stall von Bethlehem symbolisiert, seinen Schüler Raffael, links von Perugino seinen Lehrer Leonardo da Vinci und am Rand des Bildes, ganz links mit Bart, Michelangelo. Vanucci hat sich damals wohl schon als Wohltäter verstanden, ansonsten hätte er nicht in einer Inschrift (Reproduktion an der linken Wand) festgehalten, dass er seine ursprünglichen Preisvorstellungen für dieses Fresko von 200 Florinen auf 75 herabgesetzt hat (vergleiche auch das identische Motiv in Trevi, Tour 4 mit Foto).

Vicolo Baciadonne

Gehen Sie nun in der Via Pietro Vanucci in der vorherigen Richtung weiter bergab und bei dem bald folgenden ehemaligen Brunnen halblinks. Sie kommen dann nach etwa 100 Metern zu einem von links einmündenden Gässchen, das 50 bis 60 Zentimeter »breit« ist und als die schmalste Gasse Italiens gilt. So schmal und dunkel, dass den verklemmten männlichen Einwohnern der Stadt jahrhundertelang die Fantasie durchging. Vermutlich hat sich ebenso lange kein weibliches Wesen im Alleingang durch den **Vicolo Baciadonne** *(Gasse Küss' die Frauen)* getraut. Wohlwissend, dass die Herren der Schöpfung beim unvermeidlich engen Begegnungsverkehr nur ans Küssen denken.

Sehenswert ist schließlich neben der Kirche San Francesco das **Oratorio di San Bartolomeo** *(Via Icillio Vanni, vom erwähnten Stadttor auf der Einkaufsstraße rechts über den Kreisverkehr, dort links, geradeaus aus der Stadt heraus; täglich 10 – 12 und 16 – 19 Uhr)*, weil dort ein renoviertes Kreuzigungsfresko zu bewundern ist, dessen steifen Figuren man sofort ansieht, dass das Bild lange vor der Renaissance gemalt worden ist (um 1340).

In Città della Pieve wird in großem Stil **Safran** angebaut, die teuerste Gewürzpflanze der Welt (bis zu 30 Euro/Gramm). Von der im Herbst blühenden Krokusart werden nur die Stempelfäden getrocknet. Für ein Kilo Safran benötigt man deshalb 150.000 bis 200.000 Blüten. Man kann verschiedene Erzeuger besuchen.

Auf der Fahrt nach Süden durchqueren wir **Santa Maria** mit brauchbarem offiziellen Stellplatz [**021**: N 42°53'37" E 12°02'16", Wasser; kostenlos, an der SS 71 beschildert] und nehmen bei Fabro (indiskutabler Stellplatz mit defekter Ver- und Entsorgung beim *Centro sportivo*) lieber die Autobahn anstelle der kurvigen SS 71. Dadurch fahren wir allerdings an **Ficulle** (1.600 Einwohner) mit seinem gut gelegenen ebenfalls offiziellen Stellplatz vorbei:

(022) Offizieller WOMO-Stellplatz: Ficulle

GPS: N 42°49'49" E 12°04'06", SS 71; Via Orvieto. **Max. WOMOs**: 10.
Öffnungszeit: Ganzjährig.
Ausstattung: Ver- und Entsorgung, Strom, Mülleimer.

Beschreibung: Der teilweise schattige, klappstuhlgeeignete Platz liegt innerhalb der Bebauung in der Nähe einer Einkaufsmöglichkeit. Die Einrichtung am Rand eines Parkes ist etwas veraltet. In den schönen, historischen Ort mit Gaststätten sind es 500 m. Man hört etwas die Straßengeräusche.

Zufahrt: Der Platz ist südlich des Zentrums an der SS 71 beschildert und nicht zu übersehen.

Orvieto

Ihr Urlaub wird nicht zum Flop, wenn Sie hier nicht übernachten und sich entschließen, gleich nach **Orvieto** (21.000 Einwohner) zu reisen, wo Sie die nach meinem Geschmack größte Sehenswürdigkeit Ihrer Umbrienreise bewundern dürfen und ein Ziel unserer persönlichen **Top Ten**. Orvieto galt als eine der bedeutendsten Städte im etruskischen Territorium, bevor es im Jahre 350 v. Chr. von den Römern eingenommen wurde. Die Bedeutung ist durch die Lage auf einem mächtigen, 200 Meter über das Tal aufragenden Sockel aus Tuffstein bedingt, den die Bewohner im Laufe der Jahrhunderte weitgehend ausgehöhlt haben und heute vorwiegend als Weinkeller nutzen. Der Felsklotz begrenzt die Altstadt auf natürliche Weise, weshalb Sie kaum Parkraum finden. Es empfiehlt sich daher, von Osten anzureisen (wenn man von der anderen Richtung kommt, möglichst auf der SS 71 an der Ostseite unter die Stadt fahren) und den offiziellen Stell- und Parkplatz bei der Bahnstation, zu der alle Wegweiser führen, zu suchen. *Funicolare* steht auf den Schildern. Das ist das italienische Wort für *Bergbahn*, die Sie von hier hinauf in die Altstadt befördert *(1,30 €/ Person, Hunde werden mit Maulkorb geduldet)*:

(023) Offizieller WOMO-Stellplatz: Orvieto

GPS: N 42°43'31" E 12°07'35", Strada della Direttissima.

Max WOMOs: 40. **Öffnungszeit**: Ganzjährig.

Ausstattung: Ver- und Entsorgung, Toilette, warme Dusche, warmes Wasser am Spülbecken, alles sehr sauber und gepflegt; Strom, Mülleimer, Waschmaschine, Brot- und Weinverkauf.

Beschreibung: Der klappstuhlgeeignete Stellplatz ist einem Campingplatz ähnlich, wenn auch mit Asphalt zwischen Rasenstücken,

Supermarkt nach 250 m, Gaststätten in der Nähe (auch im Ortsteil des Platzes). Das ist besser als von mir früher vermutet, richtig gut sogar, nachdem wir einen abendlichen Fußweg von der Stadt gefunden haben. Die letzte Bergbahn fährt nämlich um 20.30 Uhr.

Der Platz liegt zwischen einer tagsüber stark befahrenen Bahntrasse neben dem Bahnhof und einem weiteren wenig befahrenen Gleis. Wenn man aus seinem WOMO geklettert und der erste Schnellzug vorbeigebrettert ist, möchte man sofort wieder einsteigen, zumal nach wenigen Minuten schon der nächste Zug vorbeirast. Bleiben Sie! Nachts fahren nämlich keine Züge (auch keine Güterzüge auf dem Bahnhofsgleis). Die morgendlichen Züge haben uns (bei geschlossenen Dachöffnungen) nicht gestört. Von der nahen Autobahn hört man nichts.

Kurz: Der Stellplatz ist sehr gut geeignet.

Der benachbarte Parkplatz ist für Wohnmobile verboten.

In das historische Zentrum gelangt man (auch mit Hund und Maulkorb) bis 20.30 Uhr ohne längere Wartezeiten mit der Bergbahn.

Nach abendlichen Gaststättenbesuchen muss man **zu Fuß den Heimweg** antreten. Dazu geht man oben rechts neben der Bergbahnstation bergab (nicht durch die Mauer auf gleicher Höhe!!) durch einen Torbogen; nach einem zweiten Tor gabelt sich die Straße, und man muss unbedingt links gehen; nach einer scharfen Rechtskurve und vor der nächsten Linkskurve zweigt nach rechts ein gepflasterter Weg ab (das ist die Stelle, an der man aufpassen muss), der das Gleis der Bergbahn überquert und nach wenigen Windungen auf eine kerzengerade Straße trifft; es ist sogar eine rot-weiße Markierung zu sehen. Am Ende muss man noch ein Stück nach links gehen, um an der unteren Bergbahnstation anzukommen; der Weg ist während etwa fünf Minuten unbeleuchtet (Taschenlampe!). Ängstliche Naturen orientieren sich schon mal vorher im Hellen (an dem Stück nach dem zweiten Torbogen und vor der geraden Straße) und folgen erst dann unserem unten publizierten Gastrotipp.

Es fährt abends auch ein **Bus** (Infos an der Stellplatzrezeption), oder man kann ein Taxi nehmen.

Preis: 20 €/24 Std. inklusive aller Leistungen. Sie müssen sich wie auf einem Campingplatz in dem Gebäude anmelden, auch wenn die Schranke offensteht.

Zufahrt: Der Platz ist an der Ostseite von Orvieto beschildert *‚Funicolare'* und *‚Stazione'*.

Marktfrau in Orvieto

Nachdem Sie mit der Bergbahn in wenigen Minuten fast in das Zentrum geglitten sind, gibt es einiges zu sehen. Obwohl Orvieto die meistbesuchte Stadt in Umbrien ist – neben Assisi die einzige stark frequentierte – und obwohl man auch in Orvieto über allerlei Kitsch stolpert, hat das ***Centro storico*** wegen restriktiver Vorschriften (so sind Fast-Food-Lokale verboten) seinen homogenen, ursprünglichen Charakter unerwartet gut bewahrt, was dann am besten zur Geltung kommt; wenn **donnerstags** am Palazzo del Popolo, einem romanisch-gotischen Gebäude aus Tuffstein, die farbenfrohen Marktstände aufgebaut sind. Orvieto sah im Mittelalter so ähnlich aus wie heute, nur gab es mehr Gärten, in denen die Bewohner Nahrungsmittel angebaut haben, um sich gegen Belagerungen zu rüsten.

Orvieto – Dom

Schlendern Sie in Ruhe durch die Gassen, vor allem durch das alte Viertel im nordwestlichen Teil der Altstadt, denn Orvieto hat mehr zu bieten als nur den **Dom**. Seine Fassade ist die farbenprächtigste aller gotischen Kathedralen Italiens, vielleicht weil ein großer Teil der oben abgebildeten Mosaiken aus dem 19. Jahrhundert stammt. Die Bronzetüren wurden gar erst 1970 eingebaut.

Aber die berühmten **Flachreliefs** an den Seiten der Portale, besonders das zweite Relief rechts vom Mitteleingang, auf dem das Jüngste Gericht schaurig dargestellt ist, waren für die Zeit ihrer Entstehung (1320–1330) ungewöhnlich realistisch (Foto Seite 53).

Orvieto – Flachreliefs am Dom

Hervorragend gelungen ist auch die Fensterrosette in einem quadratischen Rahmen, der seinerseits von Nischen gesäumt ist, in denen Statuen der Apostel aufgestellt sind. Die schwarz-weißen Streifen an den Seiten des Gebäudes kennen Sie schon, wenn Sie in Pisa oder Siena waren, sie gehen auf arabischen Einfluss zurück, der sich von Pisa aus in Italien verbreitet hat.

Luca Signorelli – *Die Verdammten*

Die größte Sehenswürdigkeit aber finden Sie innen, Sie müssen auch nicht lange danach suchen. Denn rechts des Altars, vor einer Gittertür, hat sich bisweilen eine kleine Schlange ungeduldiger Menschen gebildet, die vom Wächter nur stoßweise in die dahinterliegende Kapelle, die **Cappella della Madonna di San Brizio**, eingelassen werden. Lassen Sie sich nicht abschrecken! Ihnen entgehen nämlich sonst Fresken, die zu den ein-

Luca Signorelli – *Apokalypse*

drucksvollsten der Kunstgeschichte zählen. Der in Italien gerne eingesetzte Beleuchtungsautomat ist nicht mehr nötig, seitdem die *Cappella* fantastisch restauriert worden ist und überwiegend mit natürlichem Licht ausgeleuchtet wird. Weil die energischen Wächter am schmiedeeisernen Gitter konsequent ihres Amtes walten, ist die Kapelle auch nicht überfüllt. Gemeinhin gilt nur **Luca Signorelli** als der Maler der Apokalypse. Richtig ist jedoch, dass die Wandmalereien im Jahre 1447 von Fra Angelico und Benozzo Gozzoli (siehe meinen Toskana-Führer und Tour 4 in diesem Buch) begonnen wurden. Aber Signorelli schuf zwischen 1499 und 1502 das Hauptwerk, einen Zyklus, der das Jüngste Gericht zeigt und die Geschichte des Antichrist erzählt, eines christusähnlichen Satans. Kunstgeschichtlich bedeutsam ist die Darstellung nackter menschlicher Körper in ungewöhnlicher Bewegung, die es bis dahin so noch nicht gab (vor allem bei der *Auferstehung* – siehe Foto Seite 4). Bahnbrechend für die damalige Zeit waren auch die Perspektiven (beispielsweise der Hölle) und die Porträts. Man erkennt sofort, welch wegweisenden Einfluss diese Bilder für die spätere Malerei gehabt haben. Wenn Sie es irgendwie einrichten können, müssen Sie die Cappella di S. Brizio zweimal aufsuchen. Zuerst für den allgemeinen Eindruck, danach sollten Sie einen Kunstführer lesen (solange es das überhaupt noch gibt) oder ein Buch erstehen, in dem die Bilder erläutert sind, bei einem Cappuccino darin schmökern und sich dann nochmals am Gitter anstellen.

In der Kapelle gegenüber wird innerhalb des Doms in einem Schrein das **Kelchtuch von Bolsena** aufbewahrt und zweimal im Jahr, an Ostern und an Fronleichnam, in der Öffentlichkeit präsentiert. Das Wunder dieses Stofffetzens war der Anlass für den Bau des Doms – und für das Fronleichnamsfest *(Besichtigung des Domes: März und Oktober 9.30 – 18 Uhr, April bis September 9.30 – 19 Uhr, Nov. bis Februar bis 17 Uhr, an Sonn- und Feiertagen nur nachmittags ab 13 – 17.30 Uhr, Feb. – März bis 17.30 Uhr, 5 € bis 30 Minuten vor der Schließung).*

Das Wunder von Bolsena

Im Jahre 1263 zelebrierte ein böhmischer Priester im nahen Bolsena eine Messe. Und ausgerechnet ihm, der sich wegen Zweifel an der Transsubstantation, also an der Verwandlung von Hostie und Abendmahlwein in Leib und Blut Christi, auf die Pilgerreise nach Rom begeben hatte, tropfte, so die Sage, beim Brechen der Hostie, Blut auf ein weißes Tuch. Das hat den erstaunten Gottesmann bekehrt und die Massen so elektrisiert, dass sie sich zu einer spontanen Gruppenwanderung aufmachten, um den Lappen im nahen Orvieto abzuliefern, wo damals der Papst residierte (mehrere Päpste residierten vorübergehend in Orvieto). Der hatte zu jener Zeit beträchtliche Probleme mit Sekten, die die kirchlichen Lehren in Frage stellten, und nahm das Ereignis zum willkommenen Anlass, nicht nur den Dombau zu planen, der allerdings erst fast 30 Jahre später in die Tat umgesetzt wurde, sondern auch den Zug der Gläubigen, die Prozession, im Kirchenjahr zu verankern.

Soweit die fromme Legende, deren Fortbestand sicher auch in Zukunft durch eine strikte Verweigerung einer chemischen Untersuchung des Stofftuchs gewährleistet ist.

Mit den Eintrittstickets finden Sie auch Einlass im benachbarten **Museo dell'Opera del Duomo**, das Sie nicht versäumen dürfen. Im Dombaumuseum ist nämlich das Original der anmutigen Marienskulptur ausgestellt, deren Kopie über der mittleren Domtür platziert ist und auf unseren Fotos fehlt, weil damals gerade das Replikat gefertigt worden ist. Außerdem sehen Sie zum Beispiel Teile eines Flügelaltars von Simone Martini (1280 – 1344) und einen von Signorelli mit einem Selbstbildnis bemalten Ziegelstein *(das Museum befindet sich in einem Anbau rechts des Doms;* Öffnungszeiten wie der Dom*)*.

Sehenswert ist in Orvieto auch der **Pozzo di San Patrizio**, ein Brunnen, der um 1530 auf Veranlassung des Papstes Clemens VII. gegraben wurde, um die Stadt im Fall einer Bela-

Orvieto – Pozzo di San Patrizio

gerung mit Wasser versorgen zu können. Zwei übereinander liegende Wendeltreppen, die durch mehr als 70 Fenster merkwürdig erhellt werden, führen in den Brunnenschacht und sind so angelegt, dass sich hinab- und emporsteigende Menschen nicht begegnen. Die 248 Stufen der Treppe sind zudem derart konstruiert, dass auch Maultiere und Esel hinuntersteigen konnten, um mit Wassergefäßen beladen zu werden, das sich auf der Sohle des Brunnens auf Lehmboden gesammelt hatte. Sie finden den Eingang zur Unterwelt am östlichen Ende des Felsklotzes, seitlich der Bergbahn (*9 – 18.45 oder 19.45 Uhr; 5 €*).

Wenn Sie derart Gefallen an der Unterwelt gefunden haben, könnte Sie eine **Untergrundtour** entzücken, bei der Sie und Ihre hochmotivierten Kinder während etwa 45 Minuten durch unterirdische Keller und Gänge geführt werden und viel über die Stadt erfahren *(Einzelheiten zum Ablauf erfahren Sie aus örtlichen Prospekten und bei der Stellplatzrezeption, im Sommer Jacken mitnehmen; www.orvietounderground.it/index.php/de/; beworben wird auch »Unterirdisch Heiraten«, den Beginn einer glücklichen Ehe würde ich aber anders bezeichnen).*

Nicht ohne Grund habe ich Ihnen oben beim Stellplatz in aller Genauigkeit den Nachhauseweg am fortgeschrittenen Abend, wenn die Bergbahn nicht mehr fährt, erklärt: Die ***Trattoria Delli Poggi*** würde auch einen weiteren und dunkleren Rückweg rechtfertigen; leckerste *Pappardelle chinghiale* (breite Nudeln mit Wildschweinsoße), butterzarter *Brasato al vino* (Schmorbraten in Rotwein), Superweine, karierte Tischdecken, moderate Preise, freundlicher Betreiber *(es gibt auch mehrere vegetarische Gerichte; Via Corso Cavour 194 – das ist die lange Hauptstraße, die kurz oberhalb der oberen Bergbahnstation beginnt; Di. geschlossen).*

Gerne entscheidet man sich in Orvieto zu einem Abstecher nach Westen in die Region Latium, um noch ein paar Badetage am **Lago di Bolsena** einzuschieben. Damit dringe ich in das Gebiet des wunderschönen Band 79 der WOMO-Reihe ein. Die Verfasser verzeihen mir das, weil Bolsena und Orvieto zusammengehören und der Bolsenasee schon seit über 30 Jahren von mir gestreift worden ist. Das Wasser eines der größten Vulkanseen Europas und des fünftgrößten See Italiens eignet sich hervorragend für einen Badeurlaub, deutlich besser als das des Trasimenischen Sees und ist seit einigen Jahren, seit die Kläranlagen rundum in Betrieb sind, glasklar. Nicht ohne Grund hat sich der Bürgermeister von Bolsena getraut, im Fernsehen und zu Werbezwecken ein Gläschen Seewasser zu verkosten.

Wenn Sie durch die steilen, malerischen Gassen der mittelalterlichen Altstadt von **Bolsena** spazieren (4.000 Einwohner),

Bolsena

stoßen Sie im unteren Teil unweigerlich auf die **Basilica di Santa Christina**, die an der Stelle des so genannten Blutwunders von 1263 (siehe oben im beigen Kasten) erbaut worden ist. In einer im 17. Jahrhundert errichteten Seitenkapelle werden unterhalb des Altarbildes und hinter vergoldeten Türen drei der vier Steine aufbewahrt, die mit dem aus der Hostie fließenden Blut befleckt worden sind; der vierte Stein wird im Kuppelraum in einem dafür hergestellten Gefäß gehütet. Von der so genannten *Neuen Kapelle des Blutwunders* gelangt man in den alten Teil des Gotteshauses, und dort zunächst zu einem Altar aus dem 8. Jahrhundert, an dem die Legende um Blut und Stofftuch ihren Ausgang genommen hat. Endpunkt der Kirchenbesichtigung ist das Grab der Heiligen Christina, einer Märtyrerin aus dem 4. Jahrhundert *(7 – 12.30 und 15 – 18 Uhr; 4 €).*

in Bolsena

Bolsena ist ein perfekter Ferienort, der uns bei jeder weiteren Reise immer besser gefällt. Hier kommen nicht nur die Historiker und, vor allem in der Oberstadt, die Fotografen auf ihre Kosten. Besonders sehenswert ist die Kleinstadt Mitte Juni, wenn die **Hortensien** blü-

Lago di Bolsena – bei *Blu International Camping*

hen. Niemals sahen wir prächtigere Pflanzen in vergleichbarer Häufung. Nicht ohne Grund wird am vorletzten Juniwochenende die Festa di Ortensie (Hortensienfest) mit Blumenmarkt gefeiert.

Auch die vielfältigsten Wünsche nach einer Bleibe werden erfüllt: Keine schlechte Wahl trifft, wer nicht lange fackelt und sich direkt in Bolsena auf dem ***Camping Internazionale il Lago*** ein Plätzchen unmittelbar am See sichert (siehe nachfolgender Kasten). Nicht viel weiter vom Zentrum entfernt steht man weiter westlich bei ***Camping Pineta***. Erlebnishungrigen Ordnungsfanatikern wird eher das Herz aufgehen, wenn Sie stattdessen etwa 1,5 Kilometer südlich von Bolsena ihr WOMO in die schnurgeraden (etwas düsteren) Parzellen des ***Camping Village Lido*** zirkulieren und danach von Animateuren bei Laune gehalten werden. Der Individualist unter den Zeltplatzschläfern wird wegen der vielen Trauerweiden und heimeligen Wiesenecken den wesentlich schöneren Nachbarplatz ***Blu International Camping*** bevorzugen. Auch das Stellplatzangebot fassen wir nachfolgend zusammen:

(024) WOMO-Campingplatz: Bolsena
Internazionale il Lago

GPS/Kontakt: N 42°38'19" E 11°59'04", Viale Cadorna, Tel. 0761 799191; https://campingillago.it/. **Öffnungszeit**: 1.4. – 30.9.
Ausstattung: Badestrand.
Beschreibung: Das schattige Gelände ist nicht geräumig und bietet nur Platz für 34 Einheiten. Mit Glück steht man direkt am Wasser. In das Ortszentrum mit Gaststätten und Geschäften sind es nur 0,4 km. **Preise**: 25 – 34 €.
Zufahrt: Der Platz liegt im östlichen Teil von Bolsena direkt am See.

(025) WOMO-Campingplatz: Bolsena
Camping Pineta

GPS/Kontakt: N 42°38'38 E 11°58'36", Viale Amando Diaz 48; https://campingpinetabolsena.it/. **Öffnungszeit**: 1.4. – 30.9.

Ausstattung: Sehr schmaler Badestrand benachbart, kleine Kaffeebar.
Beschreibung: Das ist ein ebenfalls nicht sehr großer, beschaulicher und sehr ortsnaher Campingplatz mit unmittelbarem Seezugang.
Preis: 22 €.
Zufahrt: Der Platz liegt beschildert westlich des Zentrums von Bolsena.

(026) WOMO-Campingplatz: Bolsena *Blu International Camping*

GPS/Kontakt: N 42°37'52 E 11°59'41", Strada del Pietre Lanciate; Tel. 0761 799197- im Sommer: 0761 798855; *www.blucamping.it*.
Öffnungszeit: Anfang/Mitte April bis Anfang Oktober.
Ausstattung: Breiter Sandstrand, sehr gutes, preiswertes Restaurant, Laden, Pool.
Beschreibung: Von dem sehr schönen, schattigen Gelände führt entlang dem Strand ein 1,6 km langer Fußweg in den Ort; Sie benötigen 30 Minuten, davon 10 Minuten unbeleuchtet.
Einen Supermarkt finden Sie an der Straße nach Bolsena nach etwa 400 m.
Preise: 23 – 31 €.
Zufahrt: Der Platz ist am Ostufer des Sees südlich von Bolsena nicht zu verfehlen.

(027) WOMO-Campingplatz: Bolsena *Le Calle*

GPS/Kontakt: N 42°37'49" E 11°59'49", Via Roma, Tel. 328 7154633.
Max. WOMOs: 16. **Öffnungszeit**: April - Oktober.
Ausstattung: Ver- und Entsorgung, warme Dusche, Toilette, Spülbecken, Strom, Mülleimer.
Beschreibung: Der schattige, private Agricampeggio ist **200 m vom See** entfernt und klappstuhlgeeignet. Es gibt einen Brotdienst. Zu Gaststätte, Supermarkt und Fußweg nach Bolsena siehe beim Campingplatz Nr. 026. Der sehr freundliche, Deutsch sprechende Betreiber nennt das Gelände sowohl *,Campeggio'* als auch *,Sosta Camper'*, aber es ist eher ein Campingplatz.
Preis: 19 €.
Zufahrt: Fahren Sie auf der SR 2 südlich von Bolsena an der Abzweigung zu *Blu International Camping* vorbei. Der Stellplatz liegt dann bald auf der Seeseite der Straße.

(028) Offizieller WOMO-Stellplatz: Bolsena *Il Guadetto*

GPS/Kontakt: N 42°38'08" E 11°59'13", Viale Cadorna; http://www.areacamperilguadetto.it/. **Max. WOMOs**: 30.

Ausstattung: Ver- und Entsorgung, spärliche warme Dusche, karges Spülbecken, schwach abgesicherter Strom, Mülleimer.

Beschreibung: Auch dieses möglicherweise geschlossene, klappstuhlgeeignete Gelände erinnert an einen Campingplatz. Es grenzt direkt an den Strand und liegt am Rand von Bolsena. In das Zentrum mit Gaststätten und Geschäften sind es 1,1 km.

Preis: Das volle Programm 17 €/Nacht, Ver- und Entsorgen 5 €; öffnen Sie ruhig das große Metalltor, der Kassierer des privat betriebenen Stellplatzes kommt am Abend; kostenloses Wasser direkt daneben am Kreisverkehr.

Zufahrt: Fahren Sie in Bolsena an der Hauptkreuzung auf der Platanen-Allee zum See, dort links, am Camping *Lago* vorbei, dann noch etwa 500 m ans Ende der Asphaltstraße (beschildert); oder fahren Sie an besagter Kreuzung nach Osten und biegen Sie nach ca. 500 m hinter der Tankstelle zum See ab.
Hinweis: Der Platz war bei Drucklegung schon länger geschlossen, angeblich stand eine Wiedereröffnung bevor. Berichten Sie mir oder im Forum des Verlages. Sobald mir die Wiedereröffnung bekannt wird, veröffentliche ich das unter https://forum.womoverlag.de/.

(029) WOMO-Parkplatz: Bolsena – östlich

GPS: N 42°38'18" E 11°59'08", Viale Cadorna. **Max. WOMOs**: 10-15.
Ausstattung: Wasser, zumindest tagsüber Toilette, Mülleimer.
Beschreibung: Auf dem schattenlosen Asphaltparkplatz am Rand der Bebauung gibt es einen für Wohnmobile ausgewiesenen Bereich, der in der Saison nicht ausreicht. Dann stehen jedenfalls nachts die WOMOs auch auf den nicht markierten Flächen. In das Zentrum mit Gaststätten und Geschäften sind es 0,8 km, Strand nach etwa 200 m.
Preis: 10 €/24 Stunden – zahlbar nur mit Münzen.
Zufahrt: Der Platz liegt schräg gegenüber Camping *Internazionale il Lago* (siehe oben).

(030) WOMO-Parkplatz: Bolsena – westlich

GPS: N 42°38'38" E 11°58'40", Viale Amando Diaz. **Max. WOMOs**: 20-25.
Ausstattung: Mülleimer.
Beschreibung: Auf dem schattenlosen Schotterplatz mit Seeblick gibt es erstaunlicherweise keine Beschränkungen. Ein schmaler Strand ist nur wenige Meter entfernt In das Zentrum mit Gaststätten und Geschäften sind es 0,8 km, **Preis**: 10 €/24 Stunden – zahlbar nur mit Münzen.
Zufahrt: Der Platz liegt neben Camping *Pineta* (siehe oben).

(031) In derselben Straße, 300 m weiter östlich, können Fahrzeuge unter 7 m Länge auf Asphalt am Seeufer parken; **GPS**. N 42°38'34" E 11°58'51".

Bei so vielen ortsnahen Möglichkeiten bummelt man gerne abends durch die Kleinstadt und sucht ein authentisches Lokal. Leider ist unsere Empfehlung 500 Meter nach Western verzogen, aber dadurch nicht weniger attraktiv. Vor allem ist an den karierten Tischdecken im Garten des ***Il Podere del Contadino*** mehr Platz als früher. Die Kellner sind zwar in Anlehnung an den Namen des Hauses als Bauern kostümiert, was

Bolsena – bei den Plätzen Nr. 028 und 029

Schlimmes befürchten lässt. Das und der weitere Weg sind aber die einzigen Schönheitsfehler. Die Landleute sind äußerst freundlich, selbst wenn die Verständigung holpert, das Essen ist regional beeinflusst und sehr preiswert *(Via Cassia Nord 53, das ist die SR 2; von der zentralen Kreuzung in der Altstadt 800 m; Di. und Mi. geschlossen, Tel. 0761 094447*). Leser, denen der Weg zu weit war, haben die ***Trattoria da Picchietto*** mit kleinerem Innenhof und in der Altstadt sehr empfohlen *(Via Porta Fiorentina 15, Tel. 0761 799158; Mo. geschlossen; maßvolle Preise).*

Wir fahren nun entlang der Nordseite des Sees um die nordwestliche Ecke, wo wir vor Jahren mit großer Enttäuschung registrieren mussten, dass einer unserer Lieblingsplätze diversen Blumenbeeten zum Opfer gefallen war. Inzwischen sind auch flächendeckende Verbotsschilder montiert. Der dortige Zeltplatz, eher ein Restaurant mit angeschlossener Campingmöglichkeit, wäre sowieso die wesentlich bessere Möglichkeit. Denn schöner und ruhiger stehen Sie selten – in der Superhochsaison ein Geschenk mit nahezu sicherer Platzgarantie:

Lago di Bolsena – bei La Grata

(032) WOMO-Campingplatz: Gradoli – *La Grata*

GPS/Kontakt: N 42°38'09" E 11°53'13" Via Lungolago 9; Tel. 0761 456552; www.lagrata.it/.
Öffnungszeit: Spätestens ab Ostern, Schließung etwa ab November.
Ausstattung: Badestrand, Restaurant mit besonders knuspriger Pizza, Brotbestellung.
Beschreibung: Sie urlauben auf einem weitläufigen Gelände unter lichten Bäumen und insgesamt sehr schön. Allerdings sind die Sanitäranlage stark veraltet und unterdimensioniert. In das nächste Ortszentrum sind es 2,5 km, nach Bolsena 10 km.
Preis: 30 €.
Zufahrt: Auf der Nordseite des Sees biegen Sie kurz vor Erreichen des Ufers auf die SS 489 in Richtung Gradoli ab; bei nächster Gelegenheit – nach etwa 1,6 km in einer Rechtskurve – nehmen Sie das in einem großräumigen Einmündungsbereich nach links zum See abbiegende Sträßchen, das sich nach etwa 300 m gabelt; Sie fahren dort rechts und dann noch etwa 500 m entlang dem See nach Süden.

Eine gut geeignete Badestelle samt privater *Sosta Camper* finden Sie ein Stück weiter im Süden:

(033) Offizieller WOMO-Stellplatz: Gradoli *San Magno*

GPS/Kontakt: N 42°35'59" E 11°51'56", Stradale Provinciale 115, Tel. 349 093643; www.bolsenacamper.it/. **Max. WOMOs:** 30.
Öffnungszeit: Woche vor Ostern – 30.9.
Ausstattung: Ver- und Entsorgung, Duschen (nur am Abend geöffnet), Strom, Badestrand (Wiese), Mülleimer.
Beschreibung: Das teilweise schattige, campingplatzähnliche Gelände ist nur durch eine schmale Zufahrtsstraße vom Ufer getrennt. Fußläufig sind Gaststätten erreichbar, die wir nicht getestet haben.
Preis: 15 € für die erste Nacht, 10 € für jede weiter Nacht.
Zufahrt: Fahren Sie auf der schmalen Straße am Westufer entlang (von Süden Wegweiser ,*Gradoli*'), Sie kommen an dem privat betriebenen Stellplatz vorbei.
Hinweis: Aufsetzgefahr an der Einfahrt.

Benachbart liegt ein von uns nicht inspizierter kleiner **Campingplatz** direkt am See.

Den schönen Stellplatz nördlich von **Capodimonte** gibt es nicht mehr, dafür eine Möglichkeit im Ort selbst:

(034) Offizieller WOMO-Stellplatz: Capodimonte

GPS: N 42°33'04" E 11°53'45", Viale Sant' Antonio 221.
Max. WOMOs: 20. **Öffnungszeit**: Juni bis September.
Ausstattung: Ver- und Entsorgung, Toilette, Dusche, Strom, Spielplatz.
Beschreibung: Das ist eher ein Agricampeggio etwa 200 m vom See und 1 km vom Zentrum entfernt. **Preis**: 20 €.
Zufahrt: Der Platz liegt am nördlichen Rand der Bebauung.

Obwohl man an diesem Teil des Lago di Bolsena ganze Ferien verbringen kann, fragt man irgendwann nach den Bedingungen am südlichen Ufer. Die sind leider deutlich schlechter. Die Strände sind schmal und die Stellplätze rar. Am Südufer kann man zwar entlang einer Staubstraße kilometerlang stehen, was allerdings wenig lieblich und etwas schmutzig ist. Ich bin auch nicht sicher, ob man hier übernachten darf. Aber man kann auf jeden Fall gut baden. Gemessen an den Plätzen auf der Nord- und Ostseite gibt es keinen Grund, sich hier länger aufzuhalten. Und wenn, dann auf einen relativ neuen Stellplatz in **Marta** (3.300 Einwohner):

(035) Offizieller WOMO-Stellplatz: Marta
Al Porto di Marta

GPS/Kontakt: N 42°32'00" E 11°56'02", Via della Spiaggia 22, Tel. 328 2633331; https://al-porto-di-marta-area-camper.business.site/.
Max. WOMOs: 18. **Öffnungszeit**: März bis November.
Ausstattung: Ver- und Entsorgung, Toilette, Strom, Mülleimer.
Beschreibung: Sie stehen wie auf einem Campingplatz auf Gras, aber überwiegend unter noch kleinen Bäumen. Der Ort mit Geschäften und Gaststätten grenzt unmittelbar an. An das Seeufer mit Bademöglichkeit sind es nur wenige Schritte.
Preise: 17 – 25 €.
Zufahrt: Der Platz liegt an der Ostseite des Hafens von Marta.

Montefiascone

In der südöstlichen Ecke des Sees finden Sie noch den kleinen **Campingplatz *Amalasunta***. Hier haben Sie hoch über sich **Montefiascone** (12.000 Einwohner) im Blick, wo Sie, auch wenn die Stadt, wie der ganze Bolsena-See, in Latium liegt, unbedingt anhalten sollten. Wegen eines beachtlichen Kuppeldoms mit zwei übereinander liegenden Kirchen, in deren Unterkirche ein Fresko die Kürze und Nichtigkeit irdischen Lebens darstellt, sowie wegen einer sehenswerten, überschaubaren Altstadt. Etwa 700 Meter davon entfernt kann man Richtung Viterbo einen passablen Weißwein der Sorte *Est!Est!Est!* einkaufen und bei der **Winzergenossenschaft** (ein wenig dicht an der Durchgangsstraße und nicht sehr heimelig) kostenlos, aber offiziell übernachten [**36**: N 42°31'60" E 12°02'33"; Ver- und Entsorgung und kostenloser Strom].

Auf der Strecke zurück nach Umbrien sollten Sie sich noch einen kleinen Umweg gönnen – zu einem großen Ziel: **Der Heilige Wald** von **Bomarzo** (Il Parco dei Mostri di Bomarzo) ist längst kein Geheimtipp mehr, zu fantastisch – im reinen Wortsinn – sind die steinernen Fabelwesen, Monstren und Gebilde, die Vicino Orsini, der Fürst von Bomarzo, zwischen 1552 und seinem Tod im Jahre 1584 in einem magischen Park aufstellen ließ. Zu sehen ist eine Wunderlandschaft am Rande des Wahns. Verzerrt sind die Menschen, die Tiere, die Wege und das einzige in die Anlage gebaute Haus. Ich bräuchte mehrere Seiten, wollte ich Ihnen alle Figuren und deren Bedeutung beschreiben. Ich kenne nichts Vergleichbares, eine der großen Sehenswürdigkeiten in diesem Buch und auch ein Vergnügen für Ihre Kinder. Wir sind zuletzt an einem milden Frühlingsnachmittag durch den Sacro Bosco (Heiligen Wald) spaziert und seitdem der festen

im Parco dei Mostri di Bomarzo

Überzeugung, dies sei der ideale Moment. Vielleicht hätte man uns zur selben Zeit in jeder anderen Parklandschaft Mittelitaliens ein ähnliches Vogelkonzert geboten. Aber es schien uns, als hätten die Amseln niemals virtuoser musiziert. Die Literatur hingegen empfiehlt einen Herbsttag mit Nebelschwaden. Sie können also nichts falsch machen, es sei denn, Sie ließen sich von den hohen Eintrittspreisen abschrecken *(10 €; 8.30 – 19 Uhr, Nov. – März bis Sonnenuntergang; Zufahrtsbeschreibung beim folgenden Stellplatz, keine Hunde, es wird ein Zwinger angeboten)*. Der Park befindet sich noch immer in Privatbesitz, aber der Eigentümer hat seinen früheren, wunderbaren WOMO-Stellplatz geschlossen, was weniger schlimm ist, als ich zunächst dachte:

(037) WOMO-Parkplatz: Bomarzo

GPS: N 42°29'25" E 12°15'01", Via Madonna della Valle.
Max. WOMOs: 10-12. **Ausstattung**: Mülleimer.

Beschreibung: Der geschotterte Platz liegt sehr schön direkt unterhalb des historischen Dorfes. Theoretisch ist er klappstuhlgeeignet, jedoch oft gut besucht, weshalb man dann etwas eng steht. Der Park ist 450 m entfernt. Im alten Ortsteil gibt es Gaststätten. Eine Einkaufsmöglichkeit kennen wir nicht. Schöne Sicht auf das Dorf und die Landschaft.

Zufahrt: Fahren Sie ab Montefiascone Richtung Viterbo und auf die Schnellstraße Richtung A 1 und Terni bis zur Abfahrt nach Bomarzo; nördlich des malerischen Ortes Bomarzo ist die Abzweigung von der SP 20 zum *'Parco dei Mostri'* beschildert; gleich unterhalb des alten Dorfes kommen Sie an einem kleinen Parkplatz vorbei.

(038) Der vorerwähnte Platz ist an Wochenenden oft überfüllt, man kann dann auf den Asphaltplatz bei den *Carabinieri* ausweichen;

GPS: N 42°29'06" E 12°14'59", Via Monte Bianco, im neuen Ortsteil südlich des *Centro storico*).

Tour 3: In die ideale Stadt — 78 km

Lago di Corbara – Civitella del Lago – Todi

Stellplätze: in Civitella del Lago, in Todi

Campingplätze: am Lago di Corbara, bei Civitella del Lago

Besichtigen: Civitella del Lago, Todi

Essen: Ristoranti *Trippini* in Civitella del Lago, *Pane e Vino* oder *Jacopone* in Todi

Wir waren bei der 2. Tour zuletzt deutlich in Latium, und wer im Anschluss an jene Tour seine Reise in Südumbrien fortsetzen möchte, wählt am besten südlich von Bomarzo die Schnellstraße, die SS 204. Wir kehren stattdessen nach Norden zurück und biegen auf halbem Weg zwischen Montefiascone und Orvieto nach Osten zum **Lago di Corbara** ab, der sich im Jahre 1962 als künstlicher Stausee des Tibers zwischen den Hügeln ausgebreitet hat. Leider ist er kein Badesee, man kommt fast nirgends ans Ufer, das Schwimmen ist offiziell verboten, und schmutzig wirkt er obendrein. Beides hält aber manche menschliche Wasserratte nicht vom Sprung in die bräunlichen Fluten

Blick auf den Lago di Corbara – von Civitella aus

ab. Es lohnt sich dennoch, ein wenig über dem Ufer zu verweilen, weil das Gewässer fotogen – von Weitem auch richtig blau, wie es sein soll – in die umbrischen Berge eingebettet ist.

Empfehlenswert ist ein Campingplatz, auf dem man sich nicht tagelang aufhält, wo man sich aber schön am Pool nach dem Besuch von Orvieto erholen kann:

(039) WOMO-Campingplatz: Lago di Corbara *Scacco Matto*

GPS/Kontakt: N 42°41'59" E 12°14'51", Baschi, SS 448, Tel. 0744 950163.
Öffnungszeit: Unbekannt.
Ausstattung: Gute Gaststätte, schön gelegener Pool.
Beschreibung: Der kleine Platz mit veralteten Sanitäranlagen ist eher das Zubrot eines Gastronomiebetriebes. Ich hatte den Platz auch schon mal gestrichen, weil er vorübergehend geschlossen war, und es würde mich nicht wundern, wenn die Zukunft weiterhin ungewiss wäre. Vor Drucklegung war das Gelände zugänglich, und der Pool sah schön aus.
Preis: 25 €.
Zufahrt: Der Platz ist an der Strecke nach Todi schon am Anfang des östlichen Seeufers direkt an der SS448 beschildert.

(039a) Etwa 5 km weiter nördlich finden Sie ein größeres Gelände, das sich ***Tevere Green Village*** nennt, ebenfalls mit Pool und am See;
GPS/Kontakt: N 42°43'20" E 12°15'38", Baschi, SS 448, Tel. 0744 1925383; https://teveregreenvillage.com/. **Preise**: 26 – 33 €.

Der schönste Ort über dem See ist **Civitella del Lago**, von dessen Aussichtsbänkchen Sie atemberaubende Sonnenuntergänge erleben dürfen. Auch der Bummel durch das niedliche Dorf macht Laune, die sich zur Hochstimmung steigert, wenn Sie Paolo **Trippini** in seinen eleganten kleinen Speiseraum führt, den wir ihm nicht zugetraut hätten. Denn seitlich und unterhalb des Esszimmers wird Pizza an Freilufttischen angeboten – möglicherweise inzwischen von einem anderen Wirt, aber ebenfalls mit grandioser Aussicht. Und wer es nicht weiß, kommt kaum auf den Gedanken, dass sich daneben ein **Ristorante** versteckt, das vielleicht am schönsten gelegene unter allen in diesem Buch beschriebenen. Von einem der wenigen Tische am Fenster machen Sie tief unter sich in der roten Abendsonne den See aus, in der Ferne den Felsklotz von Orvieto und, ganz hinten im Dunst, sogar den Monte Amiata. Das Essen ist vorzüglich und unterstreicht die Ausnahmestellung dieses Restaurants. Man muss allerdings zugeben, dass die Preise dieser Oase der Gastlichkeit nicht auf Pizzeria-Niveau liegen, aber unsere Umbrien-Marken-Reisen wären um eine kulinarische Hauptattraktivität ärmer, wenn die Familie Trippini mangels Rentabilität schließen müsste (was nicht wahrscheinlich ist, da Paolo in der Nähe ein weiteres Restaurant betreibt). Ich vermute, dass hier am Wochenende Hochbetrieb herrscht *(Ristorante Trippini; Tel. 0744 950316; www.paolotrippini.it; Montag Ruhetag, Menüs mit 5 Gängen ab 60 €, Primo und Secondo zusammen etwa 45 €).*

An jenen Wochenenden freut man sich, dass es inzwischen eine gute Alternative zu unserem Plätzchen an der oberen Mauer mit der tollen Fernsicht gibt. Dieses ist, zumindest am Abend, der Hit, weil wir an der Westseite des Dorfes stehen, einen Steinwurf von Trippinis Küche entfernt. Zwar am Rand der Dorfstraße, die wir aber nur überqueren müssen, um auch zu später Stunde und von einer Bank aus nochmals die erhabene Weite der umbrischen Nachtlandschaft aufzusaugen. Weniger erfreulich ist der Schulbus, der an der Haltestelle direkt hinter unserem Auto am nächsten Morgen schon früh den Motor warmlaufen lässt. Der alternative, geräumige Parkplatz am Ortseingang hingegen liegt auch schön, jedoch nicht mit jener Traumsicht:

(040) WOMO-Parkplatz: Civitella del Lago – Mauer oben

GPS: N 42°42'37" E 12°16'54", Via Italia.
Max. WOMOs: 2.
Ausstattung: Mülleimer.
Beschreibung: Das ist kein Stellplatz im eigentlichen Sinn, sondern nur eine innerörtliche Übernachtungschance für nicht zu große Fahrzeuge am Rand der sehr wenig befahrenen Straße. Und etwas schräg ist das Sträßchen auch. Wasser gibt es an der Außenwand der Kirche, etwa 100 m weiter im Dorf). Dort finden Sie auch Lebensmittel.

Zufahrt: Fahren Sie von der SS 448 hoch nach Civitella und folgen Sie der Einbahnstraße durch den ganzen Ort; nach einem langgezogenen

Parkplatz fahren Sie links an der Kirche vorbei, danach nochmals links, bevor Sie vor einer Mauer am Straßen- und Westrand des Ortes parken.

Eine **Alternative** dazu ist:

(041) WOMO-Parkplatz: Civitella del Lago – Mauer unten

GPS: N 42°42'33" **E 12°17'00"**, Via degli Ulivi. **Max. WOMOs**: 2-3.
Ausstattung: Keine.
Beschreibung: Auch das ist nur eine asphaltierte, größere Ausbuchtung für kleinere bis mittelgroße Fahrzeuge innerhalb der Bebauung. Zum abendlichen Seeblick müssen Sie Ihre Klappstühle auf dem Weg noch etwa 50 m tragen.
Zufahrt: Biegen Sie gleich am Ortsanfang, wo die Einbahnstraße beginnt, nach links in die ***Via degli Ulivi*** ab, durchqueren Sie ein kurzes Wohngebiet bis zu einem kleinen Platz, rechts unter einer Mauer.

Sie finden sogar einen Parkplatz, wie Sie ihn erwarten:

(042) WOMO-Parkplatz: Civitella del Lago Ortseingang

GPS: N 42°42'39" E 12°17'15", Via Italia.
Max. WOMOs: 5.
Ausstattung: Keine.
Beschreibung: Auf der schattenlosen Asphaltfläche am Rand des Dorfes und vor dem Friedhof gibt es nur Markierungen für Pkw oder Busse, der Platz ist abends aber weitgehend leer. In das Dorfzentrum und zu *Trippini* sind es 600 m.
Zufahrt: Fahren Sie von der SS 448 hoch nach Civitella. Noch vor dem Ort stoßen Sie auf einen Parkplatz zwischen Friedhof und Tankstelle. **Hinweis**: Möglicherweise kann man auf der anderen Seite der benachbarten Tankstelle am Rand einer Wiese noch besser stehen.

Blick von Civitella del Lago aus

Gelegentlich, glücklicherweise seltener als meine Mitreisenden befürchten, die mir hin und wieder verbieten möchten, die schönsten Stellen und die besten Lokale der Allgemeinheit preiszugeben, haben die Tipps meiner Bücher so schreckliche

Überfüllungsfolgen, dass ich mich selbst nicht mehr an den Ort meines publizistischen Frevels traue. Sie tun sich also einen Gefallen, wenn Sie bei Paolo Trippini sicherheitshalber telefonisch oder per Internet reservieren, und die wohnmobilistische Nachwelt ist Ihnen dankbar, wenn Sie das Dorf nicht zuparken (was während des Verkaufs der Vorauflagen Paolos Preise verhindert haben). Der schön gelegene Campingplatz ist eine echte Alternative:

(043) WOMO-Campingplatz: Civitella del Lago

Il Falcone

GPS/Kontakt: N 42°42'28" E 12°17'28", Loc. Vallonganino 2a, Tel. 0744 950249; www.campingilfalcone.com/. **Öffnungszeit**: 1.4. – 30.9.
Ausstattung: Laden, Snack, Pool.
Beschreibung: Der nicht sehr große Platz ist sehr schön gelegen. Allerdings ist der Blick auf den See inzwischen zugewachsen. In das Dorfzentrum und zu *Trippini* sind es 1.4 km, davon 800 m unbeleuchtet.
Preise: 21 – 30 €. **Zufahrt**: Der Platz ist östlich des Ortes beschildert.

Von Civitella del Lago sind es auf der SS 448 noch gute 20 Kilometer entlang des Tibers bis nach Todi. Schon am Lago di Corbara wurde deutlich, dass sich Umbrien, das grüne Herz Italiens, doch erheblich von der Ost-Toskana-Landschaft unter-

Todi

scheidet. Während dort die Flächen der weiten Weizenfelder von geometrischen Baumreihen unterteilt sind, hat uns der Süden Umbriens mit einem charakteristischen, abwechslungsreichen Landschaftsbild empfangen: Die angelegten Kulturen, mal ein bescheidener Weinberg, daneben eine Wiese, kurz darauf ein kleines Steineichenwäldchen in der Nachbarschaft einer Olivenpflanzung, dann wieder eine Hand voll Walnussbäume und kleine Dörfer, sind über sanfte Hügel zerstreut.

Wenn ich oben in **Todi** (16.500 Einwohner), das wie die meisten umbrischen Städte auf eine Bergkuppe gebaut ist, an einer der zahlreichen Aussichtsbalustraden versonnen beim Blick in die Ferne träume, wünsche ich mir hier kein Ferienhaus. Ich wäre vielleicht bisweilen gerne für ein paar Monate ein umbrischer Kleinbauer, der zwischen Ginster und Mohn auf seinen unrentablen Äckern schwitzt. Wenn der aber im wirklichen Leben nach seinem Hauptberuf in irgendeiner Fabrik, zu der er tagtäglich über unzählige Kurven hetzen muss, am Abend auf seiner Wiese jemals dazu kommt, mit den Gedanken spazieren zu gehen, wird er sich ausmalen, wie er mit einem WOMO in die Ferne ausfährt. Oder dass er sich zumindest nicht mehr plagen muss, weil er es zu einem Andenkenladen gebracht hat,

Todi

in dem er mir anderswo abgefülltes Olivenöl verkaufen darf. Manchmal möchte ich auch einer der Alten sein, die im Stadtpark von Todi beim Blick über die Renaissancekuppel der Kirche Santa Maria della Consolazione ihren Nachmittagsspaziergang beschließen, niemals abgeschoben in ein Seniorenwohnheim.

Man darf also zeitweise ein bisschen neidisch werden auf einen Bewohner von Todi. Was nicht verwundert, wenn man weiß, dass im Jahr 1991 ein amerikanischer Professor und Städteplaner aus Kentucky Todi für die *»lebenswerteste, ideale Stadt der Welt«* gehalten hat. Das ist zwar übertrieben, es erklärt aber mein Gedankenspiel.

Ich stelle das WOMO an den Rand der Stadt und klettere zwischen Mandel- und Feigenbäumen über schmale, verfallene Treppen, vorbei an uralten Mäuerchen und kleinen Gärten, hoch in das Zentrum der antiken Stadt, die einst am Rande

Todi - Piazza del Popolo

des etruskischen Herrschaftsgebiets lag. Oder ich tauche an der Porta Romana im Osten in das alte Stadtbild ein und steige durch schmale Gassen, bis ich auf der **Piazza del Popolo** angekommen bin. Sie werden mich verdächtigen, dem US-Forscher auf den Leim gegangen zu sein, wenn ich die Anlage des Platzes als eine der schönsten Italiens lobe, die am Nordende von der bescheidenen, aber fein verzierten Fassade des mit einer kunstvollen Rosette geschmückten **Doms** begrenzt wird (12. – 16. Jahrhundert), von dessen breiter Freitreppe der Blick zurück auf die anderen Gebäude der Piazza schweift: geradeaus zum Palazzo dei Priori mit seinem interessanten Turm und links davon zum Palazzo del Popolo (13. Jahrhundert), dem ältesten Gebäude und durch eine Treppe mit dem Palazzo del Capitano (14. Jahrhundert) verbunden, der seinerseits wegen der schönen gotischen Fenster ins Auge sticht. Das Ensemble der Bauten ist deshalb so beeindruckend, weil es trotz kunstvoller Details sehr schlicht wirkt, aber dennoch wieder einzigartig ist – obgleich wir in der Toskana und in Umbrien schon viele sehr schöne Plätze gesehen haben. Es ist den heutigen Stadtplanern ausgezeichnet gelungen, Zahl und Ausbreitung der Freiluft-Cafés so einzuschränken, dass wir beim Cappuccino die Gesamtstruktur der Piazza noch bestens überblicken können.

Todi – Dom

Von der Piazza del Popolo steigen wir auf zur **Kirche San Fortunato** und freuen uns, dass auf dem kurzen Weg in den Gassen bislang nur Antiquitätenhändler Beweis des noch zurückhaltenden Tourismus sind. An dieser Kirche gefällt mir wegen des schönen Blicks ebenfalls die breite Treppe davor. Aber auch die kunstvollen Reliefs an der (unvollendeten) Fassade sind sehenswert. Im Inneren überzeugen neben den

Todi - Santa Maria della Consolazione

Schnitzarbeiten des Chores vor allem die beiden Seitenschiffe, die nämlich so hoch sind wie das Hauptschiff, was für eine italienische Kirche ungewöhnlich ist.

Ehrlicherweise muss ich aber zugeben, dass ich bei San Fortunato nur deshalb vorbeikomme, weil sie auf dem Weg zur **Rocca** liegt, jenem Stadtpark mit den Bänken und der schönen Sicht, von der schon die Rede war.

Dass der Blick von profanen Industriebauten getrübt wird, übersehe ich einfach, ragt doch vor mir die Kuppel von **Santa Maria della Consolazione** auf, einer Renaissance-Kirche, die von Kennern als eine der schönsten Italiens gehandelt wird. Zu Fuß sind es dorthin nur ein paar Minuten. Den Architekten, darunter wahrscheinlich auch der berühmte Bramante, dem Konstrukteur des Peters-Doms in Rom, muss der Bau in der Zeit von 1508 bis 1607 wahre Glücksgefühle erlaubt haben. Durften sie hier nämlich das Idealbild einer Renaissance-Kirche verwirklichen, deren Zentrale ein Kreis war, das Spiegelbild des Kosmos. Zumeist wurden den Baumeistern solche Gotteshäuser verwehrt, weil der Kreis eben nicht den Bedürfnissen des christlichen Hochamtes entsprach. Konsequenterweise hätte der Altar in der Mitte stehen und der Priester hätte einem Teil der Gläubigen den Rücken zukehren müssen. Da jener aber seine Schäflein im Blick behalten sollte, wurde auch in Todi der Hochaltar an den Rand gerückt. Daneben stehen heute miserable Gipskopien von Original-Skulpturen (im Vatikanischen Museum in Rom) der 12 Apostel, und links vom Eingang eine kolossale Holzstatue des Papstes Martin I. Der ist nicht nur ein in Todi verehrter Heiliger, sondern auch der Schutzpatron der Seefahrer, weil er im Jahre 656 im Schwarzen Meer ertrunken ist (eine merkwürdige Logik). Vielleicht wird er einst auch zum Schutzpatron von Viren und Bazillen, denn sein rechter Fuß wird derart häufig und heftig geküsst, dass man ihn mit einer Silberkappe verkleiden musste. Das Innere der Kirche ist ungewohnt weiß, lichtdurchflutet und nüchtern, man braucht nicht einmal die Sonnenbrille abzusetzen; es erinnert eher an einen pompösen Palast Gottes. Auch von außen scheint die Kirche in die Landschaft geklotzt, aber das war ja wohl beabsichtigt und trägt bis heute erheblich zu ihrer Attraktivität bei *(9.30 – 12.30 Uhr und 15 – 18.30 Uhr)*.

Der Parkplatz daneben ist nur bedingt geeignet. Wer eine Sammlung der schönsten Abendblicke über umbrische Hügel in seiner Erinnerung (oder auf der Festplatte) anlegen möchte, fährt bei der Kirche Santa Maria weiter an die Nordwest-Seite der Stadt, um dort auf dem Asphalt des offiziellen Stellplatzes sein Nachtlager aufzuschlagen:

(044) Offizieller WOMO-Stellplatz: Todi Porta Orvietana

GPS: N 42°46'52" E 12°24'05", Viale di Montesanto. **Max. WOMOs**: 20.
Öffnungszeit: Ganzjährig.
Ausstattung: Ver- und Entsorgung, Toilette, Mülleimer.
Beschreibung: Sie stehen auf Asphalt, aber die Bäume sind größer als auf unserem Foto. Im Sommer stellt am Abend vielleicht auch mal jemand einen Klappstuhl vor die Tür und genießt den schönen Blick. Unterlegkeile sind erforderlich. Wenn viele Busse gleichzeitig benachbart parken, was wir noch nicht erlebt haben, kann das sehr stören.
Gaststätten und Geschäfte sind in der auch abends durch einen spektakulären Schrägaufzug erreichbaren Altstadt nicht weit entfernt. Falls der Aufzug defekt ist, was leider jahrelang der Fall war, muss man einen Treppenweg hinaufsteigen, was gut machbar ist.
Preise: Kurzparken ab 3 €/Stunde, fast alle interpretieren den angeschriebenen Preis mit 15,20 €/24 Std. Richtig ist aber nach meinem Verständnis,

dass der Langzeittarif nicht für 24 Stunden gilt, sondern um 24 Uhr endet. Man müsste dann ab 7 Uhr erneut wenigstens 3 € bezahlen, was niemand tut. **Zufahrt**: Der Platz liegt westlich der Stadt, ist mit ‚*Porta Orvietana*' unübersehbar beschildert und abgegrenzter Teil eines Großparkplatzes.

(045) WOMO Parkplatz: Todi Santa Maria della Consolazione

GPS: N 42°46'41" E 12°24'02", Circonvallazione Orvietana.
Max. WOMOs: 5-8. **Ausstattung**: Toilette, Wasser, Mülleimer.
Beschreibung: Das naturbelassene, etwas einsame, teilweise schattige Gelände außerhalb der Bebauung ist abends bedingt klappstuhlgeeignet. Der Platz ist geräumig, aber es gibt nur wenige ebene Stellen.
Gaststätten und Geschäfte finden Sie in der zu Fuß erreichbaren Altstadt (wählen Sie dazu nicht die Straße über dem Parkplatz, sondern gehen Sie an der Kirche vorbei auf derselben Ebene zunächst über einen Platz, danach noch etwa 100 m geradeaus und dann links eine lange Treppe hoch; 850 m zur Piazza del Popolo), schöner Blick.
Zufahrt: Der Platz liegt südwestlich der Altstadt und ist der Parkplatz der Kuppelkirche Santa Maria della Consolazione. Sie kommen daran vorbei, wenn Sie südwestlich um die Altstadt fahren.
Hinweise: Bei den letzten Recherchen habe ich kein Verbotsschild mehr gesehen. Der Platz ist aber nur schlecht über eine kurze, etwas schmale und steile Rampe anfahrbar, die man beim Vorbeifahren leicht übersieht. Selbst WOMOs mit nur mäßig überhängendem Heck setzten leicht auf.

Vermutlich werden Sie nicht über schmale Treppchen in die Altstadt steigen, sondern sich beim offiziellen Stellplatz an der Porta Orvietana von der (lange defekten inzwischen aber reparierten) Standseilbahn hinauf befördern lassen und bei der Heimkehr ein kurzes Achterbahngefühl genießen. Bis 24 Uhr, solange wackelt das technische Gerät über den Hang, werden Sie das verwinkelte ***Pane & Vino*** längst verlassen haben, ein Ristorante mit Wein- und Olivenölverkauf, in dem wir vom erschwinglichen Essen, ausgezeichnetem Rotwein und dem freundlichen Betreiber begeistert waren. Und wir haben hier das kräftige Olivenöl von *Gaudenzi* kennengelernt *(man kann es hier kaufen; zum Öl siehe bei Tour 4; das Lokal liegt nach etwa* 200 m *rechts an der Straße, wenn Sie von der oberen Station des Schrägaufzuges an Platz Nr. 044 ins Zentrum gehen, Via Augusto Ciuffelli; Mi geschlossen; Tel. 075 8945448, mittleres Preisniveau).* So bestand kein Anlass zum neuerlichen Probeessen im urigen **Ristorante *Jacopone***, wo es uns früher sehr gut gefallen hat *(Piazetta Jacopone am großen Platz auf der Seite gegenüber dem Dom rechts bergauf; Tel. 075 8942366, Mo. geschlossen; mittlere Preise).*

Ich bin ganz sicher, dass Sie nach ein paar Tagen in Umbrien gar nicht mehr verstehen können, weshalb alle Welt nur in die Toskana fährt. Und ich bin ebenso sicher, dass Sie auf einer Ihrer nächsten Italien-Reisen wegen Todi sogar einen Umweg in Kauf nehmen werden. So sehr lag der Gelehrte aus Kentucky nämlich nicht daneben.

Tour 4: Rotwein und Olivenöl 120 km

Montefalco – Bevagna – Trevi – Spello – Monte Subasio

Stellplätze:	in Montefalco, in Bevagna, in Trevi, in Capello sul Clitunno, bei der Abtei von Sassovivo, in Spello, in Collepino
Campingplatz:	bei Bevagna
Besichtigen:	Montefalco, Bevagna, Tempietto di Clitunno, Trevi, Foligno, Abtei von Sassovivo, Spello
Wandern:	von Montefalco nach San Fortunato, von Spello nach Collepino
Essen:	Ristorante *Coccorone* und *Enoteca L'Alchimista* in Montefalco, *Osteria Antiche Sere* oder Ristorante *Le Delizie del Borgo* in Bevagna, *Ristorante Maggiolini* in Trevi, *La Cantina* in Spello

In meiner ersten Umbrienreisebeschreibung durfte ich vor vielen Jahren behaupten, der Rotwein in Umbrien sei günstig und deshalb ein Geheimtipp. Bis zur ersten Neuauflage hatten sich die Preise aber fast verdoppelt. Das war zurzeit der Euroeinführung und hatte in Italien einen ähnlichen Effekt wie anderswo, weshalb guter Rotwein heute auch in Umbrien einiges kostet, aber immer noch deutlich weniger als im Chianti oder bei Montalcino. Leider ist er qualitativ etwas schlechter. Die Preise mancher Erzeuger waren jedoch eine Zeit lang spürbar gesunken, sie sind aber inzwischen wieder im Aufwind.

Hochburg der Spitzenweine ist **Montefalco** (5.500 Einwohner, eines der *I Borghi più belli d'Italia*), häufig auch als »Balkon Umbriens« gepriesen. Da ist was Wahres dran, denn der Blick in die Valle Umbra ist nicht von schlechten Eltern. Aber die örtlichen Schilderaufsteller haben ihr Bestes getan, um das Renommee zu ramponieren. Das schönste Plätzchen mit eben diesem Blick ist von einem WOMO-Verbotsschild gestraft. Früher habe ich Ihnen noch Tipps zum Austricksen der Obrigkeit geliefert, von denen ich mich jedoch inzwischen distanziere, weil die rechtmäßige Alternative ebenfalls schön liegt. Und man muss es auch annehmen, dass sich die Gemeinde beim Bau des Stellplatzes viel Mühe gegeben hat:

(046) Offizieller WOMO-Stellplatz: Montefalco

GPS: N 42°53'32" E 12°38'53", Via Ugo Foscolo. **Max. WOMOs**: 20.
Öffnungszeit: Ganzjährig.

Ausstattung: Ver- und Entsorgung, auf der rechten Seite finden Sie Wasserhähne, unter denen niemand seine Chemietoilette spült, Toilette, Strom (auf der rechten Seite kostenlos), Mülleimer.

Beschreibung: Der nur teilweise schattige Platz auf Betonpflaster ist, wenn die Fahrzeuge nicht zu dicht stehen, klappstuhlgeeignet. Von den beiden hintersten Positionen genießen Sie einen schönen Blick ins Tal. In das historische Zentrum mit Gaststätten sind es nur wenige Schritte. Einen Lebensmittelladen finden Sie, wenn Sie auf dem Weg in die Altstadt noch vor dem eigentlichen Stadttor nach rechts auf den Borgo Garibaldi gehen, nach insgesamt etwa 300 m, einen Supermarkt an der Straße nach Trevi, kurz hinter dem Wasserturm nach 650 m.
Der Platz ist am Wochenende bisweilen gut besucht, früh anreisen.
Preis: 5 €.
Zufahrt: Der Platz liegt beschildert an der Strecke von Bevagna vor dem Ort unterhalb der Straße und eines großen weiteren Parkplatzes.

Neben die guten Übernachtungsbedingungen gesellen sich in Montefalco Kunstgenuss und gute Ristoranti. In allen Vorauflagen haben wir uns im **Ristorante *Il Coccorone*** mit großem Appetit über die feinen Speisen hergemacht; über Nudeln mit Rotwein- oder Trüffelsoße, über Perlhuhn *(faraona)* in Kruste, über *Bistecca alla fiorentina*, die Spezialität des Hauses, oder über viele andere Köstlichkeiten *(Via Tempestivi 11; wenn Sie vom Stellplatz die Hauptstraße hochgehen, 30 m vor dem Rathaus rechts die Straße hinein; Tel. 0742 379535; mittwochs geschlossen, gehobene Preise, aber gutes Preis-Leistungs-Verhältnis, Freisitz)*. Aber beim letzten Besuch bekamen wir keinen Platz und haben in der ***Enoteca L'Alchimista*** mindestens ebenso gut gegessen *(Piazza del Comune 14, das ist rechts am großen Platz ganz oben im historischen Zentrum, Tel. 0742378558; Di. geschlossen, die Re-*

Montefalco – Piazza del Comune

servierung wird dringend empfohlen, mittleres Preisniveau). Sie werden vielleicht mit Ihrer Urlaubskasse besser haushalten und im WOMO speisen, aber Sie werden sich, sofern Sie nicht antialkoholisch orientiert sind, in Montefalco **Rotwein** kaufen. Der beste und teuerste Wein heißt *Sagrantino*. Er ist ein schwerer Roter von hoher Qualität (nicht zu verwechseln mit dem Süßwein *Sagrantino passito).* Eine Flasche *Sagrantino* kostete 2022 im Laden zwischen 12 und 30 Euro, im Ristorante meistens nur wenig mehr. Beim vergleichbaren *Brunello* aus Montalcino (Toskana-WOMO-Führer – Band 8) darf man seit Jahren von solchen Preisen nur noch träumen. Wenn Ihnen das zu viel ist, bleibt immer noch der *Rosso di Montefalco*, die schlichte Variante des *Sagrantino*, der zuletzt für acht bis zehn Euro über die Ladentheke ging und zumeist sogar beim anspruchsvollen Rotweintrinker noch nicht den Entwöhnungsentschluss heranreifen lässt. Bezugsquellen nenne ich Ihnen hinten im Buch unter dem Stichwort *Wein*.

Montefalco

Sie trinken nur Wasser, allenfalls nippen Sie mal am Bier? Sie nächtigen ausschließlich auf Campingplätzen? Warum, so fragen Sie sich, wird auch Ihnen Montefalco empfohlen? Weil es sogar jenseits leiblicher Genüsse und Stellplatzempfehlungen ein Urlaubserleben gibt, das in Montefalco im sogenannten **Museo di San Francesco** stattfindet. Zu sehen ist in der ehemaligen Kirche San Francesco einer der schönsten Freskenzyklen Italiens, der nach einer Restaurierung wieder in bunten Farben erstrahlt, eine anschauliche Bilderzählung von **Benozzo Gozzoli** über das Leben des Heiligen Franziskus. Der Künstler und seine Gehilfen hatten sich die etwa 150 Jahre älteren Darstellungen der Franziskus-Legende in Assisi (Tour 5) zum Vorbild genommen, als sie um 1452 die lebendigen Gemälde im frischen Putz angebracht haben: Franz inmitten seiner Umwelt zwischen Monte Subasio und Montefalco mit unglaublicher Detailtreue, fast lieblichen Zügen und – entgegen der historischen Wirklichkeit – wie Jesus im Stall geboren und damit auf dessen religiöse Höhe gestellt. Eine der großen in diesem Reiseführer empfohlenen Sehenswürdigkeiten! Zu sehen sind noch weitere Bilder, darunter ein wunderbares Fresko von Perugino *(im hinteren Teil der Piazza del Comune links; 10.30 – 17.30 Uhr, die Zeiten haben sich zuletzt mehrfach geändert; 7 €).*

Santa Chiara – Kreuzigungsfresko

Montefalco verzaubert zudem mit einem mittelalterlichen Stadtbild und mit sehenswerten Gemälden in anderen Kirchen, allen voran der Kirche des **Monastero Santa Chiara** mit einem beeindruckenden Kreuzigungsfresko aus der Zeit vor der Renaissance (1333) in der Capella Santa Croce, die man über das linke Querschiff erreicht *(9.30 – 11.30 und 15.30 –17 oder 18 Uhr; vom Stellplatz etwa 400 m entfernt im Borgo Garibaldi).* Leider kann die Kapelle des Convents **San Fortunato**, südöstlich des Ortes und 1,4 Kilometer vom Stellplatz entfernt, die ein weiteres Werk von Benozzo Gozzoli zur Schau stellt, nicht von Wohnmobilen angefahren werden. Wir bauen sie daher in eine Wanderung ein, auf der Sie zudem mit prächtigen Fernsichten belohnt werden:

Vom »Balkon Umbriens« nach San Fortunato

Wandern Sie vom Stellplatz hinauf auf die Zufahrtsstraße, auf der Sie links geradeaus gehen. Wo der Straßenverlauf nach Bevagna links abknickt, gehen Sie geradeaus durch eine schmale Gasse zwischen Bäumen und einem Haus und jenseits davon rechts eines Bildstocks auf einer anfangs asphaltierten, später geschotterten Straße leicht bergab. An dem weiten Blick über die Valle Umbra werden Sie sich kaum sattsehen. Sie bleiben fast auf gleicher Höhe, bis der Schotterweg an die SP 444 nach Foligno stößt. Dort gehen Sie 130 m links etwas bergauf und wählen nach der Linkskurve rechts der Straße einen Weg leicht

Blick nach Trevi und zum Monte Subasio

bergab. Nun staunen Sie über den Blick nach Assisi. Sie bleiben nach einem historischen Brunnen weitgehend auf gleicher Höhe und stoßen nach etwa einem Kilometer am Ortseingang von Pietrauta erneut an eine Asphaltstraße. Hier wandern Sie 80 m links und biegen vor dem eingezäunten Gelände einer Kirche nach rechts ab.

Nach 170 m, an einem weiteren, verblichenen Bildstock, gehen Sie rechts vorbei und folgen dem Weg bis zu einem beigefarbenen Gebäude, an dem Sie rechts abbiegen. An der bald folgenden Straßengabelung stiefeln Sie rechts bergab und bleiben an der nächsten Gabelung erneut rechts, um an der tiefsten Stelle unserer Wanderung eine kleine Brücke zu überqueren. Wenn Sie die Wanderung abkürzen möchten, können Sie an einer der beiden letztgenannten Gabelungen links gehen, um von hier nach 750 m den Stellplatz zu erreichen.

Sie durchqueren stattdessen nach der Brücke bergauf eine kleine Ansiedlung, um nach den letzten Häusern links in Richtung des Friedhofs abzubiegen. Sie umgehen das Friedhofsgelände auf der rechten Seite und stoßen am Ende der Friedhofszufahrt wieder auf eine Landstraße. Auf dieser gehen Sie links. Das ist ein kurzes, weniger schönes Stück, weil Sie hier etwas dem Verkehr ausgesetzt sind.

Etwa 900 m nach dem Friedhof weist Sie der braune Straßenwegweiser nach **San Fortunato**. Die Kirche des Konvents war bei unserem Besuch über Mittag zugänglich, Öffnungszeiten werden aber nicht angezeigt. Falls die Tür offen steht, entdecken Sie das Fresko von B. Gozzoli an einem Seitenaltar an der rechten Kirchenwand. Wenn die Kapelle verschlossen ist, müssen Sie sich mit dem Fresko über der Eingangstür und mit dem Zyklus in der sogenannten Capella delle Rose trösten, in der Sie auf der linken Seite des Hofes durch ein Gitter die im Jahre 1512 von Tiberio d'Assisi in zarten Tönen gemalten Figuren bewundern.

Der Heimweg gestaltet sich einfach: Die Kapelle im Rücken wählen Sie sofort nach einem kleinen Parkplatz rechts den Fußweg, der ein kurzes Stück steil abwärtsgeht, nach links abknickt, dann aber fast auf gleicher Höhe bleibt. Etwa 100 m nach Erreichen eines Schotterweges biegen Sie im spitzen Winkel links bergauf ab und erreichen über einen Weg oberhalb eines Weinberges die Straße nach Montefalco. Hier gehen Sie rechts und wählen die wenig befahrene rechte Alternative, die Sie 220 m nach einem Stadttor zur Kirche **Santa Chiara** führt. Hier wandern Sie links um die Ecke und stehen bald nach insgesamt **8,5 Kilometern** wieder vor Ihrem WOMO. Eine Karte ist nicht erforderlich. Auf der Kompasskarte ist der wenig schattige Weg nicht eingezeichnet.

In Montefalco – es nennt sich Stadt des Weins und des Öls – bekommen Sie eines der besten **Olivenöle** Umbriens. Es heißt *Romanelli* und wird im Ort verkauft *(durch die Hauptgasse zu Piazza, Corso G. Mameli 42, kurz unterhalb der Piazza rechts)*. Weitere Öle empfehle ich Ihnen bei Trevi, weiter unten auf dieser Tour.

Das hohe Niveau der Ziele dieser Tour verflacht auch bei dem nächsten Ort nicht. Sogar stellplatzmäßig gehört **Bevagna** zu den besten Adressen, weil Sie die Wahl zwischen einer guten freien Möglichkeit und einem Zeltplatz haben, der zwar abseits liegt, aber ein Schwimmbad, einen Tennisplatz und weitere Sportmöglichkeiten bereithält:

(047) WOMO-Campingplatz: Bevagna – *Pian di Boccio*

GPS/Kontakt: N 42°54'45" E 12°35'12",
Via Pian di Boccio, 10;
Tel. 0742 360391; www.piandiboccio.com/de/.
Öffnungszeit: Ostern bis Ende September, Weihnachten, Jahreswechsel.
Ausstattung: Großes Schwimmbad mit drei Becken, kleiner Laden, gutes Restaurant, Tennisplatz, Fußballplatz.
Beschreibung: Der Platz, ein *Agriturismo* unter italienisch-holländischer Leitung., dem auch ein paar Ferienhäuser angeschlossen sind, empfängt Sie mit einer angenehmen Mischung aus Improvisation und Gastfreundschaft und erfreut Sie mit dem Fehlen jeglicher Parzellen. Sie können zwischen hellen Wiesenstücken sowie schattigen Waldbereichen wählen. Er ist wegen seiner luftigen Lage, 3,5 km oberhalb des Ortszentrums, ein beliebtes Ziel italienischer Wochenendausflügler.

Sie können zu angemessenen Preisen **Olivenöl** kaufen, wobei uns die kräftigste Sorte am meisten zugesagt hat.
Preise: 22 – 29 €.
Zufahrt: Ab Bevagna ist der südwestlich des Ortes liegende Platz beschildert.

Können Sie auf Schatten und den Pool verzichten und stehen Sie lieber ortsnahe, sind Sie mit dem freien Übernachtungsplatz besser bedient, weil dorthin nicht nur WOMOs im Sattelschlepper-Format passen, sondern weil man im Frühjahr aus den umliegenden Feldern die Vögel singen hört, weil das Gelände vor der Wohnmobil-Tür die Größe dreier Fußballfelder hat. Zumindest im Frühsommer ist das einer der besten Stellplatztipps in diesem Buch:

(048) Offizieller WOMO-Stellplatz: Bevagna

GPS: N 42°56'03" E 12°36'23", Piazzale dell'Accoglienza.
Max. WOMOs: 30. **Öffnungszeit**: Ganzjährig.
Ausstattung: Ver- und Entsorgung, grenzwertige Toilette, Mülleimer, Mineralwasserautomat.
Beschreibung: Die Wohnmobilparkplätze grenzen teilweise an mit Bäumen bestandene Grünstreifen, teilweise an den Rand einer sehr großen Wiese, auf die man ausgezeichnet die Klappstühle stellen kann.
In das Ortszentrum mit Lebensmittelgeschäften, Bäcker und Gaststätten sind es etwa 300 m. **Preise**: 12 €/24 Std., 3 €/Std.
Zufahrt: Fahren Sie von der nördlichen Ortseingangsstraße nördlich des Ortes nach Westen bergab bis zum unübersehbaren und gut beschilderten großen Park- und Stellplatz westlich des Ortes.
Hinweis: Mitte Juni findet ein Mittelalterfest statt, der Platz steht weiter zur Verfügung, ist aber unruhiger.

Der Stellplatz liegt goldrichtig, denn **Bevagna** (4.500 Einwohner – *Uno dei Borghi più belli d'Italia*) gehört zum umbrischen Pflichtprogramm. Das beginnt schon mit der fast geschlossen erhaltenen, auf römischen Fundamenten errichteten Stadtmauer und setzt sich bei den Relikten eines römischen Theaters fort, die Sie links der breiten Seite der langen Piazza Garibaldi finden, wenn Sie durch das nördliche Stadttor eintreten. Gehen Sie auf dem Platz weiter, sehen Sie an der linken Ecke der dem Tor gegenüberliegenden Schmalseite die Reste eines römischen Tempels, der in eine Kirche umgebaut worden ist. Sie erkennen daneben den bogenförmigen Straßenverlauf, der den Grundmauern des römi-

Mittelalterattrappe aus Kunststoff

Bevagna - Piazza Filippo Silvestri

schen Theaters folgt, das im Mittelalter mit Häusern überbaut worden ist. Mit etwas Fantasie erahnt man in den ebenerdigen Werkstätten sogar noch den Unterbau der antiken Zuschauerränge. Bisweilen wird auch nur auf alt getrimmt.

Die Hauptsehenswürdigkeit ist aber die **Piazza Filippo Silvestri**, eines der schönsten Ensembles mittelalterlicher Bauten in Umbrien und zugleich einer der liebenswertesten Plätze. Da stört es wenig, dass der auf alt getrimmte Brunnen erst 1896 aufgestellt worden ist. Echt antik hingegen ist die frei stehende Säule, die noch aus römischer Zeit stammt. Nicht ganz so viele Jahre auf dem Buckel haben die anderen Gebäude, der Palazzo dei Consoli, das Rathaus, mit einer beeindruckenden Außentreppe (1270) über die man zu einem im Jahre 1886 eingerichteten, schnuckeligen Logentheater gelangt (sehr sehenswert). Neben dem Rathaus steht die romanische Kirche San Silvestro, die wegen ihrer gedrungenen Fassade mit zierlichen, gedrehten Säulchen, einem interessanten Portal und wegen der rechts davon sichtbaren Inschrift bestaunt wird, die den Architektennamen Binellus und das Baujahr 1195 erkennen lässt. Auch der Innenraum (1954 restauriert) wird wegen seiner kräftigen Säulen und schweren Tonnengewölben bei zugleich komplexer Architektur als besonders bemerkenswertes Zeugnis romanischer Baukunst hochgeschätzt.

Das gilt nicht so sehr für das gegenüberliegende Gotteshaus San Michele, dessen Hauptportal die größte Aufmerksamkeit verlangt. Im 12. Jahrhundert haben hier die Baumeister antike Versatzstücke für die Türpfosten verwendet, auf die sie romanische Skulpturen-Reliefs gesetzt haben. Das große Rosettenfenster darüber ist allerdings gemogelt und stammt von der Generalrestaurierung des Jahres 1954.

Das lokale Großereignis lässt Mitte Juni eine Woche lang das Mittelalter wieder aufleben. Auf dem **Mercato delle Gaite** wird alles das handwerklich gefertigt, angeboten oder ausgestellt, was man gemeinhin der alten Zeit zurechnet – und heute vermarkten kann. Wir finden Bevagna ohne diesen Mittelaltermarkt schöner, zumal in dieser Zeit der zentrale Platz durch eine Tribüne verschandelt ist.

Wenn Sie ein Lokal suchen, in dem die Einheimischen essen, sollten Sie in der kleinen ***Osteria Antiche Sere*** reservieren. Die meisten Produkte stammen von regionalen Erzeugern und werden sehr gut zubereitet. »Wir sind eine Osteria und kein Ristorante«, heißt es auf einem Aushang.
Schauen Sie selbst, was damit gemeint ist *(Piazza G. Garibaldi 10, wenige Meter innerhalb der Mauer nach dem nördlichen Stadttor; Tel. 0742 361938, kein Ruhetag,*

Trevi

moderate Preise, Sie sollten wegen des geringen Platzangebotes reservieren). Die etwas gediegenere Alternative mit schönem Freisitz finden Sie innerhalb des Stadtparkes, der sich benachbart nördlich an die Stadtmauer anschließt und heißt ***Le Delizie del Borgo*** *(Via A. de Gasperi; Tel. 327 2921366; Mo. geschlossen, abends schon ab 18 Uhr geöffnet, mittleres Preisniveau).*

Über Montefalco erreichen Sie **Trevi**, eine Kleinstadt am Ostrand der Valle Umbra (7.300 Einwohner, aber weniger als 2.000 im historischen Ortsteil), wie Montefalco und Bevagna *Uno dei Borghi più belli d'Italia* (siehe Tour 1), die den mittelalterlichen Baumeistern ein besonders malerisches Ortsbild verdankt, weshalb das den Hügel hinauf kletternde Städtchen in allen Bildbänden fest verankert ist. Kaum ein anderes Motiv ist so typisch für Umbrien: Vor dem kontrastreichen Hintergrund des 1.429 m hohen Monte Serano kulminiert ein verschachtelter, stufenförmiger Ortskern aus hellem Naturstein in einem spitzen Campanile, daneben eine grüne Domkuppel, und alles wird von silbrigen Olivenhainen umrahmt, in denen die Früchte für eines der besten Öle Umbriens geerntet werden.

Trevi ist aber nicht nur ein Ort für die Galerie der Stadt- und Dorfansichten, sondern taugt sogar für das fassbare Urlaubsvergnügen, wenn Sie Ihr Wohnmobil auf dem schön gelegenen offiziellen Übernachtungsplatz geparkt haben:

(049) Offizieller WOMO-Stellplatz: Trevi

GPS: N 42°52'44" E 12°45'08", Via Coste San Paolo.
Max. WOMOs: 10-12.
Öffnungszeit: Ganzjährig.
Ausstattung: Sehr schlichte Ver- und Entsorgung, Toilette (nach 300 m im Ort am großen Platz, der Piazza Garibaldi, links hinter dem Rathaus), Mülleimer.
Beschreibung: Sie stehen am Rand der Bebauung auf Asphalt oder Betonsteinen mit teilweise schönem Blick auf die Valle Umbra und können Klappstühle unter die Bäume stellen. Diese behindern Sie allerdings beim Rangieren, das notwendig ist, weil die Parkbereiche zu kurz sind. Für WOMOs über 7,5 m ist der Platz daher beschränkt. Wie auf den meisten italienischen Stellplätzen, die nichts kosten, stören auch hier einige abgestellte Fahrzeuge.
Das Freibad ist benachbart. Gaststätten und Geschäfte liegen etwa 400 m entfernt.

Zufahrt: Biegen Sie von der SS 3 ab und fahren Sie bergauf bis (unterhalb von Trevi) zum Wegweiser *'Camper Service'*, der Sie bis zum oberhalb von Trevi gelegenen Stellplatz leitet.

Ein ausgezeichnetes Restaurant mit fairen Preisen und überaus freundlichem Betreiber finden Sie, wenn Sie durch den Torbogen auf einen kleinen Platz gegangen und dort rechts in die Via San Francesco abgebogen sind. Besonders beeindruckt hat uns, dass im ***Ristorante Maggiolini*** nicht das Alltägliche angeboten worden ist, sondern an Ostern beispielsweise Pasta mit wildem Spargel *(der von Italienern gerne gesammelt und oftmals am Straßenrand aus Eimern verkauft wird, er sieht fast aus wie ein dicker Grashalm; Tel. 0742 381534, Di. geschlossen, Grappa aufs Haus).*

Trevi ist eine reizvolle Kleinstadt, in der die Schäden des Erdbebens von 1997 so gut repariert worden sind, dass es wieder Spaß macht, durch die verwinkelten Gassen zu streifen. Man steht dann irgendwann nördlich nahe der Kuppelkirche vor einem kleinen Museumspalast, der **Raccolta d'Arte San Francesco di Trevi**, in dem gleich mehrere Museen untergebracht sind: ein Heimatmuseum, eine Pinakothek und ein Olivenölmuseum. Am besten ist die Gemäldesammlung, atemberaubend ist allerdings nichts *(10 – 13 und 15 – 18 Uhr, 6 €)*. Südlich besagter Kirche können Sie das **Trevi Flash Art Museum** besuchen, ein privates Museum für zeitgenössische Kunst mit Wechselausstellungen und unklaren Öffnungszeiten. Lohnend ist ein Spaziergang zum Konvent **San Martino**, vor allem wegen des schönen Blicks von der dorthin führenden Alleenstraße.

Das Beste bei Trevi, das Fresko Peruginos, *Anbetung der Könige* in der Kirche **Madonna della Lacrime**, wird Ihnen nicht

Trevi - *Anbetung der Könige*

neben Souvenirs präsentiert. Es liegt nämlich an der südlichen Zufahrt, der SP 425, bei N 42°52'30" E 12°45'00". Erst fahren Sie daran vorbei, dann müssen Sie im benachbarten *Instituto Pedagocico* läuten und schließlich die herbeischlurfende Nonne höflich um Einlass bitten. Wahrscheinlich wird Sie dann die Klosterfrau durch nach Frömmigkeit riechende Gänge zum Hintereingang der Kirche geleiten. Und sich taktvoll zurückziehen, während Sie – als einzige Touristen – am zweiten Altar rechts, den Haupteingang im Rücken, ein Spätwerk des Meisters bestaunen, einen kulturellen Höhepunkt Ihrer Umbrienreise! Wenn Sie schon in Città della Pieve (Tour 2) waren, ist Ihr Déjà-vu-Erlebnis keine Einbildung. Der Meister hat nämlich im Jahr 1512 fast bildgleich wiederholt, was ihm schon 1504 vermutlich gutes Geld eingebracht hat. Und vergessen Sie nicht, sich auch das in der Literatur meistens verschwiegene Fresko, hinten links, anzuschauen, den *Transport von Christus ins Grab* von Giovanni di Petro *(häufig steht die Kirchentür auch normal offen, die Kirche ist täglich geöffnet, meiden Sie die Mittagszeit; Sie können die Kirche leicht in 15 Minuten zu Fuß erreichen: Gehen Sie in Trevi an der Südseite der Piazza Garibaldi, dem großen Platz vor der Altstadt, in der Via delle Fonti mit der Markierung bergab; wenn die blau-gelbe Markierung bei*

Erreichen der Zufahrtsstraße nach links zeigt, gehen Sie nach dem Überqueren der Straße auf einem schmalen Pfad rechts hinunter zum sichtbaren Gebäude).

Wenn man sich in Trevi auf dem Stellplatz umschaut, beschäftigt man sich angesichts der unübersehbaren Olivenbaumfelder zwangsläufig mit dem Öl:

Olivenöl

In mehreren meiner Reiseführer habe ich Ihnen Bezugsquellen empfohlen, bei denen wir besonders wohlschmeckendes Olivenöl erworben haben. Darunter sind Öle, die bei strengen Wettbewerben zu den weltbesten ihrer Geschmacksrichtung gezählt worden sind. Wenn man allerdings von Zeit zu Zeit Presseberichte darüber liest, wodurch sich erstklassiges Olivenöl auszeichnet, gerät alles ins Wanken: Exquisites Olivenöl darf nämlich nicht nach Olivenöl schmecken, weil es nur dann so schmeckt, wenn es aus besonders reifen und damit ertragreicheren Früchten gewonnen worden ist. Richtig gutes Olivenöl schmecke fruchtig oder pfeffrig, aber eben nicht nach Olive, heißt es. Sie leben also mit der Gefahr, auf meine Empfehlung Öle zu kaufen, die in der zweiten oder dritten Liga spielen und auf denen schon die Eminenzen der Ölverkostung ausgerutscht sind. Vielleicht leben Sie gut damit, weil Sie nicht bis zu 30 Euro für den Liter bezahlen müssen.

Aber Sie sollten entscheiden, ob Sie mildes, halbkräftiges oder vollkräftiges Öl bevorzugen, bzw. welches Öl Sie zu welchem Zweck einsetzen (je salatiger die Speise, umso milder das Öl). In Umbrien bekommt man selten mildes Öl, das in Italien hauptsächlich in Ligurien produziert wird. Mir selbst ist ein besonders kräftiges *Olio* am liebsten, jedenfalls, wenn es nuancenreich und nicht zu bitter schmeckt. Die meisten umbrischen Öle munden mittelkräftig und eignen sich für fast alles, wobei man berücksichtigen muss, dass ich, der ich mich als Olivenöl-Banause oute, kräftiges Öl auch gerne zu Salat oder Fisch nehme, was ein Gourmet eher nicht tut.

Das wollen Sie alles gar nicht so genau wissen, wenn das Ihnen empfohlene Öl nicht zu teuer ist und einfach nur so schmeckt, wie ein Olivenöl schmeckt, wenn es gut schmeckt. Neben dem oben im Zusammenhang mit Montefalco empfohlenen Produkt des Herstellers *Romanelli* haben uns die Öle von zwei Erzeugern überdurchschnittlich gut gefallen, die ich hier auch deshalb empfehle, weil man die Ölgebinde nicht nur unmittelbar beim Erzeuger einkaufen kann:

Unser derzeitiges umbrisches Lieblingsöl ist <u>sehr</u> kräftig, es heißt *Quinta Luna* und wird von dem ***Frantoio Gaudenzi*** gepresst. *Quinta Luna* wurde mehrfach und erst kürzlich wieder als eines der weltbesten kräftigen Olivenöle erschmeckt und hat zahlreiche Preise eingeheimst. Es ist relativ teuer, denn der Liter kostet rund 15 Euro, aber Sie können es sogar im Internet bestellen (www.frantoiogaudenzi.it/), was sehr gut funktioniert, und Sie entdecken es an verschiedenen Verkaufsstellen in Umbrien, unter anderem am Stadttor von Trevi oder im Ristorante *Pane e Vino* in Todi (Tour 3). Sie finden die Ölmühle *(frantoio)* bald südlich von Trevi, östlich der alten (!) SS 3, jene ist von der Straße zu sehen (N 42°50'50" E 12°45'18"). Es wird auch ein preiswerteres Öl für gut 10 €/Liter angeboten, das wir noch nicht probiert haben.

Schlechter erreichbar ist mein zweiter Tipp, die Mühle von ***Lo Scoglio***, die nordwestlich der SS 3 von Foligno nach Nocera Umbra liegt: Etwa 3,5 Kilometer nach dem Schnellstraßendreieck müssen Sie bei N 42°59'18" E 12°43'48" abbiegen und der Beschilderung folgen. Einfacher kaufen Sie das mittelkräftige, biologisch erzeugte Öl in einem **Laden in Trevi**, in der *Casa de' Trinci*, zwischen (großer) Piazza Garibaldi und dem Stadttor auf der rechten Seite für 13 €/Liter.

Infrage kommt auch der Ölproduzent des nacherwähnten Stellplatzes, dessen Produkte wir aber nicht getestet haben.

Fonti di Clitunno

Südlich von Trevi erinnert Sie auf der alten SS 3 nichts daran, dass diese heutige Durchgangsstraße einst die römische **Via Flaminia** war. Genauso wenig kommt Ihnen in den Sinn, der südlich von Trevi unter Bäumen versteckte Weiher, die auf der Landkarte eingezeichneten **Fonti di Clitunno**, sei schon von den lateinischen Dichtern Properz und Vergil besungen worden. Wo heute am Zaun neben dem Parkplatz der Obolus für den Eintritt in das romantische Quellteichgelände entrichtet wird, standen damals Tempel, auf deren Altären man die im frischen Wasser gesäuberten Tiere geopfert hat. Zu poetischem Überschwang, der noch bis zum Ende des 19. Jahrhunderts die Lyriker hingerissen hat, besteht indessen nur noch wenig Anlass. Gewiss, die Wasserfläche mit kleinen Inselchen, Schwänen und auch die Parkanlage wirken nicht alltäglich, ganz im Gegensatz zum vollen Parkplatz davor. Wenn Sie aber ausgestiegen sind und der erste Laster vorbeigedonnert ist, klettern Sie wieder hinter das Steuer, und nichts liegt Ihnen ferner, als hier zu übernachten, wenngleich sich die Situation seit Jahren durch die vierspurige Schnellstraße etwas weiter westlich verbessert hat (Entsorgungsstation und Wasser auf der anderen Straßenseite, 200 Meter Richtung Süden). Biegt man hier nach Osten ab, gelangt man zu einem privat betriebenen Stellplatz bei einem Ölproduzenten:

(050) Offizieller WOMO-Stellplatz: Capello sul Clitunno
Antico Frantoio Carletti

GPS/Kontakt: N 42°49'40" E 12°46'12", Via Camesena 1, Tel. 0743 521247; www.anticofrantoiocarletti.it/. **Max. WOMOs**: 20. **Öffnungszeit**: Ganzjährig.
Ausstattung: Ver- und Entsorgung, Mülleimer, Grillplatz, Gaststätte, Olivenölverkauf.
Beschreibung: Was früher nur eine Ölmühle war, ist heute ein *Agriturismo* mit Gaststätte und Verkauf landwirtschaftlicher Produkte, insbesondere Öl. Wir haben selbst noch nichts von den Angeboten getestet und kennen die Ölqualität nicht. Sie stehen auf kiesigem, gewachsenem Boden, teilweise unter Bäumen, abseits der Verkehrsgeräusche. Die Übernachtung kostet nichts, aber man kauft etwas und entsorgt nicht lediglich. Einen Kauf- oder Verzehrzwang gibt es aber nicht.
Zufahrt: Biegen Sie nach der öffentlichen Entsorgungsstation von der alten (!) SS 3 südlich der Quelle beim Wegweiser nach Capello sul Clitunno ab.

Ein paar Überreste der römischen Tempel müssen Sie dann aber doch noch wenigstens von außen bestaunen, wenn Sie an der alten SS 3, 1,5 Kilometer nördlich des Weihers, auf den leicht zu übersehenden Wegweiser zum **Tempietto di Clitunno** achten. Hier haben die Langobarden zwischen dem 6. und 8. Jahrhundert n.Chr. antikes Baumaterial recycelt, für ein Tempelchen, das so heißt und auch so aussieht, aber eine der ältesten christlichen Kirchen Italiens und das vielleicht besterhaltene Zeugnis **langobardischer**, also germanischer Herkunft ist. Genau aus diesem Grund steht der Tempel seit dem Jahr 2011 neben einigen anderen Bauwerken (siehe auch bei Spoleto, Tour 7) auf der UNESCO-Liste des Weltkulturerbes zum Thema *Die Langobarden in Italien, Orte der Macht – 568 bis 774 n.Chr.* Grund für diese kunsthistorische Adelung ist die Wiederverwendung antiker Bauteile (Spolien) in Kombination mit den Wandmalereien im Innern *(11 – 17.30 Uhr, im Sommer ab 10 Uhr, Di. geschlossen; 3 €).*

Tempietto di Clitunno

Im wirklichen Leben fahren Sie vielleicht von hier nach Spoleto weiter. Diese Stadt bereisen wir aber erst auf der 7.

Tour. Vorher stehen noch touristische Hochburgen weiter nördlich auf dem Programm, weshalb wir umkehren.

Foligno (53.000 Einwohner), eine Industriestadt mit lebhaftem *Centro storico* und unverfälschtem Italien, gehört noch nicht ganz dazu. Wesentlicher touristischer Anziehungspunkt ist der Hauptplatz samt einer sehr interessanten Domfassade aus dem 12. Jahrhundert und dem Palazzo Trinci an der Nordwestseite der Piazza. Der Turm des Domes ist wiederaufgebaut, nachdem er beim Erdbeben im September 1997 als prominentes Einsturzopfer europaweit in den Wohnstuben flimmerte:

Foligno - Dom

Erdbeben am Rand der Valle Umbra im Jahr 1997

Als am 26. September **1997** am Nordostrand der Valle Umbra, zwischen Perugia und Spoleto, die Erde bebte, registrierten die Wissenschaftler auf der Richterskala einen Wert von 5,5. Das ist relativ wenig, wenn man bedenkt, dass es die großen Beben auf über 7 bringen (der höchste gemessene Wert lag bei 8,6). Aber die Erdstöße, die sich am nächsten Tag wiederholten, reichten aus für den Tod von mehr als 10 Menschen und für starke Zerstörungen in den Dörfern im Gebirge östlich von Assisi und Foligno. Und weil in Assisi die Decke der Oberkirche von San Francesco einstürzte und Teile der berühmten Fresken dabei zerstört wurden, weil dabei sogar zwei Mönche und zwei Restauratoren von den herabfallenden Steinbrocken getötet und weil im weltberühmten Assisi viele Häuser baufällig wurden, war die Naturkatastrophe ein gefundenes Fressen für den Sensationsjournalismus. Immer wieder war im Fernsehen zu bestaunen, wie der Kirchturm von Foligno einstürzte, daneben Bilder von völlig zerstörten Dörfern. Die aber waren getürkt und stammten von einem früheren Beben nahe Napoli.

Der Tourismus in Umbrien kam dadurch zum Erliegen, denn im Ausland war der falsche Eindruck entstanden, als liege ganz Umbrien in Schutt und Trümmern. Dabei war dieses Beben bis dahin gar nicht das schlimmste in neuerer Zeit. 1979, auch im September, wurden weiter im Osten, besonders in Norcia, viel mehr Menschen getötet und Schäden in einem Ausmaß angerichtet, dass man ihre Folgen, zum Beispiel Notbaracken, noch bis ins Jahr 2010 gesehen hat. Und bei der 8. Tour müssen wir uns mit dem Beben vom Oktober **2016** befassen.

Die Erde wackelt also oft in Umbrien, überhaupt am Rand des Apennin, was daran liegt, dass dort zwei große geologische Erdplatten aufeinanderstoßen und aneinander reiben. Dies führt zu Spannungen, bis die Erde im Epizentrum eines Bebens, das 1997 nördlich von Foligno beim Dorf Isola lag, in dem 80 Prozent der Häuser zerstört wurden, aufbricht bzw. sich besonders heftig bewegt.

Wiederaufbau in Assisi

Diese Widrigkeiten der Natur kommen manchen, die nicht vom Tourismus leben oder nicht mit zerschmetterten Knochen unter den Trümmern ihrer Häuser begraben werden, gar nicht so ungelegen. Den Gerüstfabrikanten oder Bauunternehmern zum Beispiel, oder den Besitzern alter, renovierungsbedürftiger Häuser, die nämlich bis zu 100 Prozent staatliche Wiederaufbauhilfe erhalten. Ist man im Sommer 2000 durch das Erdbebengebiet gefahren, wurde allerdings deutlich, dass die staatliche Geldquelle höchst unterschiedlich sprudelte. Während in Assisi die Gerüste schon fast wieder verschwunden waren, dümpelte der Wiederaufbau in den touristisch weniger renommierten Orten, beispielsweise in Nocera Umbra, vor sich hin.

Bitte lesen Sie bei 8. Tour 8 Näheres zum Erdbeben von 2016.

Auch die **Benediktiner-Abtei von Sassovivo**, sechs Kilometer östlich von Foligno, wurde durch das Erdbeben von 1997 stark in Mitleidenschaft gezogen, und es hat lange gedauert, bis alle Schäden behoben waren. Inzwischen kann man die 128 Säulen des berühmten Kreuzgangs wieder in einem ausgezeichneten Zustand bestaunen. Sie müssen sich dazu am Klostereingang gleich links halten und nicht geradeaus gehen,

Abbazia di Sassovivo

wo Sie irritiert vor verschlossenen Türen stehen würden, weil das Gemäuer schon seit 1979 wieder von einer Bruderschaft bewohnt wird. Sie finden das über 1000 Jahre alte Kloster in einem abgeschiedenen Hochtal, in der Nachbarschaft eines Picknick-Platzes, auf dessen Wiese Sie den Tag vertrödeln dürfen, selbst wenn Ihnen dort die Nacht zu einsam ist:

(051) WOMO-Parkplatz: Abtei von Sassovivo

GPS: N 42°57'31" E 12°45'46". **Max. WOMOs**: 3-4.
Ausstattung: Wasser, Bänke und Tische, Mülleimer.
Beschreibung: Die überwiegend leicht abschüssige, schattige und asphaltierte Ausbuchtung seitlich einer so gut wie nicht befahrenen Straße wird Ihnen hier nicht als klassischer Stellplatz empfohlen, sondern als Möglichkeit, nach ein paar Stunden auf dem Picknickgelände und dem Besuch der Abtei in einer abgelegenen, einsamen Gegend auch die Nacht zu verbringen. Ein markierter Wanderrundweg führt vorbei.

Zufahrt: Biegen Sie südlich von Foligno von der vierspurigen SS 3 Richtung *'Maserati'* ab, fahren Sie dann aber nicht auf die neue vierspurige SS 77 Var Richtung *'Civitanova'*, sondern erst 450 m weiter nördlich auf die alte SS 77 (Foligno – Camerino), die Sie schon in der Kurve der Abfahrt beim braunen Wegweiser, an dem man leicht vorbei fährt, nach rechts zur beschilderten Abtei verlassen; am Ende fahren Sie beim Kloster noch etwa 200 m weiter.

Wir fahren zurück nach Foligno und von dort in das Herz von Umbrien, die sogenannte **Valle Umbra**, das **Umbrische Tal**, das sich von Perugia bis nach Spoleto erstreckt. Die bis zu zehn Kilometer breite Ebene hält nicht nur Augenschmaus bereit, dazu ist das Tal seit der Antike zu dicht besiedelt und zu gut erschlossen. Aber es fehlen die hässlichen, großflächigen Industrieansiedlungen. Wer Italien kennt, wundert sich, dass die Ebene nicht noch stärker zersiedelt ist, und auch der Straßenbau hält sich im Rahmen, wenngleich durch eine vierspurige Schnellstraße ergänzt. Die Reize der Valle Umbra liegen auch nicht im Tal selbst, sondern auf den seitlichen Berghängen. Diese tief schürfende Entdeckung wurde zwar schon vor dem Entstehen der WOMO-Reihe gemacht, sie muss aber mal wieder in einem Reiseführer in Erinnerung gerufen werden, der ausschließlich auf das Auto fixiert ist und dessen Leser, wie man weiß, häufig dem Charme des Gaspedals erliegen.

Sonst würden Sie womöglich auf Ihrem eiligen Weg ein weiteres Mitglied der *I Borghi più belli d'Italia* auslassen. An **Spello** (7.800 Einwohner) kommt man aber schon deshalb kaum vorbei, weil sich das historische Zentrum besonders malerisch und von der Schnellstraße deutlich sichtbar über einen Vorsprung am Hang des Monte Subasio erstreckt. Wichtig ist aber der richtige Zeitpunkt, weil über Mittag die Hauptsehenswürdigkeit, die Kirche Santa Maria Maggiore, deren Fresken zu den schönsten in Umbrien gehören, geschlossen ist. In Spello muss man sich also Zeit nehmen und den besten Ausgangspunkt für den Rundgang suchen. Dafür ist der offizielle Stellplatz inzwischen konkurrenzlos:

(052) Offizieller WOMO-Stellplatz: Spello

GPS: N 42°59'38" E 12°40'02", Via Centrale Umbra.
Max. WOMOs: 30. **Öffnungszeit**: Ganzjährig.
Ausstattung: Ver- und Entsorgung, Mülleimer.
Beschreibung: Der Hauptvorteil des weitgehend schattenlosen, aber klappstuhlgeeigneten Asphaltplatzes ist seine günstige Lage. An heißen Hochsommerabenden wird man hier nicht gerne verweilen, weil man dann Verkehrsgeräusche von der nicht sichtbaren Schnellstraße vernimmt (die bei geschlossenen Fenstern nicht stören). In der Übergangszeit, beispielsweise an Ostern, ist der Platz jedoch ideal, weil der Fußweg ins historische Zentrum nur 450 m beträgt (gehen Sie auf der Straße oberhalb des Platzes knapp 150 m nach rechts und dann auf einer schmalen Straße schräg bergauf durch die ehemals römische Porta di Venere). Sie finden im Zent-

Spello

rum diverse Gaststätten und Geschäfte für Wein oder Spezialitäten, aber keinen Bäcker. Dieser liegt rechts an der Via Centrale Umbra nach 800 m.
Preise: 8 € / Nacht; Parken 5 €.
Zufahrt: Der Platz grenzt beschildert an die Nebenstraße nach Assisi, westlich am Fuß des Ortes in der Ebene und neben dem Sportplatz.

In kulinarischer Hinsicht ist das **Ristorante *La Cantina di Spello*** seit Jahren die erste Adresse, wenn man zu moderaten Preisen gut zubereitete regionale Gerichte mag. Da unsere 4. Tour im Zeichen des Rotweins steht, kosten wir einen *Villa Fidelia* des Weingutes *Sportoletti* aus Spello, einen dem *Sagrantino* ebenbürtigen, aber selteneren und leider auch nicht ganz billigen Tropfen *(Via Cavour 2; das Lokal liegt an der schmalen Hauptstraße im historischen Zentrum, südlich des Rathausplatzes; Tel. 0742 651775; Mo. geschlossen; Sie sollten spätestens am Mittag für den Abend reservieren)*.

Kommen wir zum Wesentlichen: Sie spazieren einmal ganz durch den Ort und gelangen dabei im unteren, südlichen Teil der Hauptstraße (wenn Sie auf der schrägen Gasse oben angekommen sind, rechts) zu der von außen unscheinbaren **Kirche Santa Maria Maggiore**, die den schon erwähnten Nachteil hat, dass sie über Mittag lange geschlossen ist. Dabei ist sie neben dem mittelalterlichen Ortsbild und der reizvollen Lage der Stadt der Hauptgrund für die Reise hierher. Genau genommen ist es nur die **Cappella Baglioni**, auch ‚Cappella Bella' (‚Schöne Kapelle') genannt, was noch reichlich untertrieben ist. Ein gewisser Bernardo di Betto, ein Schüler des berühmten Perugino, hat sie im Jahre 1500 mit Gehilfen vollständig ausgemalt und ein fantastisches Fresko der *Anbetung des Jesuskindes* an die Wand gezaubert. Wohl keinem Maler der Zeitgeschichte wird sein Künstlername weniger gerecht, denn

Spello – *Anbetung des Jesuskindes*

'Pinturicchio' ('das Malerchen') hat ganz Großes geschaffen, als er in leuchtenden Farben detailbesessen den neugeborenen Jesus auf eine Wiese seiner umbrischen Heimat vor dem Trasimenischen-See gelegt hat. Auf unseren Reisen durch die Toskana und Umbrien durfte ich schon viele religiöse Bilder des hochverehrten Säuglings betrachten, aber noch keines, das dem Anliegen des Neuen Testamentes, so wie ich es verstehe, derart gerecht wird: Nicht die Heilige Familie steht im Zentrum der Darstellung, es sind vielmehr die Leute aus dem Volk, die für das Kind heranschaffen, was ihnen wertvoll und teuer ist: Ein Widder wird an den Hörnern gezogen, und ein Hirte macht seine Aufwartung mit einem Korb voll Eiern. Die feinere Gesellschaft samt den drei Königen muss im Abseits, perspektivisch entsprechend kleiner gemalt, geduldig anstehen, bis die Hauptpersonen fertig sind. Ich konnte mich bis heute nicht daran sattsehen. Man kommt kaum dazu, sich auch die beiden seitlichen Fresken gründlich anzuschauen: links die *Verkündigung* und rechts *Jesus und die Schriftgelehrten*, die vor dem jungen Herrn ihre Bücher fallen lassen. Links und rechts des Altars entdecken Sie zwei Fresken von Perugino, dem Lehrmeister von Pinturicchio *(9.45 – 12.30 Uhr und 15.30 – 17 Uhr, So. und Feiertage nur nachmittags, Mo. geschlossen; der Eintrittspreis wurde auf 3 € gesenkt; die Modalitäten haben sich oft geändert; siehe deshalb http://smariamaggiore.com/hello-world/).* Hat man sich erst einmal in das 'Malerchen' verliebt, strebt man interessiert die Straße etwa 100 Meter weiter bergauf, um in der **Kirche Sant'Andrea** im rechten Querarm ein weiteres Bild jenes Künstlers *Madonna mit Kind und Heiligen* zu entdecken. Das ist aber ein wenig dürftig, angeblich hatte der Meister nur die Oberaufsicht, die er vornehmlich dazu benutzt hat, den auf einen Schemel gelegten Brief malen zu lassen, in dem ihn der Bischof von Orvieto um seine Dienste bittet. Bemerkenswerter ist Dono Doni. Das ist kein italienischer Fußballprofi, sondern ein Maler, der auf der rechten Wand das schöne Fresko *Josef billigt die Schwangerschaft Mariens* verewigt hat *(verlässliche Öffnungszeiten sind weder angeschlagen noch im Internet recherchierbar; vermutlich wie Santa Maria Maggiore)*.

Fresko von Dono Doni

Dass Spello einst die römische Kolonie Hispellum war, erkennen Sie weniger an den eingezäunten Resten des Amphitheaters (gleich hinter dem Sportgelände und dem Stellplatz links an der Straße nach Assisi) als an sehr gut erhaltenen **römischen Mosaikböden** einer Villa aus der Zeit zwischen den Jahren 27 vor und 14 nach Chr., die 2005 zufällig bei Arbeiten entdeckt und seit 2018 von einem lehrreichen Museum umbaut worden sind. Die **Villa dei Mosaici** mit 500 Quadratmeter Bodenfläche lohnt sich sehr *(Via Paolina S. Fagotti 7, südlich unterhalb der Altstadt; vom Stellplatz 900 m zu Fuß; 10.30 – 13.30 und 15 – 17 von Mai bis September bis 19 Uhr, Di. geschlossen; 8 €; www.villadeimosaicidispello.it/villa/)*.

Bevor Sie Spello durch eines der mächtigen Stadttore, die, wenn auch restauriert, noch aus römischer Zeit stammen, verlassen, sollten Sie noch die paar Schritte zum **Belvedere** spazieren, wo Sie das erwartet, was Ihnen der Wegweiser verspricht: einen interessanten Blick über die Valle Umbra, die angrenzenden Hänge und auf die von hier besser zu identifizierenden Reste des römischen Amphitheaters am Fuß der Stadt. Sie können auch schon mal Assisi ins Visier nehmen, wo Sie anlässlich der nächsten Tour gewiss ein paar Tage ausspannen. Falls Sie allerdings am Wochenende nach dem Fronleichnamsdonnerstag in Spello weilen, dürfen Sie an einem der farbenprächtigsten Feste Umbriens teilnehmen, der ***Infiorata***. Dann schicken die Einheimischen aus Angst vor Regen tagelang Stoßgebete zum Himmel, wollen sie doch auf den Straßen mit Millionen von Blütenblättern bunte Bilder puzzeln

– und danach Berge von Kartons, in denen die Blüten angeliefert werden, für die Müllabfuhr bereitstellen.

Wahrscheinlich fließt dann auch der Wein, von dem bei dieser Tour schon so oft die Rede war, in Strömen. Es ist kein *Sagrantino*, sondern der Rote von *Sportoletti* (wohl eher der *Rosso*), einem bei Spello ansässigen Erzeuger, der bestimmt noch ein paar Fläschchen für Sie rettet (siehe bei *Wein*).

Sie werden noch nicht nach Assisi entlassen, denn zuvor müssen Sie mit uns noch wandern und dabei noch einmal der römischen Vergangenheit begegnen. Welche wunderbaren Ausblicke die Strecke bietet, konnten Sie bereits unserem hier aufgenommenen **Titelbild** entnehmen. Auch für Nichtwanderer gehören die ersten Meter am **Aquädukt** zum Pflichtprogramm:

Entlang dem römischen Aquädukt nach Collepino

Sie starten am offiziellen **Stellplatz von Spello** (siehe oben) und gehen, wie beschrieben, auf dem Sträßchen quer bergauf in das historische Zentrum. Durch die dortige Hauptgasse wandern Sie links, vorbei an der *Cantina di Spello* und an einem Platz. Wenn sich 100 m nach diesem die Gassen verzweigen, wählen Sie die rechte Alternative durch die **Via Giulia** (dort nach 110 m links Reste eines römischen Tors), die nach einem Linksknick auf die Via Poeta stößt, auf der Sie rechts gehen, ein Stadttor durchschreiten und auf gleicher Höhe bleiben. Sie sind nach etwa 1,3 km an die Straße nach Collepino, die SP 249, gelangt und folgen nach rechts erst wenige Meter einer rot-weißen Markierung und dann dem Wegweiser *‚Acquedotto Romano‘* auf einem Pfad links oberhalb der Straße.

Schon bald erkennen Sie unschwer die Reste des **römischen Aquädukts**, mit dem auf etwa fünf Kilometern Wasser von einem Hang des Monte Subasio nach Spello (Spellum) geleitet worden ist (Foto S. 337). Das geschah fast auf der ganzen Strecke ebenerdig, und nur an wenigen Stellen waren kleinere bogenförmige Brückenbauwerke erforderlich, mit denen wir heute den Begriff eines Aquädukts in Verbindung bringen. Die antike Wasserleitung war ummauert, aber mit diversen Revisionsöffnungen versehen, um jene zu belüften und sauber zu halten. Was Sie heute sehen, ist über die Jahrhunderte mehrfach restauriert worden, denn das römische Meisterwerk war bis zum Jahr 1902 in Betrieb (Foto S. 337).

Sie können sich auf dem gut markierten Weg nicht verirren, wenn Sie relativ bald vom Pfad oberhalb der Straße auf eine Fortsetzung rechts unterhalb verwiesen werden, die genau nach 4,4 Kilometer seit dem ersten Wegweiser an einer Asphaltstraße unterhalb von Collepino endet. Kurz vorher, an einem waldbrandgeschädigten Bereich, haben Sie zum ersten Mal das Bergdorf Collepino über sich gesehen und zu Recht erkannt, dass der einzig anstrengende Teil der Wanderung noch vor Ihnen liegt.

Den Asphalt verlassen Sie nämlich an einer hohen Mauer schon nach 100 m wieder nach links auf einen steilen Schotterweg, und an einer Weggabelung von zwei geschotterten Strecken gehen Sie links und gelangen so auf den Parkplatz von **Collepino** (nachfolgend als Stellplatz beschrieben). Möglicherweise werden Sie sich in dem netten kleinen Lokal inmitten der fast ausschließlich als Zweitwohnungen genutzten Häuser ausruhen.

Nun gehen Sie entweder auf dem Hinweg zurück oder Sie biegen jenseits des kleinen Dorfes auf der Asphaltstraße etwa 90 m nach den letzten Häusern auf einen Schotterweg nach rechts ab, der auf die beim Hinweg erwähnte Weggabelung stößt. Von hier ist der Rückweg mit dem Hinweg identisch. Das ist keine Strafe, sondern belohnt Sie mit selten schönen Blicken auf Spello.

Wegen des Sonnenstandes empfehle ich die etwa **14 Kilometer** lange, teilweise schattige Wanderung am nicht zu späten Vormittag oder gegen Abend. Eine Karte ist nicht erforderlich. Auf der Kompasskarte ist der Weg nicht eingezeichnet.

Falls Sie unsere Wanderstrecke abgearbeitet haben, sind Sie durch das nahezu nur als Zweitwohnsitz genutzte Nest **Collepino** gekommen und konnten sich dort von guten Übernachtungsbedingungen überzeugen, die Sie gerne in Anspruch nehmen werden, wenn Ihnen der offizielle Stellplatz in Spello zu gesichtslos und zu wenig schattig ist:

(053) WOMO-Parkplatz: Collepino

GPS: N 43°01'18" E 12°42'13", Via San Silvestro. **Max. WOMOs**: 5.
Ausstattung: Toilette (unterhalb des Platzes an der Zufahrt von Spello), Wasser, Bänke und Tische, Mülleimer.
Beschreibung: Sie stehen auf einer Asphaltfläche mit grasigen und schattigen Randbereichen direkt vor dem so gut wie nicht bewohnten Dorf und dürfen abends die Klappstühle auspacken. Eine nette, kleine Gaststätte *(La Locanda)* ist täglich außer montags bis Mitternacht geöffnet (und veranstaltet gelegentlich kleine Konzerte, deren Auswirkungen wir auf die Übernachtungsmöglichkeiten nicht kennen). Sie können die vorbeschriebene Wanderung auch hier beginnen.
Zufahrt: Fahren Sie nördlich von Spello auf der Straße zum Monte Subasio (beschildert), der SP 249, immer leicht bergauf und etwa 4 km oberhalb von Spello, in Collepino, auf den großen Parkplatz seitlich von Bäumen.

Der Stellplatz (siehe Pfeil) ist auch ein idealer Ausgangspunkt für eine absolut lohnende Rundfahrt über den **Monte Subasio** (1.290 m). Die Strecke beginnt gegenüber dem Parkplatz und endet in Assisi. Sie belohnt mit prächtigen Fernsichten bis zum Trasimenischen See und ist, obgleich im südlichen Teil nur geschottert, auch für große WOMOs machbar; allerdings nur tagsüber (und bei trockenem Wetter), denn nachts ist die Panoramastraße geschlossen, weshalb Parkplätze und Wiesen an ihrem Rand nur dem Sonnenbad dienen – und der Beobachtung von Gleitschirmfliegern (an Feiertagen und dem Tag davor für Wohnmobile verboten).

Collepino

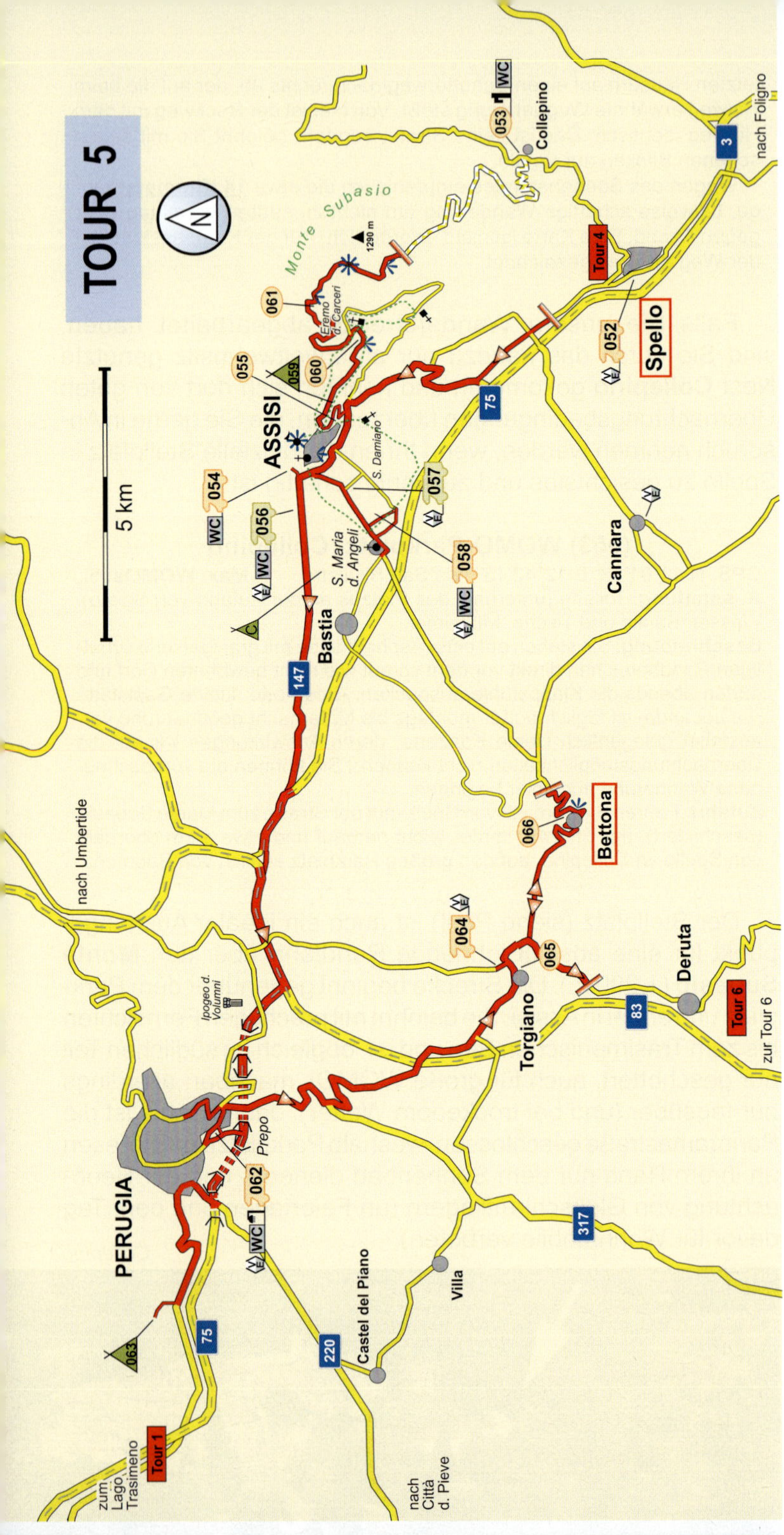
TOUR 5
N
5 km
Monte Subasio
1290 m
Collepino
WC
053
nach Foligno
3
Tour 4
Spello
052
061
Eremo d. Carceri
060
055
059
ASSISI
S. Damiano
057
054
WC
056
75
Cannara
S. Maria d. Angeli
058
WC
Bastia
147
Bettona
066
nach Umbertide
064
065
Deruta
Torgiano
83
Tour 6
zur Tour 6
Ipogeo d. Volumni
Prepo
062
PERUGIA
317
Villa
Castel del Piano
220
063
Tour 1
zum Lago Trasimeno
nach Città d. Pieve

Tour 5: Assisi, Perugia und viele Heilige 110 km

Assisi – Perugia – Torgiano – Bettona

Stellplätze: in und bei Assisi, bei der Eremo delle Carceri, am Monte Subasio, in Perugia, in Torgiano

Campingplätze: *Camping Fontemaggio* in Assisi, bei Perugia

Besichtigen: Assisi mit Eremo delle Carceri und Basilika Santa Maria degli Angeli; Perugia, Grab der Volumnier, Weinmuseum in Torgiano, Bettona

Wandern: von Assisi zur Eremo delle Carceri und zur Abbazia di S. Benedetto, von Assisi zur Basilika Santa Maria degli Angeli

Essen: Trattorien *La Stalla* und *Pallotta*, Pizzeria *Menestrello* in Assisi, *Osteria Civico 25* oder Ristorante *Al Mangiar* Bene in Perugia

Bisweilen, mit zunehmender Erfahrung jedoch immer seltener, macht man bei einer Wohnmobil-Reise fast alles falsch. Obwohl wir in Sachen WOMO und Italien keine Anfänger mehr waren, hätten wir uns denken müssen, dass am Ostersamstagnachmittag die Ankunft in Assisi zum Unvernünftigsten gehört, was bei einer Umbrien-Reise überhaupt denkbar ist. Aber seit zwei Tagen hatten wir eindrucksvoll Gelegenheit, hautnah zu erkennen, weshalb Umbrien als das »*Grüne Herz Italiens*« in die Reiseliteratur eingegangen ist. Hat uns

Assisi

doch der Wetterheilige, ein gewisser Petrus, eine Lektion zum Thema *,Landregen'* und dem Untertitel *,Kalte Tage im April'* erteilt und dabei alle Register seines Könnens gezogen, mit tief hängenden Wolken und Schneetreiben ab 700 m Höhe. Was blieb uns also anderes übrig, als Zerstreuung und Trockenheit in Kirchen, vor Fresken und in warmen Gaststuben zu suchen?

Assisi (28.000 Einwohner) schien uns dafür wie geschaffen, und als wir in einem geräumigen Ölbaumacker unterhalb der Stadt einen freien Stellplatz ergattert hatten, wurde die Laune schon ein wenig besser. Sie änderte sich aber schnell wieder, nachdem wir einen Fuß vor die Tür gesetzt hatten und der Schuh im Matsch fast stecken blieb. Über die späteren Putzorgien am Schuhwerk und im WOMO soll hier nicht geklagt werden. Auch nicht darüber, dass mit uns die Besatzungen wenigstens 50 anderer, vorwiegend italienischer Wohnmobile eine Art Survivaltraining im Morast absolvieren mussten. Das besagte Gelände ist längst für Wohnmobile gesperrt, bei Ihrem Urlaub wird es nicht regnen, und viele heutige WOMOs sind (leider) so ausladend dimensioniert, dass sie sowieso nur noch auf geteertem Untergrund parken. Deren Chauffeuren bleibt dann allerdings die Erfahrung italienischer Solidarität erspart, wenn die Vorderräder eines Fiat oder Ford bei der leisesten Berührung des Gaspedals hemmungslos durchdrehen und die Nachbarschaft schiebt. Sie können sich denken, wie der Regentag weiterging, dass die Kirchen und die Gassen proppenvoll waren und dass wir in keinem einigermaßen passablen Lokal einen Tisch bekamen. Assisi war zum Abgewöhnen.

Karfreitag in Assisi

Wir hatten noch einen weiteren Kardinalfehler begangen: Wenn man an Ostern nach Assisi fährt und sich bei der Stellplatzsuche in Konkurrenz zu etwa 300 (!) italienischen WOMO-Kapitänen begibt, reist man so rechtzeitig an, dass man sich bei einer der größten **Karfreitags-Prozessionen** Italiens unter die Schaulustigen mischt, um vermummte Männer mit Dornenkronen über den Kapuzen und schweren Holzkreuzen auf den Schultern barfuß durch die von Fackeln beleuchtete Stadt ziehen zu sehen. Start ist um 19.30 Uhr beim Dom San Rufino. Kenner kommen früher, um noch im Hellen die vor dem Dom wartenden Kapuzenmänner ausgiebig zu fotografieren.

Das Gegenstück, eine touristisch fast verwaiste Stadt, lernen wir kennen, als wir eineinhalb Jahre nach dem schlimmen Erdbeben von 1997, dessen Epizentrum nicht weit entfernt lag, auf dem zentralen Platz der Stadt unseren Kaffee schlürften. Die meisten Häuser waren zur Reparatur der Schäden eingerüstet, und die Andenkenverkäufer träumten von besseren Zeiten. Die ersten Urlauber hatten sich wieder eingefunden, auch wenn fast alle Kirchen noch nicht wieder betreten werden konnten. Aber es waren keine »normalen« Touristen, die in ihren Reiseführern blätterten, sondern fromme Menschen, die wegen ihres Glaubens eine Pilgerreise auf sich genommen hatten. Ordensschwestern schleppten schwere Koffer, Jugendgruppen eilten zu einer religiösen Veranstaltung und unmodisch gekleidete Menschen mit roten Backen ließen sich von einem schwarzberockten Geistlichen (jeder 20. Einwohner Assisis ist einem Gerücht zufolge ein Geistlicher oder

Assisi – am Minerva-Tempel

eine Nonne) die Stadt zeigen. So fiel uns auf, wie bedeutend der Anteil der Leute ist, die vorwiegend wegen des Heiligen Franziskus und weniger zum Betrachten der Kunst nach Assisi fahren, richtiger: pilgern.

Längst hat der Besucherandrang wieder deutlich zugenommen, die meisten Schäden sind behoben, aber Sie werden auch in Zeiten größten Andrangs respektvoll denen begegnen, die sich die Pilgerfahrt abgespart haben und die sich darüber freuen, einmal im Leben die Wirkungsstätte des Heiligen mit eigenen Augen sehen zu dürfen.

Die Legende vom Heiligen Franz

Wie bei vielen Heiligen mischen sich auch hier Fakten mit Anekdoten: Franziskus wurde 1182 in Assisi als Sohn eines reichen Kaufmanns geboren und beschloss im Alter von etwa 20 Jahren, mit Vater und großbürgerlichem Leben zu brechen, um fortan ein besitzloses Dasein in Meditation und Rückbesinnung auf die Grundsätze des christlichen Evangeliums zu führen.

Bald scharten sich Anhänger um ihn, gemeinsam half man den Armen, und Franz war ein begnadeter Prediger, dem es gelang, große Massen in seinen Bann zu ziehen. Und der vorlebte, dass die Liebe zur Natur sowie das Vertrauen auf Gott statt käuflicher Güter das Glück bedeuten. Vor allem die Hinwendung zu den Tieren und Pflanzen, in denen er ebenfalls Geschöpfe Gottes erkannte, machte ihn berühmt, und der Sage nach konnte er sogar mit den Tieren sprechen und bekanntlich zu den Vögeln predigen.

Die Anerkennung des späteren Heiligen wurde dadurch begünstigt, dass zu jener Zeit die katholische Kirche mit ihrem abgehobenen Feudalsystem die einfachen Menschen nicht mehr erreichte. Schon damals waren soziale Konflikte aufgebrochen, die vornehmlich in Frankreich Katarern und Waldensern, so genannten Ketzern, die zahlenmäßig sehr starke Anhängerschaft der Landbevölkerung zutrieb (Näheres in meinen Büchern über die Provence und das Languedoc). Während die französischen Abtrünnigen vollständig mit der traditionellen Kirche brachen und dafür gnadenlos verfolgt und grauenvoll niedergemetzelt wurden, verstand es Franziskus, den Draht zur Kirche nicht abreißen zu lassen. Vermutlich war er weniger radikal, sodass man auf päpstlicher Seite in seiner Bewegung die Chance erkannt hat, die Volksmassen weiter bei der Stange zu halten. Man beeilte sich deshalb, ihn nach seinem Tod am 3. Oktober 1226 bei einer Kapelle unterhalb Assisis (der heutigen S. Maria degli Angeli) schon zwei Jahre später heiligzusprechen und ihm mit dem Bau der Franziskuskirche ein Denkmal zu setzen, das später Giotto mit dem berühmten Zyklus so prachtvoll ausgemalt hat.

Und es gelang dem Papsttum sehr schnell, der Glaubensgemeinschaft des Heiligen, dem Franziskaner-Orden, hierarchische Züge aufzusetzen, mit denen man die Dinge wieder in den Griff bekam. Daran dürfte sich bis heute wenig geändert haben, wenngleich mir in Assisi stets auffällt, wie groß doch die Anzahl jugendlicher Pilger – auch aus Deutschland – immer noch ist.

Rückseite der Basilika San Francesco vor dem Monte Subasio

Ein wesentliches Ziel der Franziskusverehrung ist die **Basilika San Francesco** (Foto Seite 118), als sogenannte *Basilica maior* eines der sieben ranghöchsten katholischen Gotteshäuser. Die Pilger sehen dort die berühmten Wandmalereien sicher mit anderen Augen als die meisten von uns, die dem italienischen Staat und mehreren Organisationen dafür danken, dass diese in einem gewaltigen technischen und finanziellen Kraftakt in der unglaublich kurzen Zeit von nur etwas mehr als zwei Jahren die Schäden des Erdbebens von 1997 weitgehend beseitigt haben. Die Decke der **Oberkirche** der beiden überei-

Assisi – *Die Vertreibung der Dämonen aus Arezzo*

nander gebauten Gotteshäuser war bei einem Nachbeben teilweise eingestürzt und hatte dabei zwei Mönche und zwei Restauratoren tödlich verletzt, die sich gerade mit einer Gruppe den vom Erdbeben der letzten Nacht verursachten Schaden ansehen wollten. Zunächst glaubte man, einzelne Fresken gar nicht wieder rekonstruieren zu können. Aber die Feuerwehr durfte den Schutt nicht entsorgen, aus dem rund 150 Restauratoren mithilfe der Computertechnologie über 300.000 Trümmerstücke zu einem Puzzle zusammenfügen konnten. Das Deckenfresko des Heiligen Hieronymus konnte nicht mehr ganz hergestellt werden, aber dem Rest des berühmtesten **Freskenzyklus** des Mittelalters, eines Vorläufers der Renaissance, sieht man die Schäden nur bei genauerem Hinsehen oder gar nicht mehr an. **Cimabue** und vor allem **Giotto** haben hier um das Jahr 1300 auf 28 Bildern das Leben des Heiligen Franz in Szene gesetzt. Vieles an dem Werk erinnert schon an die erst mehr als hundert Jahre später beginnende Renaissance (näheres dazu im Toskana-Buch, Band 8 der WOMO-Reihe); vor allem die schon individualisierte Darstellung der Menschen und der Bildaufbau. Es gibt zwar noch fast keine Perspektive, aber die

Hauptfiguren sind bereits herausgehoben, Menschen sind in Gruppen zusammengefasst und die Hintergrundlandschaft spielt schon eine gestalterische Rolle. Ich kann Ihnen im Rahmen dieses Buches nicht die einzelnen Episoden erläutern, ich finde auch, dass man sie nicht unbedingt kennen muss, um die Bedeutung des Zyklus zu erfassen. Man identifiziert den Bruch mit dem Vater, Tod und Begräbnis und die Vertreibung der Dämonen, die auf dem Fresko erschreckt davon flattern (siehe Seite 108). Den größten Wiedererkennungseffekt hat die berühmte Vogelpredigt an der Eingangswand. Betrachten Sie sich, was Ihnen gefällt, das reicht fürs Erste allemal. Sie haben mehr davon, als wenn Sie jedes Bild einem Lebensabschnitt von Franz oder einer biblischen Geschichte zuordnen können – und am Ende in der Erinnerung doch wieder vieles durcheinanderbringen.

Auch die **Unterkirche**, die schon beim Bau für die heranströmenden Franziskusanhänger zu klein geworden war, weshalb man noch eine Kirchenetage aufgesetzt hat, ist vollständig freskiert, unter anderem von dem sienesischen Maler **Simone Martini** (1325) mit Szenen aus dem Leben des Heiligen Martin. An den Wänden des Langhauses, wo sich die ältesten Bilder aus der Zeit um 1260 befinden, hat sich ein unbekannter Künstler, den man ‚Franziskus-Meister' nennt, verewigt. Im Keller waren weitere berühmte Maler zugange, unter ihnen Cimabue (mit dem bekannten Porträt von Franziskus) und Lorenzetti. Wenn Sie sich einen Reiseführer kaufen, in dem die Kunst einen größeren Raum einnimmt, können Sie sich locker einen halben Tag lang in beiden Teilen der Kirche

Assisi – San Francesco

aufhalten, um Motive und Stilrichtungen der einzelnen Werke zu studieren. Ich mache es kurz, San Francesco gehört wegen seiner die Reizschwelle weit überschreitenden Großartigkeit trotz der Besuchermassen zweifellos zu den ganz großen Sehenswürdigkeiten der Kunstwelt.

Für die Pilger wird sicher das **Franziskus-Grab** in der Krypta der Unterkirche bevorzugtes Ziel sein. Und wer heute versonnen in der Oberkirche betrachtet, was nach dem Erdbeben wieder ausgeflickt worden ist (man hat fehlende Teile bislang allenfalls eingefärbt), sollte auch der armen Menschen gedenken, die am Morgen nach der Erdbebennacht des Jahres 1997 sorgenvoll die Schäden in Augenschein genommen haben und dabei von einem weiteren Erdstoß überrascht und von der einstürzenden Kirchendecke erschlagen worden sind.

San Francesco ist über Mittag geöffnet und kostet immer noch keinen Eintritt *(Unterkirche 8.30 – 18.30 Uhr, So. und Fei. 10.30 – 16.30; Oberkirche 8.30 – 18.45 Uhr, So. und Fei. 13 – 18.45 Uhr).*

Assisi hat aber noch mehr zu bieten, vor allem die hübsche **Piazza del Comune**, den Platz mit dem zentralen mittelalterlichen Brunnen, vor dem man unweigerlich einen freien Stuhl sucht. Hat man den ergattert, nimmt man die hohen Getränkepreise wie eine Laune der Natur hin, denn man ist eingefangen von der unglaublichen Vielfalt des touristischen Treibens, jener schon beschriebenen Mischung aus staunenden, kurz behosten Touristen, in Kutten gekleideten Mönchen und frömmelnden Landpomeranzen, die das lauwarme Pizzastück weit mehr genießen als andere die Trüffeln im Nobelschuppen. Wenn Sie dabei sogar einen Tag geringeren Andrangs erwischen oder die Stunden nach der Karfreitagsprozession mit an den Hauswänden lodernden Fackeln, werden Sie merken, dass die Piazza zu den schönsten Italiens zählt.

Assisi - Piazza del Comune

Was auch kein Kunststück ist, denn ein beherrschendes Element sind die Säulen des römischen **Minerva-Tempels** aus dem 1. Jahrhundert vor Chr. Als weit gereiste Menschen werden Sie zwar Goethe nicht beipflichten können, der einst schrieb: »*Das löblichste Werk stand vor meinen Augen, das* *erste vollständige Denkmal der alten Zeit, das ich erblickte«.* Die Kirche des Heiligen Franziskus hatte es dem auf die Klassik fixierten Dichterfürsten wenig angetan, die ließ er nämlich »*links mit Abneigung liegen«*. Die römischen Säulen des Tempels sind ungewöhnlich gut erhalten, weil sie schon im 16. Jahrhundert zur Front einer Kirche umfunktioniert wurden und sich niemand mehr traute, Hand anzulegen, um sie als Baumaterial für anderes zu verwenden (siehe Foto Seite 106).

Maßeinheiten

Am Turm direkt daneben, am **Torre del Popolo** (13. Jahrhundert), erkennt man Maßeinheiten für Wolle und Leinen.

Sehenswert ist in Assisi gleichfalls der Rest des römischen Forums, des unterirdischen Ausgrabungsgeländes unter der Piazza del Comune, von dem ein Teil von der Straße aus zu erkennen ist, der Hauptteil aber im **Museo Foro Romano** *(10 – 17.30 Uhr; 5 €)*.

Würde die romanische **Kathedrale San Rufino**, der Dom von Assisi (1140 bis 1228), nicht von der Bedeutung der etwa einen Kilometer entfernten Franziskus-Basilika überlagert, stünde sie neben dem Minerva-Tempel in den Reiseführern an erster Stelle, wenn auch nur wegen ihrer sehenswerten Fassade, von Baedeker zurecht als »*Juwel der umbrischen Romanik*« gelobt.

Eine Etage tiefer am Hang liegt die **Kirche Santa Chiara**, die Grabeskirche der Heiligen Klara von Assisi, der Gründerin des Klarisinnen-Ordens, der dritte bedeutende Sakralbau As-

Assisi – San Rufino

sisis und ebenfalls Pilgerstätte. Klara war die weibliche Antwort auf Franziskus und gehörte in ihrer Jugend, nachdem sie gleichfalls Elternhaus und Wohlstand entsagt hatte, zu seinen Gefolgsleuten.

Assisi – Blick von der Rocca Maggiore

Als letzter Anlaufpunkt in der Stadt sei noch die **Rocca Maggiore**, die Burg oberhalb der Stadt, erwähnt, von der man einen schönen Blick hat, wenn man die Mühe des Aufstiegs auf sich genommen hat, was nur wenige schaffen *(bei Drucklegung wegen Renovierung geschlossen; siehe nicht nur dafür www.visit-assisi.it/).*

Wenden wir uns dem Trivialen zu. Damit meine ich nicht die Souvenirs, den Heiligen Franz in allen Variationen, vom freundlich lächelnden Mönchsgesicht in Schnapsglasform über

das kitschige Heiligenbild bis hin zur kratzigen, wollenen Kutte. Obgleich an dieser Stelle auch mal gesagt werden muss, dass in Assisi allein schon sehenswert ist, wozu menschlicher Erfindungsgeist fähig ist, wenn es darum geht, **Kitsch** noch kitschiger herzustellen, als man es jemals zuvor für möglich gehalten hat. Und dass der Nippes den von Pisa und San Gimignano noch um Längen schlägt und ihm durchaus museale Züge beschert.

Kommen wir zum Stellplatz: Diesbezüglich bekleckert sich die Stadtverwaltung in neuerer Zeit nicht mit Ruhm, man hat vielmehr einige schöne Areale gesperrt. Geblieben ist nicht viel und am Rand der Stadt nur ein einziger legaler Parkplatz mit akzeptablen Bedingungen und teilweise schönem Blick:

(054) Offizieller WOMO-Stellplatz: Assisi
San Vittorino

GPS: N 43°04'39" E 12°36'02", Via S. Vittorino. **Max. WOMOs**: 30-40. **Öffnungszeit**: Ganzjährig. **Ausstattung**: Toilette, Mülleimer. **Beschreibung**: Der nicht hässliche, bedingt klappstuhlgeeignete Asphaltplatz mit grasigen Rändern und schattigen Bereichen ist Teil des Parkplatzes, auf dem Reisebusse abgestellt werden, während sich die Fahrgäste Assisi anschauen. Der Platz außerhalb der Bebauung ist zeitweise, beispielsweise an Ostern, sehr gut besucht, bisweilen aber auch ganz leer und dann eher öde und einsam. Der Fußweg zur Franziskus-Basilika dauert 15 Minuten (bergauf über 900 m), zur Piazza del Comune bemisst er sich auf 1,5 km.
Preise: Häufig kostenlos, da Schranke nicht in Betrieb; sonst 14 €/24 Std.; 2 €/Std.
Zufahrt: Der Platz liegt nordwestlich der Altstadt. Biegen Sie von der SS 147, der Straße von Bastia nach Assisi, unterhalb von Assisi nach links ab und bald danach wieder nach rechts (beschildert).

(055) WOMO-Parkplatz: Assisi – *Saba Porta Nuova*
GPS: N 43°03'57" E 12°37'08", Piazza Porta Nuova. **Max. WOMOs**: 3-5.
Ausstattung: Rolltreppe ins unmittelbar angrenzende Zentrum.
Beschreibung: Das ist ein asphaltierter Parkplatz mit Schranke, auf dem ein Teilbereich für Busse und Wohnmobile vorgesehen ist; Rolltreppen ins Zentrum.

Zufahrt: Der Platz liegt südlich der Altstadt an der SS 147 und ist bei der Bergauffahrt nicht zu übersehen.
Preise: 14 – 20 €/24 Std.; 2,50 €/Std.; ein Parkplatz mit Schranke und Bezahlautomat.
Hinweis: Ich bin nicht sicher, ob es den Teilbereich für Wohnmobile und Busse noch gibt – und schon gar nicht, ob man dort weiterhin übernachten darf.

(056) Offizieller WOMO-Stellplatz: Assisi *Agriturismo Il Girasole*

GPS/Kontakt: N 43°04'37" E 12°35'40", Via Campiglione 2, Tel. 075 813449; www.agriturismoilgirasole.net/area-camper/. **Max. WOMOs**: 6.
Öffnungszeit: Ganzjährig.
Ausstattung: Ver- und Entsorgung, Toilette, Pool, Strom, Mülleimer.
Beschreibung: Sie stehen klappstuhlgeeignet auf Kies am Rand eines ländlichen Anwesens, das aber nur noch ein Beherbergungsbetrieb zu sein scheint. Zum offiziellen Stellplatz Nr. 054 sind es 500 m. Wenn Sie nicht nacherwähnten Campingplatz besuchen und zu Fußwegen bereit sind, ist das außerhalb der Osterzeit der beste Stellplatz bei Assisi.
Preise: 15 – 25 € je nach Dauer und Jahreszeit.
Zufahrt: Der Platz liegt beschildert westlich von Assisi an der SR147.

(057) Offizieller WOMO-Stellplatz: Assisi *Agriturismo All'antica Mattonata*

GPS/Kontakt: N 43°03'56" E 12°35'55", Via Francesca 2, Tel. 338 4940829 – nur begrenzte Reservierungsmöglichkeit; www.allanticamattonata.com/. **Max. WOMOs**: 6-7.
Öffnungszeit: Vermutlich ganzjährig.
Ausstattung: Ver- und Entsorgung, Strom, Mülleimer.
Beschreibung: Auch hier stehen Sie klappstuhlgeeignet auf Kies am Rand eines ländlichen Anwesens, das noch landwirtschaftliche Produkte verkauft. Das Beste ist die schöne Sicht auf Assisi. Der Fußweg zur Piazza del Comune bemisst sich auf 1,8 km, Bushaltestelle in der Nähe.
Preise: 17 – 22 €.
Zufahrt: Der schöne Platz auf einem Agriturismo-Gelände liegt zwischen Assisi und Bastia.

(058) Offizieller WOMO-Stellplatz: Bastia Santa Maria degli Angeli

GPS: N 43°03'36" E 12°35'14", Via Giosue Borsi. **Max. WOMOs**: 50.
Öffnungszeit: Ganzjährig.
Ausstattung: Ver- und Entsorgung, Toilette (nachts abgeschlossen), Mülleimer.
Beschreibung: Der riesige, schattenlose Asphaltplatz, auf dem auch die Reisebusse parken, liegt am Bahnhof von Bastia innerhalb der Bebauung, etwa 800 m von der Kirche Santa Maria degli Angeli, aber weit von der Altstadt von Assisi entfernt; Fußweg zur Piazza del Comune in Assisi 3,1 km (siehe Wanderung weiter unten); alle 30 Minuten Busverbindung nach Assisi. Gaststätten und Geschäfte nach etwa 800 m.
Preise: 18 €/24 Stunden, 1,80 €/Stunde werden per Schranke kassiert.
Zufahrt: Biegen Sie in Bastia an der Straße nach Assisi nordöstlich der Bahngleise nach Südwesten zum Bahnhof (‚*Stazione*') ab und fahren Sie gegenüber dem Bahnhof auf den nahen Parkplatz Richtung Assisi (beschildert).

In Zeiten großer Nachfrage, besonders an Ostern, wird das Übernachten fast überall toleriert. Sie machen dann nichts falsch, wenn Sie sich zu einer Gruppe italienischer WOMOs gesellen.

Ich bin der Meinung, dass Sie in Assisi keinen Stellplatz brauchen, weil es einen **wunderbaren Campingplatz** gibt, der so aussieht, wie man sich einen freien Übernachtungsplatz ausmalt, überwiegend naturbelassen, weitläufig und wenig besucht. Hier können die größten Angsthasen Stellplatzfeeling erleben! Ich meine nicht das Gelände, 4 km unterhalb und westlich der Stadt. Über den Nachteil, dass man von dort – kostenlos – mit dem Bus nach Assisi fahren muss und über die engen Parzellen kann nämlich auch der im Sommer geöffnete Pool nicht hinweghelfen. Wählen Sie lieber den ***Campeggio Fontemaggio***, nordöstlich von Assisi. Inmitten der Natur und in heiliger Ruhe lassen wir hier gerne mehrere Tage lang die Seele baumeln, wir schmökern und lauschen dem Ruf des Kuckucks aus dem nahen Wald. Am Abend sitzen wir neben blühenden Ginstersträuchern über den Lichtern der Valle Umbra und registrieren zufrieden, dass man nicht die Parzellen vermessen hat, dass man das Gras noch wachsen lässt. Und dass ein Stück weiter eine Jugendgruppe, die sich mittels Aufkleber an der Windschutzscheibe ihres Busses als *'Im Dienste des Herrn unterwegs'* ausweist, zur Klampfe singt und uns, getreu ihrem Vorbild Franziskus, die Reste des Nudeleintopfs zum Abendessen anbietet. Die wir, in Blickweite der Jungs, zunächst nur zaghaft und anstandshalber annehmen, um uns dann aber einzugestehen, dass die mit reichlich Ketchup angereicherte *Pasta* beim Gesang der Nachtigall ein größeres Erlebnis war als der geplante Restaurantbesuch.

Ein Vorteil dieses Campingplatzes besteht darin, dass man in 15 Minuten am Rand der Altstadt von Assisi ist, zu Fuß auf einem lauschigen Weg, bei dem man allerdings zu abendlichen Restaurantbesuchen wegen des Heimweges in dunkler Nacht die Taschenlampe mitnehmen sollte. Besser kann ein Campingplatz kaum noch liegen, und besser ist auch kein

Assisi – Camping Fontemaggio

freier Stellplatz! Kleinere Nachteile darf ich allerdings nicht verschweigen: Es gibt kein Schwimmbad, außerdem sind einige Bereiche etwas duster, und einen wirklich tollen Blick hat man nur von wenigen Ecken:

(059) WOMO-Campingplatz: Assisi – *Fontemaggio*

GPS/Kontakt: N 43°04'02" E 12°37'51", *SP 251 = Via Eremo (Santuario) delle Carceri, 8*, Tel 0758 13636; www.fontemaggio.it/home/campeggio/.
Öffnungszeit: Ganzjährig.
Ausstattung: Zeitweise kleiner Laden, Restaurant.
Beschreibung: Im vorstehenden Text ist schon das meiste gesagt. Wanderwege führen hier vorbei. Zur Piazza del Comune sind es 1,6 km. Zwei größere Supermärkte kann man zu Fuß erreichen, wenn man von dem Fußweg nach Assisi bei erster Gelegenheit hinter dem Campingplatz nach links abbiegt, eine kleine Treppe hinunter und über einen Trampelpfad zur Via della Cooperazione geht; dort muss man sich etwa 300 m rechts halten.
Preise: 21,50 – 31,50 €.
Zufahrt: Fahren Sie auf der Straße direkt unterhalb Assisi vorbei und wenden Sie sich bergauf Richtung *,Eremo d. Carceri'* (spätestens am Berg Wegweiser).

Wahrscheinlich hätte der Betreiber in den schweren Zeiten nach dem Erdbeben aufgegeben, hätte ihm nicht das zünftige **Ristorante** im Empfangsgebäude (sowie das dortige Hotel und die kleinen Bungalows) ein stetes Einkommen beschert. Denn hier sitzen im vom Holzkohlengrill geschwärzten Ge-

Blick von Assisi in die Valle Umbra

wölbe auf schmalen Bänken vornehmlich Ortsansässige, die sich rustikale Hausmacherkost auftischen lassen, der jedwede Schönfärberei fehlt. Das Essen kommt vom Topf oder Grill auf den Teller, nichts wird drapiert oder kaschiert. Wer im Urlaub rechnen muss, ist hier ebenfalls willkommen. Die Zahl der Einheimischen gibt mir recht, und ich weiß, dass ich den Bogen überspanne, wenn ich behaupte, das ***La Stalla*** sei die gastronomische Variante der Franziskuslegende *(Tel. 075 812317, bei unserem letzten Besuch konnte man nicht reservieren und musste pünktlich, möglichst ab 19 Uhr, vor der Tür stehen, Di. und Mi. nur mittags geschlossen).*

Wer es etwas anspruchsvoller mag, aber dennoch familiär und zweifellos gut gekocht, spaziert nach Assisi in die **Trattoria *Pallotta*,** labt sich an umbrischer Hausmacherküche und stöhnt hinterher auch hier nicht über die Rechnung *(am zentralen Platz gegenüber dem Minerva-Tempel einen Treppenweg bergab; Di. geschlossen; Tel. 075 812649; das gleichnamige Hotel ist in einem anderen Gebäude in einer anderen Straße untergebracht)*. Eine ideale **Pizzeria** haben wir nicht gefunden, aber die besten Pizzen gibts im ***Menestrello***, außerdem gute Vorspeisen *(am unteren Ende des Platzes links bergab).*

Das gesellschaftliche Großereignis in Assisi ist nicht die Karfreitagsprozession, sondern die **Festa di Calendimaggio**,

Assisi – Basilika San Francesco

wenn sich die Bewohner der Stadtteile über mehrere Tage an Umzügen in historischen Kostümen ergötzen, in Wettkämpfen miteinander messen und beim Tanz näherkommen *(während drei Tagen vom ersten Donnerstag nach dem 1. Mai bis zum Samstag)*.

Assisi steht auf der UNESCO-Liste des Weltkulturerbes, keine andere Stadt Umbriens nimmt in unserem Buch so viel Raum ein, keine andere ist auch so berühmt (Bethlehem ist die Partnerstadt, seit ein paar Jahren auch San Francisco, das sagt eigentlich alles). Zu keiner anderen habe ich ein ähnlich zwiespältiges Verhältnis. Assisi in einer Frühsommerwoche außerhalb der Saison (beispielsweise in den Pfingstferien oder an Maitagen) kann Ihnen vor allem wegen des schönen Campingplatzes, der waldigen Umgebung und der vielfältigen kulturellen Angebote wunderbare Urlaubstage bescheren. Alles in allem ist Assisi eine unserer Lieblingsstädte und gehört zu unseren persönlichen **Top Ten**.

Und die Stadt wird durch eine interessante Umgebung und weitere Übernachtungsalternativen zusätzlich aufgewertet: zum Beispiel von einem der Stellplätze mit der schönsten Sicht in diesem Buch, aber auch einem der einsamsten. Stellen Sie sich an den Hang des Monte Subasio, etwa 250 Meter unterhalb der Eremo delle Carceri, auf einen riesengroßen Parkplatz, bei dem die Leute vom Straßenbauamt alles richtig gemacht haben: Das WOMO-Verbotsschild haben sie im Magazin vergessen, und vorne, an der Abbruchkante, wo die Sicht am schönsten ist, reichte ihnen ein Geländer aus Stangen, das Blick und Stimmung nicht schmälert. Lassen Sie sich nicht davon abhalten, in völlig freier Natur zu übernachten, denn erfahrungsgemäß verhilft Ihnen unser Buch bisweilen zu einem mobilen Nachbarn, für den so ausreichend viel Platz vorhanden ist, dass ich ausnahmsweise einmal nicht, wie sonst bei solchen Stellen, darum betteln muss, mir auch noch ein Plätzchen in der 1a-Lage freizumachen, falls sich unsere Wege einmal kreuzen:

(060) WOMO-Parkplatz: Assisi
Eremo delle Carceri

GPS: N 43°03'41" E 12°38'47", SP 251. **Max. WOMOs**: 10.
Ausstattung: Mülleimer.
Beschreibung: Der einsame, schattenlose und klappstuhlgeeignete Asphaltplatz auf 760 m Höhe besticht mit sehr schöner Sicht. Bei Regen bilden sich große Pfützen. Der markierte Wanderweg kommt hier vorbei. Am Wochenende ist nachts möglicherweise mit Störungen durch die Franziskus-Fans zu rechnen, die nahe der heiligen Stätte auf dem Autositz um einen kleinen Francesco bemüht sind (gelegentlich sieht man auch Hinterlassenschaften, die das Gegenteil beweisen).
Die Straße ist an Feiertagen und Vortagen vor diesen für Wohnmobile gesperrt. **Zufahrt**: Folgen Sie ab Assisi dem Wegweiser *'Eremo delle Carceri'* bis etwa 300 m unterhalb der Einsiedelei.

Der **Eremo delle Carceri**, ein kleines Kloster auf 791 Meter Höhe, ist das Ziel frommer Pilger (deshalb der große Parkplatz), weil dort nämlich zu Franziskus' Zeiten ein paar Grotten dem Heiligen und seiner Mannschaft Schutz bei ihren Meditationen boten. Angeblich ist die Grotta di San Francesco, zu der man durch enge, niedrige Gänge gelangt, authentisch, und auf dem aus dem Fels gehauenen Bett (wo die Blume steht) hat der Chef sogar genächtigt. Die Einsiedelei bzw. das *'Gefängnis'* (auf Italienisch *Carcere*) ist an Wochentagen weniger überlaufen und weniger verkitscht als ich das befürchtet habe. Vor allem liegt sie sehr schön in einer geschlossenen

Eremo delle Carceri

Waldlandschaft aus tausendjährigen Steineichen, auf denen schon die Vöglein gesessen haben, die dereinst, nachdem sie von Franziskus gesegnet worden waren, ausgeflogen sind, um seine Botschaft in aller Welt zu verkünden *(täglich von 8.30 – 18 Uhr, nicht in kurzer Hose und nicht mit Hund).*

Fährt man bei der Einsiedelei weiter bergauf, und zwar an der nächsten Straßengabelung rechts, kommt man nach 2,4 Kilometern zu einem weiteren, einsamen Stellplatz mit wunderschönem Blick:

(061) WOMO-Parkplatz: Assisi – Monte Subasio

GPS: N 43°02'57" E 12°39'33". **Max. WOMOs**: 3-4.
Ausstattung: Bänke und Tisch, Mülleimer.
Die völlig einsame, klappstuhlgeeignete Ausbuchtung seitlich der Straße auf 860 m Höhe belohnt mit sehr schönem Blick. Wegen zwei Serpentinen nur bis ca. 8 m Länge.
Die Straße ist an Feiertagen und Vortagen vor diesen für Wohnmobile gesperrt.
Zufahrt: Fahren Sie oberhalb der Eremo d. C. nach rechts und 2,4 km nach Süden.

Den vollen Reiz der Lage des Konvents erlebt man erst richtig, wenn man hierher und zu den beiden zuletzt genannten Stellplätzen wandert:

Von Assisi zum Eremo delle Carceri

Wir starten in **Assisi** an der **Porta Cappuccini**, dem Tor am oberen östlichen Stadtrand, und nehmen für den Hinweg den Pfad, der auch zum Campingplatz *Fontemaggio* führt (durch das Tor geradeaus die mittlere von drei Asphaltstraßen nehmen – nicht der Markierung folgen). Der Asphalt geht bald in Schotter über, wenn wir oberhalb von Gärten einen schönen Blick auf die Valle Umbra genießen. Beim **Zeltplatz** stiefeln wir weiter geradeaus, direkt am Haus vorbei. Nach einiger Zeit stoßen wir auf die Straße, die uns nur bis zur nächsten scharfen Linkskurve geleitet. Dort wählen wir mit einem Fußweg die direkte Linie bergauf und gelangen dann unterhalb der **Einsiedelei** wieder auf die Fahrstraße.

Nach der obligatorischen Besichtigung wählen wir am Ausgang des Gebäudekomplexes die nach rechts führende Straße, die kaum befahren ist. Nach fast einem Kilometer kann man nach links auf einem Pfad bergan der Markierung folgen. Wir verzichten auf die Mühe, die Wanderung wird deshalb eine halbe Stunde kürzer. Wir bleiben stattdessen einfach auf der Straße, inspizieren den zuletzt genannten Stellplatz und finden etwa 300 m nach einer scharfen Rechtskurve die Markierung wieder, die uns nun auf einem Waldweg bergab schickt. An dessen Ende liegt die nicht zu besichtigende **Abbazia di S. Benedetto**. Für ein paar Hundert Meter verläuft unser Weg nun wieder auf der Straße, ehe uns die Markierung abermals in den Wald geleitet. Nach Schweiß treibendem Anstieg stehen wir dann zum zweiten Mal vor der Franziskus Kartause, wo wir nun die linke Straße bergauf wählen. Jetzt kann nichts mehr verrutschen, denn nach etwa 500 m ist das rot-weiße Wanderzeichen, das uns auf steinigem Weg zurück zur Porta Cappuccini führt, unübersehbar.

Die Wanderung dauert etwa **4 Stunden** und ist wegen der prachtvollen Blicke ins Tal ein absoluter Hit, zumal sie wegen des Schattens auch im Sommer machbar ist. Die Kompass-Karte Nr. 2464 *‚Perugia-Assisi'* – oder die App – muss nicht sein, sie beruhigt aber.

Sind Sie erst einmal auf dem Franziskus-Trip, bietet sich auch der **Pilgerweg** an:

Von Assisi zur Basilika Santa Maria degli Angeli

Der Weg beginnt in **Assisi** auf dem Parkplatz an der **Porta Nuova** (am östlichen Stadtrand – siehe oben Platz Nr. 055). Folgen Sie dort dem beschilderten Fußweg nach **San Damiano**, das etwa 20 Gehminuten unterhalb der Stadt am Hang liegt.

Wer gut zu Fuß ist, wandert weiter bergab und kommt nach dem Überqueren einer Straße an dem *Podere Zucchetti* und einem Soldatenfriedhof aus dem Zweiten Weltkrieg vorbei, um sich dann an der nächstfolgenden Straße nach rechts und nach dem Überqueren der Bahnlinie mit der **Basilika Santa Maria degli Angeli** ein weiteres Haupt-Pilger-Ziel vorzunehmen.

In deren Nähe erreichen Sie beim Rückweg auf der Straße den Bahnhof und streben auf einem gegenüber beginnenden Weg Assisi zu, wobei Sie an der nächsten Straße kurz rechts und dann wieder links spazieren, um am Ende bei der Kirche San Francesco in **Assisi** auf die Zielgerade einzubiegen (je nach Besichtigungszeit bis zu **3 Stunden**, Karte wie oben, allerdings ohne Markierung).

Valle Umbra mit Santa Maria degli Angeli

Das Kloster **San Damiano** spielt in der Franziskuslegende eine wichtige Rolle, weil im Jahre 1206 das sogenannte »sprechende Kruzifix« des Hauptaltars Franz den Auftrag zur Reform der katholischen Kirche erteilt haben soll. Das heutige Kreuz ist eine Kopie, deren Original in Santa Chiara zu sehen ist. Während seines Aufenthaltes in San Damiano dichtete der Heilige auch seinen berühmten *'Sonnengesang'*, das erste religiöse Gedicht in italienischer Sprache *(Gebetsbilder in deutscher Übersetzung liegen aus; 10 – 12 und von 14 – 18 Uhr, im Winter bis 16.30 Uhr).*

Die **Basilika Santa Maria degli Angeli,** ebenfalls eine der sieben ranghöchsten katholischen Kirchen und außerdem die siebtgrößte Kirche der Christenheit, liegt deutlich sichtbar in der Ebene. Sie ist Ihnen sicher schon bei der Fahrt nach Assisi oder beim Blick von oben in die Valle Umbra aufgefallen. Die Gläubigen interessieren sich vor allem für die **Cappella del Transito**, in der Franziskus am 3. Oktober 1226 auf dem nackten Fußboden starb. Dahinter breitet sich der berühmte Rosengarten aus *(Roseto)*, wo sich Franz einmal nackt in einen Rosenbusch geworfen haben soll, als er ‚durch den Teufel versucht wurde' (was immer das bedeuten mag). Das Stachelgestrüpp verlor dabei seine Dornen und verwandelte sich sofort in einen erblühenden Rosengarten (was auch heute noch für den Gärtner Stress bedeutet, muss er nämlich dornenfreie, wenn auch sehr kümmerliche Rosen züchten). Berühmt ist ebenfalls die Porziuncola-Kapelle, ein kleines, tonnengewölbtes Gebäude, das deplatziert unter der großen Kuppel steht. Ob der deutsche Maler Friedrich Overbeck im Jahre 1829 sehr zufrieden war, als er über dem Eingang das Fresko – ein missglücktes Pseudo-Renaissance-Bild – geschaffen hatte, muss bezweifelt werden. Auf jeden Fall wird es der religiösen Bedeutung des Ortes nicht gerecht, an dem die Heilige Klara im Jahre 1212 das Gelübde von Armut und Keuschheit abgelegt hat.

Ähnlich wenig waren die Herren begnadet, die ab 1569 den bombastischen Barockbau der Riesenkirche begonnen haben, der im Jahre 1832 bei einem Erdbeben teilweise eingestürzt und danach restauriert worden ist. Den Baumeistern blieb aber vermutlich nicht viel anderes übrig, als den gewaltigen Klotz in die Landschaft zu setzen, weil damals (wie heute) am 1. und 2. August jeden Jahres enorme Pilgermassen zu Ablassfeiern anreisten. Die Franziskus-Süchtigen drängen derzeit das ganze Jahr über zu den heiligen Stätten, aber auch zu den Andenkenständen, deren Angebot noch scheußlicher ist als die Basilika. Man muss sich meines Erachtens beides nicht unbedingt zumuten.

Zweifellos eines der Topziele und mit 125.000 Einwohnern größte Stadt Umbriens ist **Perugia**, 23 Kilometer westlich von Assisi, wo Sie, wenn Sie am Fuß der auf einem Bergrücken gebauten Altstadt angekommen sind, bei den Plätzen mit dem blauen 'P' nicht wählerisch sein dürfen. Sie sollten zudem nicht zu sehr darüber fluchen, dass auch in diesem Buch Stadtpläne nicht vorkommen. Ich kann Ihnen aber versprechen, Sie werden die Sehenswürdigkeiten und Ihr WOMO nach der Arbeit sogar ohne Google-Maps finden.

Vielleicht parken Sie dort, wo Sie später übernachten (siehe auch beim unten beschriebenen Campingplatz). Auf dem offiziellen Stellplatz werden Sie wahrscheinlich Platz finden, aber Sie werden einen etwas weiten Fußweg in die Stadt bewältigen müssen:

(062) Offizieller WOMO-Stellplatz: Perugia

GPS: N 43°05'55" E 12°22'58", Via Campo di Marte.
Max. WOMOs: etwa 30. **Öffnungszeit**: Ganzjährig.
Ausstattung: Ver- und Entsorgung (hinter der Schranke), Toilette, Dusche, Strom, Mülleimer.
Beschreibung: Sie stehen weitgehend schattenlos, aber klappstuhlgeeignet auf Rasengitter neben einer wegen Hecken nicht sichtbaren stark befahrenen Straße. Bei geschlossenen Öffnungen wurden wir auch gegen morgen nicht ernsthaft im Schlaf gestört. Der Platz ist besser als sein Ruf. Ein Sicherheitsrisiko besteht meines Erachtens nicht, auch wenn hier wenige langfristig bewohnte Fahrzeuge abgestellt sind. Der Platz wird tagsüber von einem realen Menschen und rund um die Uhr videoüberwacht.

Der Hauptnachteil ist der anstrengende **Fußweg bergauf ins Zentrum** (1,7 km bis zur Piazza Italia): Gehen Sie am Stellplatzrand zunächst ein paar Stufen bergauf, überqueren Sie einen weiteren Parkplatz und gehen Sie an der Tankstelle rechts bis zur nächsten größeren Einmündung. Dort biegen Sie links ab und gehen auf der Via Fonti Coperte geradeaus bergauf, nach einer Links- und anschließenden Rechtskurve durch die Via Fratelli Pellas weiter geradeaus bis zu einer Mauer. Vor dieser wenden Sie sich nach Scharflinks und halten sich am Kreisverkehr rechts in der Via L. Masi bergauf. Die Straße knickt nun nach rechts ab und mündet bald in einen Bereich mit vier Rolltreppen, deren letzte an der **Piazza Italia** endet. Nun liegt die lange Hauptstraße, der **Corso Vanucci**, vor Ihnen. Die Rolltreppen funktionieren bis 2 Uhr.

Es verkehrt oberhalb des Stellplatzes auch ein Bus, den wir nicht ausprobiert haben.
Auf dem übernächsten südöstlichen Nachbargrundstück des Stellplatzes finden Sie nach 300 m einen großen Supermarkt.
Preise: 12 €/12 Std., 20 €/24 Std., Ver- und Entsorgen 5 €.
Zufahrt: Der Platz liegt im Süden der Stadt. Wählen Sie die Schnellstraßenausfahrt *,Prepo' und* folgen Sie danach dem Wegweiser *,Centro'* bis zu einer T-Straße, dort folgen Sie links dem Wegweiser *,P-Bove'* und weiter *,Bove'*.

Die frühere Empfehlung eines Alternativparkplatzes gebe ich auf. Für die schlechten Erfolgsaussichten einer Lücke ist die Anfahrt zu schwierig. Aber eine gute Wahl ist der schön gelegene und ruhige Campingplatz, von dem viele Leser mit dem Bus in die Stadt pendeln:

(063) WOMO-Campingplatz: Perugia/Olmo *Il Rocolo*

GPS/Kontakt: N 43°06'35" E 12°19'38", Strada Fontana la Trinità, Tel. 075 9288029; www.ilrocolo.it/. **Öffnungszeit**: 15.4. – 30.9 (aber in der Saison vor Drucklegung hat man erst im Juni geöffnet, schauen Sie auf die Internetseite oder rufen Sie an).
Ausstattung: Pool, Restaurant, Laden.
Beschreibung: Auf dem schönen, schattigen Gelände sind alle Terrassen etwas schräg; bei Regen kann man sich im Gras festfahren. Nach Perugia sind es 12 km, Haltestelle der Busverbindung in die Stadt etwa 500 m talwärts. **Preis**: 28 €.
Zufahrt: Biegen Sie westlich von Perugia beim Wegweiser *,Ferro di Cavallo'* von der Schnellstraße ab; danach fahren Sie nördlich der Superstrada in den auf der Karte eingezeichneten Ortsteil *Fontana*, wo der Platz nun beschildert ist.

Vom Stellplatz in Perugia benötigen Sie knapp 30 Minuten bis zum **Corso Vannucci**, der auf dem Scheitel des Hügels quer durch den historischen Kern gezogenen Achse, auf der die Orientierung nicht mehr schwierig ist. Denn zum Dom streben Sie dort auf der 400 Meter langen Fußgängerstraße, die sich von der Flaniermeile anderer Städte Europas und Italiens angenehm dadurch abhebt, dass hier noch nicht alle Klamotten- und Fast-Food-Ketten vertreten sind. Und Sie bleiben am Ende von Perugias Prachtstraße, auf der **Piazza IV Novembre**, andächtig stehen. Sie betrachten das Ensemble der Bauten, vor allem aber bestaunen Sie die **Fontana Maggiore**, den schönsten Brunnen Umbriens. Erinnern Sie sich noch an Pisa und an Siena (Band 8 über die Toskana), an mein Faible für **Nicola** und **Giovanni Pisano**? Vater und Sohn sind auch die Schöpfer der wundervollen Reliefs und Statuen. Besonders gelungen sind die Bildhauerarbeiten am unteren Marmorbecken, wo der Lauf des Jahres dargestellt ist, mit entsprechenden Tierkreiszeichen und den Arbeiten, die man damals in den jeweiligen Monaten erledigt hat: Im Januar wärmt sich ein Paar am Feuer, man erkennt das Beschneiden von Obst-

Perugia - Piazza IV Novembre

bäumen, den Ausritt zur Falkenjagd, die Getreideernte und die Weinkelterung, um nur einige Szenen zu nennen, mit denen im Mittelalter zum ersten Mal das Alltagsleben dargestellt worden ist. Ausschließlich profan wollten die Herren Pisano dann doch nicht werkeln, weshalb biblische Figuren ebenfalls herausgemeißelt sind. Der schon im Jahre 1278 (!) fertiggestellte Brunnen hatte selbstverständlich einen praktischen Verwendungszweck, er war nämlich der Endpunkt eines komplizierten Wasserleitungssystems aus Aquädukten und Bleirohren, mit dem man das edle Nass aus fünf Kilometer Entfernung bis in das Stadtzentrum geleitet hat, um es dort der Allgemeinheit zur Verfügung zu stellen. Das war wegen der Hügellage von

Perugia - Fontana Maggiore

Perugia ein schwieriges Unterfangen, weshalb ein Monumentalbau als Brunnen die Leistung der Ingenieure und den Stolz ihrer Auftraggeber herausstellen sollte.

Daneben wirkt der **Dom** etwas flach. Seine Fassade ist bis auf die fast vollendete, schöne Außenkanzel unfertig, und sein Inneres wirkt dunkel. Erstrangige Kunstwerke gibt es daselbst auch nicht zu sehen, nicht einmal Reliquien, denn der Ehering von Maria wird versteckt in einer Seitenkapelle gehütet. Das Chorgestühl ist ansehnlich, wenn auch durch einen Brand bei Restaurierungsarbeiten im Jahre 1985 dezimiert.

Perugia - Domfassade

Umso eindrucksvoller ist das Rathaus, der **Palazzo dei Priori** (um 1300), gegenüber dem Dom auf der Ecke, da er wegen seiner kunstvoll gearbeiteten gotischen Fenster bereits von außen verspricht, was er innen hält. Über die große Freitreppe gelangen wir in die **Sala dei Notari** *(Mo geschlossen; 9 – 13 und 15 – 19 Uhr; kostenlos)*, die ursprünglich der Ratssaal war, dann aber später Versammlungsort der Notare, die sich im Mittelalter – wie heute – ihre Pfründe zu sichern wussten, wovon die prachtvolle Ausstattung des Raums zeugt. Ebenso gut bestückt waren die Kaufleute, deren Zunftraum, in dem auch das Handelsgericht tagte, der **Collegio della Mercanzia**, kunstvoll vertäfelt ist *(Eingang vom Corso Vannucci, montags geschlossen; 9 – 13 und 14.30 – 17.30 Uhr; 1,50 €)*. Die eindeutig meisten Mittel aber hatten – auch wie heute – die Banker. Die konnten es sich nämlich leisten, ihren Sitz von keinem Geringeren als von Vannucci, genannt **Perugino**, freskieren zu lassen. Dabei erinnert die Bezeichnung ihres Versammlungsortes, **Collegio del Cambio**, eher an schnöden Geldwechsel *(Eingang vom Corso Vannucci; 9 – 13 und 14.30 – 17.30 Uhr; an Sonn- und Feiertagen nur vormittags; 6 €)*. Wie oft durfte ich Sie schon zu hochberühmten Freskenzyklen führen? Wenn man einen ausnimmt, der in unserem Reisegebiet alles überragt, die Bilder von Signorelli in Orvieto, vielleicht auch Giotto in Assisi, gibt es in der Toskana und in Umbrien vielleicht zehn Kunstwerke, von denen jedes so fantastisch ist, dass sich eine ganze Reise dorthin lohnt. In der Abfolge unserer Touren durfte das Werk von Pinturicchio in Spello zu diesem elitären Zirkel gehören. Sein Lehrmeister Perugino hat sich in Perugia mit seinen Fresken über die Verbindung antiker Kultur mit christ-

Fresko von Perugino im Collegio del Cambio

lichem Gedankengut sowie mit einem Selbstporträt an dem Trennpfeiler zwischen den Fresken mühelos in die Liga der schönsten Fresken eingereiht, wobei man nicht vergessen darf, dass sein Schüler Raffael ihm womöglich geholfen hat. Bei der Ausdruckskraft der Bilder übersieht man leicht die reiche Dekoration des Raumes und das holzgeschnitzte Mobiliar. Obgleich wir vor einem Kulturerbe ersten Ranges stehen, sind wir die einzigen Besucher.

Wieder draußen auf der Straße, dem **Corso Vannucci**, der nach dem Meister benannt ist, weil Perugino so etwas wie sein Künstlername war, steht uns der Sinn nach weiteren Bildern von Perugino (und Pinturicchio) in der benachbarten **Galeria Nationale dell'Umbria**, der größten und bedeutendsten Gemäldesammlung in Umbrien *(täglich 8.30 – 18.30 Uhr; 8 €)*. Auch hier gibt es keine Warteschlangen, was vor allem diejenigen Leser, die sich in Florenz vor den Uffizien die Beine in den Bauch gestanden haben, hoch erfreut, und was Sie nicht

Perugia

nötigt, Bild für Bild abzuschreiten. Sie können sich die schönsten Stücke herauspicken (in den Räumen 8 – 11, 22 und 23) und müssen sich nicht Stunden im Museum quälen, damit sich die Warterei gelohnt hat.

Die weiteren Sehenswürdigkeiten Perugias möchte ich kurz behandeln: Zum Beispiel – schräg gegenüber dem Palazzo dei Priori – das ***Café Sandri*** wegen seiner feinen, noch aus dem letzten Jahrhundert stammenden Einrichtung (preiswertes Buffet auf der Straße). Oder – südlich des Corso Vannucci – die berühmten Rolltreppen, bei welchen Sie sicher schon aufgeatmet haben, falls Sie vom oben beschriebenen Stellplatz in die Stadt gestiegen sind. Sie gleiten durch die **Rocca Paolina**, einem einzigartigen, unterirdischen mittelalterlichen Stadtviertel. Nachdem der Papst im Jahre 1540 Perugia erobert hatte, brauchte er eine gewaltige Festung, die Rocca Paolina. Um ihr Platz zu machen, wurden am südlichen Stadtrand mehr als 100 Häuser abgerissen, deren Mauerreste aber stehen blieben und der Burg als

Unterbau dienten. Das Kastell war bei den Einwohnern begreiflicherweise nicht sehr beliebt, weshalb man sich nach dem Ende der Papstherrschaft (1848) beeilt hat, an der Stätte jahrhundertelanger päpstlicher Machtdemonstration einen

Platz (die Piazza Italia) und einen Park (die Giardini Carducci) anzulegen. Im 20. Jahrhundert wurde dann der Schutt des mittelalterlichen Untergeschosses beiseite geräumt, wodurch die alten Gassen und Höfe wieder zum Vorschein kamen. Wenn auch die Gänge und Gewölbe inzwischen mehr und mehr vor allem zu Ausstellungen benutzt werden, ist eine fast unheimliche, bizarre Stimmung in den Resten der toten, unterirdischen Stadt entstanden *(täglich 6 – 2 Uhr, kostenlos).*

Diese Unterwelt darf man nicht mit dem etruskischen Brunnen verwechseln, dem **Pozzo Etrusco** aus dem 4. Jahrhundert v. Chr., zu dem man rechts des Doms hinabsteigen kann *(Piazza Danti, 10 – 14 Uhr und 15 – 17.30 Uhr, Mo. nur vormittags; 3 €).*

Drei Kirchen möchte ich noch erwähnen: Im nordwestlichen Teil der Altstadt das **Oratorio di San Bernardino**, ein Kleinod der Renaissance, das im Jahre 1450 zum Andenken an den Heiligen Bernhardin von Siena erbaut wurde. In ihm ist der Heilige Aegidius beigesetzt, und ich verspreche Ihnen, es ist der letzte Heilige, der bei dieser Tour Erwähnung findet. Sehenswert ist (im südlichen Teil) auch die gotische **Kirche San Domenico** mit großem Renaissance-Altar, schönem Chorgestühl und einem riesigen gotischen Glasfenster. Von dort sind es nur noch etwa 250 Meter weiter nach Süden zur Basilika **San Pietro**, in der zahlreiche Bilder, unter anderem fünf Tafeln von Perugino (an der Eingangswand) hängen und die ebenfalls reich verzierte Chorstühle aufweist.

Obwohl Perugia bis zum Jahre 217 v. Chr., als man nach der Schlacht am Trasimenischen See den überlebenden römischen Truppen die Tore öffnete, eine der mächtigsten etruskischen Städte war, ist von den **Etruskern** nur wenig geblieben: ein Stadttor im Nordteil (in Verlängerung des Corso Vannucci am Dom vorbei Richtung Norden), ein paar Reste der Stadtmauer, der schon erwähnte Pozzo Etrusco und eine wunderbare Grabanlage, das so genannte **Grab der Volumnier** (Ipogeo dei Volumni). Sie finden die Abzweigung etwa sieben Kilometer südöstlich von Perugia an der alten Landstraße nach Assisi *(verlassen Sie die vierspurige Schnellstraße nach den Tunnels bei der Abfahrt ‚Ponta S. Giovanni', dort sehen Sie bereits einen Wegweiser zum Grab; Mo. geschlossen Di. und Do. 14 – 18 Uhr, restliche Tage 10 – 13 Uhr; möglicherweise auch häufiger geöffnet; siehe https://turismo.comune.perugia.it/poi/ipogeo-dei-volumni-antiquarium-e-necropoli; 3 €).* Das mit Sicherheit schönste Grab in Umbrien hebt sich von den meisten anderen ab, weil hier auf den steinernen Bänken noch mit Skulpturen reichlich verzierte Urnen stehen, von denen die mittleren, an der Stirnseite des Raums, Archäologen wie Kunstge-

Grab der Volumnier

nießer gleichermaßen begeistern. Die beiden Todesdämonen, zwei geflügelte Jünglinge am Sockel des steinernen Sarges, gehören zu den hervorragendsten Werken etruskischer Bildhauer (2. Jh. v. Chr.).

Wenn Sie schon mal in Perugia übernachten, möchten Sie auch dort essen, wo die Einheimischen sitzen. Die legere ***Osteria Civico 25*** hat nur den Nachteil, dass man sie in einer engen Altstadtgasse finden muss. Ist das gelungen, wird man sich im Kreis junger Leute mit Sicherheit wohlfühlen und nicht über die Rechnung klagen (Via della Viola 25, gehen Sie gegenüber und südlich des Palazzo dei Priori bzw. des wunderbaren Brunnens in die Via Guglielmo Calderini; Tel. 075 5716376, nur abends geöffnet, So. geschlossen). Und es wird Ihnen sogar ein Ristorante mit Pizza aus dem Holzofen empfohlen, was in diesem Reiseführer selten vorkommt. Aber das ***Al Mangiar Bene*** in einem urigen Keller ist bei Studenten und

Perugia – Al Magiar Bene (beim Pfeil abwärts)

Touristen gleichermaßen beliebt. Aber die besonders herausgestellten Spezialitäten des Hauses, darunter Innereien, geschmolzener Käse und *Torta al Testo* (die berühmten gefüllten Fladenbrotscheiben) entsprechen nicht dem Geschmack aller Urlauber *(Via della Luna, einer Seitengasse des Corso Vanucci direkt nördlich einer platzartigen Ausweitung – beim Pfeil auf dem Foto abwärts, Tel. 075 5731047; So. und Mo. abends geschlossen; am besten stehen Sie um 19.30 Uhr auf der Matte, später wird es schwierig; sehr preiswert).*

Wir sind uns sicher einig, Perugia und Assisi sind zwei der sehenswertesten Städte Mittelitaliens. Aber unsere Füße schmerzen, und leicht überdrüssig von den Wirkungs- und Grabstätten der Heiligen, von Heiligenbildern und Bildern von Malern, die wie Heilige verehrt werden, steht uns nur noch der Sinn nach heiliger Ruhe. Dafür kennen wir mehrere Möglichkeiten:

Torgiano

Wir fahren von Perugia nach Süden in das stille Städtchen **Torgiano** (5.400 Einwohner, Uno del Borghi più belli d'Italia). Dort gibt es einen riesengroßen, offiziellen Platz und eine wesentlich schönere Alternative:

(064) Offizieller WOMO-Stellplatz: Torgiano

GPS: N 43°01'44" E 12°26'15"', Via Perugia. **Max. WOMOs**: 25.
Öffnungszeit: Ganzjährig.
Ausstattung: Ver- und Entsorgung, Mülleimer.
Beschreibung: Das asphaltierte, teilweise schattige und klappstuhlgeeignete Gelände am Rand der Bebauung ist praktisch, aber nicht besonders schön. Das Zentrum ist 500 m entfernt.
Zufahrt: Der Platz ist nördlich des Ortes beim Sportplatz beschildert.

Die **Alternative** liegt deutlich schöner und ortsnahe:

(065) WOMO-Parkplatz: Torgiano – Torre Baglioni

GPS: N 43°01'31" E 12°26'16"', Via della Rimenbranze.
Max. WOMOs: 3-4. **Öffnungszeit**: Ganzjährig.
Ausstattung: Keine.
Beschreibung: Der mit Betonpflaster versehene Platz bietet in den äußeren Positionen eine wunderbare Aussicht, eignet sich aber nicht für Elefanten. Gaststätte und Geschäfte liegen um die Ecke.
Zufahrt: Der Platz liegt vor der Altstadt seitlich eines Turms (Torre Baglioni) und ist als ‚*P*' oder ‚*P 2*' beschildert.

Nach Torgiano reist man vor allem wegen des in seinem Reichtum einzigartigen **Weinmuseums** (MUVIT – Museo del Vino), das im Jahre 1974 von dem Ehepaar Lungarotti eröffnet und später einer Stiftung übergeben worden ist. Giorgio Lungarotti war Umbriens berühmtester Weinproduzent und Erfinder der Marke *Rubesco* (siehe *Wein*). Nach seinem Tod im Jahr 1999 wurde das Unternehmen von Frau und Tochter weitergeführt. Das Museum beschäftigt sich mit allen Dingen rund um den Weinbau, mit Werkzeugen, Keltern sowie Wein- und Trinkgefäßen, von der Antike bis heute. Glanzstücke sind Krüge und Kannen aus der Renaissance sowie eine schöne Majolika Büste von Della Robbia. Das international angesehene Museum lohnt sich allein schon wegen der Fayencen. Erstaunlicherweise wird man nicht zu einem Weinprobierstand der Firma *Lungarotti* gelotst, es wird vielmehr überhaupt kein Wein verkauft. Und mit Heiligen müssen Sie sich auch nicht beschäftigen, sondern allenfalls mit einem Gott; einem gewissen Bacchus, dem Gott des Weines *(10 – 13 und 15 – 18 oder 17 Uhr, Mo. geschlossen; 7 €, die sich lohnen, zumal ein Glas Wein im Preis enthalten ist).*

Torgiano hat mit seinem östlichen Nachbarort gemeinsam, dass beide auf der Liste der schönsten Ortschaften Italiens

Bettona

in Bettona

(*I Borghi più belli d'Italia)* stehen. **Bettona** (3.700 Einwohner) liegt auf einer Bergkuppe allerdings deutlich schöner. Der kleine Altstadtkern ist mit einer hervorragend erhaltenen Mauer umschlossen, die zum Teil noch aus der Etruskerzeit stammt. Sehenswert, wenn auch reichlich verschlafen, ist der kleine Hauptplatz mit einem Palazzo, der wegen seiner Freitreppe gefällt.

An der Nordostseite des Mauerrings hatten wir früher einen kleinen Stellplatz mit prächtiger Sicht empfohlen. Das mussten wir streichen, weil ein Schild das Hinkommen nur bis zu einer Breite von 2,40 m und später nur bis 3 t erlaubt. Leser haben erfolgreich in der Nähe der Tennisplätze auf der Ostseite etwas unterhalb des Dorfes übernachtet, was wegen der Sicht vermutlich eine richtig gute Idee war [**066**: N 43°00'44" E 12°29'14"].

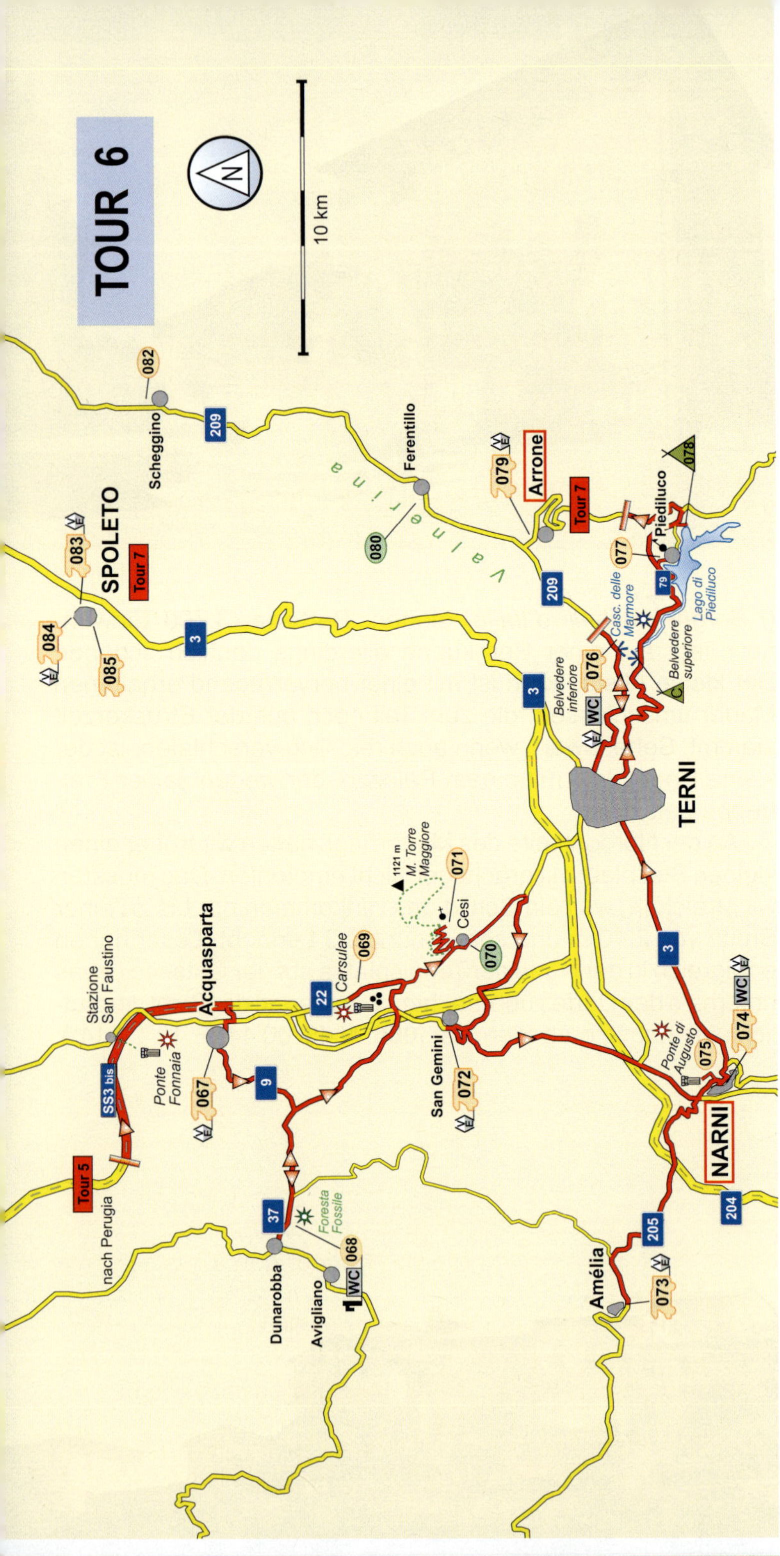
TOUR 6
10 km
SPOLETO
Tour 7
083
084
085
082
Scheggino
209
Ferentillo
Valnerina
080
079
Arrone
Tour 7
Piediluco
078
077
79
Lago di Piediluco
Casc. delle Marmore
Belvedere superiore
Belvedere inferiore
076
WC
3
TERNI
1121 m
M. Torre Maggiore
071
Cesi
070
069
Carsulae
22
Stazione San Faustino
Acquasparta
Ponte Fonnaia
SS3 bis
067
9
San Gemini
072
Ponte di Augusto
075
074
NARNI
204
205
Amélia
073
Tour 5
nach Perugia
37
Foresta Fossile
068
Dunarobba
Avigliano
1

Tour 6: Umbrischer Süden 170 km

**Acquasparta – Dunarobba – San Gemini – Narni
Cascata delle Marmore – See von Piediluco**

Stellplätze:	in Acquasparta, in Dunarobba, in Carsulae, bei Cesi, in San Gemini, in Narni, bei der Cascata delle Marmore, bei Piediluco
Campingplätze:	bei der Cascata delle Marmore, bei Piediluco
Besichtigen:	den Ponte Fonnaia, den ‚Fossilien-Wald' bei Dunarobba, Ausgrabungsgelände von Carsulae, Cesi, San Gemini, Amélia, Narni, Wasserfälle der Cascata delle Marmore
Wandern:	auf den Monte Torre Maggiore, Spaziergänge bei der Cascata delle Marmore und zur Burg von Piediluco
Essen:	*Taverna del Torchio* oder *Osteria La Pecora Nera* in San Gemini

Auf dem Weg nach Narni treffen Sie wieder auf die Via Flaminia, die Sie schon von der 4. Tour kennen. Mit anderen Worten: Es liegen erneut römische Erbschaften an der Strecke, zu denen Sie allerdings 700 Meter zu Fuß gehen oder auf schmaler staubiger Straße 1,3 Kilometer fahren müssen. Aber der gut erhaltene Brückenbogen des **Ponte Fonnaia** aus dem 3. Jahrhundert v. Chr. lohnt kleine Mühen, während die nördlich davon beschilderten frühchristlichen Katakomben nicht jederzeit frei zugänglich sind. Parken Sie am Rand der SP 420 in der Nähe einer für die meisten WOMOs zu niedrigen Unterführung (N 42°43'19" E 12°32'42", wenig Parkraum, keine Höhenangabe). Richtig viel Platz gibt es weiter nördlich bei der Stazione San Faustino (N 42°43'34" E 12°32'24"), wo Sie seitlich des Ristorante einen 1,1 Kilometer langen Fußweg mit Unterführung unter der SS 3bis (E 45) finden, aber über zwei Steine einen kleinen Bach überqueren müssen, was kein Problem bereitet.

Ponte Fonnaia

Auf dem Stellplatz des nahen, aber wenig spektakulären **Acquasparta** (4.600 Einwohner) können Sie sich erholen:

(067) Offizieller WOMO-Stellplätze: Acquasparta

GPS: N 42°41'35" E 12°32'33", Strada Nuova di Configni.
Max. WOMOs: 20. **Öffnungszeit**: Ganzjährig.
Ausstattung: Ver- und Entsorgung, Mülleimer.

Beschreibung: Der klappstuhlgeeignete Asphaltplatz unter Bäumen am Rand der Bebauung ist mehr als eine Notlösung, auch wenn die benachbarte Therme seit Jahren nicht mehr in Betrieb ist. In das Zentrum sind es 600 m.

Zufahrt: Der Platz liegt nordwestlich der Altstadt und ist an der SP 9 beschildert.

In Acquasparta sollten Sie nach Westen abbiegen, um eine in Europa einmalige naturgeschichtliche Sehenswürdigkeit zu betrachten, denn die **Foresta Fossile** (Fossilien-Wald) ist zur allgemeinen Besichtigung frei gegeben, wenn auch nur geführt *(Dauer 40 Minuten; auch mit Hunden; 10.30 und 11.45 Uhr, im Sommer auch nachmittags, Mo. außer an oder vor Feiertagen; siehe www.forestafossile.it/; 6 €).* Sie werden zwei Kilometer östlich von **Dunarobba** (aus allen Richtungen gut beschildert)

Foresta Fossile

in die ehemalige Lehmgrube einer Ziegelei eingelassen, wo etwa 50 fast versteinerte Baumstümpfe von sieben bis acht Meter Höhe und bis zu zwei Meter (!) Durchmesser zu sehen sind. Die Pflanzen-Fossilien stehen eingewurzelt und aufrecht im Boden, man schätzt ihr Alter auf 1,5 Millionen Jahre und die Höhe der ehemaligen Bäume auf bis zu 120 m (der höchste Kirchturm der Welt, der des Ulmer Münsters, misst 161 m). Die Forscher nehmen nicht mehr an, dass der Wald einer Naturkatastrophe zum Opfer gefallen und abgeknickt ist. Die Stümpfe sind vielmehr genau bis zu der Höhe erhalten, bis zu der sie in Urzeiten verrottungsfest unterirdisch eingeschlossen wurden. Und die Schrägstellung liegt daran, dass sich im Verlauf der Erdgeschichte das Gelände einseitig angehoben hat. Da das Holz nicht vollständig zu Stein geworden ist, muss man befürchten, dass die frühgeschichtlichen Überreste nach dem Ausgraben aus der Lehmschicht zerfallen werden. Man hat sie zeitweise notdürftig mit Blechdächern geschützt und sich lange – die Entdeckung fand schon 1979 statt – nicht getraut, sie zur Schau zu stellen, weil die Wissenschaftler immer noch keine dauerhafte Konservierungsmethode gefunden haben.

Eine etwaige Wartezeit kann man auf dem gut geeigneten und nach Zuschriften auch nicht zu lauten Parkplatz überbrücken:

(068) WOMO-Parkplatz: Dunarobba

GPS: N 42°40'03" E 12°27'40", Via Italia. **Max. WOMOs**: 4-5.
Ausstattung: Wasser, Toiletten während der Öffnungszeit des Kassenhauses, Mülleimer.
Beschreibung: Sie übernachten mit Billigung der Parkleitung außerorts, aber gegenüber von Häusern und sitzen abends vermutlich schattenlos am Campingtisch.
Zufahrt: Der Platz liegt südöstlich von Dunarobba neben der SP 37 bei der ‚Foresta Fossile'.

Wenn Sie noch nicht bei dem Ponte Fonnaia auf den Geschmack römischer Bauwerke gekommen sind, sollten Sie dann doch etwa sieben Kilometer südlich von Acquasparta beim Ausgrabungsgelände **Carsulae** nachsehen, ob die alten Lateiner Tacitus und Plinius mit Grund die landschaftlichen

Carsulae

Reize der einstmals blühenden Römerstadt gelobt haben. Sie werden mit Staunen feststellen, dass 2.000 Jahre, zudem in der Nähe der Industrieregion von Terni, wenig Schaden angerichtet haben. Es rührt mich geradezu, wenn ich in dieser schönen Gegend über das Original-Pflaster der Via Flaminia laufe und die Reste eines Amphitheaters, eines Doppeltempels, eines halbkreisförmigen Theaters für Schauspiele und des Forums, um nur einige »Trümmer« zu nennen, betaste *(8.30 – 13 und 14 – 18 Uhr, Mo. geschlossen; 5 €)*. Der große Parkplatz davor wurde nie ganz fertig:

(069) WOMO-Parkplatz: Carsulae

GPS: N 42°38'19" E 12°33'46", SP 22. **Max. WOMOs**: 10-15.

Ausstattung: Mülleimer.

Beschreibung: Längst hat die Natur das wellige, beschädigte Pflaster wieder überwuchert. Sie sitzen teilweise im Schatten auf Klappstühlen, aber fern einer Besiedelung. Die Parkplatzschranken sind nicht mehr in Betrieb.

Zufahrt: Folgen Sie dem Wegweiser nach Carsulae; der Platz ist seitlich der Straße nicht zu übersehen.

Die engere Alternative mit der wunderbaren Fernsicht liegt vier Kilometer weiter südlich. Sie müssen aber Ihre bessere Hälfte sehr lieb haben – oder taugliche Auffahrkeile in der Heckgarage. Der schräge Untergrund lässt Sie sonst auf eine Bettseite rollen:

(070) WOMO-Parkplatz: Cesi

GPS: N 42°36'34" E 12°35'02", *SP 22*.
Max. WOMOs: 5-8.
Ausstattung: Keine.

Beschreibung: Wir haben hier übernachtet, bevor wir die nachfolgende Wanderung gewagt haben. Der schattenlose, abends klappstuhlgeeignete Platz direkt unterhalb des Dorfes mit einer Gaststätte, aber ohne Einkaufsmöglichkeit ist etwas abschüssig, und für große Fahrzeuge ab etwa 8 m gibt es zwar zwei bis drei Plätze, aber nur einen mit Fernsicht.

Zufahrt: Der Platz ist in Cesi als ‚*P*' am Hang unterhalb des Ortes beschildert.

Da Sie auf jeden Fall Gefallen an der heiteren Umgebung finden werden, sollten Sie sich **Cesi** näher ansehen. Das kleine Dorf schmiegt sich derart aufreizend an die Flanke des Monte Torre Maggiore, dass man hinaufsteigt, um die Mauerreste aus dem 6. Jahrhundert zu sehen, ferner die Kirche mit einer schönen Altartafel sowie die Burg, in die römische Bauteile aus Carsulae eingearbeitet wurden, die von den Kunsthistorikern *Spolien* genannt und von dem größeren Rest der reisenden Welt, der Cesi noch nicht entdeckt hat, einfach nur bewundert werden.

Eine andere Minderheit schnürt auf dem vorerwähnten Parkplatz von Cesi die Stiefel, um eine der **lohnendsten Wanderungen Umbriens** zu erleben, die aber wegen des Anstieges Kondition erfordert:

Von Cesi auf den Monte Torre Maggiore

Wir wandern in **Cesi** ein kurzes Stück in nördlicher Richtung aus dem Dorf heraus, um bald auf ein bergwärts abzweigendes Sträßchen abzubiegen (Wegweiser ‚*Osservatore*' und ‚*Sant' Erasmo*'). Auf Asphalt steigen wir bei immer schöner werdender Sicht – also stetig – gut eine Stunde bis zur Kirche **Sant'Erasmo** (Stellplatz siehe unten) bergauf. Das künstlich abgeflachte Plateau, auf dem sich einst ein Benediktinerkloster befunden hat, wird durch gewaltige Polygonalmauern aus dem 5. Jahrhundert gestützt.

Blumenwiese bei Sant'Erasmo

Nachdem wir die prachtvolle Fernsicht genossen haben, folgen wir der rot-weißen Markierung durch einen Wald weiter bergauf. Bald leitet uns die Markierung oberhalb des Rastplatzes *Cisterne nuove* bis zu einer Viehtränke, wo wir entlang des rostigen Stacheldrahtes, meist aber eher dem Geländeverlauf folgend, im Wesentlichen kerzengerade steil bergauf klettern; in der Sicherheit, zumindest bei gutem Wetter den 1.120 m hohen **Monte Torre Maggiore** nicht verfehlen zu können.

Dort sind die Mauern eines ehemaligen **umbrischen Heiligtums** eingezäunt, das Tor steht indessen offen, womöglich soll der Zaun vor den vielen Pferden schützen, die sich hier ungeniert bespringen und uns Wandersleuten neugierig näherkommen, uns aber auch ein wenig erschrecken.

Wir gehen etwa 300 m weiter ostwärts und steigen auf dem zweiten Kamm in Richtung auf das tief unten liegende **Terni** zum Rand eines kleinen Wäldchens ab. Einen Weg finden wir zunächst nicht. Allerdings müsste man unterhalb des Gipfels am Wald auf einen Pfad stoßen, auf dem man nach rechts bis zur *Cisterne nuove* gelangt.

Bei normalen Verhältnissen können Sie sich nicht verirren, bei Nebel oder schlechtem Wetter würde ich die Wanderung, die von der fantastischen Sicht lebt, meiden. Auf dem Hin- oder Rückweg können Sie mithilfe der Kompass App auf kürzerem Weg zur Kirche Sant'Erasmo aufsteigen, und wenn Sie den Rückweg vom Gipfel nicht problemlos finden, sollten Sie sich für den Hinweg entscheiden. Nach **4,5 Stunden** stehen wir wieder am WOMO – sogar ohne Wanderkarte. Sogar der *Rother-Wanderführer* beschreibt die Strecke, auch bei *Komoot* werden verschiedene Strecken vorgewandert.

Unterwegs haben Sie Gelegenheit, einen wunderbaren, aber einsamen Stellplatz zu begutachten. In früheren Auflagen habe ich Sie gebeten, mir von eigenen Aufenthalten zu berichten. Ich wollte erfahren, ob sich überhaupt Leser für derart einsame Plätze begeistern. Ich wurde nicht von E-Mails überhäuft, aber ich bin erstaunt, dass mir mehrere Kunden, in diesem Fall eher schon Fans, verzückt geschrieben haben:

(071) WOMO-Parkplatz: Sant' Erasmo

GPS: N 42°36'51" E 12°35'28", Vocabolo Sant'Erasmo. **Max. WOMOs**: 4-6.
Ausstattung: Bänke und Tische, Grillplatz, Mülleimer.
Beschreibung: Sie stehen völlig einsam mit prachtvoller Sicht auf die Ebene. Theoretisch kann man auch hier loswandern und hat dann schon einen großen Teil des Aufstieges bewältigt.
Zufahrt: Fahren Sie am nordwestlichen Ortseingang von Cesi bergauf (Wegweiser *Osservatorio* und *Sant' Erasmo*; das Verbotsschild gilt nicht für Ihre Strecke, sondern für die Weiterfahrt ins Dorf); die Zufahrt ist nur auf den anfänglichen 500 m schwierig. Wenn Sie an der ersten vorspringenden Hausecke – nach etwa 200 m – vorbeikommen, schaffen Sie auch den Rest (laut Verkehrsschild darf Ihr Fahrzeug 2,50 m breit sein). Danach müssen Sie bei einer Spitzkehre nochmals rangieren. Nach dieser engen Kurve wird die Straße zwar gelegentlich erneut schmal, aber sie ist dann unproblematisch.
Hinweis: Nach meiner Einschätzung sollte das WOMO nicht deutlich länger als 7 m sein; ich bin die erwähnte Spitzkehre noch nicht mit einem Ducato mit langem Radstand (und großem Wendekreis) gefahren.

Das nahe **San Gemini**, *Uno dei Borghi più belli d'Italia,* lockt mit einem reizvollen mittelalterlichen Ortszentrum, wo Sie ein bemerkenswertes Rathaus sowie eine Kirche mit romanischem Portal bestaunen werden und, wenn Sie noch ein wenig Zeit haben, im Oratorium San Carlo die sehenswerten Freskenreste aus dem 15. Jahrhundert.

San Gemini

Außerdem lohnt der Blick auf die Ebene von Terni, die Sie sogar von Teilen des offiziellen Stellplatzes sehen:

(072) Offizieller WOMO-Stellplatz: San Gemini

GPS: N 42° 36'43 E 12° 32'38, Via della Libertà. **Max. WOMOs**: 15.
Öffnungszeit: Ganzjährig.
Ausstattung: Ver- und Entsorgung (außerhalb an der Straße bergab) Strom (hat nur unzureichend funktioniert).
Beschreibung: Dieser klappstuhlgeeignete Stellplatz am Ortsrand wurde vor Jahren mit Geldern der EU vorbildlich eingerichtet. Er ist aber ein Musterbeispiel dafür, wie in Italien manche Einrichtungen verlottern, wenn sie nicht gepflegt werden. In das Zentrum mit Gaststätten und Geschäfte sind es nur ein paar Schritte.
Zufahrt: Der Platz liegt westlich des Ortes; San Gemini auf der SS 3ter umrunden und bei der Tankstelle abwärts mit Beschilderung.

Wir haben hier lange nicht mehr selbst übernachtet und demnach auch nicht gegessen. Früher hat es uns in der rustikalen ***Taverna del Torchio*** gefallen *(im nordöstlichen Teil der Altstadt; Tel. 0744 331136; Mi. geschlossen; mit offenem Holzfeuer; mittlere Preise)*. Leser haben die einfachere ***Osteria La Pecora Nera*** empfohlen *(Mo. und Di. geschlossen)*.

Sie müssen sich nun entscheiden, ob Sie nach Terni oder nach Narni weiterfahren. Auf Ihrer Straßenkarte sind beide grün unterstrichen, was vermuten lässt, dass die eine Stadt so sehenswert ist wie die andere. Bei **Terni** ist das aber übertrieben. Die Großstadt (110.000 Einwohner) ist nämlich alles andere als reizvoll, auch wenn sie bereits in der Bronzezeit besiedelt war. Schon lange vor dem Zweiten Weltkrieg, in dem Terni und vor allem die historischen Bauten in der Altstadt wegen der Waffenfabriken schwerste Bombenschäden erlitten haben, begann die industrielle Zerstörung. Im Jahr 1875 wurde hier Schwerindustrie angesiedelt, um das rückständige Umbrien auf Vordermann zu bringen. Man begann mit dem Bau

einer Waffenfabrik, der im Jahr 1884 Stahlwerke und später Chemiebetriebe folgten. Bis zum Beginn der weltweiten Krise ab etwa 1980 war Terni *die* Stahlstadt Italiens. Heute leidet die Region unter einer hohen Arbeitslosenquote, was bekanntlich nicht die touristischen Reize, jedoch das Aufbruchrisiko Ihres geparkten WOMOs erhöht. Sie versäumen also nur wenig, wenn Sie stattdessen nach Narni fahren.

Vielleicht auf einem kleinen Umweg über die Stadt **Amélia** (11.800 Einwohner) , die von Umbrienkennern hoch gehandelt wird. Zu sehen sind dort eine gewaltige, nahezu geschlossene Stadtmauer umbrischen Ursprungs (3. Jh. v. Chr.) und ein gut erhaltenes, touristisch nicht aufgehübschtes Stadtbild mit reizvollen, steilen Gassen. Der kleine beschilderte offizielle **Stellplatz** hingegen ist weniger schön. Seine Daten werden hier nur wegen der Entsorgungsstelle publiziert [**073**: N 42°33'07" E 12°25'09", Via Rimembranze, südlich des Centro storico].

Narni

Das zwölf Kilometer entfernte **Narni** (20.500 Einwohner und ziemlich genau der geografische Mittelpunkt Italiens) ist kaum besser bestückt. Dabei gefällt es mit einer **Altstadt**, die vor allem wegen ihrer Lage auf einem steil abfallenden Felssporn zu

den besseren Zielen in Umbrien zählt. Sehenswert sind außerdem der Dom, die von mittelalterlichen Palästen geprägte Piazza Garibaldi und die Piazza dei Priori, in römischer Zeit das Forum. Ins Reise-Programm gehört auch wenigstens ein Blick auf den **Ponte di Augusto**, die Res-

Narni - Ponte di Augusto

te einer ehemals 128 m langen und 30 m hohen Straßenbrücke (der Via Flaminia) aus der Zeit von Kaiser Augustus (27 v. Chr.). Man kommt auf der SP1 fast daran vorbei. Da man trotz der Beschilderung immer ein wenig suchen muss, beachten Sie die Koordinaten beim nachfolgenden Stellplatztipp.

in Narni

Und den offiziellen Stellplatz lernen wir an einem Ostersamstag in der Nachbarschaft italienischer Kollegen zu schätzen, weil er direkt unterhalb der Altstadt liegt, mit schönem Blick auf dieselbe. Die weniger ansehnliche andere Seite oberhalb von Industrieanlagen nehmen wir einfach nicht zur Kenntnis:

(074) Offizieller WOMO-Stellplatz: Narni
Parcheggio del Suffragio

GPS: N 42° 31'05" E 12° 31'08" (heutige Zufahrt), Via del Suffragio.
Max. WOMOs: 5. **Öffnungszeit**: Ganzjährig.
Ausstattung: Ver- und Entsorgung, Toilette (im nahen Parkhaus beim Aufzug in die Altstadt), Mülleimer.
Beschreibung: Am Rand eines großen Parkplatzes, in dessen Mitte man keine Lücke findet, sind 4 bis 5 etwas schräge Plätze für WOMOs ausgeschildert, die tagsüber bisweilen von Pkw besetzt sind. Besser und gerader steht man am gegenüberliegenden Rand mit Blick ins Tal, wo aber meistens allenfalls gegen Abend etwas frei wird. Das ist kein Platz für Sommertage!

Gaststätten und Geschäfte sind nach wenigen Schritten und einer Fahrt im Aufzug zu erreichen.
Zufahrt: Der Parkplatz ist unterhalb der Altstadt beschildert.
Hinweis: Samstags ist dort Markt!

(075) Eine **brauchbare Alternative** für 2 bis 3 Fahrzeuge ist der kleine Parkplatz beim oben beschriebenen **Ponte di Augusto**, seitlich eines Bachs und eines kleinen Naherholungszentrums; **GPS**: N 42°31'30" E 12°30'54" (siehe Foto Seite 143), klappstuhlgeeignet, aber ganz leicht einsam, 1,6 km in die Altstadt.

Hand aufs Herz! Sie stehen am nächsten Morgen mitten in unserer 6. Tour und auf der Piazza dei Priori von Narni, eher eine Straße als ein Platz, aber an einem passenden Ort

Cascata delle Marmore

für ein kurzes Resümee: Trotz Ihrer Skepsis war es ein guter Entschluss, das immer noch unbekannte Umbrien zu bereisen. Zugegeben, Ihre Kinder maulen, aber Sie haben Ihre Ohren auf Durchzug gestellt. Und ich wette, wenn Sie mir jetzt die Urlaubskarte schreiben, um die ich Sie bisweilen bitte, werden Sie mich nicht tadeln. Nur das Problem Ihres gelangweilten Nachwuchses haben Sie noch nicht ganz im Griff. Lösen kann ich es für Sie auch nicht – nur mildern: Sie dürfen nämlich, ohne rot zu werden, die höchsten **Wasserfälle** Europas (ob das wirklich zutrifft, muss bezweifelt werden, aber ich habe es so gelesen) ankündigen, und damit eine der touristischen Attraktionen Umbriens. Sie durchqueren Terni und folgen dem Wegweiser zur ‚***Cascata delle Marmore***', um sich dann östlich der Stahlstadt zu entscheiden, ob Sie dem Richtungszeiger

zum *'Belvedere Superiore'* oder dem zum *'Belvedere Inferiore'* hinterherfahren sollen. Nehmen Sie den Weg zum *'Inferiore'*, der unteren Aussichtsterrasse. Denn der dortige Stellplatz ist inzwischen der einzige legale: Wenn Sie artig den Schildern hinterhergefahren sind und wenn ich unterstelle, dass Sie nicht ausgerechnet einen Sonn- oder Feiertag erwischt haben, an dem Sie vor parkenden Autos kein Land mehr sehen, endet Ihr Reiseabschnitt in der Nähe erheblichen Trubels, der am Wochenende an einen Jahrmarkt erinnert. Aber der Platz an einem Bach und neben einer Wiese ist geräumig, gut erreichbar und richtig schön:

(076) Offizieller WOMO-Stellplatz: Cascata delle Marmore
Inferiore – unten

GPS: N 42°33'27" E 12°43'18", Piazzale Felice Fatati.
Max. WOMOs: 22. **Öffnungszeit**: Ganzjährig.
Ausstattung: Ver- und Entsorgung (hinter einer Schranke), Strom, Toilette nach etwa 150 m, Mülleimer.
Beschreibung: Das teilweise schattige Gelände grenzt an eine sehr schöne Picknickwiese, wie Sie unserem Foto entnehmen. Eine Gaststätte liegt in der Nähe des Platzes. Wanderwege beginnen hier. Sie genießen stellenweise sogar einen Rest von Blick auf den Wasserfall. Das Gelände ist bisweilen, vor allem an Feiertagen und Wochenenden überfüllt. Abends findet man aber sogar an Ostern irgendwo noch ein Plätzchen. Wenn nicht, wird es offenbar geduldet, dass man auf dem eigentlich verbotenen Nachbarplatz übernachtet.
Preis: 15 €/24 Std. Der Automat ist allerdings außer Betrieb. Sie müssen den Übernachtungspreis am Ticketschalter des Wasserfallparks bezahlen. Der öffnet allerdings erst um 10 oder 11 Uhr, weshalb Sie nicht frühmorgens abreißen können, wenn Sie nicht die Bezahlung schon am Vortag vorgenommen haben. Der Park ist auch geöffnet, wenn der Wasserfall nicht läuft, zeitweise schon ab 8.30 Uhr; siehe unten stehenden Link beim Wasserfall.
Zufahrt: Folgen Sie von Terni den Wegweisern *'Cascata delle Marmore'*, später *'Belvedere Inferiore'*.

Sie können stattdessen in der Nähe des *Belvedere Superiore* auch einen **Campingplatz** *(April bis Oktober, nach längerer Schließung von einem neuen Betreiber übernommen)* beehren, der mir allerdings wegen einiger Dauercamper (zurzeit des alten Betreibers) nur eingeschränkt gefallen hat. Aber er bietet ein schönes Panorama. Der Parkplatz beim *'Belvedere Inferiore'* hat jedoch den Vorteil, dass von unten der Blick auf den Wasserfall imposanter ist, ich komme darauf noch zurück.

Belvedere Superiore

Sie haben sich für eine der beiden Möglichkeiten entschieden, das Maulen der Kids ist gespannter Erwartung gewichen, Sie eilen zum Wasserfall – und es gibt ihn nicht.

Dumm gelaufen!

Die *Cascata* funktioniert nämlich nur auf Knopfdruck und zu festgelegten Zeiten. Die Kaskaden des Flusses Velino, die sich hier hinabstürzen, haben keinen natürlichen Ursprung, sondern sind das Werk altrömischer (!) Ingenieurskunst. Die Hochebene nördlich von Rieti bestand damals zum großen Teil aus Malaria verseuchtem Sumpfland, weshalb der Konsul Manlius C. Dentatus einen zwei Kilometer langen Kanal graben ließ, um dadurch das Wasser des Flusses Velino, der die Sümpfe gespeist hatte, nach Norden in den Fluss Nera abzuleiten. Das Ende dieses Kanals war die Bergkante, wo sich heute noch die drei Wasserfälle hinunterstürzen. Die künstliche Umleitung der Wasser hatte unglücklicherweise aber zur Folge, dass häufig das Gebiet um Terni überschwemmt worden ist, weshalb man mehrfach versucht hat, durch Abflusskanäle und Seitenarme die Wassermassen zu zügeln. Und da man, wie ich Ihnen oben schon berichtet habe, in der zweiten Hälfte des 19. Jahrhunderts in Terni Schwerindustrie angesiedelt hatte, lag es nahe, die Wasserkraft dafür zu nutzen. Im Jahre 1924 wurde deshalb das Elektrizitätswerk Centrale di Galletto in Betrieb genommen, das man vor den Marmore-Fällen liegen sieht und dessen klassizistische Fassade sehenswert ist. Der Fluss Velino wurde fortan nicht mehr zu der Abbruchkante bei Marmore vorgelassen, sondern erzeugte in dem damals europaweit größten Kraftwerk seiner Art Strom, was übrigens ein wesentlicher Grund dafür war, dass Mussolini vor dem zweiten Weltkrieg die Rüstungsindustrie in Terni stark ausgebaut hat.

Damit war aber die Gegend ihres Naturschauspiels beraubt, denn der Wasserfall verkam zu einem kläglichen Rinnsal. Damit sich der Velino zur Unterhaltung der Menschen ab und zu ausgangs des römischen Kanals in die Tiefe ergießen konnte – auf Knopfdruck und zu festen Zeiten –, bedurfte es weiterer Technik. Die Uhrzeiten sind auf großen Tafeln angeschlagen, was Ihnen aber nichts nutzt, wenn Sie im falschen Moment am richtigen Ort sind und Ihre Kinder quengeln. Also aufpassen und zur Sicherheit im Internet (www.cascatadellemarmore.info/) im Menü *orari e aperture* nochmal nachsehen (die nachfolgenden Angaben betreffen die Uhrzeiten, an denen die Wasserfälle in Betrieb sind, sie haben sich in jeder Auflage geändert; falls Ostern im März liegt, gelten vermutlich die Feiertagszeiten für April; *feriali* sind hier die Wochentage von Mo. – Fr.):

Periode	Mo bis Fr	Sa und So	Feiertage
Januar	–	12-13 + 14-15	12-13 + 14-15
Februar	–	12-13 + 14-15	12-13 + 14-15
März	12-13 + 15-16	11-13 + 15-16	vermutlich wie April
April	12-13 + 14-16	10-13 + 15-18	10-18
Mai	11-13 + 15-17	11.30-19	9-20
Juni	11-13 + 15-19	11-19 + 21-22	10-19
Juli	11-13 + 15-19	10-19 + 21-22	–
August	10-19 + 21-22	11-19 + 21-22	10-22
	11-13 + 15-16	10-13 + 15-18	–
Oktober	12-13 + 15-16	12-13 + 15-16	12-13 + 15-16
	–	15-16	11-12 + 15-16
	–	12-13 + 14-15	12-13 + 14-15

Noch Fragen? Zum Beispiel nach der Höhe des Naturschauspiels? Insgesamt sind es 165 m. Pro Sekunde rauschen 285.000 Liter in die Tiefe, die Menge, mit der man in der Minute 171.000 durchschnittliche WOMO-Wassertanks auffüllen könnte. Selbstverständlich kostet das Schauspiel Eintritt, wobei es unerheblich ist, ob Sie das Billett am oberen oder am unteren Eingang lösen. Es berechtigt Sie nämlich, innerhalb des Wasserfall-Geländes von oben nach unten zu klettern (oder umgekehrt), auf halbem Weg durch einen kleinen Tunnel hinter die (oberste) Kaskade zu glitschen und bei Sonne vor allem von der höchsten Aussichtsplattform den Dauerregenbogen zu fotografieren. Der Fußweg nach oben oder unten ist steil, steinig und mühsam und dauert mit Rückweg locker eine Stunde (Rückfahrt per Bus 3 €). Er lohnt sich hinaufzugehen *(10 €; Ragazzi von 5 – 9 Jahren 7 €; über Siebzigjährige 8 €)*. Es gibt keine in einem seriösen Buch veröffentlichbare Schleichwege mehr, mit denen man den Ticketverkäufern des voluminösen Empfangsgebäudes ein Schnippchen schlagen könnte.

Sie tun gut daran, Ihre Fahrt hierher, die wegen der wirklich beeindruckenden *Cascata*, fester Bestandteil unserer persönlichen **Top Ten** ist, nicht nur den Öffnungszeiten, sondern auch den Wochentagen anzupassen.

Lago di Piediluco

Mit den Wasserfällen hängt auch der **Lago di Piediluco** zusammen, der zweitgrößte See Umbriens, der Kraftwerk und *Cascata* reguliert. Piediluco, einziger Ort am See, ist ein nettes Dorf, zumal es über eine Umgehungsstraße verfügt, die für WOMOs Pflicht ist. Oberhalb, auf dem Monte Luco *(Fußweg auf der einfachen Strecke von Piediluco eine gute halbe Stunde)*, thront eine pittoreske Burgruine, und das blaue Wasser, auf dem häufig Ruderboote schnüren und sogar internationale Regatten veranstaltet werden, wirkt verlockend. Aber der Schein trügt: Die Misere fängt schon damit an, dass es kaum Stellen gibt, an denen man in der Nähe des Autos ins Wasser steigen kann, vom Schilf ganz zu schweigen. Auch wenn ich ins Kalkül ziehe, dass ein Reiseführer ein wenig auch von anderen abkupfert, muss man es doch ernst nehmen, dass alle *uni sono* schlechte und zudem sogar im Sommer kühle Wasserqualitäten beklagen, was zusammen dafür ausgereicht hat, dass

Piediluco

ich meinen Körper bislang noch nicht derartigen Widrigkeiten ausgesetzt habe. Mir fällt auch auf, dass die Gemeinde (Piediluco gehört zu Terni) in der Nähe des Sees, am östlichen Ufer und auf dem Weg zum Campingplatz, ein Hallenbad gebaut hat, das zumindest den Hauptzweck, frustrierte Badelustige am Ort zu halten, erfüllen muss. Der Stellplatz lag auch schon mal näher am Ort (der dortige Parkplatz ist definitiv verboten), aber Sie stehen immerhin noch fast in Sichtweite des Sees:

(077) WOMO-Parkplatz: Piediluco

GPS: N 42°32'29" E 12°45'25", Vocabolo Colle dei Frati. **Max. WOMOs**: 5.
Ausstattung: Mülleimer.
Beschreibung: Der Asphaltplatz liegt außerhalb der Bebauung am nordwestlichen Uferzipfel und ist die einzige noch halblegale freie Stellplatzmöglichkeit. Camping ist verboten, die Polizei schreitet bei reinem Übernachten nach unseren Informationen nicht ein. Das Dorf ist 700 m entfernt.
Zufahrt: Sie müssen, falls Sie von Osten kommen, auf der SS 79 im großen Bogen nördlich um den See und den Ort fahren und beim Erreichen des Sees Richtung Ort abbiegen. Nur bis zu diesem Parkplatz dürfen WOMOs sich dem Dorf nähern.

Uns hat, von außen betrachtet, der Campingplatz auf dem Nordostufer besser gefallen. Denn auch hier können Sie noch zu Fuß ins sehenswerte Dorf spazieren:

(078) WOMO-Campingplatz: Piediluco
Camping Lago di Piediluco

GPS/Kontakt: N 42°32'06" E 12°46'19", Via dell Ara Marina, Tel. 349 4987423; https://de.campinglagodipiediluco.com/.
Öffnungszeit: 1.4. - 30.9., aber zeitweise nur am Wochenende.
Ausstattung: Restaurant, direkt am See, Hallen- und Freibad in der Nähe mit reduziertem Eintritt.
Beschreibung: Das nur durch einen Wiesenstreifen vom See getrennt Gelände verfügt über zwei Bereiche, einen weniger schattigen für Kurzzeitcamper und einen für Dauercamper, der nach meinem Eindruck reduziert worden ist. Der See ist kein Badesee. Zum Ortszentrum etwa 1 km.
Preise: 23 – 25 €. **Zufahrt**: Der Platz liegt am nord-östlichen Seeufer.

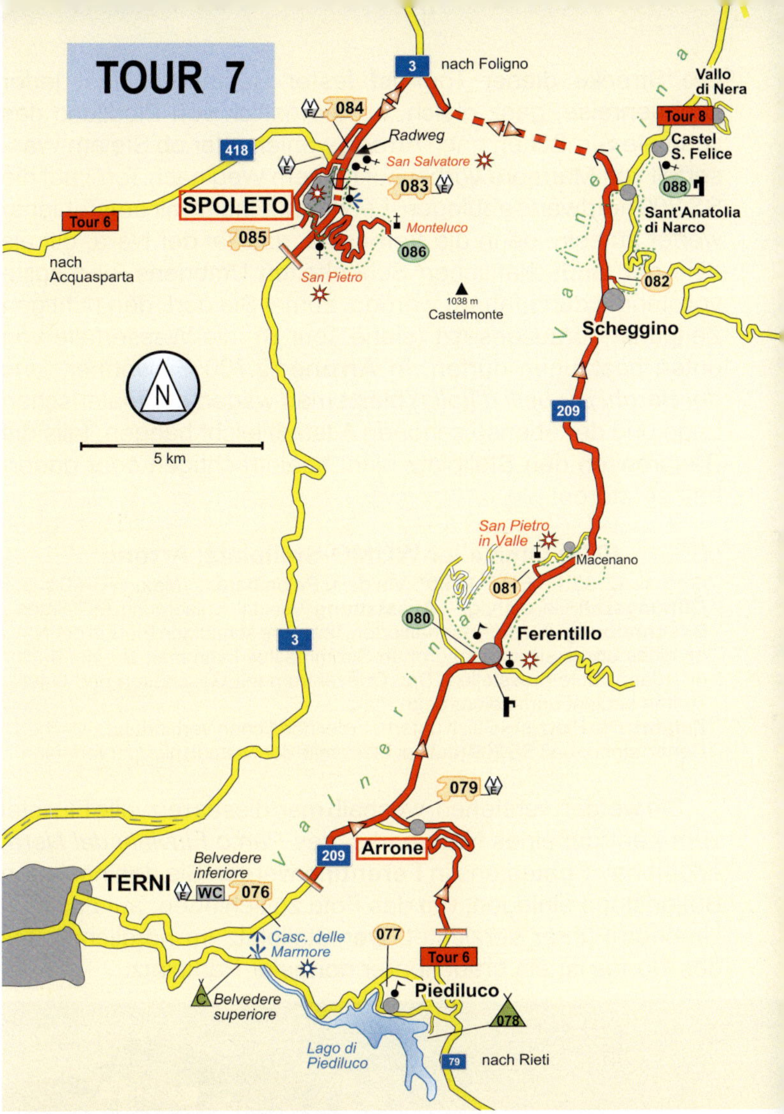

Tour 7: Durch die Valnerina nach Spoleto 58 km

Arrone – Ferentillo – Scheggino – Spoleto

Stellplätze: in Arrone, in Ferentillo, bei der Abtei von San Pietro in Valle, in Scheggino, in und bei Spoleto

Besichtigen: Arrone, Ferentillo, Abtei von San Pietro in Valle, Spoleto

Wandern: von Ferentillo zur Abbazia di San Pietro, von Scheggino nach Sant'Anatolia di Narco, von Spoleto auf den Monteluco, **Fahrradstrecke** auf der ehem. Bahntrasse nach Norcia

Essen: Ristorante *Ponte* in Scheggino, Ristorante *Il Tempio del Gusto* oder Trattoria *Pecchiarda* in Spoleto

Die Strecke dieser Tour ist fester Bestandteil fast jeder Umbrienreise, ganz gleich, ob Sie östlich von Piediluco das schmale Sträßchen nach Arrone wählen oder ob Sie am Wasserfall von Marmore vorbei auf halbem Weg nach Terni auf die SS 209 nordwärts abbiegen. Letzteres scheint mir empfehlenswerter zu sein, denn die **Valnerina**, das Tal der Nera, gilt als eine der landschaftlichen Schönheiten Umbriens, und sollte vollständig durchfahren werden, zumal Sie dort, den richtigen Zeitpunkt vorausgesetzt (siehe Tour 6), die Wasserfälle von unten bestaunen dürfen. In **Arrone** (2.700 Einwohner, *Uno dei Borghi più belli d'Italia*) bleibt man wegen der malerischen Lage und der ebenso schönen Altstadt leicht hängen, falls die Bauarbeiten den Stellplatz nicht beeinträchtigen oder dauerhaft zerstören:

(079) Offizieller WOMO-Stellplatz: Arrone

GPS: N 42°35'11" E 12°45'60", Via delle Palombare. **Max. WOMOs**: 5.
Öffnungszeit: Ganzjährig. **Ausstattung**: Ver- und Entsorgung, Mülleimer.
Beschreibung: Auf dem asphaltierten, teilweise schattigen Platz in der Nähe eines etwas störenden, großen Strommastes kann man zur Not auch die Klappstühle rausstellen. Das Ortszentrum mit Geschäften und Gaststätten beginnt unmittelbar beim Platz.
Zufahrt: Der Platz ist seitlich unterhalb der nördlichen Verbindung zwischen *Centro storico* und SS 209 (auf der Flussseite der Altstadt) nicht zu verfehlen.

Sie werden verstehen, weshalb man dieses reizvolle Flusstal zum Zentrum eines Naturparks, des *Parco Fluviale del Nera*, erklärt hat. Spätestens in **Ferentillo** werden Sie den nächsten Boxenstopp einlegen, um das Foto zu schießen, auf das kein Umbrien-Führer verzichtet. Der Stellplatz im nördlichen Teil des Dorfes ist ein brauchbarer normaler Parkplatz:

Ferentillo

(080) WOMO-Parkplatz: Ferentillo

GPS: N 42°37'13" E 12°47'08", Via del Piano. **Max. WOMOs**: 3-4.
Ausstattung: Keine.
Beschreibung: Der teilweise schattige Asphaltplatz im nördlichen Ortsteil und in der Nähe von Geschäften sowie einer Gaststätte ist am Abend klappstuhlgeeignet. Die Markierungen erlauben nur Pkw. Der Platz wird dennoch seit Jahren von WOMOs benutzt, eher häufiger als von Pkw. Unsere nachstehend beschriebene Wanderung beginnt hier.
Verschiedene Internetforen nennen Ihnen Stellplatzalternativen, vor allem im südlichen Ortsteil Precetto, die es aber nicht (mehr) gibt.
Zufahrt: Unser Stellplatz liegt im nördlichen Ortsteil! Wählen Sie an der SP 209 die westliche Zufahrt nach Ferentillo und fahren Sie auf den beschilderten Parkplatz vor dem Ort.

Es wird Ihnen unglaublich erscheinen, dass bis zum Jahre 1960 eine Straßenbahn den öffentlichen Personennahverkehr von Ferentillo bis Terni bewältigt hat, und Sie werden sich fragen, wer in diesem einsamen Bergtal befördert werden musste. In früheren Zeiten gab es in Italien wesentlich weniger Autos als bei uns, und außerdem war die Valnerina durch die Landflucht noch nicht so ausgelaugt wie heute. Es gab auch eine schöne Eisenbahnstrecke von Spoleto nach Norcia mit bautechnisch wunderbaren Viadukten und Tunnels, die gerade mal 40 Jahre in Betrieb war und 1968 ebenfalls nicht mehr gehalten werden konnte.

Ferentillo sieht von der Ferne malerisch aus, es entpuppt sich aber bei genauerem Hinsehen als ein so verschlafenes Provinznest, dass man nach dem unvermeidlichen Foto weiter fahren würde, gäbe es nicht den nachfolgend beschriebenen Wanderweg und die einmalige Attraktion des **Mumienfriedhofes**: In der Krypta der Kirche Santo Stefano (im südlichen Ortsteil) hat man vor über 200 Jahren Tote abgelegt, deren Körper ohne Einbalsamierung wegen einer ständigen Ventilation und einer besonders trockenen und mineralhaltigen Beschaffenheit des Kellerbodens in einen natürlichen Prozess der Mumifizierung übergegangen sind. So sieht man heute die sterblichen Überreste von Leprakranken, eines napoleonischen Soldaten, eines chinesischen Paares, das auf der Hochzeitsreise verblichen ist, von Erhängten und normalen Verstorbenen; mit Kleidern, Barthaaren und was sonst noch zu einer schaurigen Leiche gehört *(Museo delle Mummie; 10 – 12.45 und 15 – 18.45 Uhr; März und Oktober bis 17.45 Uhr, im Winter bis 16.45 Uhr; 3 €; Wegweiser ‚Mummie', Leser haben einen Spaziergang von hier aufwärts empfohlen).*

Den Wanderweg, einen Klassiker und alleine schon die Reise wert, haben wir erst im zweiten Anlauf gefunden:

Von Ferentillo zur Abtei San Pietro in Valle

Bei unserer letzten Nachschau war im neueren, nördlichen Ortsteil von **Ferentillo** schon westlich an der Hauptstraße, der *Via della Vittoria*, gegenüber der Kirche der Wanderweg markiert. Unsere Strecke trägt die Nummer 33 oder 607 und beginnt in der *Via Campania*, an deren Ende Sie sich bei einer Gabelung links halten (Wegweiser *‚Abbazia di S. Pietro'*), um auf einem am Anfang betonierten und mit der Markierung versehenen Fahrweg bergauf zu teilweise eingestürzten **Häusern** zu wandern.

Sie müssen nun aufpassen, dass Sie auf keinen Fall vor dem großen Berghang nach rechts gehen. Stattdessen müssen Sie den Bergrücken westlich umrunden, um auf seiner Rückseite aufzusteigen. Die Orientierung ist möglicherweise deshalb schwierig, weil der Weg in **Gabbio**, so heißt das verlassene, teilweise eingestürzte Dorf, zeitweise an zwei Stellen gesperrt ist (oder war). Eigentlich müssten Sie durch zwei Torbögen und an der linksliegenden Dorfkirche vorbeigehen. Diese steinernen Bögen waren aber wegen Einsturzgefahr versperrt, was Sie nicht dazu

verleiten darf, die Großrichtung zu ändern (sondern Sie müssen an den Bögen vorbei wandern; möglicherweise ist die Strecke hier inzwischen auch gut markiert).

Nach dem verlassenen Dorf Gabbio bleiben Sie auf einem Maultierpfad, aber Sie finden wieder die Markierung, gehen an der ersten Verzweigung links, etwa 10 Minuten später, kurz nach Beginn eines breiteren Weges, nach rechts und landen auf einer Straße, die rechts im Dorf **Loreno** endet (Sie dürfen nicht auf den Weg Nr. 32 und in das links im Tal liegende Dorf Nicciano). Sie durchqueren den Weiler Loreno, bleiben auf der Straße und biegen erst an einer Schranke beim Wegweiser *'Abbazia'* in den Wald ab.

Nun wandern Sie bergab bis zur **Abtei San Pietro in Valle**, vorbei an einem Bauerngehöft, wo die Hunde aber angebunden sind. Ab der Abtei nehmen Sie die Straße nach **Macenano** (Nordwesten), steigen dort ab, überqueren die SP 209, um auf der anderen Seite, vorbei an einem Wachturm, in das Tal abzusteigen. Nach der Brücke gehen Sie ein Stück am Flussufer entlang und entscheiden sich nicht für den direkten Weg nach Ferentillo. Empfehlenswert ist vielmehr der kurze Umweg über das Ruinendorf **Umbriano**, hinter dem Sie dann doch ins Tal absteigen und entlang des Flüsschens Nera nach **Ferentillo** zurückgehen.

Die Wanderung ist im Rother Wanderführer (mit anderem Mittelteil) beschrieben, sie erfordert **5 1/4 Stunden** reine Gehzeit; für heiße Hochsommertage ist sie wegen des Aufstiegs in Ferentillo an der warmen Südwestflanke des Berges weniger geeignet. Auf der Kompasskarte 2473 ist der Weg eingezeichnet, demnach ebenso auf der Kompass-App. Allerdings fehlt dort der Weg von Maceano auf die andere Flussseite.

Selbst wenn Sie nicht wandern, werden Sie sich die 1000 Jahre alte Kirche des ehemaligen Klosters der **Abtei von San Pietro in Valle** nicht entgehen lassen, eine der großen umbrischen Sehenswürdigkeiten. Die Fresken an den Wänden aus dem 12. bis 15. Jahrhundert sind zwar nur noch bruchstückhaft erhalten, aber das tut der Ausdrucksstärke der bewegten Gesichter aus einer Zeit, in der Personen sonst nur starr gemalt wurden, keinen Abbruch. Beachtenswert ist auch der Altar, der auf langobardischen Marmorplatten ruht. An der Vorderseite hat wahrscheinlich der Künstler das erste Selbstbildnis in nachantiker Zeit geschaffen, worauf eine lateinische

San Pietro in Valle

Inschrift hinweist. Die kunsthistorische Bedeutung der Kirche wurde erst 1922 entdeckt, als Fresken und Altar längst in Vergessenheit geraten waren. Ein Bauer, ein Analphabet wie die meisten seiner Zeitgenossen, war stutzig geworden, als er zwischen Viehzeug und Mist unter einem verfallenen Dach die Bilder genauer betrachtet hatte *(April – Sept. 10 – 12.45 und 15 – 17.45 Uhr; März und 1. – 15. Okt. bis 16.45 Uhr, 16.10. – 28.2. bis 16.15 Uhr, 3 €)*. Die Abtei – nicht die Kirche – befindet sich heute in Privatbesitz und beherbergt ein Hotel sowie ein verlockend aussehendes Restaurant.

Wählen Sie für die Zufahrt unbedingt den Weg, der Ferentillo am nächsten liegt (beschildert – die andere Strecke ist sehr schmal und wesentlich länger). Der kleine Parkplatz der Abtei (nicht der des Hotels) eignet sich auch für die Nacht, ebenso als Ausgangspunkt für Wanderungen. Sie können von hier nach Ferentillo wandern, wenn Sie den breiten Waldweg bergauf nehmen:

(081) WOMO-Parkplatz: Abtei von San Pietro

GPS: N 42°38'43" E 12°48'37".
Max. WOMOs: 2-3.
Ausstattung: Mülleimer.
Beschreibung: Das ist kein Stellplatz, sondern eine leicht einsame und leicht abschüssige Parkmöglichkeit mit abends klappstuhlgeeigneter Übernachtungsgelegenheit. Die Gaststätte ist 120 m entfernt. Theoretisch kann man hier unsere Wanderung beginnen, aber das Fahrzeug steht dann ziemlich unbewacht.

Zufahrt: Biegen Sie etwa 3,4 km nördlich von Ferentillo von der SS 209 (nicht 1,7 km weiter nördlich) beschildert ab und fahren Sie etwa 800 m bergauf (nicht mehr rechts um die Ecke).

Das Ristorante habe ich bislang verschmäht, weil etwa zehn Kilometer weiter nördlich mit dem **Ristorante *Ponte*** in **Scheggino** die nächste Versuchung fast am Straßenrand lauert *(Tel. 0743 61131; Mo. – außer Ostern – geschlossen, gut beschildert, mittleres, bei Trüffelgerichten etwas höheres Preisniveau)*. Spezialität sind hier schon seit vielen Jahren die schwarzen Trüffeln (großes Verkaufsgeschäft mit kleinem Museum an der SP 209 nördlich von Scheggino). Aber die Küche wird Sie auch mit Forellen oder einem tadellosen Lammgericht zufrieden stellen (ein Leser hat allerdings von einem schlechten Tag des Kochs berichtet). Und da dieser Reiseführer vermutlich nicht der erste aus meinem Computer ist, mit dem Sie verreisen, wissen Sie, dass ich Ihnen in der Nähe solcher lukullischen Genüsse auch einen Übernachtungsplatz empfehle:

(082) WOMO-Parkplatz: Scheggino

GPS: N 42°42'49" E 12°49'56", Via San Rocco.
Max. WOMOs: 10.
Ausstattung: Picknickbänke.
Beschreibung: Der gut besuchte (bisweilen findet man erst gegen Abend eine Lücke) Parkplatz zwischen Wiesenflächen ist klappstuhlgeeignet. Gaststätten und Geschäfte finden Sie in der Nähe. Ob und unter welchen Bedingungen das kleine Schwimmbad, das jetzt zu einem Gaststättenkomplex gehört, der auch Rafting anbietet, weiterhin öffentlich zugänglich ist, weiß ich nicht. Sie können hier loswandern.
Zufahrt: Biegen Sie von der SP 209 am nördlichen Ortsrand von Scheggino nach Osten in ein kleines Seitental ab; Sie gelangen dann schnell auf einen Parkplatz am Rand eines Baches.

Beschaulicher und einsamer wird es jenseits eines kleinen Teiches, wenn Sie in das Tal weiter hineinfahren. Nach

Scheggino

dem Schwimmbad folgt seitlich der Straße ein eher für Kinder geeigneter Abenteuerpark mit Klettermöglichkeit, und in dem Gewässer unten am Anfang des Tals dürfen Sie wahrscheinlich immer noch sonntags gegen Eintritt Forellen angeln. Und von hier können Sie zu einer mehr oder weniger kurzen Wanderung starten:

Von Scheggino nach Sant'Anatolia di Narco

Vom Parkplatz in **Scheggino** gehen wir über die Brücke zur SP 209 und wenden uns mit der Markierung nach rechts (Norden). Bei den letzten Häusern weist die Markierung schräg bergauf. Nach einem Anstieg von etwa 45 Minuten stoßen wir an einen **Drahtzaun** und nehmen den seit dem Wegbeginn ersten deutlich breiteren Weg nach rechts (N 42°42'42" E 12°49'10" – ab hier keine Markierung mehr, die geradeaus weitergezeigt hätte), den wir nach 20 m wieder auf einem ähnlich breiten Weg nach links verlassen, auf dem wir allmählich Höhe verlieren und bei einem kleinen runden, orangefarbenen Gebäude fast schon wieder im Tal ankommen. Dort gehen wir (anders als mit der Kompass-App) rechts und bald quer über eine Wiese zur **SP 209**, von der wir uns bei einem großen blauen Wegweiser nach rechts auf einem Pfad durch die Wiese wieder verabschieden.

Wir wandern nun nach links entlang dem Fluss, den wir auf einer Straßenbrücke überqueren, um rechts nach **Sant'Anatolia di Narco** aufzusteigen. Mit Hilfe der hier wieder vorhandenen Markierung gehen wir durch den Ort und in 50 Minuten (etwas anders als auf der Kompass-App) nach Scheggino zurück. Für etwa **9 km** haben wir **2,5 Stunden** benötigt, zur Hälfte im Schatten. Etwas sinnlos ist erst der Anstieg, nach dem man gleich wieder absteigt, allerdings mit sehr schönen Blicken ins Nera-Tal. So gesehen könnte man jede Wanderung infrage stellen, bei der man am Ausgangspunkt wieder ankommt.

Man kann die Wanderung um knapp 1,5 Stunden ausdehnen, wenn man nach der Flussbrücke nicht rechts nach Sant'Anatolia di Narco geht, sondern markiert links zur Kapelle S. Maria di Narco und nach **Vallo di Nera** (Tour 8) und auf diesem Abstecher zurück nach Sant'Anatolia di Narco stiefelt.

Am Ende dieser Tour erfahren Sie weitere Einzelheiten zur **Fahrradstrecke** nach Sant'Anatolia di Narco auf der ehemaligen Bahntrasse der Schmalspurbahn Spoleto – Norcia.

Drei Kilometer nördlich von Scheggino wird von Ihnen eine schwere Entscheidung eingefordert: Sollen Sie nach links, also nach Westen, durch den Tunnel nach Spoleto abbiegen oder geradeaus zu einer der landschaftlich schönsten Gegenden Umbriens weiterfahren? Letzteres klingt angesichts der zurückliegenden Strecke zwar übertrieben, weil es kaum noch Steigerungen gibt. Aber wahr ist es trotzdem und Ziel unserer nächsten Tour.

Erst einmal wählen wir den Weg nach links durch einen vier Kilometer langen Tunnel, der uns ein paar Kilometer nördlich von Spoleto wieder ausspuckt.

In **Spoleto**, Partnerstadt meines Wohnortes Schwetzingen, aber nicht deswegen Teil unserer persönlichen **Top Ten**, wurden im Jahr 2022 zwei neue offizielle Stellplätze geschaffen. Das schien schon deshalb nötig, weil der Campingplatz schon ein paar Jahre vorher stillgelegt worden war:

(083) Offizieller WOMO-Stellplatz: Spoleto –*Ponzianina*

GPS: N 42°44'14" E 12°44'32", Via del Tiro a Segno. **Max. WOMOs**: 18 (plus etwa 30 auf dem Nachbargelände). **Öffnungszeit**: Ganzjährig. **Ausstattung**: Ver- und Entsorgung, Mülleimer.

Beschreibung: Aus einem früheren Großparkplatz wurde ein schattenloser, aber klappstuhlgeeigneter Teil frisch gepflastert, gekiest, parzelliert und für Wohnmobile reserviert. Der Platz liegt unter der auf einer Brücke verlaufenden SS 3 und dürfte deshalb etwas laut sein. Er grenzt direkt an eine Rolltreppenanlage zum

Dom und ins historische Zentrum, die jedenfalls außerhalb der Hochsaison um 20 Uhr abgeschaltet wird.

Preis: 8 €/24 Std., zahlbar mit Münzen und Scheinen; auf dem benachbarten Parkplatz konnte man ebenfalls den Wohnmobiltarif lösen (vermutlich deshalb auch dort verweilen) und sogar mit der Kreditkarte bezahlen.

Zufahrt: Achtung, das ist mal ein Platz, zu dem Sie nicht einfach dem Navi folgen dürfen, weil Sie sonst möglicherweise über dem Stellplatz mitten auf der SS 3 die Eier braten und den Wein entkorken müssten. Verlassen Sie die SS 3 nördlich des Tunnels (bei Spoleto und nicht nach dem Verbindungstunnel zur Valnerina!) beim Wegweiser *,Spoleto Nord'*, folgen Sie dem Wegweiser ins Zentrum und dann dem zu *,P 2'*.

(084) Offizieller WOMO-Stellplatz: Spoleto Via S. Tommaso

GPS: N 42° 44'44" E 12° 44'23", Via S. Tommaso. **Max. WOMOs**: 25.
Ausstattung: Ver- und Entsorgung, Mülleimer.
Öffnungszeit: Ganzjährig.
Beschreibung: Hier wurde auf einem Brachgelände ein weiterer schattenloser, aber klappstuhlgeeigneter Stellplatz frisch gepflastert, gekiest, parzelliert und für Wohnmobile reserviert. Zu einem großen *Coop* sind es 750 m, einem *Conad* 650 m und zum Dom 1,2 km.
Preis: 8 €/24 Std., zahlbar nur mit Münzen.
Zufahrt: Der Platz liegt im Norden von Spoleto beim Bahnhof (,Stazione').

(085) Offizieller WOMO-Stellplatz: Spoleto *Spoletosfera*

GPS: N 42°43'40" E 12°43'57", Viale dei Cappuccini.
Max. WOMOs: 8-12. **Öffnungszeit**: Ganzjährig.
Ausstattung: Keine.
Beschreibung: Das Gelände war bei unserer Übernachtung im Jahr 2022 nur noch eingeschränkt, wie auf dem Foto sichtbar, nutzbar, da der rechte Teil wegen Bauarbeiten auf dem benachbarten Tennisplatz abgesperrt war. Der Parkscheinautomat hat noch einen Wohnmobiltarif ausgewiesen. Auf der Internetseite der Gemeinde war ebenfalls das Gelände als Wohnmobilstellplatz genannt. Es würde mich allerdings nicht überraschen, wenn beides versehentlich noch nicht geändert worden ist, nachdem die beiden vorgenannten Plätze gerade erst wenige Tage vorher in Betrieb genommen worden waren. Falls der Platz weiter nutzbar bleibt, ist er wegen der guten Erreichbarkeit der Altstadt und seiner ruhigen Lage unser Favorit in Spoleto. Die Zufahrt zur beschilderten Tiefgarage liegt hinter dem Platz und führt in der Nähe der parkenden WOMOs vorbei, was zeitweise stören kann.
Preis: 5 €/24 Std., zahlbar nur mit Münzen
Zufahrt: Verlassen Sie die SS 3 südlich des Tunnels (bei Spoleto und nicht nach dem Verbindungstunnel zur Valnerina!) bei einer zurückliegenden Tankstelle in Richtung Stadt, fahren Sie sodann geradeaus bergauf und auf der Kuppe links, dann noch etwa 150 m, in die Nähe von Tennisplätzen, der Platz ist als Tiefgarage (P 1 mit Dach auf blauem Grund) beschildert.

Eine **Entsorgungsstation** finden Sie an der SS 418 nach Acquasparta (als P 1 und mit WOMO-Symbol beschildert und nicht mit unseren Stellplätzen zu verwechseln - **GPS**: N 42°44'48" E 12°43'53"). Hier kann man ebenfalls, wenn auch schlecht und relativ weit vom Zentrum, übernachten.

Spoleto – Auftakt zum Festivale dei Due Mondi

Spoleto ist mit 38.000 Einwohnern – im eigentlichen Spoleto ohne Hinzurechnung der eingemeindeten Ortschaften leben sogar weniger als 20.000 Menschen – keine der großen umbrischen Städte, aber es ist sehr bekannt wegen des Ende Juni/ Anfang Juli stattfindenden **Festivale dei Due Mondi** (Festival der Zwei Welten), eines renommierten Musik- und Theatertreffens, das ein Forum des Kulturaustauschs zwischen der Alten und der Neuen Welt bieten sollte. Das war jedenfalls im Jahre 1958 die Idee seines Schöpfers, eines in Amerika lebenden italienischen Komponisten. Seinem Einfall verdankt man auf den Plätzen der Stadt nicht nur ein bis heute gehaltenes, hochkarätiges Programm von Konzert-, Theater- und Ballettdarbietungen, die angeblich sogar kostenlos sind, sondern er hat auch der heimischen Geschäftswelt auf die Beine geholfen. Eine besondere Spezies wohlhabender Klientel findet es dann schick, in Abendgarderobe auf den Steinstufen oder auf den Plastikstühlen vermeintlich unverdorbener Trattorien zu hocken. Tagsüber vertreibt man sich die Zeit bei den Juwelieren oder man verliebt sich in eine Antiquität als Souvenir. Wenn die Schickeria nach zwei Wochen wieder abzischt, fällt die Stadt zurück in ihren provinziellen Halbschlaf. Die edlen Geschäfte wirken dann deplatziert, die Zweitwohnungen stehen leer, aber die umfassend restaurierten Altertümer und Kunstschätze bleiben. Und zwar in so großer Zahl, dass es sich lohnt, in Spoleto mehr als nur einen Tag zu verbringen.

Dieser Reichtum geht zurück auf eine lange Geschichte: Vor etwa 3.000 Jahren siedelten hier Umbrer, von denen noch die Steinblöcke an der etwa zwei Kilometer langen Stadtmauer stammen. Später kamen die Römer und befestigten die auf einem Hügel liegende Ansiedlung so sehr, dass sogar Hannibal nach der Schlacht am Trasimenischen See (Tour 1) den Widerstand nicht brechen konnte und erfolglos weiterziehen musste. Aus römischer Zeit sind noch mehrere sehenswerte Zeugnisse vorhanden. Das Wahrzeichen der Stadt, die **Rocca Albornoziana** ist allerdings päpstlichen Ursprungs (um 1500), nachdem Spoleto im Mittelalter als eine der ersten umbrischen Städte in den Herrschaftsbereich der Päpste gelangt war und bis zur italienischen Staatsgründung im Jahre 1860 beim Kirchenstaat geblieben ist. Bis in die Neunzigerjahre diente die Festung über der Stadt als Hochsicherheitsgefängnis, in dem Mitglieder der terroristischen *Brigade Rosse* einsaßen; aber längst kann man die Burg, in der auch ein Museum untergebracht ist, besichtigen *(9.30 – 18.45 Uhr; 7,50 €)*.

Die Besichtigung von Spoleto findet zum großen Teil auf **Rolltreppen** und mit Aufzügen statt, die die ganze Altstadt durchziehen, und die alleine schon sehenswert sind, besonders das Treppenensemble nordöstlich des Doms und der Festung.

Unser **Rundgang** beginnt am anderen Ende des *Centro storico*, im Süden der Stadt, am **römischen Theater**, dessen Zuschauerränge mit Platz für 3.000 Menschen zwar stark restauriert sind, wo man aber noch gut den alten Marmorfuß-

Spoleto - Rocca und Ponte delle Torri

boden erkennen kann. Danach wenden wir uns nach rechts durch eine Gasse bergauf, dann wieder nach links und stehen bald vor dem schönsten antiken Überbleibsel, dem **Arco di Druso** (Drususbogen), der nicht als Stadttor diente, sondern dem Gedenken an Drusus, einen Kaiserstiefsohn, und den Eingang zum römischen Forum bildete. Man kann hier deutlich erkennen, wie sehr sich im Lauf der Jahrhunderte hauptsächlich durch den Bauschutt abgerissener Häuser das Straßenniveau erhöht hat. Das Fundament des Tores gründet nämlich eine Etage tiefer *(jederzeit zugänglich und kostenlos).*

Spoleto – Arco di Druso

Der Platz des ehemaligen Forums ist heute der Marktplatz, dessen Form und Bauten nicht so spektakulär sind wie in anderen umbrischen Städten, der aber voller Alltagsleben ist und von pittoresken Häusern und einem schönen Brunnen gesäumt wird. Von hier sind es nur ein paar Schritte bis zum Palazzo Comunale, wo ein sehenswertes **römisches Haus** aus dem 1. Jahrhundert n. Chr. besichtigt werden kann.

Der Rundgang endet danach erst einmal in einer Senke an dem im 12. Jahrhundert erbauten Duomo, der **Cattedrale di Santa Maria Assunta**, wo mir außer dem alten Mosaik-Fußboden die Fresken in der Apsis von Filippo Lippi besonders gefallen. Filippo Lippi ist Ihnen wahrscheinlich aus den Uffizien in Florenz und vor allem wegen der wunderbaren Fresken

Spoleto – Cattedrale di Santa Maria Assunta

Spoleto – *Marienkrönung*

im Dom von Prato (jeweils im WOMO-Toskana-Führer) noch in Erinnerung. Lippi konnte die Bilder im Dom, besonders die ***Marienkrönung***, nicht mehr vollenden, weil er im Jahre 1469 in Spoleto starb. Sein Grabmal befindet sich im rechten Querschiff (an der linken Wand) und stammt von seinem Sohn Filippino. Dessen Mutter war übrigens eine ehemalige Nonne, die aus Liebe zu Filippo ihren Orden verlassen hat. Füttern Sie unbedingt den Beleuchtungsautomaten vor dem Altar. Bei unserem letzten Besuch standen wieder alle Besucher vor dunklen, kaum sichtbaren Bildern, bis ich mit einer 50-Centmünze für dankbares Raunen gesorgt habe. Sehenswert sind auch die Renaissance-Fresken in der Capella Eroli (rechts vom Eingang), wo Pinturicchio, dessen berühmtes Gemälde in Spello (Tour 4) zu den schönsten der Renaissance-Malerei gehört, eine *Madonna mit Kind und Heiligen* gezaubert hat (siehe Seite 343). Falls Sie jemals am Heiligen Abend in Spoleto weilen, werden Sie die Mitternachtsmesse besuchen und große Augen machen, wenn man Ihnen die heiligste Reliquie des Doms zeigt, eine Windel Christi *(April – Nov. Mo. – Sa. 10.30 –18 Uhr, So. 12.30 – 18 Uhr, Nov. – Feb. jeweils bis 17 Uhr)*.

Beachten Sie auch das große römische Relief an der Seite des Domvorplatzes.

Spoleto – römisches Relief vor dem Dom

Wenn man schon mal da ist, betrachtet man auch die benachbarte romanische **Basilica Sant'Eufemia**, deren drei halbrunde Apsiden dem Domplatz zugewendet sind. Beachten Sie im Inneren die ungewöhnlichen Emporen über den Seitenschiffen, die sonst in Umbrien nicht vorkommen *(10 – 12.30 und 14 – 17.30 Uhr, Di. geschlossen; 9 €)*.

Spoleto - San Salvatore

Seit dem Jahr 2011 gehört auch die **Basilica San Salvatore** ins Pflichtprogramm, auch wenn man dahin ein weiteres Stück zu Fuß gehen muss. Die Kirche liegt nämlich beschildert nördlich der Altstadt, des Flusses und sogar östlich der SS 3. Sie ist Teil der UNESCO-Liste des Weltkulturerbes zum Thema *‚Die Langobarden in Italien, Orte der Macht – 568 bis 774 n.Chr.' (siehe auch bei Tour 4)*. Grund ist die Wiederverwendung antiker Bauteile (Spolien), hier in Form von Quadern und Säulen aus römischen Villen für eine frühchristliche Kirche, deren Bau womöglich schon um 313 begonnen worden ist *(fahren*

Spoleto

Sie mit den Rolltreppen nordöstlich des Doms ins Tal, überqueren Sie das ausgetrocknete Flussbett und folgen Sie danach halb links der Beschilderung; während unregelmäßiger Ausnahmezeiten kann man seit Jahren wegen Baufälligkeit nur noch durch die Haupttür in das Innere der Basilika blicken, was sich aber lohnt wie auch die Außenfassade mit einem sehenswerten Türsturz – Foto Seite 166; kostenlos).

Von dem schlecht erhaltenen römischen Amphitheater und diversen, oft düsteren Gassen soll im Rahmen dieses Buches nicht die Rede sein. Nur noch vom Bummel, bzw. die Rolltreppenfahrt hinauf zur Rocca Albornoziana (siehe oben) und vor allem zu dem dort unterhalb beginnenden 230 Meter langen und 80 Meter hohen **Aquädukt**, dem **Ponte delle Torri**, der zwar nicht aus römischer Zeit stammt, aber immerhin im Mittelalter an der Stelle des antiken Wasserleitungssystems als Bestandteil der Befestigung gebaut worden ist. Der Fotograf kommt hier auf seine Kosten, und auf einer Gedenktafel können Sie nachlesen, welchem Irrtum unser Dichterfürst erlegen war. Goethe schrieb in seiner *Italienischen Reise* über die mittelalterliche Wasserbrücke: *»Das ist nun das dritte Werk der Alten, das ich sehe, und immer derselbe große Sinn«* (siehe auch das Foto auf Seite 162).

Spoleto – Ponte delle Torri

Jenseits dieser seit dem Erbeben von 2017 nicht begehbaren Wasserbrücke, haben Sie die Wahl: Einfach umkehren als schlechteste Alternative, fast so schlecht wie nach Hause fahren. Oder Sie entschließen sich zur Wanderung auf Spoletos Hausberg, den Monteluco, die auf einfacher Strecke ab der Brücke knapp eine Stunde dauert. Unser Vorschlag weiter unten führt Sie wegen der wunderbaren Sicht (und der Sperrung) sogar in einem nördlichen Bogen um das Tal (Foto Seite 162).

Spoleto - San Pietro fuori le mura

Die dritte Alternative – Kenner stellen sie an das Ende der zweiten, ist ein ab der Brücke etwa 15 Minuten langer Fußweg zu einer weiteren großen Sehenswürdigkeit (am Ende der Brücke rechts die Straße entlang) zur **Kirche San Pietro fuori le mura** (12. Jahrhundert). Wenn Sie nicht zu Fuß gehen, oder wenn der Ponte delle Torri weiterhin gesperrt ist, fahren Sie auf der SS 3 durch den Tunnel in den südlichen Teil von Spoleto, bis Sie gegenüber einer Tankstelle einen Wegweiser *'Monteluco'* finden. Sie treffen das Gotteshaus im richtigen Licht an, solange die Abendsonne die renovierte Fassade in warmen Gelbtönen erstrahlen lässt. Die romanischen naiven Tafelreliefs haben den Kampf zwischen Gut und Böse zum Thema. Dabei sind sie nicht Furcht einflößend, eher originell: Hirsche töten Schlangen, der Mensch besiegt die Löwen im Kampf, der Gerechte stirbt friedvoll im Bett, während der Sünder von Teufeln an den Haaren in ein Gefäß gezerrt wird. Falls die Kirchentür verschlossen ist, müssen Sie sich nicht grämen, denn nur die West-Außenwand gehört zu den großen Sehenswürdigkeiten Umbriens.

Sollten Sie in der geschichtsträchtigen Stadt Spoleto übernachten, empfehle ich Ihnen für das Abendessen die erste Adresse der Stadt, weil dort die Rechnung auch nicht deutlich höher ausfällt als in der dritten Liga. Das **Ristorante *Il Tempio del Gusto*** ist direkt am Drususbogen leicht zu finden, und man kann im Vorbeigehen problemlos schon am Mittag oder frühen Abend reservieren, was man auch tun sollte, denn es lohnt sich wirklich *(Via Arco di Druso 11, Tel. 0743 47121; Do. geschlossen, mittlere Preise)*. Nicht erneut getestet haben wir die deutlich schlichtere ***Trattoria Pecchiarda***, wo seit über 100 Jahren aufgetischt wird. Das hat sich sogar über den Großen Teich bis zur New York Times herumgesprochen. Eine Reise von dort ist das Essen allerdings nicht wert. Aber ein paar Schritte vom Stellplatz schon; lecker, familiär und sehr preiswert *(Vicolo S. Giovanni 1; das liegt im nordwestlichen Teil des historischen Zentrums; Di. Ruhetag; Tel. 0743 221009)*.

Den Wandervorschlag habe ich für die Vorauflage erheblich überarbeitet:

Von Spoleto auf den Monteluco

Wir starten in **Spoleto** und verlassen den **Domplatz** auf seiner nördlichen Seite, um hinter dem Dom mit den Rolltreppen ins Tal zu gleiten. Auf der Via del Tiro a Segno unterqueren wir die auf einer Brückentrasse verlaufende SS 3, wir lassen den Parkplatz rechts liegen, spazieren entlang einem schmalen Bach und biegen erst auf einer kleinen Brücke nach rechts ab. Hier treffen wir auf eine rot-weiße Markierung, die uns auf einem Pfad bergauf geleitet. Bald werden die Blicke auf die Rocca und den Aquädukt immer schöner.

Oberhalb des **Ponte delle Torri** kommt die gelb-blaue Markierung der *Via Francigena* hinzu (die sogenannte Frankenstraße ist ein historischer Pilgerweg nach Rom, der immer mehr in Konkurrenz zum Jakobsweg tritt), mit der wir im Schatten den 780 m hohen **Monteluco** erklimmen. Das dauert seit dem Dom etwa eine Stunde und ist nur mäßig anstrengend.

Auf dem Berg suchen wir den beschilderten Aussichtspunkt und gehen dann runter bis zur sichtbaren Straße zwischen zwei Wiesen. Hinter der rechten Wiese biegen wir ab, wandern an ein paar Häusern vorbei und bleiben auf dem Schotterweg. Nach dem letzten Haus nehmen wir den zweiten Weg scharf rechts (die Markierung zeigt hier geradeaus, die Kompasskarte und die App sind hier ungenau). Wir wandern nur etwa 300 m bergab und halten uns schon an der ersten Verzweigung links. Dem so gefundenen Pfad folgen wir, bis er auf einen breiten Weg mit Markierung trifft.

Blick auf Spoleto und die Valle Umbra

Nun geht es mit wunderbarem Blick auf Spoleto bergab bis zur Kapelle und dem Ristorante ***San Giuliano***. Auf einem etwas ausgewaschenen und gerölligen Weg gelangen wir weiter ins Tal, vorbei am ehemaligen Campingplatz, zur Kirche **San Pietro fuori le mura** (Foto siehe Seite 168). Wir überqueren die SS 3 und spazieren zu unserem (jeweiligen) Stellplatz.

Die Wanderung dauert etwa **4 Stunden**.

Falls Sie auf den Monteluco gewandert sind, durften Sie sich überzeugen, dass es dort einen weiteren Stellplatz, genau genommen einen Straßenrand, gibt, auf dem wir uns tagsüber aufhalten, wenn wir nichts besichtigen oder nicht mal wandern, was im richtigen Leben übrigens öfter vorkommt als in diesem Buch:

(086) WOMO-Parkplatz: Monteluco

GPS: N 42°43'27" E 12° 45'12", SS 395.
Max. WOMOs: 5-8.

Ausstattung: In der Nähe: Grillplatz, Sport- und Spielplatz, große Spielwiese, Bänke und Tische, Toilette, Mülleimer.

Beschreibung: Sie können nur eingeschränkt am Straßenrand oder auf einem großen Parkplatz oberhalb, dann aber leicht im Wald in der Nähe eines Restaurants, stehen. Sehr schön ist aber die eingezäunte Wiese (Achtung: Hundekot). Sie stehen außerhalb der Bebauung und abends mehr oder weniger einsam. Sie können hier loswandern.

Zufahrt: Biegen Sie von der SS 3 bei Spoleto mit der Beschilderung zum Monteluco ab.

Die Stellplätze von Spoleto eignen sich hervorragend als Ausgangspunkt für eine aufregende **Fahrradtour** auf der ehemaligen Bahnstrecke nach Norcia, der sogenannten **Ex Ferrovia Spoleto – Norcia**. Der Einstieg ist in Spoleto sehr gut mit Schautafel und kleinem Metalldenkmal markiert und beginnt direkt seitlich der östlichen Zufahrt von der SS 395 zur SS 3 an der Anschlussstelle *'Spoleto Nord'* bei N 42°44'43" E 12° 44'43" (parken Sie das WOMO aber schon auf den Stellplätzen). Das ist keine Strecke für Rennräder, sondern für MTB, die wir ohnehin noch nicht selbst getestet haben, da ich in meinen Büchern nur ausnahmsweise Fahrradstrecken beschreibe. Sie finden im Internet eine offenbar sehr brauchbare Streckenbeschreibung auf der Seite www.bikemap.net unter www.bikemap.net/de/r/7504728/#. Hervorragende Informationen mit Fahrradmietmöglichkeiten finden Sie unter https://laspoletonorciainmtb.it/. Sinnvoll scheint das erste Stück bis Sant'Anatolia di Narco (siehe oben) mit etwa 20 Kilometern zu sein, man muss allerdings wahrscheinlich nach Km 16 einen eingestürzten Tunnel umgehen. Die Schmalspurstrecke war übrigens nur von 1926 bis 1968 in Betrieb und wurde dann eingestellt, weil man der Auffassung war, Busse seien rentabler als die Bahn.

Radweg auf der ehemaligen Bahntrasse

Die Strecke, die auch **zu Fuß** keine Strafe ist (siehe am Anfang der nächsten Tour mit Stellplatz als Ausgangspunkt) ist auch auf der Kompasskarte und -App eingezeichnet.

TOUR 8
MARKEN
ABRUZZEN
UMBRIEN
Monti Sibillini
Piano Grande
Valnerina
V. Castoriana
10 km
N
nach Ascoli
nach Foligno
nach Terni
Arquata del'Tronto
Accumoli
Castelluccio
M. Vettore 2476 m
Forca di Presta 1540 m
M. Lieto 1944 m
M. Patino 1884 m
Forca d'Ancarano 1008 m
Galleria S. Benedetto
NORCIA
Cascia
Visso
Ussita
Castelsantangelo
Campi
Abb. di Eutizio
Preci
Triponzo
Borgo Cerreto
Vallo di Nera
Castel S. Felice
Grotti
Scheggino
Viadukt
SPOLETO
Trevi
Tempietto di Clit.
Tour 4
Tour 7
Tour 9
4
685
396
320
209
395
3
049
WC
082
083
085
087
088
089
090
091
092
093
094
095
096
097
098

Tour 8: Wo die Erde bebte – Nördliche Valnerina und Monti Sibillini 160 km

Castel San Felice – Visso – Preci – Norcia – Cascia Castelluccio

Stellplätze:	am ehemaligen Bahnhof von Caprareccia, bei Castel San Felice, in Visso, in Preci, in Norcia, in Cascia, oberhalb des Piano Grande, im Piano Grande, bei Castelluccio, am Pass Forca di Presta
Campingplatz:	bei Preci
Besichtigen:	Castel San Felice, Vallo di Nera, Norcia, Cascia, den Piano Grande
Wandern:	zu Fuß oder **mit dem Rad** ab dem ehemaligen Bahnhof von Caprareccia, von Preci zur Abbazia di Sant'Eutizio, von der Forca d'Ancarano auf den Monte Patino, bei Castelluccio
Essen:	Ristorante *Al Porcello Felice* bei Preci, Ristoranti *Granaro del Monte* oder *Vespasia* in Norcia

Fanatische Wohnmobilisten empfinden es als persönliche Schwäche, wenn sie denselben Weg zweimal fahren. Die nehmen deshalb für den Rückweg von Spoleto nach Osten in die **Valnerina** nicht abermals den Tunnel, sondern quälen sich über die 734 Meter hohe **Forca di Cerro** und durch die Kurven der SS 395. Dabei erfreuen sie sich an einer aufregenden Landschaft, und es beschleicht sie eine Ahnung, wie abgelegen und schwer zugänglich der östliche Teil Umbriens bis vor gar nicht so langer Zeit war. Und weshalb zwischen 1962 und 1981 ein Drittel der Bevölkerung das ohnehin schon dünn besiedelte Gebiet verlassen hat, wobei mehrere Erdbeben den armen Menschen obendrein zugesetzt haben (besonders 1979 und 2016). Was für die Bewohner dieser Gegend Mühsal und den Zwang zur Landflucht bedeutet hat, ist für Liebhaber des unverfälschten Italiens ein wahres Eldorado, das trotz pessimistischer Prognose weder durch den Tunnel im Westen noch durch die Röhre östlich von Norcia angekratzt werden konnte. Die Valnerina und die Monti Sibillini verkörpern weiter eine eigene, abgeschiedene Welt; auch wenn man heute von Spoleto bis zur Adria weniger als einen halben Tag benötigt. Der Massentourismus wird die Gegend sicher nie heimsuchen, und die Faszination der Landschaft wird bleiben.

Nur das Erdbeben von 2016 hat das Image sehr beeinträchtigt. Aber man wird eines Tages die Ernte der Straßenbauinvestitionen einfahren, wenn sich herumgesprochen hat, dass ein landschaftliches Juwel gar nicht mehr schwer zu erreichen ist. Es lohnt sich also, wenn Sie sich in den noch einsamen Osten aufmachen – trotz der Erdbebenschäden, die Ihnen seltener begegnen als Sie befürchten.

Ein gut geeigneter Ausgangspunkt für einen kurzen oder längeren Ausflug auf der **stillgelegten Trasse** der Bahn von Spoleto nach Norcia (siehe Seite 171 am Ende der 7. Tour) ist der **ehemalige Bahnhof von Caprareccia**, da man von hier sowohl zu dem bekannten Viadukt (200 m im Westen), wie auch zum langen Tunnel (800 m im Südosten) spazieren oder radeln kann:

(087) WOMO-Parkplatz: Ehemaliger Bahnhof von Caprareccia

GPS: N 42°44'27" E 12°47'06". **Max. WOMOs**: 10.
Ausstattung: Wasserbrunnen mit Druckknopf, Mülleimer.
Beschreibung: Sie parken auf geschottertem Untergrund im Schatten seitlich eines seit dem Jahr 1968 nicht mehr benutzten Bahnhofsgebäudes. Auf der anderen Straßenseite gibt es ein einziges Wohnhaus, ansonsten ist die Stelle einsam. Sie können daher problemlos die Klappstühle benutzen. Der Ort eignet sich sehr gut, um von hier zu Fuß oder mit dem Fahrrad die frühere Bahnstrecke zu erkunden.
Zufahrt: Fahren Sie ab Spoleto Richtung Grotti und Piedipaterno. Der Parkplatz folgt etwa 6,5 km nach der Abfahrt *‚Spoleto Nord'*.

Falls Sie mit einem größeren Wohnmobil unterwegs sind und unserem nachfolgenden Tourverlauf vollständig folgen möchten, sollten Sie von hier nach Spoleto zurückfahren. Sonst wird der Umweg ziemlich groß. Die Verbindungsstrecke östlich von Grotti nach Castel San Felice ist nämlich nur für Fahrzeuge mit einem Gesamtgewicht bis 3,5 t freigegeben.

San Felice di Narco

Castel San Felice ist ein gut erhaltener mittelalterlicher Flecken auf einer Anhöhe, der für sich schon sehenswert ist. Die Hauptattraktion ist aber außerhalb und südlich des Dorfes die romanische **Kirche San Felice di Narco** (Abbazia dei Santi Felice e Mauro – nehmen Sie nicht die Straße, die über eine Brücke ins Ortszentrum führt, sondern biegen Sie direkt von der SS 209 ab – mit einem gelben Wegweiser schlecht beschildert). Die romani-

Castel San Felice (Stellplatz beim Pfeil)

sche Fassade aus dem Jahr 1190 wird von einer grazilen, von Evangelistensymbolen umgebenen Fensterrose und von einem Relief-Fries mit zwei Szenen aus dem Leben des Heiligen Felix geschmückt. Der tötet dort einen Drachen und heilt den Sohn einer Witwe. Man huldigt dem Titelheiligen, weil er in der Krypta begraben ist, und hat zu seinen Ehren die Apsis mit einem schönen Fresko (15. Jh.) ausgemalt. Wahrscheinlich wäre der heilige Felix glücklich, wüsste er, dass neben seinem Grab ein wunderbarer Picknick-Platz angelegt worden ist. Ein Schild am Ufer der nahen Nera wies einst auf die gute Wasserqualität hin, sodass man bei einer alten Brücke in den klaren Bach steigen kann, der mir mindestens hüfttief schien:

(088) WOMO-Parkplatz: Castel San Felice

GPS: N 42°44'32" E 12°50'32".
Max. WOMOs: 5.
Ausstattung: Wasser, Picknickbänke, Mülleimer, Bademöglichkeit.
Beschreibung: Der geschotterte, teilweise schattige Parkplatz außerhalb der Bebauung ist zumindest am Abend klappstuhlgeeignet. Sie können hier loswandern. Die Bademöglichkeiten unter der Brücke haben wir noch nicht selbst ausprobiert. Im Ort finden Sie ein Lebensmittelgeschäft (vom Stellplatz über eine Treppe), eine Gaststätte neben der Kirche (Mo. und Di. geschlossen). Das Gelände ist weniger einsam, als es zunächst scheint, das nächste Haus ist 80 m entfernt.
Zufahrt: Biegen Sie unterhalb von C. San Felice direkt (!) von der SS 209 ab (nicht hoch ins Dorf); nach der schlecht beschilderten Abzweigung (gelber Wegweiser) knapp 300 m auf gut befahrbarem Weg.

Von Castel San Felice kann man auf einem angenehmen Weg oberhalb der Nera nach Sant'Anatolia di Narco und weiter nach Scheggino **wandern**. Den Weg habe ich Ihnen auf der 7. Tour in umgekehrter Gehrichtung erläutert.

Auch im wenigen Kilometer nördlich von Castel San Felice gelegenen **Vallo di Nera** (Mitglied der Vereinigung *I borghi più belli d'Italia)* sollten Sie aussteigen. Das Nest gehört nämlich wegen seiner exponierten Lage, einem Mauerring und verwinkelten Treppenwegen zu den reizvollsten Valnerina-Orten. Außerdem sind die beiden gotischen Pfarrkirchen freskiert.

Wer es sehr eilig hat, macht sich ein Stück weiter im Norden die verkehrsmäßige Erschließung zunutze und nimmt bei Cerreto den Tunnel und die Schluchtstraße auf dem kürzesten Weg nach Norcia (diese Strecke ist vom Erdbeben von 2016 nicht betroffen). Wir hingegen fahren in einem nördlichen Bogen dorthin, weil zumindest Preci auf Ihrer Rundreise unverzichtbar sein sollte. Eigentlich müsste auch noch ein Abstecher ins nördlich und in der Region Marken (Marche) gelegene **Visso** (1.200 Einwohner) in Ihr Programm passen, schon weil der einst reizende Ort ebenfalls von sich sagen durfte, zu den schönsten Dörfern Italiens zu zählen *(I borghi più belli d'Italia).* Sehenswert sind eigentlich außer dem zentralen Platz, auf dem freitags der Wochenmarkt aufgebaut wurde, die Kirche (12. Jahrhundert) mit einem Fresko aus dem 14. Jahrhundert. Visso hat allerdings beim Erdbeben vom Oktober 2016 schwerste Schäden erlitten, weshalb das historische Zentrum unbewohnt und überwiegend abgesperrt ist. Trotzdem kann man vor Ort wieder passabel übernachten, wenngleich sich die Reise hierher momentan eher nicht lohnt:

(089) Offizieller WOMO-Stellplatz: Visso

GPS: N 42°55'53" E 13°05'29", Via Ussita. **Max. WOMOs**: 15.
Öffnungszeit: Ganzjährig.
Ausstattung: Ver- und Entsorgung, Strom, Mülleimer.
Beschreibung: Der asphaltierte Parkplatz am Ortsrand macht wenig Sinn. Man kann zwar Geschäfte und Gaststätten zu Fuß erreichen, man kann auch ruhig und sicher übernachten, aber man kann mit Freude nichts besichtigen.
Zufahrt: Der beschilderte Platz liegt östlich des Dorfes, Richtung Ussita, und ist auch als *‚P 3'* bezeichnet.

Weiter östlich, auf dem Weg in die Sibillinischen Berge, finden Sie mehrere offizielle Stellplätze, die teilweise sogar neu eingerichtet oder modernisiert worden sind. Ich sehe trotzdem keinen Sinn darin, mich mit dem Gebiet östlich von Visso näher zu befassen, da die Ortschaften durch das Erdbeben ziemlich zerstört sind. Man hat ein wenig den Eindruck, als versuche die Obrigkeit, mit Stellplätzen Touristen zurückzugewinnen. Wir kommen unten auf einen Bereich etwas weiter südöstlich noch einmal zurück.

Erdbeben in Mittelitalien im Jahr 2016

In der Nacht zum 24. August 2016 stand unser WOMO am Ufer des Lago Trasimeno (Foto Seite 27 unten), als ich um 3.36 Uhr von Alarmanlagen umliegender Häuser, Hundegebell und einem ungewohnten Schwanken unseres Fahrzeuges wach wurde. Das fühlte sich an, als würde sich jemand einen Spaß erlauben und unser Fahrzeug von außen schaukeln. Mir war sofort klar, dass sich in Italien ein Erdbeben (italienisch: *Sisma* oder *Terremoto*) ereignet haben muss. In etwa 160 km Entfernung war es mit dem Epizentrum bei den Gemeinden Accumoli, Amatrice (beide nicht in unserem Beschreibungsgebiet) und Arquata del Tronto zu zwei Erdstößen mit einer Stärke von 6,2 gekommen, infolge derer 298 Menschen starben, die fast alle im Schlaf überrascht worden sind. Die Bilder der zerstörten Kleinstadt Amatrice sind vielen von Ihnen möglicherweise noch in Erinnerung. In ganz Italien kam es zu Solidaritätsmaßnahmen zur Unterstützung der Geschädigten. Beispielsweise wurden lange Zeit die berühmten *Spaghetti Amatriciana*, die nach der Stadt Amatrice benannt sind, in Restaurants mit dem Versprechen angeboten, der Wirt werde den Erlös oder einen Teil desselben den Erdbebenopfern spenden.

Da in den folgenden Wochen die Nachbeben nicht enden wollten, befürchteten Fachleute bereits eine weitere Katastrophe, die am 26. Oktober tatsächlich eingetreten ist. An diesem Tag kam es zunächst um 18 Uhr bei Castelsantangelo sul Nera südöstlich von Visso, zu einem Beben der Stärke 5,7 und um 19.10 Uhr mit einem Epizentrum in der Nachbargemeinde Ussita zu einem *Terremoto* von 5,9. Durch das erste leichtere Beben, wahrscheinlich auch durch die wochenlangen Vorwarnungen, hatten die Bewohner bereits ihre Häuser verlassen, sodass bei dem zweiten Beben, das schwere Schäden verursacht und viele Häuser zum Einsturz gebracht hat, niemand getötet oder schwer verletzt worden ist.

Das schwerste Beben der Serie ereignete sich vier Tage später, am 30. Oktober 2016 um 7.40 Uhr, und hatte sein Epizentrum bei Norcia. Mit einer Stärke von 6,5 war es das schwerste Erdbeben in ganz Italien seit dem Jahr 1980 (damals gab es 4.689 Tote). Zu diesem Zeitpunkt schlief niemand mehr in seinem Haus, weshalb erstaunlicherweise erneut keine oder fast keine (die Angaben variieren) Toten zu beklagen waren und nur wenige Verletzte behandelt werden mussten.

Die Erdbeben des Jahres 2016 haben insgesamt viel mehr Todesopfer und wesentlich größere Schäden verursacht als die Beben von 1997 (siehe Tour 4). 2016 wurden ganze Ortschaften zerstört. In mehreren historischen Ortskernen blieb kein Haus unbeschädigt und in wenigen Dörfern, beispielsweise in Pescara del Tronto, sind fast alle Häuser eingestürzt. Man kann sich das bei Drucklegung dieses Buches ausgezeichnet in *Google Earth* anschauen. In manchen Orten, beispielsweise in Visso,

Norcia oder in Preci, sieht man auf dem Luftbild keine oder nur wenige zerstörte Bauwerke. Trotzdem sind die *Centri storici* unbewohnt und nicht mehr zugänglich, weil ein Großteil der Häuser Schäden erlitten hat und man in den Ortschaften nicht mehr gefahrlos leben kann. Auf den Luftbildern fehlen alle Anzeichen menschlichen Lebens, insbesondere Autos.

Andererseits werden die Auswirkungen des Erdbebens auf den Alltag eines Touristen überschätzt. Nur dadurch ist es erklärlich, dass infolge der Erdstöße der Tourismus in ganz Mittelitalien zurückgegangen ist, obgleich das betroffene Gebiet klein ist und sich auf den Urlaub des Einzelnen, wenn der nicht gerade in einem der wenigen zerstörten Orte verweilen möchte, gar nicht auswirkt. In vorliegendem Buch sind nur ein Teil der in Tour 8 beschriebenen Strecke und die Stadt Camerino (Tour 11) sehr stak betroffen. Ich schildere Ihnen die Auswirkungen, soweit ich sie kenne und darf Sie beruhigen: Ihre Umbrien-Markenreise ist durch die Erdbeben nicht merklich beeinträchtigt, wenn Sie nicht gerade die wenigen betroffenen Orte als Sehnsuchtsziele ausgewählt haben.

Sie dürfen allerdings nicht davon ausgehen, dass die Schäden kurzfristig beseitigt werden. Im Frühjahr 2018 beispielsweise konnte man in Norcia noch gar keine Wiederaufbaumaßnahmen feststellen, im Sommer 2022 in mehreren Orten so gut wie keine. Es gab unzählige Gerüste und Baustellen, die aber bis dahin allesamt nur dem Zweck gedient haben, Gebäude zu sichern. Nach den Erfahrungen beim Wiederaufbau der 1997 beschädigten Häuser musste man zunächst mit einer Reparaturdauer von bis zu zehn Jahren rechnen, beurteilt man das aber nach dem Fortschritt zwischen 2018 und 2022, wird es viel länger dauern. Man hat stellenweise den Eindruck, in den abgesperrten historischen Zentren werde überhaupt nicht wiederaufgebaut, weil Arbeiten nur an sehr vereinzelten Gebäuden stattfanden.

Wenn man sich in diesem Zusammenhang den schlechten Zustand italienischer Straßen, den der zahlreichen maroden öffentlichen Gebäude oder gar den der italienischen Staatsfinanzen anschaut, besteht kein Zweifel, dass Staat und Bevölkerung auch für die Beseitigung der Erdbebenschäden das Geld fehlt. Wenn man weiß, dass in einigen Ortschaften, beispielsweise in Norcia, Erdbeben im Abstand von nur einigen Jahrzehnten auftreten, wird man auch nicht von der Prognose überrascht, dass diverse Häuser möglicherweise niemals mehr rekonstruiert werden, weil sich die Landflucht verstärken wird. Schon direkt nach dem Beben wurden die meisten Menschen der betroffenen Dorfzentren evakuiert, viele von ihnen an die Adriaküste. Danach hat sich sehr schnell herausgestellt, dass nicht wenige der Betroffenen gar nicht mehr zurück in ihre abgeschiedenen Bergdörfer möchten.

Ich berichte Ihnen im folgenden Text, wo genau Ihr Urlaub beeinträchtigt bleiben wird.

Die meisten Leser biegen aber schon elf Kilometer südlich von Visso nach **Preci** (ehemals 750 Einwohner) ab, obwohl auch schon vor dem Erdbeben der alte Teil des Bergdorfes von Weitem malerischer schien, als er es beim Bummel durch die Gassen wirklich war. Im Jahr 2022 bummelte hier allerdings niemand, weil das *Centro storico* infolge des Erdbebens von 2016 nahezu unbewohnt ist, obwohl die Häuser nicht eingestürzt, aber stark beschädigt sind. Und ich vermute, dass das alte Zentrum oben auf der Kuppe noch Jahre abgesperrt sein wird. Dass das Dorf sich weiter als *Eines der Schönsten Italiens* rühmt, ist dauerhaft irreführend. Vom legendären Ruf, den sich im 16. Jahrhundert die Sezierkünstler und Chirurgen erworben hatten, die als Spezialisten zur Entfernung von Gallensteinen in ganz Europa gefragt waren, war schon vor den Erdstößen nur noch die Erinnerung geblieben. Aber weil hier so wenig los war, hat man mit Zuschüssen der EU eine **historische Wassermühle** restauriert und einen offiziellen Lieblingsstellplatz gebaut, der nach dem Erdbeben und einer kurzen Episode, in der er Notunterkünften diente, wieder in Betrieb genommen worden ist:

Preci

(090) Offizieller WOMO-Stellplatz: Preci

GPS: N 42°52'45" E 13°02'28". **Max. WOMOs**: 15.
Öffnungszeit: Ganzjährig.
Ausstattung: Ver- und Entsorgung, kostenloser Strom, Mülleimer.
Beschreibung: Sie stehen klappstuhlgeeignet auf Betonrasensteinen am Rand richtiger Rasenflächen, aber nur unter wenig Schatten. Unsere nachfolgend beschriebene Wanderung beginnt hier. Ein allgemein gelob-

tes Ristorante finden Sie an der SP 476 nach 750 m Richtung Nordwesten (also durch das Straßendorf hindurch) oberhalb der Fischteiche; das einzige Lebensmittelgeschäft scheint geschlossen zu sein.

Zufahrt: Der Platz ist am Fuß des Dorfes bei der Vorbeifahrt an der Straße nach Norcia nicht zu verfehlen.

Infrage kommt auch einer der schönstgelegenen Campingplätze Umbriens, der sich für eine längere Erholungsphase bestens eignet, ein richtiger Ferienplatz, mit geräumigem Schwimmbad inmitten einer grünen Liegewiese hoch über dem Tal. Von vielen der auf Terrassen angelegten Stellplätze hat man einen prachtvollen Blick auf die Sibillinischen Berge und die weiten Wälder (aber leider auch auf ein Industrieanwesen). Die abgeschiedene Lage ist zugleich dafür Gewähr, dass dieser Zeltplatz nichts von der kleinkarierten Miefigkeit hat, die uns bisweilen die Campingplätze vermiest. Auch Kinder kommen in dem weitläufigen Gelände, das bis zu einem Fußballfeld reicht, voll auf ihre Kosten.

(091) WOMO-Campingplatz: Preci – *Il Collaccio*

GPS/Kontakt: N 42°53'19" E 13°00'53", Tel. 0743 939084; www.ilcollaccio.com/it. **Öffnungszeit**: April – Oktober.
Ausstattung: Drei sehr schön gelegene Schwimmbecken, Laden. Das Restaurant *Al Porcello Felice*, in dem man unter einer Loggia bei schönem Blick angenehm tafeln kann; ist so gut, dass das Lokal mit einem ungewöhnlichen Preis-Leistungs-Verhältnis auch von vielen Einheimischen angefahren wird. Auf den Tisch kommt, was in der Gegend so wächst, also auch Trüffeln. Die Pizzas werden zu den besten gehören, die Sie in diesem Urlaub auf einem Campingplatz bekommen (in der Hochsaison müssen Sie im Restaurant unbedingt schon mittags reservieren).
Beschreibung: Das ist ein sehr schön gelegener Platz mit weitem Blick in die Landschaft, auf dem man gut verschmerzen kann, dass es keinerlei Anbindung an eine funktionierende Ortschaft gibt.
Der Campingplatz war in den letzten Jahren in der Hochsaison bisweilen belegt.
Preise: 28 – 49 € je nach Platzgröße und Zeitpunkt.
Zufahrt: Der Platz ist westlich von Preci an der Durchgangsstraße beschildert. Folgen Sie besser nicht dem Navi.

Der obige Stellplatz Nr. 090 ist Ausgangspunkt einer Halbtageswanderung, die allerdings an Reiz verloren hat, nachdem das Erdbeben das Ziel stark zerstört hat. Die Landschaft ist trotzdem weiter lohnend:

Von Preci zur Abbazia di Sant'Eutizio

Wir wandern unterhalb von **Preci**, den Stellplatz im Rücken, auf der Landstraße nach rechts und biegen etwa 100 m nach der Stellplatzzufahrt geleitet von der rot-weißen Markierung auf eine bergauf führende Straße ab. Nach etwa 15 Minuten und einem Gehöft wendet sich der Weg in einer Kurve nach rechts (Wegweiser Nr. 501, *'Sant'Eutizio 50 Minuten'*). Der Belag ist fortan nur noch geschottert.

Nun folgt ein steiler Anstieg mit schönen Blicken zurück auf Preci am gegenüberliegenden Hang.

Nach insgesamt 45 Minuten haben wir die Höhe erreicht und stoßen bei einem Haus auf eine Asphaltstraße. Auf ihr gehen wir links und nach 100 m beim Wegweiser wieder rechts durch niedrigen Wald abwärts zur Straße, dort links, an der nächsten Abzweigung scharf rechts und links vom Friedhof auf einer Treppe hinunter zum **Kloster Sant'Eutizio**, das beim Erdbeben stark beschädigt worden ist. Die Benediktiner-Abtei galt im 11. und 12. Jahrhundert als eines der mächtigsten Klöster in Mittelitalien.

An der Abbazia wandern wir auf der Zufahrtsstraße abwärts (ohne Markierung) bis wir auf die Landstraße treffen, auf der wir nach rechts, Richtung Preci, spazieren. Etwa dort, wo Preci in Sicht kommt, verlassen wir die Landstraße nach links und wandern auf einer Wiese entlang der Straße und einem rauschenden Bach auf Preci zu. Am Ende der Wiese biegen wir nach links auf die südliche Zufahrtsstraße nach **Preci** ein und benötigen bis hoch ins Dorf etwa **2 Stunden 15 Minuten**.

Wie Sie vom Ort hinunter auf den Stellplatz gelangen, hängt von der jeweiligen Sperrung des alten Ortskerns infolge der Erdbebenschäden ab. Wahrscheinlich können Sie kurz vor Erreichen der Häuser rechts abbiegen. Notfalls gehen Sie auf der Straße am Ort vorbei und dahinter ins Tal. Die *Kompass-Karte Nr. 2474, oder die App* weisen beide Wege aus.

Auch Straßenkartenzeichner sind nur Menschen. Sie haben vergessen, an die schmale Straße nach Norcia einen grünen Rand zu malen, die durch die **Valle Castoriana**, so heißt das harmonische Hochtal zwischen der Valnerina und Norcia, und dabei durch eine dünn besiedelte Landschaft führt. Schon oft habe ich vergeblich an der verschlossenen Tür der niedrigen romanischen Kirche von Campi gerüttelt. Sie zu besichtigen hat sich leider erübrigt, nachdem das Erdbeben sie komplett zerstört hat. Erfreulicher ist der Picknick- und Grillplatz ein paar Kilometer weiter, ein Geheimtipp für die Anhänger einsamer

Stellplätze oder für einen ruhigen Tag vor Einbruch der Nacht – und in Leserbriefen immer wieder gelobt:

(092) WOMO-Parkplatz: Forca d'Ancarano

GPS: N 42°49'03" E 13°06'40", 1050 m Höhe. **Max. WOMOs**: 5.
Ausstattung: Zahlreiche Bänke und Tische, Grillstellen, Mülleimer.
Beschreibung: Der völlig einsam gelegene Picknickplatz zwischen dem Wald und Bergwiesen auf gewachsenem Untergrund bietet eine sehr schöne Sicht und, von gelegentlichen Schießgeräuschen des nahen Schützenhauses abgesehen, himmlischer Ruhe. Unsere nachfolgende Wanderung beginnt zumindest am Wochenende hier.
Zufahrt: Etwa 4,5 km südlich von Campi und auf der Passhöhe Forca d'Ancarano weist ein kleiner Wegweiser *,Tiro'* nach Westen; nach wenigen Metern fahren Sie erneut rechts, bevor ein geschotterter Weg ca. 350 m zwischen Feld und Wald leicht bergauf führt; am Ende des Weges laden mehrere Grillstellen und Bänke zu einem lauschigen Abend.

Der Stellplatz ist Ausgangspunkt für einen wegen der vielen Höhenmeter anstrengenden Rundweg um den Monte Patino, einen der höchsten Berge der Gegend:

Von der Forca d'Ancarano auf den Monte Patino

Wir parken am vorerwähnten Stellplatz oder am **Pass Forca d'Ancarano**, was der einzige Nachteil der Wanderung ist, weil das WOMO hier einsam zurückgelassen werden muss. Zumindest am Wochenende steht das Fahrzeug beim nahen Schützenhaus (siehe oben beim Stellplatz) bewacht, vielleicht verbringt hier auch ein anderer Leser den Tag. Jedenfalls beginnt der Weg am Pass auf der Straßenseite gegenüber, wenn Sie von Norcia hochkommen, also auf der rechten Seite. Wir nehmen den Weg, der nach Osten auf den hohen Berg, den Monte Patino, führt.

Nach etwa 200 m wenden wir uns bei der ersten Gabelung nach rechts, an einem Brunnen und an einer Picknick-Bank vorbei, bei nächster Gelegenheit erneut rechts. Der Weg steigt nun langsam bergan durch Trüffelgebiet (was wir daran erkennen, dass uns auf penetrante Weise die Trüffelsuche verboten wird). Immer wieder erfreuen wir uns an weiten Blicken nach Norcia. Die Steigung nimmt zu, bevor wir die Baumgrenze erreichen. Wir gehen nun in einem Wiesental bergauf bis zu einer Staumauer. Dahinter wählen wir den Pfad nach rechts durch ein weiteres breites Bergtal, an dessen Ende wir uns in einer Serpentine links wenden, bis wir an einer Quelle, der **Fonte di Patino**, angekommen sind.

Etwa hier haben wir die Hälfte der Wanderung bewältigt. Das ist bekanntlich der schlechteste Ort, um die Frage nach der Umkehr zu beant-

Am Monte Patino

worten, auch wenn sich diese noch so drängend stellt. In kürzester Zeit ist nämlich das Wetter umgeschlagen. Der Sonnenschein ist einem heftigen Graupel-Schnee-Gemisch gewichen, und Wolkennebel erschwert unsere Orientierung. Zum Glück haben wir warme Sachen dabei und können weiterwandern. Der Weg wird nun sehr steil, bevor wir den **Sattel** erreichen (2 Stunden; siehe nebenstehendes Foto).

Hier erahnen wir an einem Holzpfahl eine Markierung. Genauso schnell wie die Wolken aufgezogen sind, haben sie sich wieder verzogen, und wir stehen in atemberaubender Landschaft neben ausgedehnten Schneefeldern. Jenseits des Sattels folgen wir der Markierung geradeaus und steigen sofort wieder ab (bei gutem Wetter nimmt man den Weg nach links, der auf den **Gipfel des Monte Patino** führt und geht von dort zurück). Die Wanderzeichen geleiten uns nun bis fast hinunter zum Auto, auf den letzten Metern können wir über die Felder abkürzen.

Der Wanderweg zählt wegen der wunderbaren Bergwelt zu den **schönsten**, die ich in Mittelitalien gegangen bin. Im Sommer hat er im Gegensatz zu einigen anderen Strecken in den Sibillinischen Bergen den Vorteil reichlichen Schattens. Aber man kann sich erst Mitte April auf die gut **4-stündige Strecke** machen. Noch Ende April gibt es bisweilen einige Schneefelder, die wir problemlos durchqueren oder umgehen konnten (warme Kleidung mitnehmen; auf der Kompass-Karte Nr. 2474, *Monti Sibillini*, eingezeichnet, ebenso auf der App – unbedingt die Karte laden, denn Sie haben unterwegs kein Netz).

An der Passhöhe **Forca d'Ancarano** steigert sich der Landschaftseindruck furios, mit weitem Blick auf die kargen Gipfel der Sibillinischen Berge. Man ist geradezu überrascht, wenn in dieser fast menschenleeren Gegend auf einmal das von Mauern umschlossene **Norcia** unter einem liegt, dem man allerdings schon von der Ferne ansieht, dass es noch über Jahre mit den Erdbebenschäden wird kämpfen müssen. Unser früherer Stellplatz dient sicher noch lange Zeit zahlreichen festen Notunterkünften. Sie können an anderer Stelle gleichwohl übernachten:

Norcia

(093) WOMO-Parkplatz: Norcia

GPS: N 42°47'26" E 13°05'38", Via Circonvallazione, 600 m.
Max. WOMOs: 10-12.
Ausstattung: Keine.

Beschreibung: Das ist der Parkplatz zwischen einem Gebäude, das aussieht wie eine

frühere Sporthalle und nicht mehr benutzten Tennisplätzen. Dem Gelände sieht man an, dass die Menschen andere Sorgen haben, als Untergrund und Ambiente instand zu setzen. Wenn Sie Ihre Klappstühle rausstellen, stören Sie niemanden. Lauschig ist das aber nicht. In das Zentrum und zu den notdürftigen Verkaufsbuden sind es nur wenige Schritte; einen großen *Coop*-Supermarkt finden Sie etwas oberhalb.

Zufahrt: Der Platz liegt gegenüber dem Stadttor auf der **Südseite** von Norcia, unterhalb des Straßenniveaus vor einer Halle.
Man konnte zuletzt auch um die Ecke auf der Westseite vor der Mauer stehen.

Vor dem Erdbeben beherbergte die Stadt 4.800 Einwohner und durfte sich zu den *Borghi più belli d'Italia* zählen. Das lag vor allem an den baulichen Sehenswürdigkeiten, die zerstört oder beschädigt sind: Der **Palazzo Comunale** an der Piazza San Benedetto steht noch und wird sicher in absehbarer Zeit wieder Touristen anlocken. Die **Kirche San Benedetto** hingegen, rechts davon, ist eingestürzt. Nur die einst wohlproportionierte gotische Fassade hat das Beben überdauert und wird

Norcia - Piazza San Benedetto nach dem Beben

wohl gerettet. An dieser Stelle soll sich im Jahr 480 das Wohnhaus der Eltern des **Heiligen Benedikt** befunden haben, des Schutzpatrons von Europa, der, wie Sie wissen, Benedikt von Nursia genannt wird, was italienisch Benedetto di Norcia heißt, und welcher als der Begründer des Mönchstums gilt. Die Schäden an dieser Kirche gelten kunsthistorisch als die schlimmsten Folgen des Erdbebens von 2016. Gegenüber sieht man die Reste der **Castellina**, einer quadratischen Burg mit stämmigen Ecktürmen, wo einst der päpstliche Statthalter wohnte. Daneben versteckt sich der wenig aufregende, aber ebenfalls vollständig eingestürzte Dom. Nicht oder nur wenig beschädigt ist der **Tempietto**, im nördlichen Teil (falls möglich an der Porta Romana rechts bis zur Porta San Giovanni gehen und dann die Via Umberti I hinein, das Gebäude steht beschildert

Norcia - Piazza San Benedetto, wie sie in Jahren wieder aussehen könnte

dann bald rechts). Das merkwürdige Kalksteingebäude wurde im Jahre 1354 von einem Privatmann zur Einlösung eines Gelübdes errichtet, sehenswert sind die auf einem Unterbau errichteten Bögen mit fein gearbeiteten Reliefs.

Fast das gesamte *Centro storico* ist evakuiert, obgleich die meisten Häuser noch stehen, also nicht wie in Castelluccio in sich zusammengefallen sind. Das liegt womöglich an den Bauvorschriften, die schon seit 1859 zum Schutz vor den tektonischen Widrigkeiten verstärkte Grundmauern vorsehen. Die Bewohner sind allerdings weggezogen oder behelfen sich in Baracken. Trotzdem kann man durch viele Gassen flanieren, sich dabei ein wenig als Katastrophentourist fühlen und trotzdem den Menschen helfen. Norcia war nämlich nicht nur das Zentrum einer wirklich grandiosen Landschaft, sondern darf sich weiterhin einer durch die Jahrhunderte bewahrten **kulinarischen Tradition** rühmen: Ihnen ist bestimmt schon aufgefallen, dass sich

Metzgerläden in der Toskana und Umbrien bisweilen *Norcineria* nennen, was bedeuten soll, dass sich die Fleischer dort althergebrachter Tricks bei der Herstellung und Trocknung von Würsten (vorwiegend aus Schweinefleisch) und Schinken verschrieben haben und für sich in Anspruch nehmen, zur

Elite italienischer Metzger zu gehören. Ob es allerdings richtig ist, dass die Zunft auf die großen Weideflächen des Umlandes gründet, darf bezweifelt werden, denn ein Schwein wurde auch in früheren Zeiten wohl stets im Stall gehalten. Und ob die Ferkel, bevor sie verwurstet werden, heute noch aus heimischen Ställen kommen, ob gar die Würste tatsächlich alle in Norcia gewürzt und abgehängt sind, scheint mir auch fragwürdig. Aber sie baumelten hinter den Theken zahlreicher Geschäfte den Urlaubern appetitlich vor der Nase. Die Hauptstraße von Norcia war vor dem *Terremoto* fast nur von Feinkostläden gesäumt, an deren Schaufenstern sich Nichtvegetarier mit wässrigen Mündern die Nasen breitgedrückt haben. Der Bummel war umso kurzweiliger, je genauer man hingeschaut hat. Zum Beispiel auf die an die Hauswände gehängten Wildschweinköpfe, die uns die bis dato unbekannte Lebenserfahrung vermittelt hat, dass ausgestopftes Borstenvieh individuelle Gesichtszüge erkennen lässt. Im Ort selbst gab es bei unserer letzten Nachschau nur noch wenige dieser Läden, aber man wusste sich zu helfen und hat südöstlich außerhalb der teilweise zusammengefallenen Stadtmauer Buden aufgestellt, in denen das leckere Konsumieren weitergeht. Fahren Sie hin, kaufen Sie ein und helfen Sie damit beim Wiederaufbau!

Neben den Fleischprodukten gelangen auch vielfältige Käse zum Verkauf und natürlich Trüffeln in allen Preislagen und Verarbeitungszuständen, vor allem eingelegt in Gläsern. Die Trüffel aus Norcia spielt nämlich neben der piemontesischen und der märkischen in der Champions League. Dorthin gehören auch die Castelluccio-Linsen *(Lenticchia)*, deren Anbaugebiet wir gleich bereisen werden und die in rustikalen Säcken feilgeboten werden, neuerdings sogar neben Wilderbsen *(Roveja)*. Wir nehmen das Angebot zu einem wohnmobilen Linseneintopf mit Norcia-Würsten dankend an, nachdem man uns ermahnt hat, die Hülsenfrüchte auf keinen Fall einzuweichen und damit tot zu wässern.

Das hier früher empfohlene **Ristorante *Granaro del Monte*** ist längst wieder in Betrieb, wenn auch in einem Pavillon südwestlich der Altstadt. Vor dem tektonischen Donnerschlag war die Küche überdurchschnittlich, danach haben wir nicht mehr nachgeschmeckt *(Tel. 0743 816513; Di. geschlossen, die Trüffelgerichte waren den unverhältnismäßig hohen Mehrpreis nicht wert).* Niemals hätten Sie zwischen Trümmern und Gerüsten ein Feinschmeckerlokal mit Michelinstern erwartet, in dem man in der Küche japanisch-italienisch zaubert, für das preiswerteste Menü 85 Euro aufruft und Sie schon auf der Internetseite bittet, nicht in Shorts oder Schlappen zu dinieren. Wir haben das ***Ristorante Vespasia*** leider noch nicht selbst getestet und bedauern, nicht mal wieder die Lebenserfahrung aufgefrischt zu haben, dass man sich einen Stellplatz nicht nur schöntrinken, sondern ebenso gut auch schönessen kann *(Via Cesare Battisti 10, die Straße zweigt am zentralen Platz ab; gute Reservierungsmöglichkeit per Internet https://vespasianorcia.com/; Mi. geschlossen).*

Trüffeln

Trüffeln sind unterirdisch wachsende Pilze, mit deren Verwendung nicht nur unsere Geschmacksknospen, sondern auch unsere Sprache Probleme haben. Noch zu Zeiten der ersten Auflage dieses Reiseführers war die Trüffel im Deutschen weiblich, unserem Geschmackssinn fast unbekannt und auf unseren Speisekarten eine Seltenheit. Letzteres hat sich inzwischen geändert – und damit auch die fortwährend fehlerhafte Verwendung des Geschlechtes. Die Herrschaften, die unsere Sprache hüten, wollten sich vermutlich nicht länger mit den immer gleichen Grammatikverstößen beschäftigen, so ist die Trüffel inzwischen männlich oder weiblich, und es ist Ihnen erlaubt, auch von dem

Trüffel zu sprechen. Nur bei der Mehrzahl ist man noch nicht kompromissbereit. Es heißt weiterhin die Trüffel<u>n</u>.

Dass Sie im wirklichen Leben in die Verlegenheit kommen, den Plural zu bilden, darf bezweifelt werden. Sie werden nämlich vermutlich selten in der glücklichen Lage sein, das kräftige Aroma mehrerer Trüffeln *(Tartufi)* zu riechen. Das liegt daran, dass frische Trüffeln nur zwischen dem 1. Oktober und dem 15. März auf den Markt kommen, also zu einer Zeit, in welcher der gewöhnliche Tourist nicht in Mittelitalien weilt (im Sommer gibt es die preiswerteren, nicht ganz so aromatischen, aber dennoch schmackhaften Sommertrüffeln –*Tartufi estivo*). Falls Sie doch einmal in winterlicher Kälte mit dem Trüffelbauer handeln, werden Sie allerdings erstaunt sein, wie preiswert dann doch letztlich eine Knolle trotz eines Kilopreises von über 450 Euro ist. Für 15 Euro bekommt man schon einen ordentlichen Apparat, der für zwei Abendessen reicht und so gesehen billiger ist als Fleisch. Die Trüffel wird nämlich mit einem speziellen Trüffelhobel (den man in Mittelitalien für 15 bis 20 Euro überall kaufen kann und der unerlässlich ist, weshalb seine Anschaffung zunächst den größeren finanziellen Aderlass zur Folge hat) hauchdünn geraspelt; über Nudeln oder Spaghetti, die in Butter oder Sahnesoße geschwenkt sind oder auch einfach nur in Olivenöl. Sie glauben gar nicht, welch einen aromatischen Hochgenuss schon durch eine halbe, kleine Knolle zwei bis drei Personen erleben dürfen. Optimal ist auch ein Trüffel-Omelett, das noch besser wird, wenn man die gehobelten Trüffelscheibchen ein paar Stunden in dem mit Sahne oder Crème-fraîche angereicherten zerschlagenen Ei wirken lässt. Man kann also mit einem Einstandspreis von unter 20 Euro zwei Feinschmeckern größte Glücksgefühle bescheren.

Natürlich gibt es Qualitätsunterschiede, die schon bei der Farbe der Trüffeln beginnen. Die weiße Trüffel, die aber in Umbrien und den Marken selten ist, kostet etwa doppelt so viel wie die schwarze, sie ist ohne Zweifel aromatischer. Auch bei der schwarzen Trüffel kann der Kenner differenzieren, wobei es grundlegende Unterschiede zwischen der echten Wintertrüffel und der qualitativ schlechteren Sommertrüffel gibt. Wenn Sie jemals vor Ort einkaufen, wird Ihnen die Jahreszeit schon die Wahl abnehmen, wobei Sie beim Einkauf Ihrer Nase vertrauen dürfen und die Trüffeln nehmen sollten, die den intensivsten Geruch haben und am wenigsten nach Petroleum, Aceton oder Ähnlichem (gegen Schimmel) riechen. Der Preis wird durch die Größe bestimmt (die auf den Geschmack wenig Einfluss hat), und die besten Stücke sind diejenigen mit einer runzligen schwarzen Rinde, winzig kleinen mehreckigen Warzen und einem von weißen Äderchen durchzogenen Fleisch.

Die bevorzugten Fundstellen liegen in der Gegend von Gubbio, Spoleto, Norcia und in den nordwestlichen Marken, weil die höhergelegenen Hügelregionen mit ihren Eichenwäldern den besten Lebensraum bieten. Trüffeln sind Parasiten, die an den Wurzeln der Bäume wachsen und den Nährstoff aus dem Boden saugen. Das unterirdische Wachstum erklärt auch den Preis, weil man nämlich nur mit viel Erfahrung von oben erkennen kann, wo unter grasfreien Ringen die Pilze zu finden sind. Die Einheimischen benutzen deshalb für die Suche Hunde, die mühevoll auf den Geruch abgerichtet werden müssen. Weil Schweine noch feinere Nasen haben, wären diese eigentlich besser, sie haben nur den Nachteil, dass sie nach erfolgreicher Ausgrabungsarbeit nicht mehr zu halten sind und den kostbaren Schatz kurzerhand verschlingen. Außerdem ist es praktischer, mit einem Hund statt mit einem Schwein durch den Wald zu streifen, ganz abgesehen von der Mühsal, das Tier dorthin zu bringen. Ein gut dressierter Trüffelhund stellt also ein Anlagevermögen dar, das einem Bauern über Jahre ein gesichertes Einkommen beschert. Ein solches Haustier wird entsprechend gehätschelt und vor allem bestens bewacht. Denn seit Jahren hat die Mafia, die bekanntlich in Italien überall dort ihre Finger im Spiel hat, wo sich Geld verdienen lässt, den Trüffelmarkt im Visier. Wer nicht mit der *'ehrenwerten Gesellschaft'* zusammenarbeitet, muss seinem Hund besondere Aufmerksamkeit schenken, um ihn vor Vergiftungen oder einem Raub zu schützen.

Der normale Tourist bekommt von alledem wenig mit, am wenigsten von frischen Trüffeln, die sich nämlich nur etwa 8 Tage halten (in Küchenpapier im Kühlschrank).

Müssen Sie in der falschen Jahreszeit auf den Genuss verzichten? Ja! Wir haben dazugelernt und raten von den eingeglasten Pilzkonserven ab. Sie sind von undefinierbarer Konsistenz, undefinierbarem Geschmack (nämlich fast keinem) und trotzdem teuer. Wir wundern uns nur über zwei Fakten: Dass sie in so großer Anzahl verkauft werden und dass wir selbst einmal darauf hereingefallen sind.

Was Sie in einschlägigen Geschäften unbedenklich kaufen können, ist (echtes) Trüffelöl, das der Kenner sowieso auch dann unter die Spaghetti mischt, wenn er frische Trüffeln darüber streut, um damit den Geschmack zu intensivieren. Die früher gelegentlich erhältlichen preiswerten Gebinde sind aus den Regalen verschwunden, vermutlich waren sie mit Geschmacksersatzstoffen angereichert. Ein gutes Trüffelöl hat seinen Preis, vergleichen lohnt sich aber.

Gute Stellplatzbedingungen finden Sie auch in **Cascia** (3.200 Einwohner), schön gelegen am Fuße eines Wallfahrtsortes, der durch das Erdbeben nur leichte, kaum wahrnehmbare und das Urlaubsleben nicht beeinflussende Schäden erlitten hat:

(094) Offizieller WOMO-Stellplatz: Cascia

GPS: N 42°43.09' E 13°01.01', Via della Tintarella. **Max. WOMOs**: 15.
Öffnungszeit: Ganzjährig.
Ausstattung: Ver- und Entsorgung, Toilette, Strom (nur an wenigen Stellen), Mülleimer.
Beschreibung: Der Asphaltparkplatz ohne Schatten ist nicht besonders

schön, aber praktisch. In das Ortszentrum mit Gaststätten und Geschäften gelangen Sie nach 300 m über Rolltreppen.
Preise: 1 €/Stunde und 8 €/Nacht.
Zufahrt: Der Teil eines Großparkplatzes liegt beschildert unterhalb des Ortes und ist nicht zu verfehlen.

Der Parkplatz für Busse daneben hat etwa die Größe des restlichen Gemeindegebiets, was nicht an der touristischen, sondern der religiösen Bedeutung des Dorfes liegt. Man hat sich für Pilger gerüstet, die heutzutage, jedenfalls in Italien, auch mit dem WOMO anreisen und Devotionalien einpacken, die an Geschmacklosigkeit denen von Assisi nicht nachstehen. Das Ziel der Verehrung sind die sterblichen Überreste der **Rita**, die erst im Jahre 1900 heiliggesprochen wurde, obwohl sie schon seit dem 15. Jahrhundert verehrt worden war, weil ihr zu Lebzeiten ein Zacken aus der Dornenkrone einer Statue des Herrn auf die Stirn gefallen war und dort eine blutende Wunde hinterlassen hatte.

Ihre Zweifel, ob sich der Blick auf ihre Mumie im gläsernen Sarg lohnt, werden vielleicht weniger, wenn ich auf Rolltreppen und den Aufzug verweise, mit denen Sie bis fast vor die bombastische, aus der Zeit Mussolinis stammende **Basilika** befördert werden. Wo Sie allerdings sehr schnell den Entschluss fassen, zu testen, ob die Technik auch wieder abwärts funktioniert. Dabei übersehen Sie leicht weiter unten die **Chiesa di Sant' Antonio** mit schönen Fresken.

Höhepunkte der Heiligenverehrung sind der 21. und 22. Mai. Dann reicht nicht mal der Parkraum für eines der angeblich lebendigsten Feste Italiens. Rita ist übrigens die Schutz-

Cascia

Die Heilige Rita in allen Größen und Preislagen

heilige der Hausfrauen und Dienstmädchen. Falls Sie sich an dieser Stelle lauthals entrüsten, wird Ihre Frau Sie einen Heuchler nennen, sobald der nächste Abwasch ansteht; Sie sollten daher vorsorglich als Buße unter den Devotionalien in Cascia ein paar Fingerhüte (!!) anschaffen.

Für die Weiterfahrt an den Rand der **Monti Sibillini** braucht man gutes Wetter, denn die kargen Bergrücken sollten nicht von Wolken umhüllt sein, was nachmittags häufig der Fall ist. Das gilt besonders für den Ausflug nach Castelluccio, wenn man die Ebene des **Pian(o) Grande** durchquert. Das ist nicht etwa ein großes Klavier, sondern Piani nennen sich die karstigen Hochebenen, und Castelluccio, das auf einem Kegel liegende frühere Dorf, ist unser Ziel. Schon die kurvenreiche Fahrt durch eine wilde Gebirgslandschaft bis an den Rand des Piano ist ein unvergleichliches Erlebnis. Plötzlich öffnet sich hinter einem schmalen Pass die Ebene. Unweigerlich hält man beim Anblick der überwältigenden Weite die Luft an: Die hohen, runden Berge scheinen bis in den Mai wie ein von Vanillesoße übergossener Pudding. Die Schneereste stehen in malerischem Kontrast zum grünen, topfebenen Sumpf zu ihren Füßen. Es überrascht uns nicht, dass man noch im letzten Jahrhundert bei Nebel diesen Landstrich nicht durchqueren durfte. Wir halten in der Hochebene vielfach an, um uns an der Bergwelt zu berauschen, die uns zu allen Jahreszeiten, auch im Sommer, begeistert hat.

Ein wenig trägt auch der Mensch zu unserer Begeisterung bei. Der hat nämlich das Moor trockengelegt und pflanzt dort **Linsen** an, die ab Anfang Juni blühen und in der Landschaft dann wettmachen, was ihr durch den auf den Bergen fehlen-

Piano Grande während der Fioritura

den Schnee verloren geht. Aber auch schon im Frühjahr wirken die kleinen Felder pittoresk. Die Linsen kann man direkt vom Erzeuger kaufen; zu hohen Preisen, weil sie ohne Chemie kultiviert und von Hand gepflückt werden. Neben den blauen Blüten dieser Linsen verzaubern auch andere Blumen, allen voran der rote Mohn, während der sogenannten *Fioritura* von Ende Mai bis Anfang Juli die Hochebene, die das ganze Jahr über zu unseren persönlichen **Top Ten** zählt, in ein farbenfrohes Blütenmeer.

Castelluccio liegt auf über 1.400 m und ist ein Dorf, in dem heute fast niemand mehr wohnen kann. Schon vor den Erdstö-

Castelluccio und Piano Grande – vor dem Erdbeben

ßen waren nur noch 40 Seelen geblieben. Immerhin so viele, dass sie sich rühmen durften, im höchsten ganzjährig bewohnten Dorf Italiens zu leben; von den Linsen, der Schafzucht und von den Touristen, für die sie merkwürdige, mit der Hand auf die Hauswände gemalte Inschriften pflegten. Seit dem Jahr 2016 ist alles anders, seit nämlich weniger als die Hälfte der Häuser übrig geblieben ist. Es würde mich wundern, wenn das Dorf jemals wieder vollständig aufgebaut würde. Die Fahrt durch den Piano Grande gehört trotzdem weiterhin ins Umbrien-Pflichtprogramm, zumal Sie hervorragende Stellplatzbedingungen vorfinden. Denn seit Jahren werden Wohnmobile auch wieder über Nacht auf dem großen Naturstellplatz in der Ebene ge-

Castelluccio – nach dem Erdbeben

duldet, was sich jederzeit ändern könnte, falls nach den Beschränkungen infolge Covid-19 hier im Sommer wieder bis zu 200 Wohnmobile stehen – gleichzeitig, weil der Italiener im Reisemobil bei Überbelegung noch weniger Rücksicht und Abstand kennt als seine europäischen Kollegen. Und Castelluccio ist am Wochenende immer noch ein beliebtes Ausflugsziel. Es gibt im Bereich des Pian Grande mehrere Alternativen:

(095) WOMO-Parkplatz: Piano Grande Monte Cappeltetta

GPS: N 42°45'58" E 13°11'25", 1.480 m. **Max. WOMOs**: 10.
Ausstattung: Keine.
Beschreibung: Sie stehen in freier Natur und einsam auf dem großflächigen Parkplatz eines früheren Skilifts. Den schönen Blick über den Pian Grande genießen Sie vom Klappstuhl auf Asphalt. Den Blick in die Sterne verdecken keine schattenspendenden Bäume. Ein markierter Wanderweg führt hier vorbei. Und hoffen Sie auf Frühnebel über dem Piano!
Zufahrt: Biegen Sie an der Straße von Norcia nach Castelluccio am Scheitelpunkt oberhalb des Pian Grande, wo jeder anhält und staunt, nach Osten (aus Richtung Norcia, also nach rechts) ab und fahren Sie noch etwa 450 m und dann links auf eine geräumige Freifläche.

(096) WOMO-Parkplatz: Piano Grande – Pferderanch

GPS: N 42°48'19" E 13°11'45", SP 477, 1280 m. **Max. WOMOs**: 30.
Ausstattung: Wasser, Mülleimer, zeitweise Verpflegung von einem Kiosk.
Beschreibung: Sie stehen schattenlos inmitten einer weiten Ebene auf gewachsenem Untergrund. Selbstverständlich dürfen Sie in einmalig schöner Naturlage Ihre Klappstühle benutzen. Auch hier können Sie loswandern. Ihre Kinder werden sich an den Eseln erfreuen. Sie empfangen kein Internet, nur Telefon.

Zu dem Platz wurden die Regeln in den letzten 15 Jahren mehrfach geändert, zeitweise durfte man nur tagsüber dort parken. Zuletzt gab es keine Beschränkungen mehr, die Menschen der Gegend hatten andere Sorgen. Auf diversen Landkarten ist die Fläche bereits als *Sosta Camper* eingezeichnet und hat so etwas wie den Status eines offiziellen Stellplatzes erworben. Am Morgen ist es häufig nebelig.
Zufahrt: Der Platz liegt seitlich der Straße nach Castelluccio, etwa in der Mitte der Hochebene, an dem einzigen, deutlich sichtbaren Querweg und bei einer Ranch.

(097) Offizieller WOMO-Stellplatz: Castelluccio

GPS: N 42°49'44" E 13°12'54", SP 477, 1340 m. **Max. WOMOs**: 15.
Öffnungszeit: Ganzjährig.
Ausstattung: Ver- und Entsorgung, Mülleimer.

Beschreibung: Sie stehen klappstuhlgeeignet, aber schattenlos auf geschottertem Untergrund und genießen auch hier einen sehr schönen Blick von halber Höhe. Unsere nachfolgend beschriebene Kurzwanderung beginnt hier. Sie können keine Alltagslebensmittel kaufen.
Direkt über dem Stellplatz hat sich die ***Taverna Castelluccio*** in einem Behelfsgebäude installiert, das vermutlich ein Dauerzustand sein wird und eine erfreuliche, lohnende Küche ermöglicht *(Tel. 0743 821158, Mi. geschlossen, am Wochenende unbedingt reservieren)*. Eine Alternative ist der Grillwagen im Ort mit Salsicce und lokalen Kräutern.

Zufahrt: Der offiziell ausgewiesene Platz *('P Camper')* liegt an der Straße nach Castelluccio, etwa 400 m südöstlich der Dorfreste.

(098) WOMO-Parkplatz: Forca di Presta

GPS: N 42°47'10" E 13°15'33", SP 477, 1560 m. **Max. WOMOs**: 5-8.
Ausstattung: Mülleimer, Berghütte.

Beschreibung: Sie stehen auf grasigem Schotter am Rand eines ausgeweiteten Zufahrtsweges zu einer Berghütte in sehr schöner Naturlage. Wegen der Höhe werden Sie Ihre Klappstühle frühzeitig einpacken. Auch hier führt ein markierter Wanderweg vorbei. Empfehlenswert ist der Aufstieg zur Vettore Schutzhütte, dem *Bivaco Tito Ziloli*, der nach Leserangaben etwa 90 Minuten auf einfacher Strecke dauert, Sie auf 2.230 Höhenmeter bringt, und Ihnen Fotos von Edelweiß direkt hinter der Hütte ermöglicht, sofern jene vor Ihnen nicht rechtswidrig gepflückt worden sind.

Zufahrt: Der Platz liegt bei einem Refugio seitlich der Passhöhe der Straße von Castelluccio nach Arquata del Tronto und ist etwas schräg. Fahren Sie auf dem Weg bis unterhalb der Hütte.

Von Castelluccio kann man zu beliebig langen **Wanderungen** und **Spaziergängen** aufbrechen. Man muss es sogar, wenn man die Linsenfelder, deren Ausmaß größer ist als man denkt, von oben betrachten will. Alle Wege führen durch eine prachtvolle Bergwelt mit schönen Blumen:

Rundweg bei Castelluccio

Gehen Sie im Dorfzentrum von **Castelluccio** auf dem breiten Hangweg oberhalb des Piano nach Südwesten (Markierung). Sie können dann mithilfe der Karte – zur Not auch ohne, wenn die Sicht gut ist – die Weglänge bestimmen, abhängig davon, wann Sie nach rechts abbiegen, um dann nach einem großen oder kleinen Bogen wieder in Castelluccio einzutreffen. Die kürzeste Schleife dauert etwa 1½ Stunden, die ganz große, auf der Karte markierte, dürfte Sie 5 Stunden in Anspruch nehmen. Unterwegs läuft man auch mal durch Wälder, die Strecken sind also schattiger, als es scheint. Auch der Rother-Wanderführer bietet in entgegengesetzter Gehrichtung eine Strecke an (Kompass-Karte Nr. 2474, *Monti Sibillini oder die Kompass-App)*.

Tour 9: Ascoli Piceno – und die südliche Küste 200 km

Ascoli Piceno – San Benedetto del Tronto
Grottammare – Porto Sant'Elpidio

Stellplätze:	in Ascoli Piceno, in Colle San Marco, in Grottammare, in Ripratransone, bei Marina Palmense, bei Porto San Giorgio, in Lido di Fermo, bei Lido San Tommaso, in Porto Sant'Elpidio
Campingplätze:	bei und in Porto Sant'Elpidio
Besichtigen:	Ascoli Piceno, Offida, Grottammare Alta, Fermo
Essen:	*Enoteca Kursaal* oder *Osteria Nonna Nina* in Ascoli Piceno, *Locanda Borgo Antico* oder *Osteria dell'Arancio* in Grottammare Alta
Wandern:	zur Einsiedelei von Colle San Marco

An der Straße von Castelluccio nach Arquata del Tronto

Auf dem Weg von Norcia nach Castelluccio zweigt mit der SS 685 eine der **Tunnelstrecken** ab, die nach dem Erdbeben von 2016 vor allem wegen Schäden innerhalb des Tunnels, der Galleria San Benedetto, noch bis ins Jahr 2018 vollständig gesperrt war. Schmerzlich wurde den Bewohnern wieder bewusst, dass eine Fahrt an die Adria wie früher beinahe wieder ein halbes Tagwerk bedeutet hat, denn sie mussten die SS 685 von Neuem auf kurvigen und engen Bergstraßen umfahren (siehe auch unsere Karte vor der 8. Tour). Sie können – selbstverständlich für alle Strecken meiner Bücher – Sperrungen überprüfen, wenn Sie die App von *ViaMichelin* installieren (oder auf dem Computer öffnen) und die Verkehrshinweise aktivieren (auf das Autosymbol tippen oder klicken); schwarze Straßen sind gesperrte Straßen. Oder Sie geben bei *Google Maps* eine Route ein.

Ich gehe davon aus, dass die Straße wieder frei ist und dass, wenn Sie nach 4,4 Kilometern Tunneldurchfahrt das östliche Ende der Röhre unterhalb der Passstraße Forca Canapine (1.543 m) erreicht haben, immer noch das grüne Hinweisschild *‚Marche'* fehlt. Sie bewegen sich ab hier trotzdem in den **Marken**, der Region, die Sie vor der Anschaffung dieses Buches vielleicht gar nicht kannten. Wesentlich lohnender ist der Umweg über den nördlicheren Pass **Forca di Presta** (1.530 m), zu dem Sie kurz vor Castelluccio abbiegen (siehe auch die Karte vor sowie den letzten Stellplatz bei 8. Tour). Die schmale, aber sehr gut befahrbare Bergstraße führt Sie an den Rand einer **atemberaubenden Hochgebirgswelt** und ist sozusagen Ihre Pflichtstrecke, wenn der Tunnel mal wieder gesperrt sein sollte.

Wenn Sie sich auf diese Weise von oben **Arquata del Tronto** (1.200 Einwohner) nähern, werden Sie die Ausma-

Ascoli Piceno - Piazza Arringo

ße des Bebens vom August 2016 nochmals erschrocken betrachten. Den historischen Ortskern gibt es fast nicht mehr, und auf den früheren Sportplätzen stehen Behelfsbauten, die auf Jahrzehnte ausgelegt sind. Außer bei Camerino (Tour 11) werden Sie allerdings mit diesem Buch keine vergleichbaren Erdbebengebiete mehr durchfahren, zumal nach der Wahrscheinlichkeit der letzten Jahrzehnte so bald nicht mit neuen Katastrophen zu rechnen ist.

Es folgt **Acquasanta-Terme**, wo wir uns nur kurz aufhalten, weil wir keine Zufahrt zu den Schwefelquellen finden und weil wir unbedingt vor der Mittagszeit in **Ascoli Piceno** (48.000 Einwohner), wegen des großartigen Hauptplatzes Teil unserer persönlichen **Top Ten**, eintreffen müssen. Denn das touristische Erleben dieser uralten Stadt benötigt die Betriebsamkeit vor der mittäglichen Siesta. Noch geeigneter wäre der späte Nachmittag. Sie parken am besten, wo Sie auch übernachten, zentraler geht es nicht; Sie stehen dennoch gut bewacht und relativ ruhig:

(099) Offizieller WOMO-Stellplatz: Ascoli Piceno

GPS: N 42°51'07" E 13°34'55", Viale Acide de Gasperi.
Max. WOMOs: 20-25. **Öffnungszeit**: Ganzjährig.
Ausstattung: Strom (nur wenige Anschlüsse), Wasser (Brunnen in der südwestlichen Ecke des Nebenhofes), Mülleimer.
Beschreibung: Ein innerstädtischer, asphaltierter

Parkplatz hat einen seitlichen Bereich, eine Art Nebenhof, mit Parkplätzen ausgestattet, die für Wohnmobile freigehalten werden. Man kann sein Wohnmobil aber auch auf den restlichen Parkplatz stellen (unser Foto), wenn das Fahrzeug in die markierten Flächen passt und etwas frei ist. Das Gelände ist nicht lauschig, aber praktisch. Mit wenigen. Schritten gelangt man ins Zentrum. Vor Drucklegung gab es eine Sperrung unbekannter Dauer. Bisweilen, besonders an Samstagvormittagen, ist der Platz wegen zu vieler Pkw für weitere WOMOs gesperrt. Das ändert sich schon bald, meistens bereits über Mittag oder gegen Abend.
Preise: Tagsüber 1,20 €/Stunde, 3 €/Nacht.
Zufahrt: Wählen Sie von der 4-spurigen Schnellstraße die Abfahrt mit dem Zentrums-Symbol und halten Sie sich nach der Schnellstraße rechts; Sie fahren oberhalb eines Tals über die Brücke auf die andere Seite, wo Sie nun seitlich der Innenstadt entlang des Tals dem Zentrums-Symbol folgen; bis Sie nach einer Bushaltestelle nach rechts auf einen beschrankten Parkplatz *(Parcheggio Ex Seminario)* geschickt werden, der Bereiche für *Camper* bereit hält.

Zur Stadtbesichtigung verlassen Sie das Gelände von Platz Nr. 099 nach links und wähnen sich schon nach wenigen Hundert Metern auf der ersten großen Piazza am Ziel. Aber Sie irren. Die Piazza Arringo ist nur der zweitschönste Platz der Stadt, mit einer sehenswerten Kirche, dem **Duomo Sant'Emidio**. In dessen Krypta ruhen die Gebeine des Ortsheiligen Emidius vor Mosaiken, die Sie zunächst für Fresken halten. Der größte Domschatz ist die Altartafel von Carlo Crivelli (1473) im rechten Seitenschiff über einem seltenen Silberaltar *(täglich 8 – 12 und 15 – 19 Uhr)*.

Altartafel von Carlo Crivelli

Von Carlo Crivelli stammt auch das Hauptwerk des **Palazzo Comunale** an der Längsseite der Piazza Arringo, *Madonna mit Kind*, das in der **Pinacoteca Civica** neben einem Tizian und einem van Dyk hängt *(1.4. – 15.9. 10 –18.30 Uhr, Mo. außer an Feiertagen geschlossen, 16.9. – 31.3. nur 10 – 12.30 Uhr, an Feiertagen 11 – 17.30 Uhr; 8 €)*.

Ascoli Piceno - Piazza Popolo

Sie müssen von der Piazza Arringo nur noch um zwei Ecken biegen, und Sie werden sich beim Einschwenken auf die **Piazza Popolo** endgültig angekommen fühlen. Ich erspare es mir, diese Piazza in die Rangliste mittelalterlicher italienischer Plätze einzustufen. Denn wer dort ist, bemerkt sofort die Einzigartigkeit der Proportionen – und vergisst vor lauter Staunen leicht einen Blick in das Innere des *Café Meletti*, bei dem man mit Wehmut an die Zeit zurückdenkt, als es auf der Piazza Popolo weder Stühle noch Blumenkästen aus Plastik gab. Gerne sitzt man auf einem solchen Platzjuwel im Freien und fragt sich, was viele Passanten aus Papiertüten naschen. Es sind *Olive all'Ascolana,* dicke, grüne Oliven, paniert, frittiert und mit Hackfleisch gefüllt, die über die Straße verkauft werden, wie anderswo gebrannte Mandeln oder Würstchen – und ähnliche Suchtgefühle wecken. Sie sollten sich also zügeln, falls Sie unserer Beschreibung in ein gemütliches, bezahlbares **Ristorante**, eher in eine Weinstube, folgen: Die ***Enoteca Kursaal*** überzeugt mit ausgefallenen lokalen Gerichten und liegt in der Nähe des innerstädtischen Stellplatzes *(Via L. Mercantini 53, Tel. 0736 253140; So. geschlossen; Sie können zwischen einer Weinstube und einem Ristorante wählen, die Speisekarte ist dieselbe, mittlere Preise).* Alternativ wird für Sie in der ***Osteria Nonna Nina*** so gekocht, wie Sie es bei einer Küche

Ascoli Piceno - *Café Meletti*

nach Großmutters Rezepten erwarten *(Piazza della Viola 11, das ist nördlich unweit des Doms, Tel. 0736 251523; allenfalls mittlere Preise; So. abends und Mo. geschlossen).*

Wer einen Picknickplatz im Grünen sucht oder mit Sicht auf Ascoli Piceno wandern möchte, parkt nach ungefähr 12 Kilometern auf 700 Meter Höhe. Die Wiesen von **Colle San Marco**, einer Ansiedlung von Ferien- und zwei Gasthäusern, sind gerade im Sommer eine willkommene Alternative zu den Stadtstellplätzen unten im Tal:

(100) WOMO-Parkplatz: Colle San Marco

GPS: N 42°49'42" E 13°34'56". **Max. WOMOs**: 10.
Ausstattung: Wasser (gegenüber einem Partisanendenkmal rechts der Straße, siehe bei der folgenden Wanderung), Mülleimer, Picknickbänke, Spielgeräte.
Beschreibung: Sie stehen in der Nähe von Häusern zwischen einer nachts nicht befahrenen Straße und einem Picknickgelände, wie Sie das auf dem Foto gut erkennen können. Sie können aussuchen, ob Sie auf der Wiese auf den eigenen Klappstühlen oder den vorhandenen Bänken sitzen möchten. Unsere nachfolgende Wanderung beginnt hier. Zumindest tagsüber sind zwei nahe Gaststätten geöffnet. Eine Einkaufsmöglichkeit besteht nicht.
Zufahrt: Fahren Sie von Ascoli Piceno in das südlich gelegene, beschilderte Colle San Marco; die besten Plätze finden Sie rechts am Beginn der Ansiedlung am Rand der wenig befahrenen Straße vor einer Wiese; es gibt aber mehrere Alternativen.

Hätte uns der Bergverlag Rother hier oben nicht einen Rundweg empfohlen, hätten wir vermutlich gar nicht die (gut befahrbaren) Kurven hinauf zum Ausflugsziel der Bürger von Ascoli Piceno auf uns genommen. Stellplatzmäßig hat sich das gelohnt, nur mit der Beschreibung eines »Sonntagsausfluges« haben sich die Autoren jenes Wanderführers bezüglich Anforderungen und Zeit gründlich getäuscht. Gleichwohl ist die kurze Wanderung sehr lohnend:

Zur Einsiedelei von Colle San Marco

Wir fahren 12 km hoch von Ascoli Piceno nach **Colle San Marco** und parken am Beginn der aus wenigen Häusern bestehenden Ansiedlung rechts (siehe beim vorgenannten Stellplatz). Die Ortschaft wird von einer Einbahnstraße umrundet. Wir stellen uns also an den Rand dieser Straße und wandern entlang derselben auf einen rot-weißen Antennenmast zu. Noch bevor wir diesen und das große Partisanendenkmal erreicht haben und vor dem Wasserhahn rechts der Straße zweigt nach rechts ein Pfad ab, der sofort steil bergab führt, mit den Resten eines Holzgeländers gesichert und nicht perfekt befestigt ist. Der Einstieg in diesen Weg war schwer zu finden, weil bei unserer Tour ausgerechnet dort keine Markierung angebracht war.

Wir tasten uns vorsichtig auf diesem etwas glitschigen Pfad den Hang hinunter und entdecken nach wenigen Metern eine relativ neue rot-weiße Markierung, die auf einem ebenen Teil sowohl nach rechts wie auch nach links zeigt. Wir wählen zunächst die rechte Alternative, die nach einem neuerlichen kurzen Anstieg vor einer Bergspalte endet, in der ein gewisser Corrado seinem Herrgott sehr nahe war, der sogenannten **Grotta del Beato Corrado**.

Wir kehren dort um, gehen bis zu dem steilen Treppenweg zurück, halten uns nun aber geradeaus und verlieren hinter einer säulenartigen Felsformation erneut an Höhe. Bei der verfallenen Bergstation einer ehemaligen Lastenseilbahn, die man an einem Blechdach erkennt, wenden wir uns nach links und überqueren eine **Wiesenlichtung**.

Links hinter einem merkwürdigen Rondell entdecken wir mithilfe der Markierung einen weiteren Weg und etwa 10 Minuten später eine Gabelung, der wir erneut nach links zur Einsiedelei San Marco – **Eremo**

Blick von der Einsiedelei auf Ascoli Piceno

di San Marco – folgen. Einige Minuten nach dieser Abzweigung kann man vor den Felsen den Stichweg zum Gebäude nicht verfehlen. Bei unserem Besuch war der Zugang zur Einsiedelei wegen Restaurierungsarbeiten gesperrt. Man konnte die Absperrung leicht umgehen – und wirklich jeder hat das getan, um sich an dem grandiosen Blick auf Ascoli Piceno zu berauschen. Uns hat der große Raum im Obergeschoss mit wild aus der Decke herauswachsenden Farnen fast ebenso beeindruckt (aber wir übernehmen natürlich keine Verantwortung für diesen möglicherweise immer noch rechtswidrigen Zugang und raten Ihnen, an dem kurzen Treppenstück vor der Kirche auf Steinschlag von oben zu achten; meines Wissens besteht die Sperrung längst nicht mehr). Wir können die Einsiedelei als Ziel von reinen **Sonntagsspaziergängen** empfehlen, die allerdings dann in Colle San Marco dort starten müssten, wo wir ankommen.

Einsiedelei von San Marco

Wir gehen nämlich von der Einsiedelei ein paar Meter zurück auf den Hauptweg, halten uns links und stoßen bald auf den von Ascoli Piceno heraufführenden Wanderweg, wo wir uns wiederum links halten, an einer merkwürdigen Schlucht vorbeispazieren und bald im westlichen Teil der Umrundungsstraße um **Colle San Marco** ankommen.

Hier war die rot-weiße Markierung deutlich zu sehen (für den Sonntagsspaziergang in umgekehrter Richtung). Wer mit wenig Zeit nur zur Einsiedelei gelangen möchte, sollte hier losgehen.

Der erste Teil unserer Streckenbeschreibung erfordert eindeutig Wanderschuhe und möglichst Stöcke. Wir haben insgesamt **zwei Stunden** benötigt; eine Karte ist mit unserer Beschreibung nicht erforderlich.

Sie sollten Ascoli Piceno nicht zu schnell in Richtung Küste verlassen, denn eine vergleichbare Innenstadt sehen Sie so schnell nicht wieder. Wer ein wenig Zeit mitbringt, könnte auf halber Strecke nach Norden zum malerischen Städtchen **Offida** (5.000 Einwohner) abbiegen, um Spitzenklöpplerinnen bei der Arbeit zu bestaunen und ein intaktes Stadtbild aus Backsteinhäusern, das nicht ohne Grund zu den *Borghi più belli d'Italia* gehört (mäßiger Stellplatz, aber mit Ver- und Entsorgung). Sehenswert ist auch die außerhalb des Ortes liegende Kirche Santa Maria della Rocca, deren Namen zurecht vermuten lässt, dass sie auf einen steilen Felsklotz gebaut ist. Man könnte von hier auch nach Ripratransone (siehe unten) weiterfahren.

Irgendwann ist es so weit, zum ersten Mal auf dieser Reise stürzen Sie sich in die Adria, und Sie haben auf der vierspurigen Schnellstraße dorthin nicht mehr angehalten.

Die Küste der Marken

Die Küsten sind das Problem vieler WOMO-Führer und aller Reiseführer von mir, soweit sie Strände berühren. Die Küste war auch der Grund, weshalb ich mir die Beschreibung der Marken erst im zweiten Anlauf zugetraut habe. Beim ersten Versuch musste ich am Meer bei Ancona aufgeben.

Das liegt an der Erwartungshaltung. An meiner, an der des Lesers und vor allem am mutmaßlichen Verlangen des Lesers, dem ich unterstelle, er fahre nur wegen der Küste in das Zielgebiet, suche dort traumhafte Strände fernab des Alltags und erwarte, mit den Füßen im Wasser einzuschlafen – nach einem *Aperol-Spritz* vor im Meer versinkender Sonne. Auch wenn Letzteres geografisch an Italiens Adriaküste nicht möglich ist, wird das Problem nicht kleiner. Die Erwartung besteht nämlich trotzdem, zumindest ein Gedankenbild von Sonne über rauschender Brandung.

Sie müssen aber alles, was Sie nach meiner Vermutung erwarten, vergessen. Nur dann werden Sie Spaß an der märkischen Küste haben. Ich hatte für dieses Buch viele Vorbehalte im Gepäck, und ich kenne die Küste immer noch nur teilweise, aber ich habe mich mit ihr mehr und mehr angefreundet, als ich gelernt hatte, zu akzeptieren, dass ich einen der dichtest besiedelten Landstriche Italiens bereise, wo hinter den Stränden Zehntausende wohnen – und nicht urlauben. Wo die Städte von Ancona bis San Benedetto fast ineinander gewachsen sind. Und dass dort, wo die Menschen arbeiten – und nicht in den Hügeln dahinter, die Autobahn, die *Adriatica* genannte SS 16 und die Bahnlinie dicht nebeneinander gebaut werden mussten. Eine Eisenbahnstrecke, die Sie fast überall hören und die Ihnen häufig im Weg ist, wenn Sie einfach mal an den Strand fahren wollen und an einer schmalen Unterführung von nur 2,50 m Höhe umkehren müssen.

Die positive Kehrseite dieses Alltagsensembles ist der nur eingemischte Tourismus. Nepp und Nippes bleiben örtlich begrenzt. Man konzentriert sich nicht flächendeckend auf die Urlauber, und man kann es sich gar nicht erlauben, wenn ich es mal wohnmobilistisch reduziere, die meernahen Parkplätze komplett mit Barrieren, Teppichstangen oder »Pkw-Schablonen«, wie mir eine Leserin schrieb, auszustatten.

Nehmen Sie die Küste, wie sie ist, winken Sie den Zügen, baden Sie mit den Einheimischen an ihren kaum endenden Stränden vor den Städten und fahren Sie nur im Sommer an das märkische Meer. So empfehlenswert die Marken auch in allen Jahreszeiten sind, die Küste ist nur für die Badesaison geeignet, die Gebiete um den Monte San Bartolo und um den Monte Conero (Tour 13 und Tour 10) vielleicht ausgenommen.

Bevor Sie sich an der Küste, die wir nun in nördlicher Richtung bereisen, näher umsehen, sollten Sie meine allgemeinen Ausführungen im vorstehenden Kasten lesen. Daraus wird deutlich, dass Sie an den Stränden der Marken Idylle nur ver-

San Benedetto del Tronto

einzelt finden, dafür unendlich viele akzeptable Badeplätze, die ich bei Weitem nicht alle abfahren konnte. Daran hat mich schon die Bahnlinie gehindert. Es gibt sehr viele kleine Campingplätze, die nicht unmittelbar am Strand, sondern jenseits der Straße und leider meist diesseits der Eisenbahn eingerichtet sind, wo Sie vermutlich aber auch in der Hochsaison Platz finden. Sie dürfen sich dort nur nicht mental auf ein wochenlanges Verweilen einrichten.

Sie kommen auch immer wieder an meernahen Parkplätzen vorbei, auf denen im Sommer, besonders am Wochenende, die italienischen Kollegen übernachten. Und Sie finden überraschend viele private oder kommunale *Camper-Sosta*, mehr oder weniger campingplatzähnlich und nicht immer direkt am Strand und selten lauschig. Sie werden aber niemals am Fehlen eines Stellplatzes verzweifeln. Unsere Hinweise sind daher nur eine unvollständige Auswahl.

So beginnen wir im südlichsten Küstenort der Marken, in **San Benedetto del Tronto** (47.000 Einwohner), wo man an einem breiten Sandstrand vor Palmen klassische italienische Badekultur erleben kann: viele Schirme, noch mehr Menschen und ähnlich viele kostenpflichtigen Liegestühle. Dafür fehlen die Sehenswürdigkeiten. Der Ruf, größter italienischer Fischereihafen an der Adria zu sein, macht das nicht wett. Es fehlen nämlich auch die bunten Kutter, und moderne Fischfangschiffe sind nichts für Auge und Kamera. Den schrecklichen Stellplatz unter der Hochstraße und seitlich der Bahnstrecke erwähne ich hier wirklich nur der Vollständigkeit halber [**101**: N 42°55'24" E 13°53'41"; mit Ver- und Entsorgung, Viale dello Sport, SS 16 südlich des Zentrums, 300 m hinter dem Strand]. Ich wette, kein Leser wird dort jemals übernachten – und niemand wettet dagegen. Etwas besser ist der Asphaltplatz im nördlich angrenzenden Grottammare, und wer einen Campingplatz sucht, muss damit leben, dass die lebhafte Uferstraße *Don Diego* vom Strand trennt:

Grottammare

(102) Offizieller WOMO-Stellplatz: Grottammare
43 Parallelo

GPS/Kontakt: N 42°58'01" E 13°52'36", Via Domenico Bruni, Tel. 0735 7941. **Max. WOMOs**: 40.
Öffnungszeit: Im Winter geschlossen, abends nur bis 20 Uhr.
Ausstattung: Ver- und Entsorgung, Toilette, kalte Dusche im Freien, Spülbecken, Strom, Mülleimer.
Beschreibung: Das ist ein privat betriebener Stellplatz direkt westlich der Bahnlinie, den ich nur wegen der Strandnähe aufgenommen habe. Der einzige Vorteil ist dieser Strand nach 200 m durch einen kleinen Tunnel unter der Bahnlinie. Sie stehen klappstuhlgeeignet auf Asphalt ohne Schatten innerhalb der Bebauung schräg gegenüber der Rückseite eines Einkaufszentrums Sie finden zahlreiche Gaststätten. Der Platz grenzt unmittelbar an die Bahnlinie, auf der auch nachts Züge brettern.
Preis: 18 €.
Zufahrt: Der Platz ist hinter einem Supermarkt beschildert; folgen Sie an der SS 16 dem Wegweiser zum Supermarkt (*Ipersimply* oder *L'Orologio*)

(103) WOMO-Campingplatz: Grottammare
San Diego

GPS/Kontakt: N 42°58'21" E 13°52'38", Lungomare de Gasperi 158, Tel. 0735 581285; .www.campingdondiego.it/.
Öffnungszeit: Anfang Juni bis Anfang September.
Ausstattung: Laden, gute Gaststätte (reservieren), Kunstrasen.
Beschreibung: Der gepflegte Platz liegt zwischen Bahnlinie und Straße jenseits derer sofort der Strand beginnt, aber direkt an der Bahn und direkt an der Uferstraße. In das Ortszentrum von Grottammare sind es 2 km.
Preise: 44 – 56 €.
Zufahrt: Der Platz ist zwischen San Benedetto del Tronto und Grottammare, gefühlsmäßig noch in San Benedetto, verwaltungstechnisch aber schon in Grottammare direkt an der Strandstraße beschildert.

Grottammare (16.000 Einwohner) wird als *‚La Perla dell'Adriatico'* gepriesen, was übertrieben klingt, im *Centro Storico* aber dem Wahrheitsbeweis standhält, wenn man das Attribut *Adriatico* nicht so eng sieht. Die Altstadt nennt sich nämlich *Grottammare Alta*, liegt jenseits der Neustadt am Hang über dem Meer und zählt zu den *Borghi piu Belli d'Italia*. Schon bei der Anreise verstehen Sie, weshalb uns diese Küste bei genauerem Hinsehen dann doch noch gefallen hat. An der Côte d'Azur würde kein Einheimischer mehr in vergleichbar malerischen, aber einfachen Häusern wohnen, es sei denn er zählte abends die Einnahmen aus seiner Galerie im Erdgeschoss. Längst würden Zweithausbesitzer an den einstmaligen Unterkünften kleinerer Leute die Fensterläden die meiste Zeit geschlossen halten.

Sie treten an der Piazza Peretti in eine niedrige Säulenhalle, bestaunen auf dem Fußboden unter Glas römische Fundamente und blicken vom Geländer aufs Meer und den modernen Teil der Stadt. Namensgeber des Platzes war Felice Peretti, dessen Abbild in der Nische einer Hauswand vor den Tauben geschützt wird und der als Sixtus V. von 1585 bis 1590 seine berufliche Laufbahn beendet hat. Noch weiter reicht der Blick vom höchsten Punkt des Ortes, vom Rand des Stadtparks beim Castello, von dem Sie auch Ihr WOMO tief unten erkennen:

(104) WOMO-Parkplatz: Grottammare-Alta

GPS: N 42°59'39" E 13°51'55", Via Palmaroli.
Max. WOMOs: höchstens 5.
Ausstattung: Mülleimer.
Beschreibung: Sie müssen auf jeden Fall vor 19 Uhr einen Platz auf Schotter gefunden haben, bevor die Gäste der Lokale alles vollparken; am späteren Abend sind Sie dann wieder alleine, ohne dass es unheimlich würde. Ihr Fahrzeug darf an normalen Tagen höchstens 7 m lang sein. Sie können keine Lebensmittel einkaufen.

Zufahrt: Folgen Sie in Grottammare dem Wegweiser *‚Grottammare Alta'* bzw. *‚Centro Storico'* und biegen Sie vor dem Durchfahrtsverbotsschild auf den Parkplatz ab, dessen obere Reihen (mit Blick) für Bewohner reserviert sind.

Hätten wir hier schon einmal selbst genächtigt, würden wir auch von den Leistungen eines der renommierten Lokale berichten, die beide wunderbar liegen: Zu der Terrasse der ***Locanda Borgo Antico*** *(Di. geschlossen; Tel. 0735 634357, hochpreisig)* gibt es fast keine Steigerung, wenngleich die Stühle der ***Osteria dell'Arancio*** auf der Piazza Petri dem kaum nachstehen *(Mi.*

Bei Ripatransone

geschlossen; Tel. 0735 631059, gehobene Preise). Preislich gehören die Lokale nicht zu den Billiganbietern, und sie werden allgemein nicht mehr so wie früher gelobt.

Wer lieber die Küste von oben betrachtet und schon gelernt hat, dass ein großer Teil der Reize einer Küste im Hinterland liegt, jedenfalls wenn das bergig ist, verzieht sich schon hier in das 13 Kilometer westlich liegende Bergdorf **Ripatransone** (4.300 Einwohner). Mir haben Leser geschrieben, die allein schon wegen der Metzgerei *Macelleria Piunti dei Fratelli Piunti & Figli* die weitesten Umwege auf sich nehmen *(Via Emidio Cellin1)*, sich hier den Kühlschrank füllen und danach mit prachtvoller Fernsicht den Gasgrill anheizen:

(105) Offizieller WOMO-Stellplatz: Ripatransone

GPS: N 42°59'47" E 13°45'50", Contr. San Angelo.

Max. WOMOs: 15.

Öffnungszeit: Ganzjährig.

Ausstattung: Ver- und Entsorgung, Strom (kostenlos), Mülleimer.

Beschreibung: Sie stellen Ihre Klappstühle auf Gras und teilweise in den Schatten. Gaststätten, Geschäfte und die Metzgerei sind nach 600 m zu Fuß erreichbar, am Platz mit dem Denkmal oberhalb des Stellplatzes (auf dem Zufahrtsweg zurückgehen und zweimal rechts), ein Abenteuerpark ist benachbart.

Zufahrt: Der Platz liegt östlich unterhalb des Ortes und ist an der SP 23, der Straße, die von der Küste kommt, mit einem Stellplatzsymbol beschildert (an der Gabelung des Zufahrtsweges rechts fahren!), er liegt neben dem ebenfalls beschilderten Abenteuerpark. Die Schranke kann man mit der Hand öffnen.

Cupra Marittima

Auch der nördliche Nachbarort von Grottammare, **Cupra Marittima** (4.000 Einwohner), wird pittoresk vom alten Ortskern überragt, wo allerdings die Ferienhausbesitzer allmählich die Oberhand gewinnen. Die schattige Laube des dortigen *Ristorante* eignet sich eher zum Mittagessen, denn für Wohnmobile gibt es hier nicht einmal einen vernünftigen Parkplatz. Es lohnt sich dennoch, zu Fuß hinaufzugehen. Vielleicht hat gerade das **Museo Archeologico del Territorio** geöffnet (nur im Sommer nachmittags). Ein privater Stellplatz liegt abseits des Strandes – und der Bahnlinie:

(106) Offizieller WOMO-Stellplatz: Cupra Marittima
Casal Farano

GPS/Kontakt: N 43°02'02" E 13°50'30", Via Piana Santi 34;
Tel. 338 9010997. **Max. WOMOs**: 20. **Öffnungszeit**: Ganzjährig.
Ausstattung: Ver- und Entsorgung, Dusche (5 €), Strom, Mülleimer.
Beschreibung: Der relativ neu angelegte Platz auf Kies mit schmalen Rasenstreifen, aber ohne Schatten, liegt sehr ruhig etwa 2 km hinter dem Strand und der Ansiedlung mit Gaststätten und Geschäften.
Preise: 15 – 22 €.
Zufahrt: Der Platz liegt nördlich des Ortes, die Zufahrt zweigt von der SP 91 ab.

Am nördlichen Rand von Cupra Marittima könnte Ihnen der Strand beim **Campingplatz *Led Zeppelin*** gefallen. *Stairway to heaven* in Zimmerlautstärke würde allerdings von den Zügen übertönt [**107**: N 43°02'31" E 13°51'18"; April bis September; zwischen Bahnlinie und Strand; Tel. 0735 581285, etwa zur Hälfte saisonale Dauercamper; benachbart ein weiterer Campingplatz].

Auch **Torre di Palme** ist eines der schönsten Dörfer über dem Meer *(I Borghi più belli d'Italia)*. Es unterscheidet sich von seinen südlichen Nachbarn, weil man von hier auf einen geräumigen, privaten Stellplatz schaut, nahe dem Strand und kaum näher den Gleisen:

(108) Offizieller WOMO-Stellplatz: Marina Palmense
Area Camper Oasi dell'Adriatico

GPS/Kontakt: N 43°09'06" E 13°48'49", Lungomare Marina Palmense, Tel. 39 7046305; www.areacamper.it/en. **Max. WOMOs**: 80.
Öffnungszeit: Mitte April (vermutlich schon ab Ostern) – 15.9.
Ausstattung: Ver- und Entsorgung, Toilette, Dusche, Spülbecken, teilweise Strom, Mülleimer.
Beschreibung: Ihre Klappstühle stehen auf grasigem Untergrund unter noch relativ jungen Bäumen. Vom schmalen Kiesstrand sind Sie nur durch einen Sportplatz und einen Schotterweg getrennt. Auf der westlichen Seite ist die Bahnlinie einen Tick weiter entfernt als bei anderen Plätzen. 500 m ins Dorf Marina Palmense, ca. 2,2 km ins höher gelegene reizende Torre di Palme
Preise: 10 – 14 €.
Zufahrt: Biegen Sie am besten südlich von Porto San Giorgio bei der Autobahnabfahrt zum Meer ab und fahren Sie dann nach Süden; der Platz liegt zwischen Porto San Giorgio und Marina Palmense und zwischen Bahn und Strand.

Porto San Giorgio und Porto Sant'Elpidio sind lang gezogene Städte, in denen sich im Sommer endlose Autoschlangen vor den Ampeln stauen. Kulturliebhaber müssen die Küste landeinwärts verlassen, um sich in **Fermo** (37.000 Einwohner)

Fermo

an einem **Dom** aus dem 13. Jahrhundert (im 18. Jahrhundert stark umgebaut), einer Piazza Popolo (hatten wir auf dieser Tour schon mal, wir spielen aber jetzt in der zweiten Liga) und unterhalb derselben an 30 gut erhaltenen **römischen Zisternen** mit antiker Reinigungsanlage zu erfreuen *(nur Führungen um 11, 12, 16 und 17.30 Uhr, Mitte Juni bis Mitte September täglich ohne Führung 10 – 13 und 15 – 19 Uhr, Mo. geschlossen; 4 €).*

Am Meer oder in dessen Nähe haben wir außer Platz Nr. 108 weitere, privat betriebene Stellplätze gefunden, auf denen wir uns selbst aufhalten würden, Platz Nr. 113 ausgenommen:

(109) Offizieller WOMO Stellplatz: Porto San Giorgio *La Perla dell'Adriatico*

GPS/Kontakt: N 43°09'49" E 13°48'28", Via San Martino, Tel 0734 675656; www.areaperladelladriatico.it/. **Max. WOMOs**: 75.
Öffnungszeit: 1.4. – 30.9.
Ausstattung: Ver- und Entsorgung, Toilette, warme Dusche, Strom, Mülleimer,

Beschreibung: Das schattige Gelände mit grasigem Untergrund ähnelt einem Campingplatz. Sie stehen zwar direkt am Hafen, zu einem Badestrand sind es je nach Bedingungen 300 m bis 600 m. Gaststätten, Geschäfte und ein Supermarkt liegen ganz in der Nähe. Zur Bahnlinie besteht ein größerer Abstand. Man campiert dicht nebeneinander.

Preise: Zwischen 10 und 14 €.

Zufahrt: Der Platz liegt südlich von Porto San Giorgio im Ortsteil Santa Maria a Mare am Hafen, unweit der Autobahnabfahrt ‚Fermo'.

(110) Offizieller WOMO Stellplatz: Lido di Fermo *Onda Verte*

GPS/Kontakt: N 43°12'11" E 13°47'16", Via Antoniotto Usodimare, Tel. 0734 340220; www.ondaverde.info/. **Max. WOMOs**: 55-60.
Öffnungszeit: April – September, 10 – 19 Uhr

Ausstattung: Ver- und Entsorgung, eine Toilette, warme Dusche, Spülbecken, Strom, Mülleimer.
Beschreibung: Das schattige Gelände mit grasigem Untergrund ähnelt einem Campingplatz und ist vom Strand und einer großen Wasserrutsche nur durch die Straße getrennt, grenzt aber auf der Westseite unmittelbar an die Bahnlinie, schattig. Gaststätten und Geschäfte sind fußläufig erreichbar.
Preise: Zwischen 10 € und 25 €.
Zufahrt: Der Platz liegt beschildert östlich der SS 16.

(111) Offizieller WOMO-Stellplatz: Lido San Tommaso *Baia dei Gabbiani*

GPS/Kontakt: N 43°13'18" E 13°46'53", Fermo, Viale A.de Gasperi, Tel. 0734 642302; www.baiadeigabbiani.net/. **Max. WOMOs**: 50.
Öffnungszeit: 1.4. bis 30.9. – auf Anruf oder nach Vorsprache vor Ort auch länger bis ganzjährig.

Ausstattung: Ver- und Entsorgung, Toilette, warme Dusche, Spülbecken, Strom, Mülleimer, im Sommer Brot-, Getränke- und Gemüseverkauf.

Beschreibung: Das campingplatzähnliche Gelände außerhalb der Bebauung ist stellenweise schattig, der schottrig, grasige Untergrund grenzt direkt an den schönen Kiesstrand. Die Bahnlinie ist etwas weiter entfernt als bei den Nachbarn, aber immer noch deutlich hörbar. Die nächste Pizzeria ist 170 m entfernt, ein kleiner Supermarkt nördlich des Platzes und westlich der Bahntrasse 600 m.

Der Platz ist im Sommer vermutlich häufig belegt; Sie können vorher anrufen, die WOMOs stehen zeitweise dicht.

Preise: 25 – 30 € je nach Jahreszeit.

Zufahrt: Der Platz ist zwischen Porto Sant'Elpidio und Porto San Giorgio südlich der Flussbrücke beschildert; Sie fahren südlich der Brücke auf einer Straße zwischen Bahnlinie und Meer (nicht auf der SS 16).

(112) Offizieller WOMO-Stellplatz: Lido San Tommaso *Area Camper L'Oasi*

GPS/Kontakt: N 43°13'58" E 13°46'39", Via Largo G. Rossa, Tel. 329 1650047; www.areacamperloasi.com/. **Max. WOMOs**: 100.
Öffnungszeit: Mai – Oktober.

Ausstattung: Ver- und Entsorgung, Toilette, warme Dusche, Spülbecken, Strom, Mülleimer, im Sommer Brot-, Getränke- und Gemüseverkauf, kleine Bar.

Beschreibung: Das campingplatzähnliche Gelände außerhalb der Bebauung ist so gut wie nicht schattig, der sandig, grasige Untergrund grenzt direkt an den schönen Kiesstrand; teilweise steht man aber auch auf Beton. In der vordersten Reihe stehen Sie richtig schön, solange Sie nicht landeinwärts auf ein Hochhaus schauen. Die Bahnlinie stört hier nicht. Ein kleiner Supermarkt südlich des Platzes und westlich der Bahntrasse ist 1,2 km entfernt, ein anderer nördlich 1 km.

Der Platz ist im Sommer am Wochenende häufig belegt; Sie können vorher anrufen, die WOMOs stehen zeitweise dicht.
Preise: 12 – 24 € je nach Jahreszeit und Untergrund.
Zufahrt: Der Platz ist zwischen Porto Sant'Elpidio und Porto San Giorgio südlich der Flussbrücke beschildert; Sie fahren südlich der Brücke auf einer Straße zwischen Bahnlinie und Meer (nicht auf der SS 16).

(113) Noch ein Stück weiter im Norden, in Porto Sant'Elpidio, ohne jeden Schatten und Komfort (nur Ver- und Entsorgung), vom Strand durch eine Straße getrennt und wieder näher an der Bahnlinie liegt ***Frontemare Parking***; für Notfälle, aber mit über 150 Plätzen.
GPS/Kontakt: N 43°14'54" E 13°46'04", Via Faleria, Tel. 370 1345541; www.frontemareparking.com/.

Im Vergleich zu allen vorgenannten Stellplätzen, halte ich im Hochsommer, jedenfalls für einen mehrtägigen Badeaufenthalt, richtige Campingplätze für konsequenter, weil sie besser liegen. Die beiden infrage kommenden haben wir getestet, wobei *Camping La Risacca* nach unserem Geschmack die beste Wahl in diesem Teil der Welt ist:

Bei Camping Le Mimose

(114) WOMO-Campingplatz: Porto Sant'Elpidio *Villaggio Le Mimose*

GPS/Kontakt: N 43°14'17" E 13°46'23", Via Faleria, 15, Tel. 0734 900604; www.villaggiolemimose.it/.
Öffnungszeit: Ende April bis Anfang September. Mittagsruhe von 14-16 Uhr.
Ausstattung: Direkt am relativ schmalen, aber schön gelegenen Kiesstrand, großer Pool, Laden, Gaststätten, Animation.

Beschreibung: Der Platz ist relativ klein, weil man sich die Fläche mit Steinhäusern teilt. Das wirkt nicht campingplatztypisch. Im August findet man nur schwer Einlass. Die Bahn stört wenig. Das Ortszentrum ist 0,5 km entfernt.
Preise: 30 – 55 €.
Zufahrt: Der Platz ist südlich von Porto Sant'Elpidio (nicht sehr gut) beschildert.

(115) WOMO-Campingplatz: Porto Sant'Elpidio
Camping La Risacca

GPS: N 43°17'08" E 13°44'34", Via Europa 100, **Tel**. 0734 991423, www.larisaccacampingvillage.com/de/.

Öffnungszeit: Ende April bis Anfang September, Mittagsruhe von 14-16 Uhr.

Ausstattung: Direkt am relativ schmalen, aber schön gelegenen Sandstrand mit Kiesbestandteilen, Pool mit Rutsche, Laden, gute Gaststätte, Animation.

Beschreibung: Der Platz wurde leider mehr und mehr mit festen Behausungen bestückt, es gibt aber noch Freiraum für normale Urlauber. Die Bahn ist an den meernahen Parzellen nur bei Westwind zu hören. Für WOMOs über 8 m Länge nur bedingt geeignet. Hunde scheinen inzwischen generell erlaubt zu sein (die Internetseite des Platzes ist wenig aussagekräftig).

Preise: 25 – 55 €.

Zufahrt: Der Platz ist nördlich von Porto Sant'Elpidio an der SS 16 beschildert. Zur niedrigen Bahnunterführung (3,05 m Höhe) gibt es an der SS 16 etwa 900 m weiter im Süden eine Alternative für höhere Fahrzeuge bis 4 m.

TOUR 10
ANCONA
10 km
Tour 11
14
Portonovo
M. Conero
572 m
Due Sorelle
133
131
Camerano
Ancona Sud
134
132
Sirolo
136
Numana
Osimo
135
Marcelli
Le Terrazze
130
129 WC
16
100
128 WC
WC 126
Loreto
Porto Recanati
127
nach
Cingoli
Karte siehe
Seite 236
124
125 WC
Recanati
16
571
Potenza
Porto Potenza
118
nach
San Severino
Marche
Montelupone
14
116
Karte siehe vor
Tour 11
Seite 236
16
MACERATA
Montecósaro
119
Morrovalle
117
Civitanova Marche
485
Tour 9
Karte siehe vor
Tour 11
Seite 236
Porto
Sant'Elpidio
77
nach
Tolentino
Corridonia
Sant'Elpidio
a Mare

Tour 10: Mittlere Marken – und Riviera del Conero 205 km

Montecósaro – Macerata – Abbadia di Fiastra Tolentino – Cíngoli – Loreto – Sirolo – Portonovo

Stellplätze: in Montecósaro, in Morrovalle, in Montelupone, bei der Abbadia di Fiastra, in Tolentino, in Cíngoli, in Recanati, in Loreto, in Porto Recanati, in Sirolo und Numana

Campingplätze: in Porto Recanati, in Sirolo und Portonovo

Besichtigen: Macerata, die Abbadia di Fiastra, Amphitheater und Ausgrabungen bei Urbisaglia, Tolentino, Recanati, Loreto, Kirche des Ex Convento Camaldolesi

Wandern: von der Abbadia di Fiastra zur römischen Urbs Salvia, von Sirolo zum Ex Convento Camaldolesi

Essen: Ristorante *da Rosa* in der Abbadia di Fiastra, Ristoranti *della Rosa* oder *La Taverna* in Sirolo, Ristoranti *Marcello*, *Emilia* oder *Il Molo* in Portonovo

Am Ende der 9. Tour habe ich Ihnen Tipps zum Verweilen am Meer geliefert, weshalb Sie sich nun durch ein paar Ruhetage gestärkt wieder mit Freude dem Landesinneren Italiens und sogar dem nordöstlichen Rest von Umbrien zuwenden können. In früheren Auflagen durften Sie dazu ab **Civitanova Marche**, einer weniger sehenswerten Stadt mit 42.000 Einwohnern, sogar die Schnellstraße nehmen. Diese Zeiten sind vorbei, wenn Sie vom Ehrgeiz getrieben sind, möglichst viele Ortschaften kennenzulernen, die sich als *I Borghi più belli d'Italia (Die schönsten Dörfer Italiens)* bezeichnen dürfen.

Montecósaro (6.900 Einwohner, aber eine kleine Altstadt) ist die erste Kleinstadt, in der Sie an einem schmalen, langen Marktplatz zwischen viel rotem Backstein ein Café und ein niedliches **Logentheater** aus dem 18. Jahrhundert entdecken, das nur leider häufig nicht zu besichtigen ist. Der Stellplatz mit Entsorgungsstation liegt unmittelbar unterhalb des historischen Zentrums, er ist riesig, aber überwiegend leicht abfallend und

Montecósaro

bestenfalls zweitklassig [**116**: N 43°19'04" E 13°38'12"]. Das benachbarte **Morrovalle** (9.000 Einwohner) liegt mindestens so malerisch auf einem Hügel, die Altstadt ist ähnlich überschaubar, aber es fehlen Sehenswürdigkeiten und damit auch jenes begehrte Attribut. Dafür ist der offizielle Stellplatz unmittelbar westlich des Zentrums eben, schattig und gut beschildert, aber dennoch nur zweite Wahl [**117**: N 43°18'54" E 13°35'04", Ver- und Entsorgung].

Den besten Stellplatz finden Sie in **Montelupone** (3.700 Einwohner), das ebenfalls den *Borghi più belli d'Italia* angehört:

(118) Offizieller WOMO-Stellplatz: Montelupone

GPS: N 43°20'35" E 13°34'15", Viale Enrico Cialdini.
Max. WOMOs: 3-4.
Öffnungszeit: Ganzjährig.
Ausstattung: Ver- und Entsorgung, Mülleimer.
Beschreibung: Der im Prinzip ganz schöne Asphaltplatz am Rand der Bebauung leidet darunter, dass er von abgestellten Wohnmobilen und Pkw benutzt wird, weshalb man nicht immer eine Bleibe findet. Das ist ein in allen meinen Italien-Reiseführer anzutreffendes Problem, wenn Plätze nichts kosten. Geschäfte erreichen Sie nach wenigen Schritten, wenn Sie an der Zufahrtsstraße abwärtsgehen, Gaststätten auch im Centro storico.
Zufahrt: Der Platz liegt östlich unmittelbar vor der Altstadt.

Beim Bummel durch die gepflegten Gassen könnte man etwas boshaft der Meinung sein, ein Ort werde dann als einer der schönsten gepriesen, wenn er besonders sauber und besonders verwaist ist – und Werbung besonders nötig hat. Der Besuch lohnt sich trotzdem!

Montelupone

Dagegen wirkt **Macerata** (41.000 Einwohner) wohltuend umtriebig. Sie spazieren dort durch eine typisch mittelitalienische Innenstadt und trinken auf der zentralen Piazza della Liberta, an der höchsten Stelle der Stadt, den täglichen *Cappuccino*, aber Sie vermissen die großen Sehenswürdigkeiten. Zumal das touristisch bedeutsamste Bauwerk über Mittag nicht besichtigt werden kann. Es ist die 90 Meter lange **Arena Sferisterio**,

Arena Sferisterio (ohne uns)

das heutige Opernhaus für 3.000 Zuschauer, mit 104 Logen *(10 – 13 und 15–19 Uhr, April, Mai und Okt. 10 – 13 und 14.30 – 18.30 Uhr, Nov. – März 10 – 13 und 15 – 17.30 Uhr, ganzjährig Mo. geschlossen; 6 €).* Wir waren zur falschen Zeit am Ort jährlicher Opernfestspiele. Die Karten sind heiß begehrt und unter www.sferisterio.it zu beziehen, die Preise liegen zwischen 20 und 150 € (Greise über 65 und Jugendliche unter 30 Jahren erhalten möglicherweise Vergünstigungen); gelegentlich werden auch Konzerte mit zeitgenössischer Musik gegeben. Wir haben mit dem Wohnmobil schon viel unternommen, aber die Reise zu italienischen Opernabenden war uns stets zu mühsam, wegen der zeitlichen Vorplanung, der Kartenbesorgung, der Kleiderfrage – vor allem, weil wir nicht zur richtigen Zeit unterwegs waren. Das ovale Bauwerk in Macerata war im Jahr 1819 mit den Spenden wohlhabender Bürger als Arena für ein regionales Ballspiel errichtet worden.

Nach der Oper würde ich vermutlich nicht den Morgen auf dem wenig einladenden offiziellen Stellplatz von Macerata [**119**: N 43°17'53" E 13°27'25", Via V. Paladini, Ver- und Entsorgung, Strom, günstige Lage zur Arena] herbeisehnen, sondern die Tourenkarte vor unserer 11. Tour anschauen (Seite 236) und noch 11 Kilometer zur **Abbadia di Fiastra** fahren, weil man dort in völliger Ruhe übernachten und am nächsten Tag je nach Lust und Wetter schön spazieren oder wandern kann – einer unserer persönlichen **Top Ten**:

(120) Offizieller WOMO-Stellplatz: Abbadia di Fiastra

GPS/Kontakt: N 43°13'19" E 13°24'26", Tolentino, Tel. 0733 202942; www.abbadiaturismo.it/. **Max. WOMOs**: 50. **Öffnungszeit**: Ganzjährig.

Ausstattung: Ver- und Entsorgung (hinter einer Schranke), Toilette, Dusche (mit einem Schlüssel – die nahe Toilette für die Allgemeinheit ist auch akzeptabel), Strom, Mülleimer.

Beschreibung: Das ist ein sehr schönes, campingplatzartiges Wiesengelände mit wenig Schatten. Zum Gesamtkomplex gehören ein Selbstbedienungsrestaurant, eine Bauernhofgaststätte, ein normales Ristorante, eine Kaffeebar mit Freisitz, Pizzaverkauf und ein Wellnesscenter. Das hört

sich weniger schön an, als es tatsächlich ist. Denn das gesamte Areal ist sehr großflächig. Sie können hier loswandern, spazieren oder Rad fahren. Wenn der Bereich jenseits der Schranke belegt ist, kann man auch sehr gut davorstehen (Foto Seite 219), man muss auch dort das Entgelt bezahlen. Am Wochenende ist das Gelände sehr gut besucht. Sie sollten dann nicht zu spät kommen (was auch gegen eine Anreise nach dem Opernbesuch spricht, falls man seinen Platz nicht schon am Vormittag reserviert oder nur vorübergehend verlassen hat).
Preise: 15 €. Wenn die Schranke geschlossen ist und sich niemand in dem kleinen Empfangsgebäude befindet, kann man sich an der Information gegenüber der Abteikirche anmelden, wo man dann auch einen Schlüssel für die Toilette und die Dusche bekommt.
Zufahrt: Die Abbadia di Fiastra ist an der SS 78 beschildert.

Im **Ristorante *da Rosa***, das in einem rückwärtigen Teil des ehemaligen Klosters stimmungsvoll auftischt, haben wir sehr gut und preiswerter als erwartet gegessen *(Tel. 0733 201661; Do. geschlossen; mittags nur von Fr. – Mo., Preise eher unterhalb der Mitte).*

Das Kloster heißt eigentlich **Abbadia Chiaravalle di Fiastra**, es wurde vermutlich 1098 gegründet und bald von den Zisterziensern übernommen. Die Merkmale dieses Ordens habe ich schon in mehreren anderen Führern beschrieben und fasse mich deshalb hier kurz. Jedenfalls erkennt man noch heute deutlich die karge Bauform und den schmucklosen Baustil des Klosterordens, der hier mit bis zu 200 Bewohnern ein religiöses Zentrum in Mittelitalien aufgebaut hat, das aber bereits 1442 an Bedeutung verlor, nachdem die Gebäude beschädigt worden waren. Später wurden diese von Jesuiten übernommen, ehe im 18. Jahrhundert ein Graf den religiösen Komplex zu seinem Landsitz umgewandelt hat. Die merkwürdige Gestaltung von Zufahrt und Tor auf der Südseite lassen das noch erahnen. Heute lebt wieder eine kleine zisterziensische Mönchsgemeinschaft vor Ort. Es lohnt sich, die Kirche (Fres-

Bei der Abbadia di Fiastra

kenreste aus dem 14. und 15. Jahrhundert) und den Kreuzgang zu besichtigen *(April – Okt. 10 – 13 und 15 – 18.30 Uhr, im Winter nur Sa., So. und an Feiertagen bis 18 Uhr; 5 €; eine Abbadia ist übrigens dasselbe wie eine Abbazia, nur das Wort ist altertümlicher).*

Die Lage in einem Naturschutzgebiet mit unterschiedlich langen Fuß- und Radwegen fördert den Tourismus, weshalb ausgedehnte Pkw-Parkplätze angelegt wurden, sie ermöglicht Ihnen aber auch verschieden lange Wanderungen:

Von der Abbadia di Fiastra zur römischen Urbs Salvia

Folgen Sie, den Eingang zum Kloster im Rücken, geradeaus der Wegbeschilderung zum **Parco Archeologico Urbs Salvia** und gehen Sie links an der Information und dem Selbstbedienungsrestaurant vorbei. Jenseits der Straße stiefeln Sie beim Erreichen von Buschwerk vor dem Fluss Fiastra links auf einem schmaleren Weg entlang dem Gewässer, die beide eine Straße unterqueren. Sie folgen stur dem zwischenzeitlich auch mal breiteren Weg und dem Fluss, bis Sie an der zweiten Brücke (seit jener Unterquerung) nach rechts auf das westliche Flussufer geleitet werden, wo Sie am Zugang zum ehemaligen **Amphitheater** der römischen Stadt Urbs salvia ankommen (dazu siehe im folgenden Text.

Sie können hier parken und die Wanderung genauso von hier starten; Sie können auch auf der anderen Straßenseite die weiteren Relikte der ausgegrabenen Stadt besichtigen; beachten Sie die Öffnungszeiten); bis hierhin sind es etwa 3,8 km.

Auf dem Rückweg wandern Sie auf dem Hinweg entlang dem Fluss bis zu der Stelle, an der die Asphaltstraße rechts abknickt. Hier folgen Sie weiter dieser Nebenstraße bis zu einem Wäldchen, vor dem Sie eine breitere Straße überqueren, auf einem Pfad durch das Gebüsch wandern und nach diesem zwischen Wald und Feld auf einem Fahrweg links abbiegen. Rechts der nördlichen Ecke des Feldes sehen Sie wieder einen Weg in den Wald, dem Sie bis zu einer neuerlichen Fahrstraße folgen. Auf dieser gehen Sie entweder nach links zu Abbadia zurück oder Sie überqueren diese Straße, um auf dem markierten Weg entlang des Flusslaufes in einem nördlichen Bogen zum Kloster zurückzufinden. Dann wären sie insgesamt ungefähr **11 km** unterwegs.

Der Rother-Wanderführer (oder die App) beschreiben diese Strecke in umgekehrter Gehrichtung.

Im **Parco Archeologico di Urbs Salvia** unterhalb der Kleinstadt **Urbisaglia** (2.500 Einwohner) ist ein Amphitheater aus dem 1. Jahrhundert n. Chr. so gut erhalten, dass es heute wieder für Veranstaltungen benutzt wird, bei denen die Zuschauer unter Bäumen hocken, die auf den einstigen etwa 7.500 Sitzplätzen gewachsen sind. Auf der anderen Straßenseite sieht man noch die Reste eines Schauspieltheaters und weiterer Ausgrabungen. Unerfreulich waren zuletzt die Öffnungszeiten *(15.6. – 15.9. 10 – 12.30 und 15 – 18.30 Uhr, 1.11. – 28. 2. geschlossen, sonst Sa. und So. bis 18 Uhr; 5 €).* Im Museum von Urbisaglia sind einige Ausgrabungsstücke ausgestellt.

Römisches Amphitheater

Es lohnt sich nach unseren Erfahrungen zurzeit nicht, von Urbisaglia und dem Parco Archeologico auf der SS 78 weiter nach Süden zu fahren, um **San Ginesio**, *Uno dei Borghi più belli d'Italia*, mit seinem <u>offiziellen Stellplatz</u> zu besuchen. Der an sich schöne Ort liegt schon so sehr im Gebirge, dass er vom Erdbeben des Jahres 2016 mehr als nur leicht beschädigt worden ist. Sie können von hier direkt nach Camerino (Tour 11) fahren und sind dann schon auf Erdbebenschäden eingestimmt.

Wer endlich mal wieder Fresken sehen möchte, fährt besser nach **Tolentino** (18.800 Einwohner) und flucht über die Siesta, weil die **Basilica San Nicola** über Mittag geschlossen ist, weshalb vielen Reisenden in der Seitenkapelle, genannt Il Cappellone, der eindrucksvolle Zyklus über das Leben des Heiligen Nikolaus aus dem 14. Jahrhundert – der Maler ist unbekannt – vorent-

halten wird *(7.45 – 12.15 und 15 – 19.30 Uhr, die Decke wurde zuletzt immer noch restauriert)*. Wer länger bleibt, interessiert sich vielleicht für das **Karikaturenmuseum** *(MIUMOR – Museo Internazionale dell'Umorismo nell'Arte – Piazza della Libertà 18, Do. 15 – 18.30, Fr. – So. 10 – 13 und 15 – 18.30 Uhr; 3 €)* und überbrückt auch dafür die Wartezeit auf einem stadtnahen Stellplatz, den gerne in Anspruch nimmt, wer typisch italienische Kleinstädte liebt, wobei in Tolentino wieder erste Erdbebenreparaturen sichtbar werden. Das Gelände wird Ihnen vornehmlich als Parkplatz während der Freskenbesichtigung empfohlen:

(121) Offizieller WOMO-Stellplatz: Tolentino

GPS: N 43°12'37" E 13°17'46", Viale Cartiere. **Max. WOMOs**: 10-12
Öffnungszeit: Ganzjährig.
Ausstattung: Ver- und Entsorgung (eine Etage tiefer und mit hinterhältig niedrigen Begrenzungspfosten bestückt), Strom, Mülleimer.
Beschreibung: Auch dieser im Prinzip nicht schlechte Asphaltplatz mit einem schattigen Bereich am Rand der Bebauung und oberhalb des Schwimmbades leidet darunter, dass er von einigen langfristig bewohnten oder abgestellten Fahrzeugen benutzt wird; man steht dann etwas weiter vorne, wie auf unserem Foto zu sehen, oder eine Etage tiefer. Das Zentrum ist etwa 800 m entfernt.
Zufahrt: Der Platz liegt östlich der Innenstadt unterhalb der Zufahrtsstraße zur Anschlussstelle Tolentino-Est.

Es macht wenig Sinn, eine Stadt nach der anderen abzufahren, weil das italienische Alltagsleben, jedenfalls das auf der Straße sichtbare, über Mittag drei bis vier Stunden ruht, und weil in dieser Zeit die ausgestorbenen Städte einander gleichen, weshalb ich mich in diesem Buch bei der Auswahl malerischer, typischer, aber letztlich doch wenig aufregender Städte beschränke oder mich kurzfasse.

In Cingoli

Das gilt auch für **San Severino Marche** (13.000 Einwohner), dessen Piazza wir Ihnen wegen der schönen Arkaden ebenfalls empfehlen würden, ahnten wir nicht, dass Ihr Wunsch nach einer weiteren beschaulichen, kleinen Stadt in den Marken vorübergehend gestillt ist.

Außerdem gibt es Kleinstädte, mit denen man nicht so richtig warm wird, auch wenn sie zu den *Schönsten Orten Italiens* gehören. Beim ersten Besuch wurde ich durch einen dummen Sturz, einen dabei erlittenen Oberarmtrümmerbruch und die erzwungene eilige Heimfahrt ausgebremst. Bei der zweiten Reise waren Wetter und Sicht extrem dunstig. Das waren keine guten Voraussetzungen, um Ihnen **Cíngoli** (10.500 Einwohner) vorzustellen, das sich *'Balkon der Marken'* nennt, weil man von den Rändern der 630 Meter hoch gelegenen Altstadt eine einmalige Aussicht über einen großen Teil des Gebietes dieser Tour bis zum Meer genießt. Für vorliegende Auflage waren die Bedingungen etwas besser, leider waren aber die Bäume gewachsen, und ausgerechnet auf dem kleinen Teil des östlichen Parkplatzes, von dem man noch eine Restsicht genießt, standen ein abgestelltes WOMO und die Autos der Bewohner. Trotzdem haben wir hier die Nacht verbracht, nachdem wir uns eine Etage höher sattgesehen hatten – und haben leider immer noch nicht das komplizierte Prozedere zur Benutzung des kommunalen Stellplatzes ausprobiert:

(122) WOMO-Parkplatz: Cíngoli – Ostseite

GPS: N 43°22'28" E 13°13'05,5", Via Balcone della Marche.
Max. WOMOs: 6-8. **Ausstattung**: Kleiner Mülleimer.

Beschreibung: Auf dem ruhigen, asphaltierte Parkplatz am Rand der Bebauung sitzt man etwas frustriert zwischen einer relativ hohen Mauer und hohen Bäumen, die die Sicht verdecken. Wenn man sich weit nach hinten stellt, vor eine frühere Tribüne mit Umkleidekabine, kann man Klappstühle und Tisch eine Etage höher auf eine kleine Rasenfläche tragen, hat aber auch dort fast keinen Weitblick.

In das Ortszentrum sind es nur wenige Schritte. Bleiben Sie auf gleicher Höhe und gehen Sie an der ersten Kirche (die mit dem auf Seite 223 fotografierten Portal) links, erreichen Sie in der Via Cavour nach insgesamt 250 m einen kleinen Lebensmittelladen mit Brot.

Zufahrt: Der Stellplatz liegt auf der Westseite des historischen Zentrums und wird über die SP 502 angefahren, wenn man in der Nähe einer hohen Mauer dem Wegweiser 'Centro' folgt und vor den Häusern nach links auf den Parkplatz abbiegt – ein WOMO-Verbot gilt erst ab hier bei der Weiterfahrt in die Stadt.

(123) Offizieller WOMO-Stellplatz: Cíngoli – Westseite

GPS/Kontakt: N 43°22'35" E 13°12'35", Viali San Carlo, Tel. 0733 602444 oder 339 6369296; https://www.comune.cingoli.mc.it/aresa-sosta-camper/.
Öffnungszeit: Vermutlich ganzjährig. **Max. WOMOs**: 10.

Ausstattung: Ver- und Entsorgung (hinter einer Schranke), Strom, Mülleimer.

Beschreibung: Der mit Rasenbetonsteinen ausgestattete Platz ist großzügig dimensioniert und ermöglicht Klappstühle. Sie stehen innerhalb der Bebauung, am Rand des historischen Zentrums, in der Nähe eines großen Spielplatzes, in unmittelbarer Nachbarschaft zu einem Supermarkt, aber ohne Fernsicht, nicht einmal einer zugewachsenen. Ein im Rother-Wanderführer beschriebener Wanderweg kann hier gestartet werden.
Der Platz ist mit einer Schranke versehen, aber im Prinzip ständig geöffnet. Man muss vor der Benutzung bezahlen und bekommt einen Transponder für die Schranke, was kein Problem ist, wenn das Touristenbüro (im Stadttor) geöffnet ist. Zu anderen Zeiten muss man eine der angezeigten Nummern anrufen, der elektronische Schrankenöffner wird dann gebracht, nachdem man bar bezahlt hat. **Preis**: 10 €.
Zufahrt: Der Stellplatz liegt beschildert westlich des Centro storico unterhalb eines Parkes.

Wir fahren nun zurück zur Küste und kurz davor nach **Recanati** (21.000 Einwohner), das jeder Italiener kennt, weil hier im Jahr 1798 der Dichter Leopardi geboren worden ist, der in allen italienischen Schulbüchern vorkommt, dessen Name in jedem märkischen Ort eine Straße und in Recanati den Namen des zentralen Platzes trägt. Die größte Sehenswürdigkeit der Stadt ist das Meisterwerk von Lorenzo Lotto, *Annunciazione* von 1528, das die Ankunft des Erzengels Gabriel zeigt und im **Museo Villa Colloredo Mels** hängt *(am nordwestlichen Rand der Altstadt neben dem Dom; 10 – 12.30 und 15 – 17.30 Uhr, Mo. geschlossen; 7,50 €)*. Der Stellplatz liegt besichtigungsgünstig:

(124) Offizieller WOMO-Stellplatz: Recanati

GPS: N 43°24'13" E 13°33'04", Via Campo Sportivo. **Max. WOMOs**: 20.
Öffnungszeit: Ganzjährig.
Ausstattung: Ver- und Entsorgung, Strom, Mülleimer.
Beschreibung: Der asphaltierte Platz unter Bäumen ermöglicht von der vordersten Bastion einen schönen Blick. Das Gelände liegt direkt unterhalb des historischen Zentrums mit Gaststätten und Geschäften.
Preise: 12 €/ganzer und 7 €/halber Tag.
Zufahrt: Folgen Sie nordöstlich des Zentrums der Beschilderung.

Mindestens so schön gelegen ist das Stellplatz-Pendant von **Loreto** (13.000 Einwohner), wo auf unserer von Heiligen geprägten Reise sogar die **Santa Casa** geboten wird, das Gebärhaus von Maria, die Kinderstube Jesu. Das klingt in einem Land der Heiligenverehrung, der Windel Christi und der Vogelpredigt nach einer Legende, die auch den Transportweg jener Mauern nach Loreto überliefert: per Luftfracht. Wissenschaftlich erwiesen scheint aber, dass die Steine denen der Felsengrotte von Nazareth entsprechen, weshalb folgerichtig

Loreto - Basilica della Santa Casa

auch nur drei Wände nach Loreto gebracht worden sind (vermutlich im 13. Jahrhundert von Kreuzfahrern). Als vierte Wandseite diente der Felsen im Heiligen Land. In Loreto hat man sie dazu gebaut. Und kein geringerer als Bramante, der Baumeister der Peterskirche von Rom (geboren in der Nähe von Urbino), durfte die äußere Marmorverkleidung des **Heiligen Hauses** entwerfen, auf der zwischen 1507 und 1537 dargestellt wurde, wie das heilige Gemäuer nach Loreto geflogen kam – weshalb die im Innern der Santa Casa verehrte Madonna schon 1920 die Aufgabe einer Schutzheiligen der Piloten übernehmen durfte.

Bei so viel Nähe zu Maria und dem Jesuskind wundert man sich nicht, hier eines der am meisten besuchten Pilgerziele Europas anzutreffen. Jährlich reist mehr als eine Million Menschen an, und jeder wird durch den kleinen Heiligen Raum geschleust, Ein- und Ausgang sind beschildert, Kerzen streng verboten. Im Sommer kann man diesen Ort der sich drängenden Betenden wahrlich nicht als eine Stätte der Wohlgerüche lobpreisen. Wer richtig fromm ist, rutscht auf den Knien einmal um Bramantes Wände und beschließt die Pilgertour in einem der unzähligen Devotionalien-Läden der Stadt. Touristisch ist die **Basilica della Santa Casa** ein Topziel. Wegen ihrer Größe, wegen der hohen Kuppel (nur acht Monate Bauzeit unter Sagallo im Jahr 1498, aber deutlich kleiner als die der Peterskirche) und wegen der Fresken von Luca Signorelli in der Sakristei des Heiligen Johannes, links des Querschiffs der rechten Seite (zu Signorelli siehe bei Orvieto, Tour 2). Beachten Sie auch die Fresken von Melozzo di Forli in der Sakristei des Heiligen Marcus, auf der rechten Seite dieses Querschiffs *(6.15 – 19 Uhr)*. Loreto strotzt vor Frömmigkeit, aber eine Karfreitagsprozession erwartet man vergeblich.

Schon in Cascia (8. Tour) hatten wir den Verdacht, man pilgere heute nicht nur unter gemeinsamem Absingen religiöser Lieder und in Reisebussen, sondern auch mit dem Wohnmobil. Der Stellplatz liegt perfekt am Hang und ist beschildert:

(125) Offizieller WOMO-Stellplatz: Loreto

GPS: N 43°26'29" E 13°36'52", Via Maccari. **Max. WOMOs**: 40-50.
Öffnungszeit: Ganzjährig. **Ausstattung**: Ver- und Entsorgung, Toilette, gute heiße Dusche, Strom, Mülleimer.
Beschreibung: Sie übernachten auf Betonsteinen und können, falls das Gelände nicht überfüllt ist und in den vordersten Reihen noch etwas frei ist, von Klappstühlen das Meer oder die Kuppel sehen. Der Platz kann am Wochenende, zum Beispiel an Ostern, überfüllt sein; Sie sollten vor 17 Uhr anreisen. Man steht dann zeitweise trotzdem sehr eng (Foto Seite 327). Geschäfte und Gaststätten finden Sie im nahen Zentrum. **Preis**: 14 €.

Zufahrt: Der gut besuchte Stellplatz liegt östlich der Innenstadt und ist beschildert; kommt man vom Meer, muss man die Altstadt einmal umrunden, obwohl der Platz östlich derselben liegt.

(126) Als **weiterer Stellplatz** kommt in Zeiten großer Nachfrage der Bereich infrage, der seitlich des großen Busparkplatzes – Pilgerziele brauchen so etwas – in der Nähe einer Toilettenanlage (auch das ist ein Muss bei Pilgerzielen) ausgewiesen ist; auch nicht schlecht, aber ebenfalls kostenpflichtig (10 €, wird oft kontrolliert); Sie werden dorthin geleitet, falls Sie nordwestlich des Ortes, aber nahe bei der Basilika, auf das große Parkplatzgelände fahren. **GPS**: N 43°26'25" E 13°36'18", Via Costa d'Ancona.

In Loreto würde ich vielleicht auch nächtigen, wenn ich tagsüber am nahen Strand verweilen, aber auf Campingplätzen unter Ausschlag leiden würde. Die Wohnmobilstellplätze südlich von Ancona liegen nämlich in einem geräuschvolleren Umfeld. Im Folgenden liste ich alle Stell- und einige Campingplätze (es gibt noch weitere Campingplätze, die nur durch die Straße vom Strand getrennt sind) auf – von Süden nach Norden:

(127) WOMO-Campingplatz: Porto Recanati
Camping Pineta

GPS/Kontakt: N 43°25'01" E 13°40'20", Via della Repubblica 8, Tel. 0719 799237, www.pinetacamping.it/de/.
Öffnungszeit: Mai – September.
Ausstattung: Direkt am breiten schön gelegenen Sandstrand mit Kiesbestandteilen, Laden, Gaststätte, Animation.
Beschreibung: Das schattige Gelände liegt so weit von der Bahn entfernt, dass man sie nicht oder kaum hört. Hunde nur bis 13 kg!
Preise: 22 – 55 €, je nach Zeitpunkt und Parzelle.
Zufahrt: Der Platz ist südlich von Porto Recanati an der SS 16 beschildert.

(128) Offizieller WOMO-Stellplatz: Porto Recanati
An der Brücke

GPS/Kontakt: N 43°26'45" E 13°39'23", Viale della Montecatini, Tel. 391 4729831. **Max. WOMOs**: 30.
Öffnungszeit: Zuletzt Ende März bis Ende September, wechselt aber von Jahr zu Jahr.
Ausstattung: Ver- und Entsorgung, Dusche, Toilette, Strom, Mülleimer.
Beschreibung: Das wenig schattige, grasige klappstuhlgeeignete Gelände liegt am Rand der Bebauung zwischen zwei Straßen, aber vom öffentlichen, auch für Hunde zugänglichen Feinkiesstrand nur durch eine Straße getrennt. Und die Bahn ist auch nicht sehr weit entfernt. Einen großen Supermarkt finden Sie im Süden nach 1,2 km. **Preis**: 18 €.
Zufahrt: Der Stellplatz liegt nördlich von Porto Recanati direkt an der Ortszufahrtsstraße und seitlich unterhalb einer über die Bahn führenden Straßenbrücke.

(129) Offizieller WOMO-Stellplatz: Porto Recanati
Karting Club

GPS: N 43°28'15" E 13°38'32", SP 100. **Max. WOMOs**: 40-50.
Öffnungszeit: 1.5. – 30.9.
Ausstattung: Ver- und Entsorgung, Toilette, Dusche, Strom (schwache Leistung), Mülleimer, Picknickbänke unter Schattendächern.
Beschreibung: Das klappstuhlgeeignete Gelände liegt auf der einen Seite

an der Durchgangsstraße, auf der anderen ist es vom Feinkiesstrand nur durch ein Nebensträßchen getrennt. Wahrscheinlich können Sie den Laden auf dem benachbarten Campingplatz besuchen. Geräuschbelästigung durch die bis in den Abend betriebene Gokart-Bahn, aber nicht durch die Eisenbahn. **Preis**: 20 €.
Zufahrt: Der Stellplatz liegt zwischen Porto Recanati und Numana zwischen der SP 100 und dem Strand.

(130) WOMO-Campingplatz: Porto Recanati *Bellamare*

GPS/Kontakt: N 43°28'16" E 13°38'30", Viale Scarfioti, 13, Tel. 071 976628; https://www.bellamare.it/de/.

Öffnungszeit: Ostern bis Anfang Oktober.

Ausstattung: Direkt am Feinkiesstrand, großer Pool, Gaststätte, Laden.

Beschreibung: Das akkurat und etwas zu rechtwinklig angelegte Gelände ist überwiegend schattig; ins Ortszentrum sind es 2 km. Der Strand ist im Hochsommer vermutlich sehr dicht belegt.
Einige Parzellen sind deutlich vom Straßenlärm betroffen. Keine Hunde!

Preise: 20 – 49 €, je nach Zeitpunkt.

Zufahrt: Der Platz ist zwischen Porto Recanati und Numana an der Küstenstraße, der SP 100, nicht zu verfehlen.

Am Rand des Platzes – und zwar an der lauten Seite zur Straße – kann man außer im August für 18 € auf der Fläche des sogenannten ***Camper-Stop*** eine einzige Nacht verbringen und muss bis 10 Uhr wieder abreisen.

Ein Stück weiter im Norden, im schönsten Teil der Marken am Meer, werden Sie im Sommer leider keinen klassischen Stellplatz finden. Sie sollten dennoch nicht verzagen. Es gibt am **Monte Conero** eigentlich nur zwei Campingplätze am Meer und drei weitere landeinwärts, die ich der Übersichtlichkeit halber ebenfalls auf einen Blick darstelle:

(131) WOMO-Campingplatz: Sirolo *Camping Internazionale*

GPS/Kontakte: N 43°31'25" E 13°37'15", Via San Michele 10, Tel. 071 9330884; www.campinginternazionale.com/de/.
Öffnungszeit: Mitte Mai bis ca. 20. September, strenge Mittagsruhe von 14 -15.45 Uhr; nur nach Vorbuchung und für mindestens 6 Nächte!
Ausstattung: Pool, Gaststätte, Laden.

Beschreibung: Der Platz liegt im Prinzip sehr schön auf der Steilküste, Fußweg ca. 5 Minuten zu Feinkiesstränden, die allerdings nachmittags zum Teil im Schatten liegen, stellenweise sehr schöner Blick; Ortszentrum nach 350 m. Leider kann man wegen zunehmend fester Behausungen auch in der Nebensaison nicht mehr spontan hinfahren.
Wegen zwei enger Kurven nur für WOMOs bis 6,90 m Länge erlaubt. Die Abfahrt zum Campingplatz ist im Gegensatz zur Rückfahrt unproblema-

tisch; auf den Heimweg werden Sie nur gelassen, wenn ein Campingplatz-Mitarbeiter, der am oberen Ende steht, den etwaigen Verkehr angehalten hat; Sie haben also am Vormittag bergauf normalerweise keinen Gegenverkehr und können ohne anzuhalten den Berg hochfahren, Sie müssen dann nur die Kurven ausfahren, besonders die dritte, und sollten gerade bei feuchtem Asphalt unterwegs nicht anhalten; Besitzer von heckangetriebenen Wohnmobilen beglückwünschen sich hier zu ihrem Kaufentschluss. Keine Haustiere.
Preise: Unbekannt; diese werden auf der Internetseite nicht mehr angezeigt.
Zufahrt: In Sirolo, das Sie über die Autobahnabfahrt Ancona-Süd und dann beschildert erreichen, ist der Platz fast an der höchsten Stelle des Ortes und innerhalb der Bebauung ausgeschildert; dort zweigt eine steile Straße zum Platz ab.

Sirolo - Spiaggia San Michele (bei Camping Internazionale)

(132) WOMO-Campingplatz: Sirolo – *Camping Reno*

GPS: N 43°31'10" E 13°37'08", Via Morricone, Tel 0717 360315; www.campingreno.eu/. **Öffnungszeit**: Ende März bis Ende Oktober.
Ausstattung: Restaurant, keine Entsorgungsstation.
Beschreibung: In dem gartenartigen Gelände mit eng stehenden alten Bäumen und vielen Katzen gibt es nur sehr wenige Plätze für Fahrzeuge unter etwa 7 m Länge. Fußweg zum am Nachmittag schattigen Strand 1 km, ins Zentrum 350 m. **Preise**: 28 – 41 €.
Zufahrt: Der Platz ist in Sirolo beschildert.

Fährt man bei *Camping Reno* die Straße noch ein kleines Stück abwärts, liegen an der folgenden Querstraße nebeneinander ***Camping Villaggi Green Garden*** und ***Camping Tobacco Road***, beide mit vielen festen Behausungen und relativ wenigen Parzellen für Wohnmobile.

(133) WOMO-Campingplatz: Portonovo – *La Torre*

GPS: N 43°33'48" E 13°35'43". Tel. 071 801257, höchstens kurzfristige Reservierungen. **Öffnungszeit**: 1.6. bis 15.9.
Ausstattung: Der Platz liegt direkt am Kiesstrand, Gaststätte.
Beschreibung: Insbesondere für große Fahrzeuge ist das Angebot begrenzt; deutlich über 7 m Länge geht eher nicht. Der schattige Platz ist in die Jahre gekommen, was aber seinen Reiz hat. Es gibt viele Saisondauercamper; Ortszentrum ca. 400 m. **Preise**: 26 – ca. 40 €.
Zufahrt: Der Platz ist in Portonovo beschildert und nicht zu verfehlen; nach Portonovo fahren Sie am besten, wenn Sie die Autobahn A 1 bei *Ancona–Sud* verlassen und beharrlich dem Wegweiser *‚Ancona–Centro'* folgen. Sie gelangen dann unproblematisch zu einem Tunnel mitten in der Stadt (es ist, wenn ich es richtig aufgeschrieben habe, der vierte Tunnel seit der Autobahn, auf jeden Fall der einzig deutliche im Zentrum); sofort nach dem Tunnel biegen Sie auf einer relativ schmalen Straße beim Wegweiser *‚Portonovo'* rechts ab; Sie fahren bergauf und gelangen nun auf eine Straße hoch oben auf der Steilküste, vor der Sie beim Wegweiser *‚Portonovo'* zur kleinen Ansiedlung abbiegen. Dort ist der Platz beschildert.

In Sirolo Numana konnte man in den letzten Jahren zumindest außerhalb der Saison – so auch an Ostern oder an Pfingsten – auf einem kleinen Parkplatz direkt neben *Camping Reno* sogar frei stehen, möglicherweise in der Grauzone der Legalität, aber von der vorbeifahrenden Polizei geduldet [**134:** N 43°31'09" E 13°37'08", Via Morricone; ein richtiger Stellplatz ist das jedoch nicht; inzwischen von 7 und 24 Uhr 1,10 €/Stunde]. Und weiter südlich, in Sirolo oder südlich von **Numana**, gibt es Parkplätze, die mehr oder weniger weit vom Meer entfernt liegen, wo ich keine Verbotsschilder gesehen habe, mich aber keine Sekunde wundern würde, wenn diese irgendwann noch angebracht würden. Auch das sind reine Parkplätze ohne jede Infrastruktur:

135: N 43°29'52" E 13°37'18", Numana, Via del Conero; 9.6. – 9.9 von 9 – 19 Uhr 2 €/Stunde; keine Klappstühle, 300 m zum Strand.

136: N 43°30'57" E 13°37'10", Sirolo, Via G. Carducci.

Sirolo (4.000 Einwohner) gilt als einer der angenehmsten Badeorte der Marken, wenn nicht der italienischen Adria, weil der liebe Gott dem Dorf eine Steilküste geschenkt hat, bis an deren Rand die *Piazza Belvedere* reicht, von der sich dem Auge fast alle Schönheiten erschließen: zwei blitzsaubere, im Hochsommer allerdings sehr gut besuchte Feinkiesbuchten zwischen hohen Felswänden und vor grünen Pinien, dazwischen der

Sirolo

Campingplatz. Kenner erspähen sogar die Wanderstrecke. Sollten Sie auf einem der Campingplätze Einlass gefunden haben, werden Sie die Nähe des Dorfes genießen, wenn Ihnen der beruhigende Schlag der Turmuhr verrät, dass Sie nicht in eine isolierte Ferienkolonie ausgelagert sind oder wenn Sie zur blauen Stunde auf die *Piazza* gerufen werden. Deshalb kommt außerhalb der Saison anstelle von *Camping Internazionale*, wo wir einmal sogar die Gnade eines Platzes an der Balustrade hatten, auch *Camping Reno* in die engere Wahl, ein kleines Gelände in einem alten Garten mit liebenswerter Improvisation.

Verschiedene **Ristoranti** haben wir getestet, richtig zufrieden waren wir mit der Küche und den fast zu großen Portionen des ***Della Rosa***, mit einer ausgezeichneten Fischvorspeisenplatte, gegrillten Fischen und anderen Köstlichkeiten unter Bäumen biblischen Alters *(das Ristorante liegt in der Fußgängergasse vor dem Stadttor; Reservierung am Nachmittag oder kurz vor Essensbeginn reicht nach unseren Erfahrungen, Tel. 071 9330689; Mo. geschlossen, für die Küste mittlere Preise).* Gut gefallen hat uns auch ***La Taverna*** mit hervorragenden Küchenleistungen und einer schönen *Terrasse (das Lokal liegt auf dem Hauptplatz von Sirolo; hier sollten Sie ebenfalls spätestens kurz vor dem Essen reservieren; Tel. 071 9331382; leider auch Mo. geschlossen, mittlere Preise).*

Die Wanderstrecke ab Sirolo ist das Sahnehäubchen und ein wesentlicher Grund für die mühsame Suche nach einer Bleibe:

Von Sirolo zum Ex Convento Camaldolesi

Wir verlassen **Sirolo** auf der Hauptstraße in nördlicher Richtung und biegen vor dem Hotel *Beatrice* nach rechts ab. Am **Friedhof** weicht der Asphalt einem weißen, staubigen Untergrund, auf dem wir stetig ansteigen, bis sich die Fahrstraße sternförmig verzweigt. Wir gehen hier scharf rechts, Wegweiser *‚Ex Convento Camaldolesi'.* Schon nach etwa weiteren 180 m gabelt sich der Weg erneut, links bergauf geht es zum ehemaligen Convento, geradeaus zum Passo del Lupo. Dahin ist der Weg nicht mehr beschildert und sogar verboten. An diese Beschränkung, die offenbar aus Sicherheitsgründen angeordnet worden ist, hält sich wirklich keiner. Am Freitag vor Ostern sind zahlreiche Wandergruppen auf dem verbotenen Pfad unterwegs, seitlich dessen man bei sehr großer Unvorsicht tief abrutschen könnte.

am Passo del Lupo

Wir werden hier an jener Gabelung auf dem Rückweg abbiegen und wählen deshalb jetzt den rechten (verbotenen) Weg, der auf gleicher Höhe bleibt und nach einiger Zeit hinter einem Haus und einer Wiese in niedrigen Wald übergeht. Nun sind es noch etwa 300 m bis zum **Passo del Lupo** (seit dem Friedhof etwa 40 Minuten). In unserem Rother-Wanderführer lesen wir, fast jeder kehre dort mit Schaudern um, oberhalb des steilen und ausgesetzten Weges, der weit unten am Strand der ***Due Sorelle*** *(Zwei Schwestern)* endet. Tatsächlich waren wir aber (bei einer früheren Wanderung im Hochsommer) die Einzigen, die sich den schwindelerregenden Abstieg (stellenweise Absicherung mit Stahlseilen) nicht zugetraut haben.

Strand der Due Sorelle

Auch wenn ich, so gesehen, nicht mitreden darf, empfehle ich Ihnen, eher auf den Strand zu verzichten und die beim Ab- und Aufstieg gesparte Energie für einen zweiten Teil der Wanderung aufzuheben. Beides an einem Tag geht jedenfalls nicht, denn hinunter an den Strand der beiden Felsen, die man *Schwestern* nennt, sind es 230 Höhenmeter – ohne jeglichen Schatten, wo man jeden Tritt kontrollieren muss. Konditionsschwächen sind nicht erlaubt. Und der Blick von oben ist sowieso das Beste! Ich vermute, dass Ihnen nach dem Abgang zu den *Schwestern* eher das sportliche Erfolgs- als das Badeerlebnis in Erinnerung bleibt. Auf jeden Fall ist der Abstieg bei feuchtem Wetter, bei Gewittergefahr oder bei Wind absolut tabu – und, ich wiederhole es nochmals, verboten!

Wir kehren also am Passo del Lupo um, wandern ein Stück auf dem Hinweg zurück und wundern uns, wie schnell wir wieder an der schon erwähnten Gabelung sind, an der uns der Wegweiser zum **Ex Convento Camaldolesi** schickt. Dorthin sind es von hier rund 260 Höhenmeter, und die 40 Minuten zum ehemaligen Kloster, ab der Abzweigung gerechnet, dauern an einem warmen Tag, auch wenn der Weg überwiegend im Schatten verläuft, eine kleine Ewigkeit. Aber der Blick vom **Belvedere Süd** auf die beiden *Schwestern*, nun mehr als 400 m unter uns, lohnt die Mühe, zumal wir die letzten 5 Minuten auf einem bequemen, ebenen Waldweg zum Hotelkomplex im ehemaligen Kloster spazieren, wo wir uns auf einer Terrasse mit wunderbarer Fernsicht erfrischen (dort sitzt man wesentlicher schöner als auf den Bänken zweier Ausflugsgaststätten).

Das Klosterhotel hat die schöne **Kirche Badia di San Pietro** noch nicht vereinnahmt, sie dient weiterhin religiösen Zwecken. In dem Bau aus dem 11. Jahrhundert (!) gefallen uns besonders die Kapitelle der Säulen. Jedes wird von einer anderen Steinmetzarbeit verziert.

Am Kloster kehren wir um und wandern auf dem Hinweg zurück nach Sirolo, was bergab nur eine knappe Stunde dauert.

Die reine Gehzeit auf der von uns beschriebenen Variante beträgt **3 ¾ Stunden**, eine Karte ist nicht erforderlich.

Alternativ sind wir bei einer späteren Wanderung am Kloster ein paar Meter die Asphaltstraße bergab gegangen (Wegweiser *'Pian di Raggetti'*), ein kurzes Stück durch den Wald, haben die Straße überquert, sind dort ein kleines Stück bergauf gewandert, um uns erneut mit dem gleichen Wegweiser ins Gehölz zu schlagen. Nach etwa 300 m sind wir nach links auf einen Waldweg abgebogen und unterhalb eines ehemaligen Militärgeländes zur Lichtung des **Pian di Raggetti** gewandert. Das ist eine wunderbare

Kalkbrennofen bei Fonte d'Olio

Picknickwiese mit Fernsicht, von der ein mit Nr. 5 bezeichneter Weg abwärts zu dem ehemaligen Kalkbrennofen bei den Häusern von **Fonte d'Olio** führt. Dort haben wir uns auf der Landstraße links gehalten, ehe wir bei der letzten Linkskurve vor Sirolo nach rechts über eine Wiese (oder zuvor durch eine Straße) den Heimweg abkürzen konnten. Auf dieser Alternative dauert die Wanderung etwa **45 Minuten länger**. Eine Wanderkarte ist nicht erforderlich.

Das Gegenteil von Sirolo ist der nördliche Nachbarort, **Portonovo**, wo anstelle einer geschlossenen Siedlung die Installationen den Reiz ausmachen, die zunächst für einen Sommer geplant waren und danach von Jahr zu Jahr aufgefrischt und vergrößert wurden. Zumindest sehen die *Bagni*, die Fischerhütten und die *Ristoranti* so aus (die größeren Hotels verbergen sich hinter dichtem Dauergrün). Leider wurden schon vor Jahren nacheinander zwei Campingplätze geschlossen.

Über die Zukunft von Campingplätzen am Meer

Ein inzwischen wieder verschwundener Campingplatz (er hieß *Il Conero*) war der Ersatz für das schon früher aufgegebene Gelände eines anderen Campingplatzes ein paar Hundert Meter weiter, was meine These, es werde am nördlichen Mittelmeer keine neuen Campingplätze mehr geben, nur auf den ersten Blick erschüttert hat. Es gibt keine weiteren (und der neue ist ja auch schon wieder Geschichte).

Da ich beim Verallgemeinern bin: Würden unbeeinflussbare Beamte und Gemeinderäte am nördlichen Mittelmeer nicht rigide die Bauvorschriften überwachen, gäbe es kaum noch Campingplätze am Meeresrand. Was, glauben Sie, würde der Erbe eines Campingplatzbesitzers tun, wenn jener mit Familie und Beruf in der Stadt lebt und vorhat, das weiter zu tun? Oder der Campingplatzbesitzer noch zu Lebzeiten, wenn er der nörgelnden Touristen überdrüssig geworden ist und die Makler auf der Matte stünden? Den Kaufpreis für das Baugelände, für eine Fläche von vielleicht fünf bis zehn Hektar, das sind 50.000 bis 100.000 Quadratmeter, haben sich unser Campingplatzbesitzer und sein möglicher Erbe schon öfter ausgerechnet. Die Fläche würde für mehrere Hundert neuer Ferienhäuser ausreichen. Was, ich frage Sie nochmals, würden Sie tun, wenn der Makler mit dem Vertragstext wedelt?

Meistens bleiben aber die Makler zu Hause, weil eine solche Nutzungsänderung nicht möglich ist. Sie wird verhindert von Ge-

Sirolo

setzen im Interesse des Naturschutzes, der Landschaftspflege, der Allgemeinheit und zuletzt auch im Interesse der Urlauber.

Campingplätze am Meer waren in den Fünfziger- und Sechzigerjahren des letzten Jahrhunderts eine Pionierleistung mutiger Wiesen- und Waldbesitzer. Sie wären heute in den meisten Fällen ein unrentables Relikt, eine betriebswirtschaftliche Himmelfahrt, zwei Monate überbelegt, drei weitere weniger als halb voll und sieben Monate totes Kapital. Viele Plätze können deshalb nur noch von Gesellschaften betrieben werden, denen mehrere Einrichtungen gehören und für die erst die festen Behausungen, so sehr ich mich darüber stets ärgere, eine wirtschaftliche Basis bilden. Seien Sie daher nicht zu streng, wenn Sie einen solchen Platz bewohnen.

Das Großereignis von Portonovo ist der Sommerabend, wenn die Wirte in und vor ihren Bretterbuden, in denen sie längst hochgerüstete Gastronomie betreiben, auffahren, als gäbe es kein Morgen. Die Tische sind am Strand gedeckt, der *Verdicchio* steht im Eiskübel und eine Fischplatte nach der anderen wird aufgetragen. Das finden Sie in dieser Perfektion und Stimmung so schnell nicht wieder (es sei denn, Sie nehmen in Ancona die Fähre nach Griechenland). Die meisten Tische werden bei ***Marcello*** auf den weißen Kies getragen. Qualität und Preise sind auch bei ***Emilia*** und ***Il Molo*** ähnlich hoch. Reservieren Sie unbedingt schon morgens. Wenn Sie am Strand liegen, sind es nur wenige Schritte. In der Hochsaison sollten Sie möglichst schon einen Tag vorher den Platz sichern; die *Ristoranti* werden nämlich überwiegend von Einheimischen aus Ancona angefahren.

Vergessen Sie in Portonovo auch nicht einen kleinen Spaziergang durch das Unterholz zur **Chiesa di Santa Maria**, einer romanischen Kirche aus dem 11. Jahrhundert, Überbleibsel einer früheren Abtei. Ähnlich alt ist die **Klosterkirche auf dem Monte Conero**, zu der Sie – außer an Feiertagen und deren Vortagen – mit dem Wohnmobil hochfahren können (Näheres siehe bei der obigen Wanderung).

TOUR 11
Tour 10
Tour 11
ANCONA
Falconara
Osimo
nach Loreto
Recanati
Montelupone
Macerata
Abbadia di Fiastra
Urbs Salvia
Urbisaglia
San Ginesio
Tolentino
S. Severino Marche
Cingoli
JESI
Mergo
Genga
Arcevia
Grotte di Frasassi
Fabriano
Matelica
Pioraco
Fiuminata
Camerino
Nocera Umbra
Gualdo Tadino
Isola
nach Foligno
Sigillo
M. Cucco
1566 m
Cagli
S. Ubaldo
Gubbio
Assisi
PERUGIA
Umbertide
Montone
Città di Castello
10 km
N
M A R K E N
U M B R I E N
Tour 12
Tour 4
WC

Tour 11: Europas größte Höhle – und Umbriens Norden 300 km

Jesi – Arcevia – Grotte di Frasassi – Camerino Nocera Umbra – Gubbio – Montone – Città di Castello

Stellplätze:	in Mergo, in Arcevia, bei den Grotte di Frasassi, in Fabriano, in Camerino, bei Pioraco, bei Fiuminata, in Gualdo Tadino, in Gubbio, in Montone, in Città di Castello
Campingplatz:	bei Città di Castello
Besichtigen:	Grotte di Frasassi, Fabriano, Gubbio, Città di Castello
Wandern:	auf den Monte Ingino bei Gubbio
Essen:	Ristorante *Taverna del Lupo* oder *Il Picchio Verde* in Gubbio, *Tipico Osteria dei Senesi* oder *Locanda del Capitano* in Montone

Wir fahren nun von der Riviera del Conero zurück nach Westen, ohne uns in **Ancona** (101.000 Einwohner) näher umzusehen. Bei der größten Stadt der Marken tut es mir besonders leid, dass ich mich auf eine Auswahl einzelner märkischer Ziele beschränken musste. Wer sich die größte Sehenswürdigkeit der Stadt, den **Arco di Traiano**, einen römischen Triumphbogen aus der Zeit um 100 n.Chr., nicht entgehen lassen will, fährt einmal am Hafenbecken entlang, wo die Fähren nach Griechenland ablegen, und orientiert sich meerwärts; der Bogen steht nämlich direkt an der nördlichen Ecke des Hafens.

Wenn man morgens in Portonovo oder Sirolo aufgebrochen ist, parkt man auf jeden Fall noch rechtzeitig vor der Mittagspause in **Jesi** (40.000 Einwohner), wo man nicht besichtigen kann, was die Stadt bekannt gemacht hat: Vom Weißwein

Jesi - Porta Valle

der Gegend, dem *Verdicchio dei Castelli di Jesi*, war schon die Rede. Der Name des berühmtesten Sohns der Stadt, des Opernkomponisten Pergolesi *(Stabat Mater)*, steht wenigstens in großen Lettern an der Fassade des *Teatro*. Aber dessen Eintritt ins Leben war nicht die geschichtlich berühmteste Geburt der Stadt. Dieses Ereignis fand schon mehr als 500 Jahre früher statt, als am 26.12.1194 Friedrich II. in aller Öffentlichkeit auf dem Marktplatz das Licht der Welt erblickt hat. Nicht etwa bei einer Sturzgeburt, so wie das heute gelegentlich im Fahrstuhl oder in Taxis geschieht, sondern geplant und mit politischem Kalkül: Der deutsche Kaiser Heinrich VI., Sohn von Friedrich I. *(‚Barbarossa')*, musste klarstellen, dass sein Nachkomme zugleich der Sohn seiner Frau Konstanze war. Die war aber schon 42 Jahre alt, damals nahezu eine Greisin, und musste durch eine öffentliche Niederkunft die Echtheit des Thronfolgers beweisen; *Public Viewing* im Mittelalter. Friedrich II. wurde schon mit zwei Jahren König und steht als einer der größten Kaiser des römisch-deutschen Reiches sowie als Erbauer des bekannten Castel del Monte in Süditalien in den Geschichtsbüchern.

Wappen von Jesi

Für den Stadtrundgang durch Jesi verlassen Sie die Schnellstraße am besten bei der Ausfahrt *‚Jesi-Centro'* und fahren dann ziemlich gerade auf die Altstadt unterhalb des Kirchturms zu. Vor der alten **Stadtmauer** und der **Porta Valle** finden Sie beim Bahnhof ausreichend Parkraum. Sie steigen dann jenseits des mittelalterlichen Tores kerzengerade hoch zur Altstadt und landen auf eben diesem **Marktplatz** der bestaunten Geburt. Die Kirche rechts an der Schmalseite ist der Duomo. Sie gehen aber nach links durch die Via Pergolesi, vorbei am Teatro Pergolesi und dort direkt am Theater rechts zum **Palazzo Pianetti**, um vermutlich erstmals Bekanntschaft mit dem Renaissance-Maler Lorenzo Lotto (1480 – 1556) zu machen, einem begnadeten Portraitisten, von dem in Jesi die bekannte *Pala di Santa Lucia*, ein Altarbild, und weitere Werke hängen *(Mo. geschlossen, 10 – 13 und 16 – 19 Uhr, Juli – Ende Sept. keine Pause; 5 €)*.

Etwa 20 km westlich von Jesi kurvt man hinauf nach **Mergo** (900 Einwohner), auf fast 400 Meter, auch wenn die Sicht vom schönen Stellplatz inzwischen vollständig zugewachsen ist. Insider bevorraten sich rechtzeitig mit Grillgut und kühlen den Verdicchio:

(137) Offizieller WOMO-Stellplatz: Mergo

GPS: N 43°28'27" E 13°02'10", Via Colli.
Max. WOMOs: 8-10.
Öffnungszeit: Ganzjährig.
Ausstattung: Ver- und Entsorgung, Strom, Spülbecken, Dusche (?), Bänke und Tische, Grillstelle.
Beschreibung: Der schöne, klappstuhlgeeignete Stellplatz am Ortsrand war in den letzten Jahren immer mehr heruntergekommen und mehrfach Opfer der Vandalen. Bei unserer letzten Besichtigung wurde er renoviert und sollte bald wieder geöffnet werden. In das Dorf mit einem Restaurant und einem kleinen Lebensmittelmarkt sind es wenige Schritte. Am Wochenende gelegentlich Störungen durch Jugendliche. Falls vor dem Platz eine Schranke geschlossen ist, kann man sie normalerweise hochheben, sie soll Autos fernhalten.
Zufahrt: Fahren Sie nördlich der Schnellstraße Jesi-Fabriano beim Wegweiser nach Mergo bergauf; Wegweiser zur *Area Attrezzata* beim Sportplatz.

Wenn Sie Freude an bunten Bergdörfern haben oder den Ehrgeiz besitzen, möglichst alle *Borghi più belli d'Italia* zu sehen, kurven Sie noch 18 Kilometer nach Norden – das meine ich wörtlich. Auch in **Arcevia** (4.300 Einwohner) ist, wie bei sehr vielen dieser Ortschaften, die Außenansicht malerischer als die Fassaden in den Gassen. Aber Sie suchen ja das ursprüngliche Italien, sonst wären Sie nicht in die Marken ge-

Arcevia

fahren. Und der Blick könnte nicht markentypischer sein. Außerdem beherbergt die Kirche **Collegiata di San Medardo** (auf der nördlichen Seite der zentralen Gasse) sehenswerte Kunstschätze, darunter in einem Altaraufsatz die *Taufe Christi* von Luca Signorelli (siehe Tour 2) und die Keramik *Madonna mit Kind* von della Robbia. Stünden Sie nicht auf Asphalt und wäre die Leitplanke ein Naturholzzaun, könnte sich der Parkplatz zu einem Lieblingsstellplatz entwickeln:

(138) Offizieller WOMO-Stellplatz: Arcevia

GPS: N 43°29'60" E 12°56'36", Via Porta del Sasso.
Max. WOMOs: 20.
Öffnungszeit: Ganzjährig.
Ausstattung: Ver- und Entsorgung.
Beschreibung: Das Beste ist die Sicht. Entgegen dem Eindruck, der Abgeschiedenheit vermittelt, sind es zum zentralen Dorfplatz und zu Gaststätten und Geschäften nur 900 m, über Abkürzungstreppen sogar deutlich weniger. Sie können auf Klappstühlen sitzen, auch wenn das Gelände am Nachmittag im Bergschatten liegt.
Zufahrt: Der Parkplatz liegt an der SP 360, der späteren SP 14 südöstlich des Ortes.

Selbst bei den im Jahr 1971 durch einen Zufall entdeckten **Grotte di Frasassi** nervt Sie die Mittagspause, falls Sie sich von Arcevia nicht frühzeitig trennen konnten, es sei denn, Sie schwitzen im Juli und August. Dann nerven allerdings die anderen Touristen. Manchmal so sehr, dass Sie erst am nächsten Tag Einlass finden. Die Tropfsteinhöhle hat sich zu einem

Grotte di Frasassi

der Haupttourismusmagneten entwickelt. In 30 Jahren kamen über 10 Millionen Menschen, und man muss bedenken, dass das gigantische Parkplatzgelände, etwa zwei Kilometer östlich, erst im Jahr 2001 in Betrieb genommen worden ist. Bis dahin reichte ein dagegen lächerlich kleines Terrain, gleich westlich der *Grotta*.

Sie müssen also am großen Platz buchen und werden danach mit dem Bus zum Eingang der Höhle chauffiert (Sie dürfen auch 1,3 Kilometer laufen), wo Sie über Ihre Schusseligkeit fluchen, weil die warme Jacke noch im WOMO liegt. Sie werden noch öfters fluchen, weil die Route immerhin 75 Minuten dauert – 1,5 Kilometer bei konstanten 14 Grad. Dabei können 70 Personen gleichzeitig im *Abiso Ancona*, einem Saal von 180 Meter Länge, 120 Meter Breite und 200 Meter Höhe, dem größten Europas, 20 Meter hohe Stalaktiten betrachten und was einem sonst noch in einer Höhle gefällt. Meiden Sie unbedingt Sommerwochenenden sowie Feiertage und seien Sie gefasst, dass Sie auch mal über Nacht warten müssen – zum Beispiel im 21 Kilometer entfernten Arcevia oder nach 18 Kilometern in Mergo. Die von Monat zu Monat unterschiedlichen Besichtigungszeiten und weitere Einzelheiten, zum Beispiel dass Sie vorher auf die Toilette gehen sollten und Ihren Hund nur in der Tragetasche mitnehmen dürfen, erfahren Sie auf der Internetseite mit Ticketshop *(www.frasassi.com; täglich geöffnet außer am 4. Dezember, Weihnachten, Neujahr sowie vom 10. bis 30. Januar).*

Da freut man sich über die offiziell ausgewiesene WOMO-Ecke und betrachtet aus schierer Langeweile, was an den zahlreichen Buden feilgeboten wird, die uns die Schöpfung an allen Natursehenswürdigkeiten Italiens beschert hat. Die Wasserfälle von Marmore fallen Ihnen ein, und Sie vermuten auch bei Frasassi, dass die Menschheit unnötigen Schrott nur kauft, um lange Wartereien zu überbrücken:

(139) Offizieller WOMO-Stellplatz: Grotte di Frasassi

GPS: N 43°24'14" E 12°58'35", Genga, Via Guglielmo Marconi.
Max. WOMOs: 40-50. **Öffnungszeit**: Ganzjährig.

Ausstattung: Ver- und Entsorgung, Toilette, Mülleimer, tagsüber Imbiss.

Beschreibung: Sie stehen außerhalb der Bebauung auf klappstuhlgeeignetem, nicht parzelliertem Schotter, je nach Belegung so gut wie nicht im Schatten. Unweit finden Sie ein richtiges Restaurant, im Ortsteil mit dem Höhleneingang sogar zwei weitere.

Zufahrt: Sie werden mit dem Wegweiser *,Grotte di Frasassi'* auf einen riesigen Parkplatz geleitet, auf dem Sie die Ecke für Reisemobile finden.

Santuario Madonna di Frasassi

Die **Schlucht von Frasassi** (Gola di Frasassi) sollten Sie auf jeden Fall einmal durchfahren. Kurz vor dem nordwestlichen Ende bei einem Wasserhahn, im WOMO-Jargon einem *Trinkwasserbrunnen*, bei dem Sie aber nur 20 Liter des kostbaren Nass in Ihren Tank laufen lassen dürfen, beginnt ein 700 Meter kurzer, jedoch steiler Weg zum **Santuario Madonna di Frasassi**, einem achteckigen Tempelchen aus dem Jahr 1828 unter überhängendem Fels. Auftraggeber war Leo XII. zu Ehren seiner Heimat. Der Papst war nämlich der Sohn eines Grafen von Genga, der Gemeinde, zu der hier alles gehört.

in Fabriano

Südlich der Höhle kann man sich in **Fabriano** (30.000 Einwohner) mit der Papierherstellung befassen. Im **Museo della Carta e della Filigrana** werden der gesamte Fabrikationsablauf dargestellt und die Geschichte des in Fabriano erfundenen Wasserzeichens erklärt *(täglich außer montags 9.30 – 13.30 und 15 - 18 Uhr, 7 €; einstündige Führung auch in Deutsch mit einer Demonstration der Herstellung).* Vom kostenlosen, weithin ausgeschilderten offiziellen Stellplatz neben dem

Stadion nordöstlich der Stadt ist vor allem die vorbildliche Ver- und Entsorgungsanlage erwähnenswert [**140**: N 43°20'47" E 12°54'59", ins Zentrum sind es etwa.1,6 km].

Früher wären Sie möglicherweise gar nicht nach Fabriano abgebogen, sondern bis **Camerino** durchgefahren, einer Kleinstadt mit Universität aus dem 14. Jahrhundert, einer der ältesten Italiens. Aber leider ist das historische Zentrum durch das **Erdbeben** vom Oktober 2016 stark beschädigt worden. Zwar sind kaum Häuser zusammengestürzt, aber sie wurden so stark beeinträchtigt, dass die gesamte Altstadt unbewohnt ist. Man kann durchlaufen, man begegnet dabei aber nur wenigen Touristen und keinen Bewohnern. Noch 2022 waren nur an ganz wenigen Gebäuden Reparaturmaßnahmen begonnen worden. Der große Rest wartet auf bessere Tage, und man hat nicht den Eindruck, dass in den nächsten Jahren das Leben hierher zurückkehren wird. Man muss daher an dieser Stelle auch nicht die eigentlichen Schönheiten beschreiben. Man kann sie nämlich nicht besichtigen. Das Leben geht aber weiter, vermutlich sind die 10.000 Studenten nicht weniger geworden, nur hat sich alles in die neue Unterstadt verlagert, wo schon längst die modernen Gebäude der Universität errichtet worden waren. Dort stehen jetzt auch noch die auf Langfristigkeit ausgelegten Behelfsunterkünfte der Altstadtbewohner. Der lobenswerte Stellplatz ist in Betrieb:

Sicherungsarbeiten in Camerino

(141) Offizieller WOMO-Stellplatz: Camerino

GPS: N 43°08'12" E 13°03'59", Via Macario Muzio. **Max. WOMOs**: 8-9.
Öffnungszeit: Ganzjährig.
Ausstattung: Ver- und Entsorgung, Toilette, Dusche, Strom, Picknickbänke, Grillstelle, Mülleimer.

Beschreibung: Das ist ein klappstuhlgeeigneter Asphaltplatz mit guter Sicht, der im Prinzip schön gelegen ist. Oberhalb des Geländes sind ein größeres unterirdisches Parkhaus gebaut sowie ein weiterer überirdischer Parkplatz, die völlig leer stehen, weil in der Altstadt niemand mehr wohnt. Theoretisch können Sie zu Fuß zu Gaststätten und Geschäften in die Unterstadt gehen. Im Kern des historischen Zentrums ist nichts mehr geöffnet. Am Stellplatz befindet sich eine Schranke, die Pkw fernhalten soll.

Falls die Schranke geschlossen ist, müssen Sie diese hochheben, auf den Platz fahren und danach die Schranke wieder schließen.
Zufahrt: Der Stellplatz liegt auf der Nord-Westseite des Ortes. Bei unserer letzten Nachschau hat die Beschilderung nicht gut funktioniert, man musste ein kleines Stück durch den unteren Teil der Altstadt fahren, was unproblematisch war.

Den Stellplatz erwähne ich hauptsächlich aus alter Verbundenheit und Solidarität mit den Bewohnern. Aber im Sommer und bei schönem Wetter ist ein ländliches, schattiges Gelände die bessere Wahl, auf dem man den Gasgrill gerne in Betrieb nimmt:

(142) Offizieller WOMO-Stellplatz: Pioraco *Il Buchetto*

GPS/Kontakt: N 43°10'48" E 12°58'26", Ponte delle Capre, Tel. 0737 42142.
Max. WOMOs: Etwa 45.
Öffnungszeit: Über Winter zu uns unbekannten Zeiten geschlossen.
Ausstattung: Ver- und Entsorgung, Toilette, Dusche, Strom, Picknickbänke, Grillstelle, Mülleimer.
Beschreibung: Das ist ein lobenswerter, engagiert betriebener campingplatzähnlicher Stellplatz auf Schotter, der wegen der großen Nachfrage um einen nicht schattigen Bereich erweitert worden ist.
Gemeint ist nicht der Parkplatz seitlich einer Gaststätte an der SP 361, wo sich die Entsorgungsstation befindet, sondern der Platz unter Bäumen etwa 100 m weiter in Richtung eines flachen Flusses, der hinter einem Damm fließt. **Preis**: 15 € inkl. Strom.
Zufahrt: Der Stellplatz liegt etwa 700 m westlich von Pioraco an der SP 361, der Straße von San Severino nach Nocera Umbra und ist beschildert.

Beim westlich gelegenen **Pontile** kann man vor der Brücke links direkt am Fluss stehen. Oder Sie entscheiden sich für den relativ neu angelegten Platz ein paar Meter weiter westlich:

(143) Offizieller WOMO-Stellplatz: Fiuminata
Area Al Ponte

GPS/Kontakt: N 43°11'00« E 12°56'06", Loc. Colle San Pietro, https://sites.google.com/view/area-camper-al-ponte/home.
Max. WOMOs: 14.
Öffnungszeit: Über Winter zu uns unbekannten Zeiten geschlossen.
Ausstattung: Ver- und Entsorgung, Toilette, Strom, Picknickbänke, Grillstelle, Mülleimer.
Beschreibung: Der kommunale Stellplatz auf Rasengitter bietet noch keinen Schatten, liegt aber schön, da man das gewerbliche Anwesen in der Nachbarschaft kaum sieht. In das Dorf mit Gaststätte und Lebensmittelladen sind es etwa 500 m. **Preis**: 7€ inkl. Strom.
Zufahrt: Der Stellplatz liegt gegenüber von Fiuminata an der SP 361, der Straße von San Severino nach Nocera Umbra und ist beschildert.

Auf dem weiteren Weg nach Westen überqueren wir wieder die Grenze zu Umbrien und parken in **Nocera Umbra** (5.600 Einwohner), nur wenige Kilometer vom Epizentrum des früheren Erdbebens von 1997 entfernt, das bei dem zu 80 Prozent zerstörten Dorf **Isola** geortet worden ist. Die eigentlich schöne Altstadt von Nocera ist nicht mehr die Geisterstadt, die nach diesem Erdbeben über Jahre unbewohnbar war (so ähnlich wie heute Camerino oder Visso) und nach 20 Uhr nicht mehr betreten werden durfte. Inzwischen sind ganze Gassenzüge gut, aber immer noch nicht vollständig restauriert, hell und freundlich, aber merklich neu und rechtfertigen die Mitgliedschaft bei den *I borghi più belli d'Italia*. Vom wieder aufgebauten Rathaus am Platz im obersten Teil wehen die bunten Fahnen, als sei nichts geschehen, und doch ist das Erdbeben irgendwie noch gegenwärtig. Es lohnt sich, durch das wiederaufgebaute historische Zentrum hinauf zum **Dom** zu spazieren, darüber nachzudenken, dass in einigen Jahren so auch die vom Beben des Jahres 2016 beschädigten Städte aufgefrischt aussehen könnten – und dann weiterzufahren. Etwas anderes bleibt Ihnen auch nicht übrig, da der offizielle Stellplatz nordöstlich des Zugangs zur Stadt bei unserer letzten Recherche immer noch umgebaut worden ist.

Nocera Umbra

Auch **Gualdo Tadino** (14.700 Einwohner), die Stadt der Keramik, wurde 1997 ziemlich mitgenommen. Beim Erdbeben dürfte es in den zahlreichen Verkaufsstellen ordentlich gerappelt haben. Der Dom und andere Kuppeln im oberen Ortsteil wurden mehr als 15 Jahre von den Baukränen überragt. Wir

Gualdo Tadino

haben deshalb in der zurückliegenden Zeit keinen rechten Spaß an der Stadt verspürt und noch nicht das berühmteste Bauwerk, die **Festung**, besichtigt. Auch der kostenlose, karge, altstadtnahe **Stellplatz** mit *Camper Service* in der Via della Resistenza hat uns nicht überzeugt [**144**: N 43°13'53" E 12°46'49"].

Ein Leser hat mir zu einem Zeitpunkt, in dem ich seine Zuschrift nicht mehr überprüfen konnte, vom **Monte Cucco** (1.566 m) vorgeschwärmt, von einem Stellplatz am Ende der Straße mit sensationeller Sicht [N 43°21'27" E 12°45'01"] und einem Picknickgelände am Anfang der Zufahrt, kurz hinter Sigillo [N 43°20'17" E 12°44'53"]. Vor allem hat er von der Möglichkeit berichtet, vom Gipfel in einem Tandemflug per Drachen oder Gleitschirm ins Tal zu fliegen und als Kontaktadresse eine Familie Fritzsche mit der Telefonnummer +39 0721 1832462 genannt. Ich gebe alles ungeprüft weiter. Wer in der nächsten Auflage abgebildet sein möchte, sollte mir ein Foto von den Flugvorbereitungen schicken oder mir einfach berichten.

Wir selbst biegen auf unserer Tour nach Nordwesten ab, in das von allen Erdbeben verschonte **Gubbio**, einem unserer

Gubbio - römisches Theater und Altstadt

persönlichen **Top Ten**, und gehen dort an den Keramiktellern ähnlich uninteressiert vorbei wie vorher in Gualdo Tadino. Aber wenn Sie mich nach meinen umbrischen Lieblingsstädten fragen, fallen mir spontan Todi ein und, in der richtigen Zeit, Assisi. Im selben Atemzug würde ich auf Gubbio verweisen, zwar nur auf das mittelalterliche *Centro storico*, das aber in jeder Beziehung höchsten touristischen Ansprüchen gerecht wird. Schon wenn man auf die an den Hang des Monte Ingino gebaute Altstadt (14.000 Einwohner, ganz Gubbio hat 31.500 Einwohner) zufährt, kommt Freude auf; erst recht, wenn mildes Licht die Zinnen der alten Paläste von den dahinter dunkel aufragenden Berghängen trennt.

Sie werden auf diese fotogene Silhouette einer alten Stadt zugehen, nachdem Sie Ihr Fahrzeug auf einem lobenswerten Stellplatz verschlossen haben, wo wir stets in Gesellschaft vieler Nachbarn schliefen. Den ohnehin weit abgelegenen Campingplatz gibt es nicht mehr.

(145) Offizieller WOMO-Stellplatz: Gubbio

GPS: N 43°21'03" E 12°33'53", Via Botagnone. **Max. WOMOs**: 50-60. **Öffnungszeit**: Ganzjährig. **Ausstattung**: Ver- und Entsorgung, Strom, Mülleimer. **Beschreibung**: Sie übernachten videoüberwacht und klappstuhlgeeignet auf Schotter im schwachen Schatten von Pappeln. Vom Stellplatz in das historische Zentrum mit Gaststätten, Geschäften und Wanderwegen sind es 1,2 km. **Preis**: 10 €.
Zufahrt: Der Platz ist südwestlich der Altstadt beim Stadion beschildert.

Hinweise: Am Karfreitag steppt der Bär, und man kann sogar mit einem kostenlosen Bus zur berühmten Prozession (siehe unten) ins historische Zentrum fahren. Dann stehen in der Stadt die Wohnmobile an jeder denkbaren Stelle; zum Beispiel 150 m vom Stellplatz entfernt, wo man auf einem ausgedehnten Parkplatz beim Stadion kostenlos, aber nicht lauschig stehen kann; **GPS**: N 43°21'05" E 12°34'02".

Sie machen sich also beim Stellplatz auf die Socken und erkunden zunächst das **römische Theater** aus dem 1. Jahrhundert n. Chr., in dem bis zu 6.000 Zuschauer bei Aufführungen antiker Tragödien zuschauen durften; es gibt nur wenige größere Anlagen in Italien *(Mo. geschlossen 10 – 19.30 Uhr, Nov. – März bis 18.30 Uhr; 3 €)*. Von dort ist es nicht weit in die **Altstadt**, die ihr Aussehen über die Jahrhunderte ungewöhnlich gut bewahren konnte. Die Stadt lag nämlich einst verkehrsgünstig an der Strecke zwischen Rom und der Adria und

hatte deshalb im 14. Jahrhundert 50.000 Einwohner, für damalige Verhältnisse eine Großstadt, weshalb viel übrig geblieben ist. In der Neuzeit ist Gubbio dann ins verkehrsmäßige Abseits gerückt, was den alten Bauten gut bekommen ist, weil das Geld und die Notwendigkeit zu deren Abriss gefehlt haben. So atmen wir bei unserem Streifzug durch die malerischen Gassen reinstes Mittelalter. Wo in vergleichbaren Städten nur noch Souvenirs feilgeboten werden, harren hier ein paar Krämer hinter angestaubten Lebensmitteln auf einheimische Kundschaft. Sogar die deutsche Zeitung ist in den Sommerferien kaum zu kriegen.

Man wird also auf dem Weg zur **Piazza della Signoria** nicht allzu sehr abgelenkt und nimmt wohlwollend zur Kenntnis, dass auch dieser mittelalterliche Platz in der Oberstadt noch nicht

Gubbio - Piazza della Signoria

durch Kitsch verunziert ist. Er unterscheidet sich von vielen anderen »schönsten Plätzen Mittelitaliens« durch die ausgesetzte, freie Lage, weshalb man an der lang gestreckten, seitlichen Mauer weit in das Tal hinabblicken kann. Die Wirkung des Platzes kommt daher, dass in der Mitte der Stadt eigentlich gar kein Raum für ihn war, um ihn zentral, gleich weit von allen Stadtteilen entfernt, anzulegen. Es mussten also am Hang gewaltige Unterbauten, so genannte Substruktionen, geschaffen werden, um eine ebene Fläche zu gewinnen, wodurch ein erhabener, von der übrigen Stadt beinahe entrückter Eindruck entstanden ist. Der **Palazzo dei Consoli** (14. Jahrhundert), ein elegantes, hochaufragendes Gebäude, verstärkt dieses Gefühl, weil es von den anderen Häusern ebenso iso-

In Gubbio

liert ist und trotz seiner Größe grazil und leicht wirkt. Auch wenn ich mit Superlativen verschwenderisch umgehe, darf ich es guten Gewissens als eines der schönsten Rathäuser Umbriens und der Marken bezeichnen. Zumal es auch einen bedeutenden Schatz beherbergt, das **Museum** mit den sogenannten *Eugubinischen Tafeln*. Der Begriff ist verwirrend, wenn man nicht weiß, dass die *Eugubiner* in Gubbio diejenigen sind, die man in Hamburg *Hamburger* nennt. Die genannte Kostbarkeit besteht aus sieben im Jahr 1444 bei Gubbio aufgefundenen Bronzetafeln. In umbrisch-etruskischen, aber auch lateinischen Texten sind die topografischen, politischen und religiösen Verhältnisse und Vorschriften der beiden letzten vorchristlichen (!) Jahrhunderte dokumentiert *(Museo Civico; 10 – 12.30 und 15 – 17,30 Uhr, im Winter bis 17 Uhr, ganzjährig am Wochenende keine Pause; 7 €)*.

Eugubinische Tafel

Nicht ganz so herausragend sind, am oberen Rand der Stadt, der **Dom** *(9 – 19 Uhr; kostenlos)* und, direkt gegenüber, der **Palazzo Ducale**, die Residenz der Herzöge von Urbino, die im 15. Jahrhundert den Auftrag zum Bau ihrer Zweitwohnung gaben. Dort kann man einige Räume und den schönen Renaissance-Innenhof besichtigen *(8.30 – 19 Uhr, Mo. geschlossen; 5 €)*.

Gubbio - Palazzo dei Consoli

Bevor wir uns beim Dom zu einer kleinen Wanderung aufmachen, wollen wir erst den Stadtrundgang beenden. Der dauert länger als erwartet, wenn Sie unterhalb des Palazzo Ducale die Gasse durch die Torbögen entdeckt haben und ein reizendes kleines Gartenlokal, wo Sie wegen des schönen Blicks unweigerlich Platz nehmen. Sie sollten sich beim anschließenden Abstieg links halten, um den Einkaufsstraßen von Gubbio einen Besuch abzustatten, was sich schon deshalb empfiehlt, weil sich dort noch nicht die ewig gleichen europäischen Filialisten eingenistet haben.

Wenn Sie auf diesen Teil der Stadt nicht verzichten möchten, empfiehlt es sich, nach dem Palazzo Ducale doch wieder in die Nähe des Rathauses zurückzulaufen, um sich von dort abwärts dem WOMO zu nähern. Denn durch den nordwestlichen Teil von Gubbio fließt ein mehr oder weniger ausgetrock-

neter Bach, der Camignano, der bereits in einem englischen Reiseführer des Jahres 1912 Begeisterung geweckt hat. Schon damals waren die Mühlen in den kleinen Häusern am Rande des Gewässers nicht mehr in Betrieb, aber die Brücken und die Gassen mit niedrigen Brüstungen waren unverfälscht. Eine Frau Potter verkündete in jenem Reiseführer, eine der »pittoreskesten Gassen Italiens« entdeckt zu haben. Wie zeitgemäß Mrs. Potter auch heute noch wäre!

Damals gab es sicher auch schon den großen, ovalen Platz am Übergang zur Neustadt, an dessen Rand ein lang gestrecktes Gebäude mit Arkaden steht. Wo heutzutage Gemüsehändler ihre Waren anbieten, wurden im Mittelalter die Stoffe der Wollweber zum Trocknen aufgehängt. Der Name des Platzes davor, Piazza Quaranta Martiri, erweckt bei uns Deutschen Scham, er erinnert nämlich an ein Massaker des Jahres 1944. Zwei deutsche Soldaten waren im Stadtzentrum von Partisanen aus dem Hinterhalt erschossen worden, und 40 Einheimische, Männer und Frauen, mussten dafür in einer Bestrafungsaktion mit ihrem Leben bezahlen. Das Mahnmal auf dem Platz erinnert an diese Grausamkeit.

Karfreitag in Gubbio

Auch Gubbio veranstaltet eine legendäre **Karfreitagsprozession**. Die Anzahl der vermummten Kapuzenmänner scheint sogar die in Assisi zu übertreffen. Der Umzug startet um 19.30 Uhr an der Kirche San Domenico (am unteren Ende der historischen Hauptstraße, der Via dei Consoli). Sie sollten früher dort sein, um sich in Ruhe umsehen zu können.

Sie sind nicht unbedingt gezwungen, die Wanderstiefel zu schnüren, normale Schuhe tun es auch, wenn Sie auf einem schönen Spaziergang, den Sie zur Wanderung ausdehnen können, Gubbios Hausberg besteigen und den Gebeinen des Ortsheiligen einen Besuch abstatten (Näheres bei der folgenden Wanderung).

Zur **Basilika Sant'Ubaldo** können Sie auch mit dem Auto fahren (Zufahrt von der SS 298; theoretisch dürfen Sie hier sogar nächtigen, aber leider ohne Blick) oder, vom östlichen Ende der Altstadt, bei der Porta Romana, mit Umbriens einziger **Seilbahn** (Funivia), einem Drahtkorb, in dem man stehend dem Tod ins Auge blickt.

Das Erlebnis der weiten Sicht lässt sich dramatisch steigern, wenn man von der Basilika in knapp zehn Minuten zur **Rocca** auf 903 Meter aufsteigt, einer Festung, die noch im Mai 1944 umkämpft war.

Von Gubbio auf den Monte Ingino

Die einfache Wegstrecke auf den Monte Ingino beginnt gut beschildert oberhalb des Doms, wo Sie die Porta Sant'Ubaldo durchqueren und dem Wegverlauf bergauf folgen. Das Ziel ist die **Basilika Sant'Ubaldo**, eine aus dem Mittelalter stammende Kirche, die im 16. Jahrhundert umgebaut und mit einem schönen Hauptportal versehen worden ist. Im Jahre 1194 wurde hier, in aussichtsreicher Lage, der Heilige Theobald (Sant'Ubaldo) beigesetzt, sofern man das so nennen darf, wenn die Leiche heute in einem Glassarg zur Schau gestellt wird (bis zur Basilika 40 Minuten).

Von hier stiefeln Sie entweder zurück oder weiter zur **Rocca**, die Sie nicht verfehlen können. Nach dem Genuss der schönen Aussicht gehen Sie, ab hier aber nur mit Wanderstiefeln, etwa 20 m zurück, um links abbiegend nach wenigen Minuten auf dem höchsten Punkt der Wanderung, dem **Monte Ingino** (908 m), zu stehen. Betrachten Sie sich nun das Gelände und nehmen Sie das Ausflugslokal, halbrechts an einer tiefer liegenden Straße, ins Visier, denn Sie müssen nun etwas improvisieren, weil Sie keinen durchgehenden Pfad für den Abstieg auf dem Nordostrücken des Berges finden. Auf der Straße wandern Sie zu jenem Gasthaus, dem Ristorante *Parco Coppo*.

Dort spazieren Sie auf dem anfangs noch asphaltierten Sträßchen in den Wald, etwa 15 Minuten nach dem Lokal nehmen Sie den linken, nach weiteren etwa 5 Minuten den rechten Weg (lassen Sie sich vorher nicht von einem Tor verunsichern). Am frei stehenden Bauernhof entscheiden Sie sich 15 Minuten später für den ins Tal führenden Weg und können nun nichts mehr falsch machen, wenn Sie an der **Kapelle Madonna del Sasso** vorbei durch die Buca d'Ansciano, eine reizvolle Schlucht, gehen und, nachdem Sie den Friedhof von Gubbio links liegen gelassen haben, auf die SS 219 stoßen. Nach insgesamt **3 Stunden** stehen Sie wieder in Gubbio und erinnern sich gerne an die schöne Aussicht und eine reizvolle Bergwelt. Mit der Kompass-Karte Nr. 2465 oder der Kompass-App kann nichts schief gehen, wir waren ohne Karte und damals auch noch ohne App unterwegs, auch dabei ist nichts schief gegangen. Auch der Rother-Wanderführer beschreibt diese Strecke.

In der **Basilika Sant' Ubaldo** (Näheres siehe oben bei der Wanderung) sind Ihnen sicher im rechten Seitenschiff merkwürdige Holzkonstruktionen aufgefallen. Es sind die berühmten *Ceri (Kerzen)*, mehrere hundert Kilo schwere Holzgebilde (die übrigens das umbrische Wappen zieren). Sie kommen in

jedem Jahr, am Nachmittag des 15. Mai, beim berühmtesten umbrischen Volksfest, zum Einsatz.

Das Fest der Ceri

Auch wir haben uns am Jahrestag des Todes des Heiligen Theobald selbst in das Gedränge gestürzt, als Außenseiter – bei der Kleidung und im Geiste. Das begann schon am Vorabend, der WOMO-Stellplatz war natürlich zu klein, als wir ein *Ristorante* dem überall in Alu-Schälchen gereichten Stockfisch vorzogen. Nur Ausländer essen an diesem Abend nicht in einer Gasse stehend und aus der Hand. Man kann nicht behaupten, der *Stoccafisso*, auch *Baccalà* genannt, würde bei Eugubinern nicht schwimmen – genau gesagt, in Rotwein aus dem Plastikbecher. Aber niemand schlägt über die Stränge oder torkelt durch die Stadt.

Das kann man sich auch gar nicht erlauben, weil vermutlich jeder, der im Umkreis von Gubbio noch gehfähig ist, am nächsten Morgen schon ab 9 Uhr auf den Beinen steht. Wenn an Ihrem Wohnmobil die Dachfenster offen sind, werden Sie schon von den Fanfaren geweckt, hinter denen die Menschen den ganzen Vormittag über durch die Straßen ziehen. Jeweils in einer der drei Farben ihrer Zunft und mit Halstuch. Weiße Jeans sind Tage zuvor in Gubbio meist ausverkauft, und die Hemden aus glänzender Kunstfaser hielten wir seit Jahrzehnten für ausgestorben.

Gegen Mittag wünschen sich dann Tausende Kostümierte in voller Sonne auf der Piazza della Signoria eine atmungsaktive Oberbekleidung und harren der Dinge, die sie *Ceri* nennen. Aber die Zeremonie lässt sie lange warten, weil alle Register der Inszenierungskunst gezogen werden. Endlich treten die Herolde in Aktion, die Rathaustüren werden geöffnet – an diesem Tag eher aufgetan – und unter *Aplausi* und *Bravi* der Menge werden nacheinander die drei Holzkerzen im Laufschritt die Treppe hinunterbefördert, aufgerichtet und mit Schutzheiligen auf der Spitze – Ubaldo für die Maurer, Georgio für Handwerker und Kaufleute und der Abt Antonio für die Bauern – auf

der Piazza zur Schau getragen; als Vorgeschmack für den nachmittäglichen Wettlauf.

Spätestens jetzt löst sich auch das Rätsel der Trittleitern, die schon am Vortag mit Schlössern an die Häuser gekettet wurden. Sie sind die Podeste der Fotografen. Denn ohne diese profane Hilfe lässt sich der Kerzenlauf nicht ablichten (und konnte auch von mir nicht bildtechnisch bewältigt werden).

Am Nachmittag treten dann zur vorgegebenen Zeit (alle Zeiten sind auf Plakaten in der ganzen Stadt abzulesen) drei Mannschaften, die sich ursprünglich aus den Maurern, den Kaufleuten und den Bauern rekrutiert haben, gegeneinander an, um die riesigen Holzklötze von der Piazza della Signoria in rasendem Tempo durch die Gassen der Altstadt bis hinauf zur Basilika Sant'Ubaldo zu schleppen. 10 Männer müssen jeweils die Apparate tragen, die – wie bei einem Staffellauf – unterwegs auf andere Schultern weitergegeben werden. Dabei geht es nicht darum, wer als Erster ankommt, das ist wegen der fehlenden Überholmöglichkeiten sowieso immer die zuerst gestartete Gruppe. Das Ziel des Spiels ist dennoch die Zeit, etwa achteinhalb Minuten braucht die Siegermannschaft. Vor allem dürfen die Kerzen unterwegs nicht umfallen.

Im Anschluss an den Wettkampf werden die hölzernen Phalli wieder in der Kirche verwahrt, bis sie ein knappes Jahr später ab dem ersten Sonntag im Mai im Rathaus erneut bereitgestellt werden.

Ein WOMO-Stellplatz am Rande einer schönen Stadt verleitet uns immer zum Abendessen außer Haus. Zu Gubbio mussten wir aber schon mehrfach die Empfehlungen ändern. Über die Jahre gleich geblieben und das Richtige für einen verregneten, kühlen Abend ist eine gediegene Gaststube, wo wir mit Erstaunen festgestellt haben, dass die Preise in der berühmten ***Taverna del Lupo*** gar nicht deutlich höher sind als anderswo – unser Tipp, wenn man nicht im Freien essen möchte *(Via Giovanni Ansidei 6; gehen Sie am oberen Ende* *der Piazza della Signoria die Treppe hinunter, das Lokal liegt dann rechts; Tel. 075 9274368; vermutlich kein Ruhetag).* Deutlich schlichter, aber ebenfalls pizzafrei und ohne Garten ist ***Il Picchio Verde***, etwa 300 Meter weiter östlich *(Via Savelli della Porta 65, Tel. 075 3755180; Di. geschlossen, mittleres Preisniveau).*

Wahrscheinlich werden Sie von Gubbio nur selten in die äußerste nordwestliche Ecke Umbriens weiterfahren. Sie werden sich Città di Castello für später aufheben, wenn es irgendwann auf der Strecke liegt (was niemals der Fall sein wird). Vielleicht fällt es Ihnen leichter, wenn Sie wissen, dass **Montone** (1.600 Einwohner) auf einem Hügel nur sechs Kilometer abseits der Route liegt und von der Ferne so aussieht wie viele *Borghi più belli d'Italia*, die von Weitem verführen, in der Nähe aber dann doch nur schöne Dörfer sind. Hier gibt es allerdings Vorzüge, einen passablen Stellplatz und zwei wunderbare *Ristoranti*, die zusammengehören: die schlichtere ***Tipico Osteria dei Senesi*** *(mittleres Preisniveau)* und die edlere **Locanda del Capitano** *(Preise über der Mitte, fast hochpreisig)*. Beide bestechen mit einem Freisitz, bei beiden können Sie gut per Internet reservieren, nachdem Sie sich das Angebot und die Preise betrachtet haben (www.ilcapitano.com/ und dann über das Menü *Ristoranti* weiterklicken). Das lohnt sich!

(146) Offizieller WOMO-Stellplatz: Montone

GPS: N 43°21'50" E 12°19'30", Corso G. Garibaldi. **Max. WOMOs**: 5.
Öffnungszeit: Ganzjährig.
Ausstattung: Ver- und Entsorgung, Strom, Mülleimer.
Beschreibung: Sie übernachten klappstuhlgeeignet auf grasigem Schotter im Schatten. Das Ortszentrum mit Lebensmittelladen und Gaststätten ist nur etwa 400 m entfernt. Falls Sie hier nicht fündig werden oder im Elefanten verreisen, können Sie an mehreren Stellen der Zufahrt unterkommen.
Preis: Freiwillige Spende.
Zufahrt: Der Platz ist westlich der Altstadt beschildert. Sie müssen die Schranke hochheben.

Città di Castello, die Stadt am Tiber (39.000 Einwohner), eine der größeren in Umbrien, lohnt sich nicht nur wegen ihres authentischen, touristisch absolut unverdorbenen Stadtinneren, sie ist für Kunstfreunde eine der ersten Adressen. Weil hier nämlich die zweitwichtigste **Pinakothek** Umbriens einlädt, mit Bildern von Signorelli, Raffael sowie Arbeiten der Della-Robbia *(Pinacoteca Comunale, 10 – 13 und 14.30 – 18.30 Uhr, Mo. geschlossen, falls kein Feiertag; 8 €, Sammelbillett möglich).* Genauso berühmt sind die ehemaligen **Trockenhallen** für exotischen Tabak, dessen Anbau im Tibertal in den Siebzigerjahren unrentabel geworden ist, die *Ex Seccatoi del Tabacco*, in denen nach einem schlimmen Hochwasser des Jahres 1966 sogar Bücher und Akten aus Florenz getrocknet wurden. Die an der Straße nach Umbertide liegenden Gebäude sind heute ein großes Ausstellungsgelände für Kunstwerke von Alberto **Burri**, einem zeitgenössischen, hochberühmten Künstler (1915 – 1995), dessen Werk zunächst nur im Palazzo Albizzini ausgestellt war, das heute zeitgenössische Kunst präsentiert. Die Schlichtheit der schwarzgestrichenen Funktionsgebäude passt hervorragend zu den auf wenige Formen, Farben und Materialien beschränkten Arbeiten des Künstlers und zu den auf der Wiese vor den Hallen postierten Skulpturen *(Collezione Burri, Via Francesco Pierucci 1, etwa 1,5 km vom Stellplatz entfernt; 9 – 12 und 14.30 – 17.30 Uhr; Sa., So. und Feiertag 10 – 17 Uhr; Mo. außer an Feiertagen geschlossen; 10 €, Hunde nur in Taschen; für die Sammlung im Palazzo Albizzini mit moderner Kunst gelten dieselben Angaben).*

In Città di Castello

Den asphaltierten Stellplatz haben wir selbst noch nicht getestet. Wesentlich schöner, aber deutlich weiter vom Zentrum entfernt liegt der Campingplatz:

(147) Offizieller WOMO-Stellplatz: Città di Castello

GPS: N 43°27'31" E 12°14'05", Viale Nazario Sauro. **Max. WOMOs**: 25.
Öffnungszeit: Ganzjährig.
Ausstattung: Ver- und Entsorgung, Mülleimer.
Beschreibung: Sie stehen schattenlos auf Asphalt, aber sehr günstig zum Zentrum mit allem – etwa 400 m.
Zufahrt: Fahren Sie außerhalb der Mauer um die Stadt; Sie kommen dann westlich der Altstadt an zwei zwischen der Straße und Feldern liegenden, großen Parkplätzen vorbei, die sich beide eignen und von denen einer mit einer Entsorgungsstation aufgewertet worden ist.

(148) WOMO-Campingplatz: Città di Castello *Umbria Camp*

GPS/Kontakt: N 43°27'05" E 12°13'20", Via A. Hallgarten 3, Tel. 075 8554950; www.umbriacamp.it/.
Öffnungszeit: Mitte April bis Mitte Oktober oder länger.
Ausstattung: Pool, Ristorante.
Beschreibung: Auf dem schattigen Gelände stehen Wohnmobile auf Kies, was wir gar nicht unpraktisch finden. Man hört bei ungünstigem Wind die E 45. Ins Zentrum sind es 2,5 km, überwiegend unbeleuchtet.
Preise: 36 – 60 €; es gibt Kurzzeitplätze für 25 – 35 €.
Zufahrt: Der Platz liegt am Hang südwestlich der Innenstadt und westlich der E 45.

TOUR 12
10 km
N
ANCONA
Falconara
Senigallia
Torrette
PESARO
Fano
Fiorenzuola
(Tour 13)
Gabicce Mare
Gradara
(Tour 13)
Montefiore Conca
(Tour 13)
EMILIA ROMAGNA
San Marino
(Tour 13)
San Leo
Nova-feltria
Perticara
(Tour 13)
Sant' Agata Feltria
Pennabilli
(Tour 13)
nach Bologna
Band 08 WOMO-Reiseführer Toskana und Elba
TOSKANA
Sansepolcro
Lámoli
Sant'Angelo in Vado
Urbania
Urbino
Tufo
Trasanni
Fossombrone
Furlo
Gola del Furlo
Cagli
Secchiano
nach Gubbio
Ponte Grosso
Frontone
Fonte Avellana
Pergola
S. Lorenzo in Campo
Mondavio
Castelleone di Susa
Corinaldo
Mergo
Jesi
MARKEN
UMBRIEN
Tour 11
Tour 13

Tour 12: Durch die nördlichen Marken nach Urbino 260 km

Cagli – Pergola – Mondavio – Corinaldo – Senigallia Fano – Urbino – Urbania

Stellplätze:	in Cagli, in Pergola, in San Lorenzo in Campo, in Mondavio, in Corinaldo, in und bei Fano, bei Furlo, in Urbino, bei San Cipriano, in Urbania, bei Lámoli
Campingplätze:	bei Torrette di Fano, bei Urbino
Besichtigen:	Ponte Grosso bei Cagli, Parco archeologico di Suasa bei Castelleone di Suasa, Gola del Furlo, Urbino, Urbania
Essen:	*Osteria della Rocca* in Mondavio, Ristorante *Nova Taberna* in Corinaldo, *Trattoria del Leone* oder *Osteria L'Angolo Divino* in Urbino
Wandern:	bei Mondavio, bei San Cipriano, bei Trasanni

Nördlich von Gubbio durchquert die SS 452 unspektakulär den Apennin, aber geschichtlich bedeutsames Terrain. Unbemerkt passieren Sie wieder die Grenze zu den Marken und stoßen dort auf die SS 3 und damit auf die antike Via Flaminia, benannt nach dem Konsul Gaius Flaminius, dem Stümper vom Trasimenischen See (Tour 1). Und südlich von Cagli leitet Sie ein Wegweiser zu einer beeindruckenden **römischen Brücke**, dem **Ponte Grosso**, der sich in einem so hervorragenden Erhaltungszustand befindet, dass man diesen eher neuzeitlichen Restauratoren zuschreibt. Das wäre ungerecht, den das Bauwerk stammt tatsächlich aus vorchristlicher Zeit und wurde von den Etruskern, sei es auch unter römischer Herrschaft, errichtet (N 43°30'04" E 12°37'59"). Man kann hier parken und an heißen Tagen schön und eiskalt baden. Die beliebteste Badestelle sind die sogenannten **Pozze di Foci**, natürliche kleine Wasserfälle, etwa 1,8 Kilometer weiter nördlich. Fahren Sie auf der alten Landstraße, Sie erkennen schon an den geparkten Autos, wo das **Badeabenteuer** lockt.

Ponte Grosso

Die Kleinstadt **Cagli** (8.300 Einwohner) wird niemals unter einem Touristenansturm leiden. Wir haben auf unseren Tou-

Cagli - Torrione

ren durch die Marken schon eine größere Anzahl dieser Orte kennengelernt, an die man gerne zurückdenkt, weil sie so typisch italienisch und unverdorben wirken und von denen wir an Winterabenden zu Hause erzählen. Wenn wir von den Vorzügen der Wohnmobilreise schwärmen, fallen uns gerade Orte wie Cagli ein, und wir glauben, in solchen Kleinstädten nur angehalten zu haben, weil wir mit dem Wohnmobil bewusster reisen. Bis zu jenem Winter haben wir aber schon wieder vergessen, wie wir uns doch ein wenig gelangweilt über die Piazza geschleppt, wie wir einen mitleidigen Blick auf die Männer geworfen haben, die vor einer wirklich einladenden Cafébar verdrossen hinter ihren Gläsern saßen, und dass wir schon nach weniger als einer Stunde wieder in unser WOMO eingestiegen waren.

Nur ein Highlight behalten wir stärker in Erinnerung, den sogenannten **Torrione**, einen ovalen Wehrturm aus dem Jahr 1481. Die Ausstellung zeitgenössischer italienischer Kunst in seinem Inneren war uns zu mühsam. Wir hätten auch in Cagli übernachten können, aber wir haben es nicht getan, weil uns einfach zu wenig los war – und wir noch keinen WOMO-Führer besaßen, der uns verraten hat, dass man nach 450 Metern eine weitere, kleinere echt **römische Brücke** sehen kann (am nördlichen Ortsausgang links der SP 424 etwa 150 m nördlich der Tankstelle):

(149) WOMO-Parkplatz: Cagli

GPS: N 43°32'57" E 12°39'07". **Max. WOMOs**: 5-8.
Ausstattung: Keine.

Beschreibung: Sie stehen, wie auf dem Foto sichtbar, schattenlos auf dem asphaltierten Untergrund bei einem kleinen Freilufttheater. Klappstühle kann man auf die Wiese stellen, wahrscheinlich kann man sogar mit dem Wohnmobil auf schottrigem Wiesenuntergrund bis an den Rand eines Baches unter Bäume fahren. Geschäfte und Gaststätten sind nach wenigen Schritten erreichbar. Sie stehen nämlich direkt vor dem Ort. Der Platz ist Anfang August wegen eines Festes nicht nutzbar.

Zufahrt: Fahren Sie in Cagli direkt unterhalb der Altstadt nach Norden, kurz vor dem nordöstlichen Ortsende zweigt eine Straße hinab zum Fluss und endet bei einem kleinen Freilufttheater auf einem sehr großen Parkplatzgelände.

Hinweis: Eine **Badestelle**, bei der Sie am Straßenrand parken, aber nicht übernachten können, finden Sie westlich von Cagli, an der SP 29 nach Secchiano, ungefähr 1 km westlich der Kreuzung mit der SP 3; man muss dort etwa 5 Minuten zum glasklaren Fluss hinabklettern: N 43°32'40" E 12°37'39".

Auf dem Weg nach Pergola kommen Sie nach etwa zwei Kilometern an einer sprudelnden **Trinkwasserquelle** vorbei, und nach etwa zehn Kilometer zweigt nach rechts die Straße zum **Kloster Fonte Avellana** ab, wo am Fuß des 1.700 Meter hohen Monte Catria heute noch einige Mönche in himmlischer Ruhe und größter Abgeschiedenheit ihre Frömmigkeit ausleben, aber auch darüber wachen, dass im Klosterladen die Kasse stimmt (vornehmlich Kosmetika).

Pergola (6.000 Einwohner) ist ebenfalls einer jener Orte für die Winterabende. Wenigstens fällt Ihnen hierzu sogleich der Name wieder ein, Sie dürfen ihn auch betonen, wie Sie das spontan schon taten (auf der ersten Silbe). Die Kleinstadt

Pergola

Pergola - *Bronzi Dorati*

unterscheidet sich aber von allen anderen Kleinstädten der Gegend, weil es ein **Museum** gibt (oder gab) mit einem fantastischen Fundstück, einer römischen Reiter- und Figurengruppe. *,**Bronzi Dorati**'* nennt man das Ensemble aus zwei Reitern und zwei Frauen aus dem 1. Jahrhundert nach Chr., die ein Brüderpaar 1946 bei der Feldarbeit zufällig ausgebuddelt hat. Die wackeren Finder mussten danach allerdings mehrere Enttäuschungen hinnehmen: Was sie zunächst für pures Gold hielten, war lediglich vergoldete Bronze, und für ihre historische Großtat war ihnen nicht einmal Finderlohn vergönnt. Die Geschichte rächt sich und hat der Welt bis heute nicht verraten, weshalb der Schrott ausgerechnet in einem Acker bei Pergola vergraben war. Die Bronzeplastiken zählen nach meinem Geschmack zu den großen Sehenswürdigkeiten der Marken. Aber die Sache hat einen Haken: Schon vor Jahren hat ein Gericht entschieden, dass die Fundstücke in das Museo Nazionale delle Marche in Ancona gehören. Das Urteil war lange nicht rechtskräftig, aber ich fürchte, dass es inzwischen vollstreckt worden ist – und es in Pergola bestenfalls eine Kopie gibt. Denn bei unserer letzten Nachschau waren das Museum geschlossen und die Internetseite im Umbau. Nachschauen ist nicht umständlich, denn das Museum liegt im südlichen Ortsteil an der Straße nach Fabriano, der Via A. Gramsci. Wie tröstet man eine Gemeinde nach einem Prozessverlust? Man nimmt sie in den Verein der *Schönstes Dorf Italiens (I Borghi più belli d'Italia)* auf.

Eine schattige Wiese bildet die Basis des örtlichen Stellplatzes, auf dem Sie keine Massen antreffen:

(150) Offizieller WOMO-Stellplatz: Pergola

GPS: N 43°33'56" E 12°50'12", Via San Biagio. **Max. WOMOs**: 10-15.
Öffnungszeit: Ganzjährig.
Ausstattung: Ver- und Entsorgung (Wegweiser *,Camper Service'*), Toilette, Mülleimer.

Beschreibung: Sie stehen am Rand der Bebauung auf grasartigem, klappstuhlgeeignetem Untergrund im Schatten an einem Bach. Gaststätten und Geschäfte sind sehr nahe. Wenn Sie dem Wegweiser hinterherfahren, gelangen Sie zur Entsorgungsstation unter einer Straßenbrücke. Das ist nach unserem Verständnis nicht der Stellplatz, dessen Zufahrt weiter nördlich liegt.
Zufahrt: Den Platz finden Sie im nordöstlichen Ortsteil. Folgen Sie nicht dem Wegweiser, der Sie unter die Brücke führt, sondern biegen Sie von der Via S. Biagio etwa dort ab, wo im spitzen Winkel der Largo XXIV Maggio einmündet.

Östlich des benachbarten San Lorenzo in Campo, bei **Castelleone di Susa**, wurden ein kleines Amphitheater und eine **römische Villa** freigelegt, deren Mosaikfußböden ganz besonders gut erhalten und sehenswert sind. Leider kann man den **Parco archeologico di Suasa** während fast des ganzen Jahres nur am Wochenende besichtigen. Vielleicht ändert sich das einmal, denn die Ausgrabungen sind noch nicht abgeschlossen *(schauen Sie möglichst hier nach: www.progettosuasa.it/info.html; die Ausgrabungen sind schwer zu finden, sie liegen nämlich nördlich von Castelleone di Suasa, das Sie wiederum östlich von San Lorenzo in Campo finden; am besten vertrauen Sie dem Navi: N 43°37'27" E 12°59'01")*.

Wenn Sie östlich von San Lorenzo in Campo das Flusstal überquert haben und die Straße an Höhe gewinnt, werden Sie beim Blick über unzählige Hügel begeistert anhalten und mithilfe der Karte versuchen, wehrhafte Türme einzelnen Städtchen zuzuordnen. Das wird schwierig, weil von vielen Kuppen Festungsmauern aufragen. Besonders an einem sonnigen Spätnachmittag werden Sie die für die Marken so typische Hügellandschaft als ein der Toskana und Umbrien ebenbürtiges Reiseziel erleben. Und Sie lesen, was Sie in fast allen meinen Büchern lesen, nämlich den wohlgemeinten Hinweis, in einer prachtvollen Gegend hinter der Küste nicht zu schnell der Versuchung des Meeres zu erliegen.

Deshalb biegen Sie nach **Mondavio** (3.700 Einwohner) ab, ebenfalls in ein *Schönstes Dorf Italiens* und auf einen offiziellen Stellplatz nördlich des Centro, in dem man sich sofort angekommen fühlt, nachdem man im Innern der dicken **Ziegelsteinfestung** den Dorfplatz betreten hat: Café, Bäcker, Zeitungsgeschäft, Touristenbüro und Pizzeria eine Ecke weiter.

Mondavio

In einem kleinen Museum sind alte Waffen nachgebaut, bedient von Puppen in liebevoll dilettantischen Kostümen. Der Stellplatz liegt in fußläufiger Entfernung:

(151) Offizieller WOMO-Stellplatz: Mondavio

GPS: N 43°40'39" E 12°57'42", Via Cappuccini.
Max. WOMOs: 8-9.
Öffnungszeit: Ganzjährig.
Ausstattung: Ver- und Entsorgung, kostenloser Strom, Picknickbänke, Mülleimer.
Beschreibung: Auf dem schattenlosen Gelände stellen Sie Ihre Klappstühle am Rand des Asphalts auf Gras, packen diese wieder ein und wandern hier los. Einen Supermarkt finden Sie Richtung Zentrum nach etwa 250 m links, das historische Zentrum nach etwa 700 m. Ein nicht schlecht aussehendes Lokal ist benachbart.
Zufahrt: Biegen Sie nordöstlich von Mondavio von der nördlichen Ortszufahrt noch innerhalb der Bebauung beim Wegweiser ab.

(152) Falls Sie hier keinen Platz finden, was ich für unwahrscheinlich halte, können Sie auf dem früheren offiziellen Stellplatz direkt nördlich unterhalb des runden Turms stehen; N 43°40'29" E 12°58'02".

Einen wunderbaren Blick über die liebliche Landschaft genießen Sie von der Terrasse der preiswerten ***Osteria della Rocca***, wo Sie besonders hinter Riesenpizzas lange die malerischen Türme des Nachbarorts bestaunen *(am Hauptplatz des historischen Zentrums beschildert, Tel. 0721 981024; Mi. geschlossen).*

Wer die liebliche Hügellandschaft in vollen Zügen genießen möchte, schnürt in Mondavio die Wanderstiefel und spaziert auf Sicht oder begleitet uns auf einer leichten Wande-

Blick vom Wanderweg auf Mondavio

rung, die uns so ähnlich Ursula und Claus-Günter Frank im Rother-Wanderführer *Marken-Adriaküste* vorgewandert haben:

Rundweg bei Mondavio

Gehen Sie bei der Touristeninformation seitlich des zentralen Platzes von **Mondavio** den langen *Corso Roma* abwärts. Am ehemaligen Krankenhaus wenden Sie sich nach rechts, gleich danach wieder nach links und wandern nach wenigen Metern erneut rechts auf einer Asphaltstraße steil bergab. Nach einer Rechtskurve geht der Fahrbahnbelag vorübergehend in Schotter über. Sie biegen nun wieder auf Asphalt nach links in die *Contrada Bottaccio* ein und stiefeln etwa 350 m weiter bergab bis zu einer Kreuzung.

Hier ist auch eine der wenigen Stellen, an der Sie auf den richtigen Weg achten müssen. Der führt nämlich mit der Straßenbezeichnung *Contrada Fontevecchia* (und nicht schon früher) nach links bergab ins Tal. Nun folgen Sie stur der Schotterstraße, auf der Sie einen Bach überqueren und nach mehr als einem Kilometer bei den wenigen Häusern eines kleinen Weilers wieder auf der Höhe ankommen.

Dort gehen Sie auf Asphalt nach rechts und müssen sich entscheiden (Sie sind insgesamt rund 50 Minuten unterwegs und davon etwa 5 Minuten, nachdem Sie auf die Asphaltstraße gestoßen sind), ob Sie ab hier die kürzere Variante der Wanderung wählen, auf der Sie 30 Minuten sparen. Wenn Sie nicht aufpassen, bleiben Sie ohnehin auf Asphalt und gehen bei der Gabelung rechts. Das ist die kürzere Strecke.

Blick auf den Wanderweg

Entscheiden Sie sich hingegen für den längeren Weg, müssen Sie bei einem Metallkreuz auf der unbefestigten Straße, der *Contrada Monterico*, geradeaus gehen. Auf dem längeren Weg brauchen Sie noch 25 Minuten, bis Sie östlich des Dorfes San Michele auf die SP 424 stoßen, wo Sie 40 m nach rechts gehen, eine Brücke überqueren, danach wieder auf einen unbefestigten Weg einbiegen und sich bei der nächsten Gabelung links halten. Nun kann nichts mehr schiefgehen. Sie marschieren geradeaus und, wo das nicht mehr geht, rechts.

Bei der kürzeren Alternative gelangen Sie zurück, wenn Sie an besagtem Metallkreuz auf Asphalt weitergehen, stur geradeaus (ein Gehöft muss umgangen werden, danach nehmen Sie den linken Weg) und zuletzt steil bergab auf San Michele zu gehen, bis Sie auf die Asphaltstraße stoßen, auf der Sie auf dem längeren Weg von San Michele heraufgekommen wären.

Beide Wege führen nun erneut bis an die SP 424, von der Sie sich an einer Bushaltestelle gleich wieder nach rechts verabschieden, um bei der nächsten Kreuzung erneut rechts zu gehen. Bald stoßen Sie auf den Hinweg und sind nach gut **2 oder 2,5 Stunden**, je nach Alternative, wieder in Mondavio. Eine Karte gibt es nicht, Sie können sich aber nicht verirren. Für heiße Sommertage ist der Weg mangels Schatten nicht geeignet.

Blick auf Corinaldo

Gegenüber von Mondavio, auf der Südseite des Flusstales, können Sie auch in **Corinaldo** (4.900 Einwohner, *I Borghi più belli d'Italia*), einem ähnlich malerischen Hügeldorf, auf einem fast noch schöneren Stellplatz ebenfalls die Nacht verbringen:

(153) Offizieller WOMO-Stellplatz: Corinaldo

GPS: N 43°38'46" E 13°02'56", Via Lepri. **Max. WOMOs**: 14.
Öffnungszeit: Ganzjährig. **Ausstattung**: Ver- und Entsorgung, kostenloser Strom, Picknickbänke, Mülleimer, Grillstelle.

Beschreibung: Sie stehen schattenlos auf Schotter oder Betonsteinen, und falls die Picknickbänke besetzt sind, nehmen Sie die eigenen Klappstühle zum schönen Blick in die Landschaft. Einen Supermarkt finden Sie eine Etage über dem Platz, einen Bäcker von hier geradeaus Richtung Altstadt bergauf. Ins historische Zentrum mit Gaststätten sind es etwa 350 m.

Zufahrt: Biegen Sie von der SP 17 südlich und unterhalb der Altstadt auf den beschilderten Parkplatz unterhalb der Sporthalle und des Sportplatzes ab.

Hinweis: Wenn der Platz belegt ist, kann man auf einem großen Parkplatz darüber vor einer Sporthalle stehen.

Ein ausgezeichnetes **Restaurant** mit moderaten Preisen ist die ***Nova Taberna***, wo Sie auch unter mehreren vegetarischen Alternativen auswählen können *(Sie finden das kleine Lokal an einem breiten Treppenweg im südöstlichen Teil der Altstadt innerhalb der Stadtmauer, der Via La Piaggia; Tel. 327 0979781; Di. und Mi. geschlossen)*.

Am Horizont hinter den Hügeln haben Sie das Meer gesehen, und Sie fahren trotz aller Warnungen hinunter nach **Senigallia** (40.000 Einwohner), einem der Hauptbadeorte der Marken, mit unendlich langem, überwiegend sandigem Strand – und mit Anlass für unendliche Enttäuschungen.

Wir haben Anfang September die gesamte Strecke zwischen der Raffinerie nördlich von Ancona und Senigallia abgefahren. Wir hätten nach dem 31.8. (und vor dem 25.6.) überall kostenlos parken – und vermutlich übernachten – dürfen. Wir hätten die Strände fast für uns gehabt. Selbst ohne Endzeitstimmung

– die *Bagni* wurden gerade geschlossen, auf den Campingplätzen hat man die Wohnwagen in Plastik eingepackt – wäre kaum Urlaubsfreude eingetreten. Zu uniform ist dieser Teil der Küste, an dem auf der ganzen Länge der Strand unmittelbar an die Straße grenzt. In der Hochsaison herrscht großer Trubel, flächendeckendes WOMO-Übernachtungsverbot, und die Campingplätze, alle jenseits der Straße, werden von Dauercampern dominiert.

Im Negativen nicht mehr steigerungsfähig ist der offizielle Stellplatz im Süden von Senigallia, zwar nicht weit vom Meer entfernt, aber an der SS 16 schmutzig und laut (zur Entsorgung die Koordinaten: N 43°42'18" E 13°14'14"). Besser wird die Küste auf dem Weg nach Fano: Bei Torrette di Fano kommt ein Campingplatz – mit erheblichen Abstrichen – in Frage. Dazu gibt es noch eine Stellplatzalternative:

(154) WOMO-Campingplatz: Torrette di Fano *Stella Maris*

GPS/Kontakt: N 43°47'55" E 13°05'42", Via A. Cappellini 5, Tel. 0721 884231; www.campingstellamaris.it/.
Öffnungszeit: Ende April bis Ende September.
Ausstattung: Pool, Gaststätte, Laden.
Beschreibung: Der einzig richtige Vorteil ist die Lage direkt am Strand (links und rechts eines Bezahlstrandes gibt es kostenlose Bereiche). Alle schöneren Plätze in Strandnähe sind von Mietwohneinheiten zugebaut. Auch nachts störender Zugverkehr; Ortszentrum 1 km. Keine Hunde.
Preise: 29 – 49 €.
Zufahrt: Der Platz ist an der SS 16 nördlich von Torrette di Fano beschildert.

(155) Offizieller WOMO-Stellplatz: Torrette di Fano *Adriatico*

GPS/Kontakt: N 43°48'26" E 13°04'53", SS 16, Tel 339 6735699; www.adriaticocamper.it/. **Max. WOMOs**: 30-40.
Öffnungszeit: 15.4. – 15.9.
Ausstattung: Ver- und Entsorgung, Toilette, warme Dusche, Strom, Mülleimer, Spielplatz, Grillstelle.
Beschreibung: Das klappstuhlgeeignete Gelände ist eine Mischung aus Stell- und Campingplatz zwischen Straße und Bahnlinie, eigentlich direkt am Strand, den Sie aber wegen des Bahndamms nicht sehen; das Ambiente sieht schön aus, man leidet aber auch nachts unter der Bahn, die so gut wie auf dem Strand fährt.
Preise: 8 – 27 €, je nach Aufenthaltsdauer Zeitpunkt und Platzgröße.
Zufahrt: Der Platz liegt südlich von Fano in der Nähe des vorerwähnten Campingplatzes und ist am nördlichen Ortsanfang von Torrette di Fano an der SS 16 als *'Area di Sosta' beschildert.*

Hinweis: Sie finden in der Nähe weitere Camping- und Stellplätze (zum Beispiel 250 m südlich), die nur im Sommer geöffnet sind, teilweise schon nach kurzer Zeit nicht mehr existierten und alle unter der Bahn leiden.

Auch wenn Sie sich in diesem Teil der Welt hauptsächlich mit dem Strand und der Frage, wo Sie dort Ihr Wohnmobil abstellen können, beschäftigen, sollten Sie ein paar Schritte durch **Fano** (60.700 Einwohner), der drittgrößten Stadt in den Marken, gehen, dessen überschaubare Altstadt uns gut gefallen hat. Besonders der **Arco di Augusto** und die dazugehörige Stadtmauer aus dem Jahr 9 nach Chr., einst das Ende der Via Flaminia *(zu Fuß auf dem Viale Kennedy beim nachbenannten Stellplatz nach Südwesten und bei einer sternförmigen Kreuzung in die Stadt).* Die möglichen Aufenthaltsorte fassen wir wieder in nördlicher Richtung zusammen:

(156) Offizieller WOMO-Stellplatz: Fano
Sosta Camper La Baia

GPS/Kontakt: N 43°50'10" E 13°02'29", Via Fratelli Zuccari 35, Tel. 393 381648269. **Max. WOMOs**: ca. 25.
Öffnungszeit: Über Winter geschlossen.
Ausstattung: Ver- und Entsorgung (hinter einem Tor), kalte Dusche, Toilette, Strom, Mülleimer.
Beschreibung: Die Klappstühle stehen eng und ohne Schatten auf Gras/ Schotter direkt am schmalen Feinkiesstrand, der Bahnlärm wird von Häusern abgeschirmt. In die Innenstadt sind es 2,4 km.
Preise: 15 – 20 €.
Zufahrt: Verlassen Sie die SS 16, das ist die Küstenstraße, südlich der Innenstadt und südlich des Bahnhofs von Fano bei einer Trafostation; Sie fahren dann über die Eisenbahnhauptstrecke und rechts.

(157) Offizieller WOMO-Stellplatz: Fano
Parcheggio Sassonia

GPS/Kontakt: N 43°50'34" E 13°01'52", Via Ruggero Ruggeri, Tel 390 721801197. **Max. WOMOs**: ca. 50.
Öffnungszeit: Ganzjährig. **Ausstattung**: Mülleimer.
Beschreibung: Sie stehen auf Schotter oder Gras nur durch eine Straße vom relativ schmalen Feinkiesstrand getrennt. Die Urlauber sitzen auf Klappstühlen (wenngleich theoretisch Klappstühle verboten sind), gute Pizzeria benachbart. In die Innenstadt sind es 1,3 km.

Das Gelände ist im Sommer oft schon nachmittags belegt; ausnahmsweise ohne störende Bahnlinie, aber an einer lauten Straße, weshalb man möglichst weit hinten stehen sollte; im Sommer viel Trubel und etwas ungepflegt. **Preis**: 8 €.
Zufahrt: Verlassen Sie die SS 16, das ist die Küstenstraße, südlich der Innenstadt und südlich des Bahnhofs von Fano bei einer Trafostation; die Straße überquert dann auf einer Brücke die Bahnlinie, danach halten Sie sich links, Sie gelangen an den Strand und fahren noch ein kurzes Stück stadteinwärts (am Ende beschildert).

Hinweis: Ganz in der Nähe gibt es zwei weitere privat betriebene Stellplätze.

(158) Offizieller WOMO-Stellplatz: Fano – Innenstadt

GPS: N 43°50'45" E 13°00'39", Viale John F. Kennedy.
Max. WOMOs: ca. 20. **Öffnungszeit**: Ganzjährig.
Ausstattung: Ver- und Entsorgung, Mülleimer.
Beschreibung: Das ist ein sehr gut und relativ ruhig gelegener, klappstuhlgeeignet Stadtplatz auf Asphalt zwischen Rasenstreifen. Zu Fuß ca. 800 m bis zum Meer, 500 m ins Zentrum.

Da der Platz kostenlos ist, stehen hier abgestellte WOMOs und Wohnwagen, aber auch solche, die langfristig bewohnt werden, was zunächst abstößt, dann aber weniger stört als es scheint.

Zufahrt: Der Platz liegt westlich der Innenstadt, westlich nahe der SS 16 und direkt westlich eines kleinen Flusslaufes.

Die Plätze von Fano eignen sich vor allem, wenn man ab Ancona die Fähre nach Griechenland gebucht hat. Sonst wird man sich schnell wieder ins Landesinnere zurückziehen. Zuerst nach **Fossombrone** (9.800 Einwohner) und sich wiederholen: parken, einmal die Hauptstraße hoch, wieder zurück, einsteigen – und am deutschen Winterabend milde über die Strandurlauber an der Bahnstrecke lächeln.

Erlaubt wäre auch, Fossombrone auszulassen und zur **Gola del Furlo** durchzustarten, einer spektakulären Schlucht. Zuletzt konnte man wegen eines schon im Jahr 2014 eingetretenen Hochwasserschadens die Klamm nur von beiden Seiten an-, sie aber nicht durchfahren. Sie müssen sich also von Osten herantasten und dazu die Schnellstraße, die SS 3, bei der Abfahrt ‚Calmazzo' (Wegweiser *‚Furlo'*) verlassen, spätestens etwa zwei Kilometer nach der Abfahrt parken und den Rest zu Fuß gehen. Es sei denn, die Sperrung wäre endlich aufgehoben, und Sie könnten die Schlucht ganz durchfahren.

Das eigentliche Naturschauspiel der tiefen **Schlucht** liegt zwischen 900 Meter hohen Bergen und mit dem Nachteil, dass man an den schönsten Stellen vor der Sperrung kaum parken kann. Falls man die Gola eines Tages doch wieder durchfahren kann, kommen auch wieder die Ampeln zu Ehren, ohne die Ihr WOMO bei Gegenverkehr in einem echt antiken Tunnel stecken bliebe. Man glaubt es kaum, dass dieser Straßentunnel schon unter Kaiser Vespasian 76 n.Chr. auf der Via Flaminia Militärbewegungen dienlich war. Einstweilen müssen Sie den Tunnel zu Fuß erkunden und mit ihrem Wohnmobil auf die SS 3 zurückfahren. An der ersten Abfahrt westlich der modernen Röhre verlassen Sie dann die Schnellstraße erneut und folgen dem Wegweiser nach Furlo. Sie fahren dabei an der unscheinbaren, uralten romanischen Abteikirche aus dem 10. Jahrhundert vorbei und sofort danach an einer Mischung von Picknick-Park und Campingplatz (siehe bei der folgenden Stellplatzbeschreibung). Im folgenden **Furlo** treffen Sie am westlichen Ende der Schlucht, an einem lang gestreckten Parkplatz oberhalb eines einladenden Picknickwäldchens mit Baumkletteranlage, auf eine Gaststätte mit »großer« Tradition: Der *Duce* höchstselbst hat hier schon verkehrt, wie man mit einem Foto neben dem Eingang stolz beweist. Ich hoffe, Sie nehmen deshalb Ihren Kaffee lieber im WOMO, das Sie zumindest tagsüber neben die Kletterbäume stellen können, ein außerhalb der Wochenenden lauschiges Plätzchen:

(159) Offizieller WOMO-Stellplatz: Furlo
Parco le Querce

GPS: N 43°38'14" E 12°42'00".
Max. WOMOs: 40.
Öffnungszeit: Ostern bis Ende September und während des Trüffel-Festes Anfang November.
Ausstattung: Ver- und Entsorgung (hinter einem Tor), Toiletten, Dusche, Strom, Grillstelle; Mülleimer.

Beschreibung: Das ist eher ein schattiger Camping- als ein Stellplatz, viele Gäste kommen aber auch nur zum Picknick hierher. Mehrere Gaststätten finden Sie in der Nähe, aber kein Lebensmittelgeschäft. Der Platz ist im Sommer zeitweise etwas staubig. Die Sanitäranlagen sind schlicht.
Preise: Übernachtung 18 €, Tagesaufenthalt 10 €.
Zufahrt: Der Platz liegt an der Straße zwischen der SS 3 westliche Abfahrt *,Furlo'* und der Schlucht, also westlich der Schlucht.

Parkplatz Furlo: Parco Avventura

GPS: N 43°38'19" E 12°42'50". **Max. WOMOs**: 10.
Ausstattung: Mülleimer.

Beschreibung: Das Gelände ist eine Mischung aus Baumkletterpark, Picknickwäldchen, Wanderparkplatz und Badestrand unterhalb der praktisch nur aus Gasthäusern bestehenden kleinen Ortschaft.
Bei unserem Besuch waren zahlreiche Schilder aufgehängt, die offenes Feuer verboten haben. Die Tafel, die das Camping und die Über-

nachtung verbietet, war nicht mehr zu sehen. Gleichwohl dürfte hier die Nacht im Wohnmobil nicht legal sein. Sie wird aber trotzdem praktiziert. Der Rother-Wanderführer weist Ihnen einen interessanten Weg auf die Höhe. **Zufahrt**: Der Platz ist westlich der Schlucht beim Weiler Furlo unterhalb der Straße nicht zu verfehlen.

Von hier ist es – zurück auf der Schnellstraße nach Osten – ein Katzensprung nach **Urbino** (14.100 Einwohner), einer Kleinstadt mit Universität, einer der großen Sehenswürdigkeiten Mittelitaliens und deshalb einer unserer persönlichen **Top Ten**. Wesentlicher Grund dafür ist der **Palazzo Ducale** (Herzogspalast), der zur selben Zeit (um 1470) auf Geheiß desselben Herzogs (Federico da Montefeltro) und möglicherweise auch vom selben Baumeister (Laurano) errichtet worden ist wie das kleine Gegenstück in Gubbio (Tour 11). Das Bauwerk ist von außen imposant, wegen der schlanken, runden Türme und der Loggia, besonders von der Talseite, dort, wo in der Nähe unser Lieblingsstellplatz liegt, und es beherbergt in der **Galleria Nazionale delle Marche** einige Kunstschätze: Eine Predella (Teil einer Altartafel) von Uccello *(Raub einer Hostie)*, ein Bild von Piero della Francesca *(Die Geißelung)* und die berühmte *Stumme* von Raffael; zudem das *Studiolo*, das prächtig vertäfelte Arbeitszimmer des Herzogs Federico *(8.30 – 18.15 Uhr, Mo. nur an Feiertagen; 8 €)*.

Wenigstens so sehenswert wie dieser Palast ist das historische Zentrum von Urbino, seit 1998 nicht ohne Grund in der UNESCO-Liste für das erhaltenswerte Weltkultur-Erbe, weil die Stadt ihr im 15. Jahrhundert erworbenes Aussehen der Renaissance besonders gut bewahrt hat. Ab dem 16. Jahrhundert hat nämlich eine wirtschaftliche, kulturelle und damit auch bauliche Stagnation eingesetzt.

in Urbino

Außerdem wurde in Urbino im Jahre 1483 **Raffael**, ein Schüler Peruginos, geboren (gestorben 1520). Sein **Geburtshaus**, die Casa Natale, an dem Sie auf der ansteigenden Hauptstraße unweigerlich vorbeikommen, kann besichtigt werden *(9 – 12.30 und 15 – 18.30 Uhr, So. und feiertags bis 17.30 Uhr; 3 €).*

Die meisten Touristen vergessen, das **Oratorio di S. Giovanni** zu besuchen. Dabei gehören die farbenfrohen **Fresken** der Brüder Salimbeni aus dem Jahr 1416 zu den großen Sehenswürdigkeiten der Marken *(gehen Sie am zentralen Platz beim Ristorante S. Giovanni rechts bergauf in die Via Posta und dann gleich links in die Via Barocci; 10 – 12.30 und 15 – 17.30 Uhr, So. und feiertags 10 – 12.30 Uhr; 2,50 €).*

Urbino

Sie finden in Urbino drei Sorten von Stell- und Parkplätzen: einen offiziellen Stellplatz, einen Notplatz im Zentrum und einen tagsüber leider bisweilen zugeparkten Lieblingsparkplatz an der Festung, unweit der Stätte, von der alle Ansichtskarten aufgenommen sind. Sie werden von unserem Lieblingsplatz am Abend vielleicht Ihren Rotwein zu einer Bank am nahen Hang tragen und den Herrschaften von der UNESCO danken, dass Ihnen diese schöne Stadtansicht erhalten bleibt (siehe großes Foto in der vorderen Umschlagklappe):

(160) WOMO-Parkplatz: Urbino Lieblingsplatz an der Fortezza

GPS: N 43°43'36" E 12°37'58", Viale Bruno Buozzi.
Max. WOMOs: 10-12.
Ausstattung: Toilette (an der östlichen Parkplatzzufahrt), Mülleimer.
Beschreibung: Sie stehen in markierten Parklücken rechtwinklig zur Fahrbahn oder auf einem Parkstreifen neben der Fahrbahn. Im ersten Fall kön-

nen die Wohnmobile bis etwa 7,20 m lang sein, wenn sie einen erheblichen Hecküberhang haben (zum Beispiel ein Ducato mit langem Radstand, siehe unser Foto), der über ein Randbereich ragt; im zweiten Fall können sie sogar noch länger sein, wenn Sie dazu zwei Parkflächen in Anspruch nehmen, was natürlich nicht legal ist, was man aber vielleicht dadurch abmildern kann, dass man zwei Parktickets zieht. Wegen der Parkgebühr haben wir zuletzt problemlos eine freie Lücke gefunden unter den Augen einer Politesse, die häufig die Parkscheine kontrolliert hat.

Sie parken am Rand des Zentrums, entsprechend leicht sind die nachstehend beschriebenen Gaststätten und Geschäfte zu erreichen. Für Lebensmittel gehen Sie am besten nicht in das historische Zentrum, sondern an der Toilette bergab.

Wegen des Marktes nicht in der Nacht auf Samstag und auf einen Feiertag.

Preise: 1,50 € / Stunde, aber 8 € für den ganzen Tag von 8 – 20 Uhr (also nicht für 24 Stunden). Wenn Sie nicht am nächsten Morgen verschwunden sind, müssen Sie ab 8 Uhr neu bezahlen. Erfreulicherweise kann das schon am Vortag tun, beispielsweise, wenn Sie am Nachmittag Geld für die restlichen Stunden bis 20 Uhr und für eine Stunde am nächsten Morgen einwerfen; nur mit Münzen!

Zufahrt: Am besten folgen Sie dem Navi. Da das manchmal etwas irritiert ist, hier noch eine Beschreibung: Sie fahren von Osten auf Urbino zu, beim 2. Kreisverkehr und Auftreffen auf die Mauer zunächst links; sodann umkurven Sie die Stadt unterhalb der Mauer im Uhrzeigersinn, vorbei am großen (Bus-)Parkplatz; danach macht die Straße einen Linksbogen; nach diesem fahren Sie rechts hoch beim Wegweiser *'Fortezza'*; danach ca. 200 m, bis Sie der Wegweiser *'Fortezza'* bergauf schickt; am Ende der Auffahrt ein kurzes Stück links und erneut rechts bis zum Stellplatz außerhalb der Festung (manche Navis schicken Sie auf Umwege).

Wenn Sie durch die Einbahnstraße am eigentlichen Parkplatz vorbeifahren (links der Superblick auf den Palazzo), kommt rechter Hand eine weitere lange Parkbucht für große Wohnmobile.

(161) WOMO-Parkplatz: Urbino Piazza Mercatale

GPS: N 43°43'25" E 12°38'04", Borgo Mercatale. **Max. WOMOs**: 8-10.
Ausstattung: Mülleimer.
Beschreibung: Das ist ein größerer typischer Parkplatz mit Schranke (von der ich nicht weiß, ob sie nachts geöffnet werden kann). Sie stehen sehr günstig auf Asphalt unterhalb der Innenstadt, in der Regel mit mobilen Nachbarn.
Preise: Es gelten dieselben Preise wie vorstehend.
Zufahrt: Wie zum vorigen Platz, Sie kommen am hiesigen Platz vorbei.

(162) Offizieller WOMO-Stellplatz: Urbino

GPS: N 43°44'03" E 12°37'37", Viale Pablo Neruda.
Max. WOMOs: 10-15. **Öffnungszeit**: Ganzjährig.
Ausstattung: Ver- und Entsorgung (auf dem Platz links der Straße am unteren Rand ziemlich hinten), Mülleimer.
Beschreibung: Das Gelände gewinnt, wenn man an der richtigen Stelle steht, nämlich nicht auf dem Busparkplatz links der Straße, sondern direkt oberhalb des Schwimmbades rechts und klappstuhlgeeignet auf Rasenbetonsteinen vor Bäumen am Rand der Bebauung. Der Fußweg ist nicht so weit wie die Zufahrtsstrecke und beträgt in die Innenstadt nur etwa 1,3 km. Es fährt alle 30 Minuten ein Bus ins Zentrum, Fahrschein im Bus am Automaten, Haltestelle direkt über dem Platz.
Zufahrt: Der Platz liegt nordwestlich der Altstadt bei einem Sportgelände, Wegweiser *'Bus Turistici'*.

Der **Campingplatz**, 2,6 Kilometer östlich von Urbino *(Camping Pineta, Via Ca'Mignone; Ende März bis Ende September)*, hat neben diesem Übernachtungsplatz schlechte Karten, er liegt auf einem Berg, ist also nur Pedelec geeignet, und der Betreiber erlaubte uns – angeblich aus Zeitgründen – keine Besichtigung.

Eine Reise nach Urbino ist besonders schön, wenn keine Ferien sind, weil man sich dann zu einem Café oder zu einem Bittergetränk am zentralen Platz unter den Arkaden zwischen die Studenten setzt und gar nicht mehr aufstehen möchte. Und wer auf unserem Lieblingsstellplatz eine Lücke gefunden hat und nicht so unverfroren ist, Klappstuhl und Tisch an eine der schönsten Aussichtsstellen der Marken zu schleppen (was man hier unseres Erachtens durchaus tun kann, solange man den Grill nicht mitnimmt), wird im Zentrum ein **Ristorante** suchen. Gerne hätten wir bei unserer letzten Recherche nachgeschmeckt, ob man in der preiswerten, urwüchsigen und ansonsten leckeren ***Trattoria del Leone*** immer noch nachsalzen muss. Aber wir haben den Ruhetag erwischt *(Tel. 0722 329894, Mi. geschlossen; an der Ecke des zentralen Platzes, der Piazza della Repubblica)* und mussten daher eine andere Lösung finden. Das war ein Volltreffer, eine echte Alternative, das edlere Gegenstück. Dabei sind die Preise in der ***Osteria L'Angolo Divino*** für die hohe Qualität sehr anständig *(Via S. Andrea 14, Tel. 0722 327559; abends immer geöffnet; noch mittleres Preisniveau)*.

Wer die freie Natur sucht, fährt raus aus Urbino und findet hinter dem Friedhof von **San Cipriano**, das nur aus einer Kirche und wenigen Häusern besteht, einen Stellplatz mit Fernsicht:

(163) WOMO-Parkplatz: San Cipriano

GPS: N 43°42'00" E 12°36'01". **Max. WOMOs**: 2-3.
Ausstattung: Wasser (im Friedhof rechts, ausnahmsweise!!), **Beschreibung**: Unser Foto sagt über den schattenlosen, klappstuhlgeeigneten, eher einsamen Platz außerhalb der Bebauung eigentlich alles. Sie können hier loswandern.

Wenn man noch ein kleines Stück weiterfährt, kann die Besatzung nicht zu langer Fahrzeuge eine schöne Sicht auf San Marino genießen.

Zufahrt: Fahren Sie in **Urbino** auf der kurvigen Straße Richtung Urbania; Sie kommen dann durch die Ansiedlung von **Tufo**, die Sie westwärts durchfahren. Etwa 300 m westlich des letzten Hauses zweigt links ein Wegweiser ab nach *,S. Cipriano'*; Sie fahren ein paar Hundert Meter auf Asphalt bergauf, kommen auf eine Art Sattel und halten sich dort scharf rechts, erneut Richtung *,S. Cipriano'*; es geht wieder ein Stück bergauf, bis Sie auf Häuser stoßen, vor denen Sie links fahren; linker Hand liegt nun ein ehemaliger Sportplatz, auf dem Sie vermutlich auch stehen könnten; wenn Sie aber noch etwa 180 m bergauf fahren, gelangen Sie zum Friedhof, den Sie links umrunden, um sich dahinter an der weiten Sicht nach Westen über die Hügel der Marken zu erfreuen.

Den Stellplatz habe ich nur entdeckt, weil ich Ihnen bei Urbino eine Wanderung anbieten wollte und ich trotz einiger Versuche beim ersten Versuch nichts Besseres gefunden habe als die im Rother-Wanderführer beschriebene Strecke, die an diesem Stellplatz nicht vorbeiführt, an dem man aber die Wanderung beginnen kann und wo ich derweil mein Wohnmobil auch unbesorgt stehen lassen konnte:

Rundwanderung ab San Cipriano

Wir suchen uns den Weg zum vorgenannten Stellplatz (siehe die dortige Zufahrtsbeschreibung). Statt hinter dem Friedhof kann man sein Fahrzeug auch ein kleines Stück weiter unten auf dem ehemaligen Sportplatz abstellen. Jedenfalls wandern wir von hier zu den wenigen Häusern von **San Cipriano**, wenden uns dort rechts auf die Zufahrtsstraße, um bei der sternförmigen Wegkreuzung auf dem Sattel den rechten Weg entlang des Hangs, aber leicht bergab, zu wählen. Bald kommen wir an einem rechts gelegenen Haus mit einem auffallenden Tor vorbei, wo wir den rechten von drei Wegen wählen, der weiter ins Tal abfällt, sich nach rechts wendet und ein großes Feld umrundet.

Etwa 20 Minuten danach überqueren wir geradeaus auf der *Via San Cristoforo* eine Zufahrtsstraße, gehen an einem Bach oberhalb der Furt geradeaus, stiefeln mitten durch einen Bauernhof und halten uns an der Abzweigung zu einem weiteren Gehöft an dessen Zufahrtsstraße links. Bald gelangen wir auf eine weitere Straße, der wir erst geradeaus und an einem deutlichen Linksknick nach links folgen, bis wir nach einer Häusergruppe zu einer auffallend beschilderten Wegkreuzung gelangen. Dort zweigt ein mit Nr. 5 beschilderter Weg nach rechts ab, den wir wählen könnten, wenn wir die Wanderung um mindestens eine Stunde erweitern wollten. Wir müssten dann allerdings am Ende ein Stück entlang der Straße von Urbino nach Tufo spazieren (das haben wir aber nicht getestet).

Wir wandern stattdessen auf dem mit **Nr. 4** bezeichneten Weg weiter geradeaus und kommen wieder an der Wegspinne unterhalb von San Cipriano an.

Man wandert überwiegend auf Sicht und sieht jedenfalls auf dem zweiten Teil der Strecke, nachdem man das erste Gehöft durchquert hat, genau wie man wieder zum Ausgangspunkt zurückfindet; man sieht auch das WOMO.

Alternativ kann man die Wanderung in Tufo beginnen, wo es aber rechts der Straße im Grunde nur eine einzige geeignete Möglichkeit gibt, das Wohnmobil abzustellen. Man wandert von dort noch ein Stück auf der Straße nach Urbania, bis man die Häuser von Tufo hinter sich gelassen hat und biegt dann auf der Straße nach San Cipriano ab (siehe die obige Zufahrtsbeschreibung zum Stellplatz). Unterhalb des Sattels, von dem man nach San Cipriano abbiegt, hat man einen schönen Blick zurück auf Urbino.

Die Wanderung dauert auf der von uns beschriebenen Strecke ungefähr **2,5 Stunden**; man kann sich vermutlich auch ohne die Kompass-Karte Nr. 2455 oder deren App nicht verlaufen.

In Tufo hat man schon fast die Hälfte der kurvigen Strecke nach **Urbania** (6.900 Einwohner) bewältigt, wo man sich einen weiteren **Palazzo Ducale** anschauen kann, ebenfalls eine Residenz der Montefeltro, die kleiner ist als die von Urbino, was genauso für die Pinacoteca zutrifft *(täglich außer Mo. von 10 – 12 und 15 – 18 Uhr; 4 €)*. Kein Abklatsch von Urbino sind hingegen die schöne Lage von Urbania an einer Biegung des Flusses Metauro und die **Mumien- und Skelettsammlung** in der **Chiesa dei Morti**. Die 18 mumifizierten Leichen, die ein Schimmelpilz auf natürliche Weise konserviert hat, wurden 1833 auf dem Friedhof ausgegraben und werden seitdem in einer Kirche halbkreisförmig in Nischen stehend ausgestellt *(Cimitero delle Mummie, Via Filippo Ugolini, nördlicher Teil der Altstadt, geführte Besichtigung von 11 – 12 Uhr und um 16 – 17 Uhr; 3 €;*

Urbania – Chiesa dei Morti

rufen Sie möglichst vorher an: Tel. 349 8195469). Sie finden einen Stellplatz in der Stadt, der sich eher nur zum Parken eignet, und einen zum Verweilen weiter außerhalb:

Urbania

(164) Offizieller WOMO-Stellplatz: Urbania – Innenstadt

GPS: N 43°39'56" E 12°31'20", Viale Michelangelo. **Max. WOMOs**: 15.
Öffnungszeit: Ganzjährig. **Ausstattung**: Ver- und Entsorgung, Mülleimer.
Beschreibung: Das laute Asphaltgelände unter Bäumen beim Busbahnhof, aber am Rand des historischen Zentrums taugt er nur als Parkplatz. Wegen des Marktes nicht in der Nacht auf Donnerstag.
Zufahrt: Südlich des *Centro storico* überquert die E 78 (SP 4, das ist die Hauptdurchgangsstraße) den Fluss und knickt dann ab; kurz danach kommt man an einem großen Platz vorbei (beschildert).

(165) Offizieller WOMO-Stellplatz: Urbania *Barco Ducale*

GPS: N 43°40'47" E 12°30'48", SS 73. **Max. WOMOs**: 30.
Öffnungszeit: Ganzjährig.
Ausstattung: Ver- und Entsorgung, Strom, Mülleimer. (Foto Seite 317)
Beschreibung: Sie stehen klappstuhlgeeignet auf Schotter an grasigen Rändern sehr schön im Grünen und in der Nähe des Flusses einsam, aber neben einem Wohnhaus. Das Hallenbad finden Sie nach wenigen Metern, einen kleinen Supermarkt nach etwa 800 m in der Via Veneto. Ins Zentrum sind es 1,9 km.
Zufahrt: Biegen Sie nordwestlich von Urbania von der SS 73/E 78 nach dem Ende der Bebauung in einer westlichen Kurve nach Norden zum Fluss hin ab, der Stellplatz liegt beschildert hinter einer großen Kirche.

Der zweite Stellplatz ist gleichzeitig der Parkplatz der Sommerresidenz der Herzöge von Urbino, des sogenannten **Barco Ducale**, wozu bereits im 15. Jahrhundert ein Kloster zu einem Jagdschloss umfunktioniert worden war. Der heutige Bau wurde nach einem Erdbeben im Jahr 1741 errichtet, er beherbergt ein Museum für Keramik, kann aber nach meinen Recherchen trotzdem nicht einfach besichtigt werden.

Etwa 26 Kilometer westlich von Urbania finden Naturliebhaber am Fuß der alten Passstraße nach Sansepolcro und Umbrien in **Lámoli** einen offiziellen, wunderbaren Naturstellplatz auf einer Wiese, der auffallend vielen Lesern gefallen hat:

(166) Offizieller WOMO-Stellplatz: Lámoli

GPS: N 43°37'32" E 12°15'33", SS 73 bis. **Max. WOMOs**: 10.
Öffnungszeit: Ganzjährig.
Ausstattung: Ver- und Entsorgung, Mülleimer,
Beschreibung: Das klappstuhlgeeignete Wiesengelände ist nur für Leser geeignet, die sich auch außerhalb der Bebauung wohlfühlen, einen Laden

und Gaststätten finden Sie in etwa 350 m Entfernung.
Zufahrt: Der Platz ist als Wohnmobilstellplatz an der SS 73 bis, ca. 300 m vor Lámoli (also östlich) und seitlich der Straße ausgewiesen.
Hinweis: Zwischen Urbania und der Schnellstraße im Tiber-Tal war eine vierspurige Straße, die *Superstrada Due Mari*, geplant, mit welcher die schöne, aber kurvenreiche Passstrecke umfahren werden sollte. Falls jene jemals fertiggestellt würde (womit ich nicht rechne, weil der Bau eingestellt worden ist, was eine gigantische Geldverschwendung bedeutet), müssen Sie westlich von Sant'Angelo in Vado auf die alte Passstraße nach Lámoli abbiegen.

Literarisch treten wir nun den Rückweg an die Küste an, wo unsere vorletzte Tour beginnt. Zuvor dürfen Sie, wenn Sie Freude an der hügeligen Landschaft bei Urbino gefunden haben, nach fünf Kilometern noch etwas wandern:

Rundweg bei Trasanni

Parken Sie am nordöstlichen Ortsausgang von **Trasanni**, nachdem Sie bei der letzten Straße rechts abgebogen sind (N 43°45'22" E 12°40'02"). Gehen Sie seitlich der Durchgangsstraße nach Urbino zurück und biegen Sie bei erster Gelegenheit rechts bergauf ab. Danach gehen Sie links und sofort wieder rechts in die Via A. Iacomucci, die in die Via della Linea mündet. Dieser folgen Sie geradeaus nach Westen bis zu einem Kreisverkehr, an dem Sie 50 m zurück Richtung Ort spazieren, um dann abwärts die Via Ca'Gino unter die Füße zu nehmen. Bleiben Sie nun immer auf dem Asphalt oder Schotter dieser Straße, die sich durch die Felder bergauf windet und erst in die Via San Pancrazio und dann in die Via Colonna übergeht. Auf dieser wandern Sie in einem großen Bogen nach Trasanni zurück.

Der **10,5 Kilometer** lange, bequeme Wanderweg ohne anstrengende Steigungen ist nur in der Übergangszeit sinnvoll, da er fast nicht schattig ist. Dafür werden Sie mit ständig wechselnden, sehr schönen Blicken belohnt. Die Strecke ist auch sehr gut für das **Fahrrad** geeignet.

Am Wanderweg bei Trasanni

Tour 13: Nördliche Küste, San Marino und Montefeltro 260 km

Monte San Bartolo – Gradara – San Marino – Verucchio San Leo – Pennabilli – Perticara – Sant'Agata Feltria

Stellplätze:	bei Gabicce Mare, in Gradara, in Montefiore Conca, in San Marino, in Verucchio, in Torriana, in Montebello, bei San Leo, in Perticara, in Sant'Agata Feltria
Campingplätze:	bei Fiorenzuola di Focara, in Casteldimezzo, in Gabicce Monte, bei San Marino, bei Pennabilli
Besichtigen:	Gradara, San Marino, San Leo, Pennabilli
Essen:	*Osteria Il Gufetto* in Gradara, *Osteria Belvedere* in San Leo
Wandern:	auf das *Dach der Welt* bei Gabicce Monte, zum Santuario della Madonna di Saiano, Rundweg bei San Leo

Bevor Sie im Norden den Gebirgszug des sogenannten Montefeltro kennenlernen und dabei sogar ein wenig aus den Marken heraus in das Grenzgebiet zur Emilia-Romagna eindringen, ist erst noch ein Stück Küste angesagt:

In der Fastgroßstadt **Pésaro** (90.000 Einwohner) haben wir uns wegen fehlender Übernachtungsmöglichkeiten selbst nicht weiter umgesehen. Der riesige Mittwochsmarkt in der Altstadt ist uns allerdings nicht entgangen. Leser haben nördlich der Innenstadt eine Sackgasse mit Dusche und Toilette direkt am Strand empfohlen, wo es ihnen so gefallen hat, dass sie zwei Nächte geblieben sind [N 43°55'20" E 12°53'40", Viale Versavia, ab dem 4. 9. kostenlos]. Und in der preiswerten ***Osteria La Guerica*** in der Altstadt hat es ihnen so gut geschmeckt, dass sie zweimal die 2,2 Kilometer einfache Strecke auf sich genommen haben *(Via Baviera 33)*. Ich gebe beides ungeprüft weiter.

Wir tuckern lieber nördlich von Pesaro auf dem Sträßchen oberhalb der Steilküste durch den **Regionalpark Monte San Bartolo**. Etwa drei Kilometer südlich von **Fiorenzuola di Focara**, das zu Pesaro gehört, kommen wir dabei an *Camping Panorama* vorbei, dessen Name nicht ganz ehrlich ist: Dem Panoramablick stehen nämlich nicht nur die Bäume im Weg, man sieht vor allem nicht aufs Wasser. Trotzdem hat dieser Platz einzig den Nachteil, dass er nicht am Meer liegt. Ähnlich liegt *Camping Paradiso*, nördlich von **Casteldimezzo**.

(167) WOMO-Campingplatz: Fiorenzuola di Focara
Camping Panorama

GPS/Kontakt: N 43°56'30" E 12°50'47", Pesaro, Brisighella 7, Tel. 0721 208145; www.campingpanorama.it/.
Öffnungszeit: 15.4.– 30.9.
Ausstattung: Schön gelegener Pool, kleines Restaurant, kleiner Laden (nur im Sommer, aber stets Brotbestellung).

Beschreibung: Das ist ein schöner Campingplatz mit älteren Sanitäranlagen, aber ohne Dauercamper und mit nur wenigen Miethausungen. Das Ortszentrum ist 3 km entfernt.
Preise: 24 – 35 €.
Zufahrt: Der Platz ist ab Fiorenzuola di Focara beschildert.
Hinweis: Den steilen, mit Seilen gesicherten (!) Pfad hinunter zum schmalen Strand, der etwa nach 100 m seitlich der Straße nach Pesaro abzweigt, haben wir nicht getestet; angeblich benötigt man 20 Minuten.

(168) WOMO-Campingplatz: Casteldimezzo
Camping Paradiso

GPS/Kontakt: N 43°57'35" E 12°48'08 ". Pesaro, Via Riva del Faro 2, Tel. 0721 208579; www.campingparadiso.net/. **Öffnungszeit**: 1.3. – 31.10.
Ausstattung: Pool, Snack mit Pizza, Brotbestellung.

Beschreibung: Der schmale Strand ist vom teilweise schattigen Gelände auf einem gut begehbaren Fußweg 1,4 km entfernt.
Preise: 21 – 40 € je nach Zeitpunkt, Platz- und Fahrzeuggröße.
Zufahrt: Der Platz 1 km nördlich von Casteldimezzo ist beschildert.

In der nördlichen Nachbarbucht finden Sie einen Großparkplatz mit Bereichen für Wohnmobile:

(169) Offizieller WOMO-Stellplatz: Gabicce Mare
Vallugola Parking

GPS/Kontakt: N 43°57'45" E 12°47'13", Pesaro, Str. della Vallugola 7, Tel. 0721 208692; http://vallugolaparking.it/. **Max. WOMOs**: ca. 50.

Öffnungszeit: Der privat betriebene Stellplatz hat bislang genaue Öffnungszeiten nicht eingehalten und außerhalb der Hochsaison zeitweise nur am Wochenende geöffnet. Das scheint sich gebessert zu haben, wenngleich die Internetseite Öffnungszeiten immer noch nicht angibt; vermutlich Mitte März bis Mitte Oktober.
Ausstattung: Ver- und Entsorgung (hinter einer Schranke), Strom, Mülleimer.

Beschreibung: Der grasige, schattenarme Parkplatz liegt etwa 300 m oberhalb des Meeres und eines kostenpflichtigen *Bagno*. Zum sehr schmalen, steinigen freien Strand muss man noch etwas weiter gehen.
Ansonsten erinnert das Gelände an einen Campingplatz, allerdings gibt es keine Toilette. Am Meer und bei einem kleinen Jachthafen sind Gaststätten erreichbar, man kann aber nichts einkaufen.

Preise: 14 € für die ersten 12 Stunden, danach 0,80 €/Stunde.

Zufahrt: Biegen Sie südlich von Gabicce Mare von der SS 16 zur Baia Vallugola ab, an einer Gabelung fahren Sie rechts abwärts.
Wenn Sie von den vorherigen Campingplätzen auf der Panoramastraße anfahren, biegen Sie beim Wegweiser zur Vallugola-Bucht rechts ab.

Nochmals ein kleines Stück weiter im Norden finden Sie einen Campingplatz mit Sicht zum Meer und Zugang zum Strand:

(170) WOMO-Campingplatz: Gabicce Monte
Camping Gabicce Monte

GPS/Kontakt: N 43°57'51" E 12°46'33", Via Panoramica 148, Tel. 0541 950713; www.campinggabicce.it/. **Öffnungszeit**: Mai – September.
Ausstattung: Campingplatzüblich.

Beschreibung: Nur für Wohnmobile bis 7 m Länge.

Vom schattigen, nicht großen Gelände führt ein relativ steiler Pfad zum schmalen, steinigen Strand. Stellenweise sehr schöne Sicht, keine Dauercamper, fast keine Mietbehausungen. Gaststätten und eine Einkaufsmöglichkeit finden Sie nach etwa 350 m im Dorf.

Preise: 35 – 52 €.

Zufahrt: Der Platz liegt unmittelbar südlich von Gabicce Monte.

Die in diesem Teil der Welt ungewöhnliche Steilküste hat uns zu einer Wanderung herausgefordert wird, für die Sie höchstens einen halben Tag benötigen und die Sie von den drei letzten der oben vorgestellten Plätze starten können, aber auch vom Parkplatz am **Friedhof von Gabicce Mare**, der uns sogar ruhig und übernachtungsgeeignet erschien

[**171**: N 43°57'25" E 12°46'28", Via della Cupa; Wasser an der linken äußeren Friedhofsecke; alternativ können Sie am Rand des Wohngebietes davor, nordwestlich der Kirche, in der Via Enrico da Nicola, parken].

Auf das *Dach der Welt* bei Gabicce Monte

Diese Wanderung führt sowohl am Campingplatz von Gabicce Monte vorbei, am Campingplatz von Casteldimezzo wie auch am *Vallugola Parking*. Sie können genauso in Gabicce Monte oder am **Friedhof** von Gabicce Mare parken und loslegen. Da dessen Parkplatz für alle Fahrzeuge groß genug ist, beschreibe ich den Start ab hier, obgleich wir selbst von unserem Kastenwagen in Gabicce Monte gestartet sind.

Gehen Sie links (nordwestlich) des Friedhofs entlang der Mauer und etwa 40 m nach deren Ende rechts. Sie stoßen auf einen Querweg, auf den Sie scharf rechts einbiegen, an Höhe gewinnen, auf Asphalt rechts an einer Häusergruppe vorbeigehen und genau dort, wo die Straße nach links abknickt, geradeaus auf einem Pfad in den Wald eintreten, den Sie erst in einem Rechts- dann in einem Linksbogen durchwandern und auf einem folgenden Weg rechts gehen, ehe Sie auf die Landstraße, die Via Panoramica (SP 44), stoßen. An ihrem Rand stiefeln Sie rechts und biegen auf die bald scharf heraufkommende Strada della Vallugola ab, auf der Sie 270 m abwärts schlendern.

Wo die Parkplatzmarkierungen beginnen, wandern Sie rechts leicht bergauf, und wenige Meter nach einem links liegenden Haus, beim Linksknick der Straße, schlagen Sie sich nach rechts in den Wald. Sie steigen nun am Rand einer **kleinen Schlucht** ziemlich stark an, überqueren die SP 44 zweimal und stoßen, bevor Sie ein weiteres Mal auf diese Landstraße treffen, auf den **Sentiero del Tetto del Monte** (N 43°57'33" E 12°47'49").

Auf dem ‚Dach der Welt'

Dieser Weg führt Sie aus dem bewaldeten Gelände heraus hinauf auf das ***Dach der Welt*** *(Il Tetto del Monde)*. Diese Bezeichnung ist natürlich ziemlich übertrieben, aber der Ausblick am Geländer von einem der höchsten Punkte der Steilküste lohnt jede Mühe. Wenn Sie an diesem Geländer rechts gehen, stehen Sie nach genau 250 m am Eingang von ***Camping Paradiso*** (falls Sie dort starten, müssen Sie am Ausgang links gehen und in der ersten Kurve geradeaus eine Treppe wählen).

Am Geländer gehen Sie links auf einem Weg oberhalb des Steilhangs allmählich abwärts, bis Sie auf die Straße stoßen, wenige Meter links und dann rechts auf Asphalt abwärts wandern. Sie spazieren auf einem Weg (das Verbotsschild gilt für Fahrzeuge) unmittelbar am *Vallugola Parking* vorbei, gehen beim Erreichen der Straße links und danach rechts bergauf auf das Hotel *Capo Est* zu. Vor dessen Tor wechseln Sie auf eine links bergaufführende Asphaltstraße, an deren Ende Sie entlang der SP 44 nach **Gabicce**

Monte wandern. Auf diese Weise kommen Sie an ***Camping Gabicce Monte*** vorbei. Auf der Meerseite umrunden Sie die folgende gleichnamige, kleine Ansiedlung, stoßen wieder auf die SP 44 und gehen nun vor dem Parkplatz links Richtung *'Pesaro'*. Bei einer Markierung biegen Sie nach rechts auf die Via Rossini ab und müssen rechts eines bald folgenden gelben Hauses aufpassen, den links der Straße zwischen zwei Metallbügeln hinunterführenden (markierten) Weg nicht zu verpassen. An dessen Ende stoßen Sie auf die Zufahrtsstraße zum Friedhof.

Das klingt alles komplizierter, als es in Wirklichkeit ist. Bei *Komoot* ist (oder war) die Wanderung mit kleinen Abweichungen als *'Sentiero il tetto del mondo – Vista Panoramica von Gabicce Mare'* dargestellt. Wir haben eine Streckenlänge von etwa **9 km** gemessen und raten bei matschigem Wetter wegen des kurzen steilen Stücks an der oben beschriebenen kleinen Schlucht ab.

Ab Gabicce Monte darf man an der Küste wirklich nicht wesentlich weiter nach Norden fahren. Es droht nämlich Rimini. Vielleicht haben Sie aber schon von der **Festung Gradara** gelesen und dem Attribut, es handele sich beim historischen Ortskern um eine der schönsten Ortschaften Italiens *(I Borghi più belli d'Italia)*, mit geschlossenem Mauerring und 16 Türmen. Im Prinzip ist das richtig. Wenn aber eine Festung von zackigen Zinnen ummauert auf einer Anhöhe in unmittelbarer Küstennähe thront, gar in Sichtweite von Rimini und anderen stark besuchten Adria-Badeorten, deren Kundschaft noch nie eine Bildungsreise gebucht hat, kann man sich ausmalen, wie es an einem trüben Ferientag in der Hauptgasse von Gradara zugeht, wenn man am Strand mal nicht die Haut schädigt. Und welches Kitsch-Sortiment in den Ladengeschäften vorgehalten wird.

Jenseits der Kasse am Tor der Festung grenzt der Eintrittspreis aber die Interessierten von den Knackwurstbraunen ab,

Gradara - Festung

weil in der Folterkammer keine Werkzeuge zu sehen sind. Der Rundgang durch die Gemächer der Malatesta aus dem 15. Jahrhundert führt Sie deshalb in erstaunlicher Ruhe an sehenswerten Gemälden vorbei, von denen mir in der **Sala di Putti** die Fresken am besten gefallen. Selbstverständlich kommen Sie auch in die **Camera di Francesca**, in der das Drama um einen der bekanntesten Seitensprünge der Literaturgeschichte sein blutiges Ende gefunden hat: Dante berichtet wie Gianciotto Malatesta seine Frau Francesca, die den Gatten auf Dienstreisen wähnte, in den Armen seines Bruders Paolo ertappt und nicht lange gefackelt hat. Gianciotto trieb das Schwert mit der Spitze voran durch die beiden Liebenden. Und es heißt, er habe so die Ertappten auch im Tod vereint. Wobei das Wörtchen *,auch'* auf eine klassische *In-Flagranti-Situation* schließen lässt.

Nachdem Sie sich ausreichend und bildlich die Folgen der literarischen Untreue vorgestellt haben, werden Sie von den obersten Bastionen der Festung die Küste unter sich sehen und sich danach blickmäßig sowie gedanklich landeinwärts orientieren *(trotz nervender Hauptstraße lohnt sich der Besuch der Festung von Gradara sehr; 9 – 18.15 Uhr, 8 €).*

In Gradara finden Sie einen gut gelegenen, aber teuren Übernachtungsplatz, in der Saison vermutlich erst am späten Nachmittag, wenn die Tagestouristen auf dem Rückweg zum Strand wieder im Stau stehen. Schöner, aber weniger zentrumsnah ist das Gelände an der Sporthalle:

(172) Offizieller WOMO-Stellplatz: Gradara Historisches Zentrum

GPS: N 43°56'28" E 12°46'16", Piazza Paolo e Francesca.
Max. WOMOs: 8-10.
Öffnungszeit: Ganzjährig.
Ausstattung: Ver- und Entsorgung (jeweils eher unzumutbar, man muss an einem Seil eine Eisenplatte hochheben), Toilette, Mülleimer.

Beschreibung: Der Asphaltparkplatz innerhalb der Bebauung taugt nur für die reine Übernachtung, wobei Fahrzeuge über 8 m die Markierungen nicht einhalten können. Das historische Zentrum ist nach wenigen Schritten erreicht, ebenso wie mehrere Gaststätten. Eine Einkaufsmöglichkeit haben wir nicht entdeckt.

Preise: 7 €/2 Stunden, 15 €/ganzen Tag bis 24 Uhr, aber nicht für 24 Stunden! Ab 8 Uhr muss man neu bezahlen (wir haben es nicht getan, sind aber um halb neun verschwunden).

Zufahrt: Der gemischte Parkplatz ist in Gradara als *,P 1'* und *,Bus'* beschildert; für WOMOs sind Plätze reserviert; bei sehr großem Betrieb wird zumindest für Pkw oberhalb ein weiterer großräumiger Parkplatz geöffnet.

(173) WOMO-Parkplatz: Gradara – Sporthalle

GPS: N 43°56'05" E 12°46'08", Via Tavullia. **Max. WOMOs**: 10.
Ausstattung: Keine.
Beschreibung: Vom schattenlosen, geschotterten und klappstuhlgeeigneten Parkplatz genießen Sie eine traumhafte Sicht auf Gradara und die Umgebung. Ein Supermarkt ist 250 m entfernt. Sie stehen hinter einer Sporthalle, wegen der es sicher gelegentlich zu größerer Belegung kommt, und neben einem Kindergarten. Ins historische Zentrum sind es 900 m.

Zufahrt: Sie erkennen die Sporthalle an der Straße von Granada (SP 39) nach Urbino noch vor dem Ende der Bebauung nach einem Supermarkt.

Wenn Sie in Gradara ein nettes, familiäres Restaurant suchen, können wir Ihnen die ***Osteria Il Gufetto***, westlich am Fuß des Schlosses wärmstens empfehlen *(Via del Cappuccini 9, Tel. 0541 964127; Di. geschlossen, relativ preiswert).*

Gradara war aber erst die Übung für San Marino, das wir durch die anmutigen Hügel der nördlichen Marken erreichen. Wenn Sie Spaß an kleinen, befestigten Orten haben, fahren Sie vorher hinauf nach **Montefiore Conca** und betrachten die dicken Mauern, die einst den Ort und die Burg geschützt haben. Vielleicht betrachten Sie auch den gepflegten Stellplatz:

(174) Offizieller WOMO-Stellplatz: Montefiore Conca

GPS: N 43°53'11" E 12°36'44", Via Europa. **Max. WOMOs**: 20.
Öffnungszeit: Ganzjährig.
Ausstattung: Ver- und Entsorgung, Strom, Mülleimer.
Beschreibung: Sie stehen auf Rasenpflaster klappstuhlgeeignet am Rand der Bebauung, allerdings ohne nennenswerte Sicht. Für große Wohnmobile sind die Buchten zu kurz. Diese parken daher quer, was kein Problem ist. Gaststätten und einen kleinen Laden finden Sie nach etwa 400 m.
Preis: Zuletzt kostenlos. Früher kostete die Nacht 12 €. Man musste sich in einem örtlichen Laden oder der Bar auf der Piazza Liberta eine Magnetkarte *(la tessera per la barriera)* holen, um die Schranke zu öffnen. Das wurde (vorübergehend oder dauerhaft) abgeschafft.
Zufahrt: Der beschilderte Platz liegt südlich des Dorfes.

Auf dieser Strecke nähern wir uns **San Marino** durch zahlreiche Kurven von Süden, was deutlich reizvoller ist als die vierspurige Schnellstraße (SS 72), auf welcher der Durchschnittstourist von Rimini und Riccione heranbraust. Der macht das in der Regel auch nur an einem trüben Nachmittag, um keinen Strandtag zu versäumen, aber er tut es dennoch in

San Marino – Festung La Guaita auf dem Monte Titano

Massen. Früher hat er vielleicht Briefmarken gesammelt, heute sind es eher Waffen oder vermeintlich billige Markenparfüms, Markentaschen oder andere Markenartikel, bei denen man nie weiß, ob sie echt sind oder nur preisgünstig – oder nichts von beidem. Auf jeden Fall wird jener Massentourist keine Umsatzsteuer bezahlen.

San Marino

Der Steinmetz Marinus aus Brindisi war einer der Ersten, die im 4. Jahrhundert vor der Christenverfolgung des römischen Kaisers Diokletian in die Felseinsamkeit geflüchtet sind. Weitere Christen folgten ihm, und allmählich entstand so eine größere Gemeinde. Bald darauf zog sich auch der Kollege Leo auf einen benachbarten Berg zurück (das heutigen San Leo), während Marinus am Monte Titano Anhänger um sich scharte. Es entwickelte sich dort so etwas wie eine politische Ordnung mit demokratischen Grundsätzen, und bereits 1244 wurden die ersten Volksvertreter gewählt, die sich im Jahr 1250 eine demokratische Verfassung gaben – die älteste Demokratie der Welt.

San Marino gehört heute mit 61 Quadratkilometern und ca. **33.000 Einwohnern** zu den kleinsten Staaten der Erde. Kleiner sind noch zwei außereuropäische Inselstaaten, außerdem der Vatikan und Monaco. Letzteres hat allerdings mehr Einwohner.

Im europäischen Fußball rangiert die Nationalmannschaft, solange der Vatikan nicht aufläuft, auf dem letzten Platz. Sie wurde 1990 gegründet, hat nach 8 Sekunden das schnellste Gegentor der europäischen Länderspielgeschichte kassiert, über 180 Niederlagen erlitten, darunter im Jahr 2006 mit 0:13 die höchste Schlappe gegen Deutschland, und nur einmal gewonnen – gegen Liechtenstein.

Bei unserem ersten Besuch hatten wir einen tristen Regentag erwischt und nicht das Bedürfnis, die Visite bei schönem Wetter zu wiederholen. Es gibt weniger als erwartet zu sehen, obgleich das **historische Zentrum** und der **Monte Titano** seit

San Marino - Blick vom Monte Titano zum Meer

dem Jahr 2008 in der UNESCO-Liste des Weltkulturerbes stehen. Seriöse Hauptattraktion ist die neoklassizistische **Basilica di San Marino**, in der die Gebeine des Heiligen Marinus aufbewahrt werden. In der benachbarten **Kapelle San Pietro** kann man die ersten Lagerstätten des Missionars und seines Gefährten Leo betrachten. Die meisten Besucher begnügen sich mit einem Foto der inszenierten Wachablösung (im Sommer alle halbe Stunde) am **Palazzo Pubblico**, dem Regierungspalast von 1894 im neugotischen Stil, und vielleicht noch mit einem weiteren von einem der **drei Türme** am höchsten Punkt des Monte Titano, dem Wahrzeichen der Stadt, von dem der Blick wirklich lohnend ist.

San Marino - Palazzo Pubblico

Wir hätten das Foltermuseum, das Kuriositätenmuseum und das Wachsfigurenmuseum besichtigen können. Wer schon länger mit uns verreist, weiß, dass wir es nicht getan haben. Wir hätten uns auch mit Waffen eindecken können, mit Dolchen, so lang wie Schwerter, und allerlei Faust- und Jagdwaffen. Aber wir haben nicht erkundet, ob diese in den schätzungsweise fünfzig Waffengeschäften Attrappen sind. Wir hatten nicht diesen Eindruck, und wir gestatten uns die Warnung, dass Sie bei der Einfuhr einer Pumpgun nach Deutschland am Zoll freiwillig die Umsatzsteuer deklarieren müssen.

Inzwischen haben wir die Visite wiederholt und dürfen bemerken, dass der allenthalben beschilderte Rundgang zu den drei Türmen, der ***Percorso delle tre torri***, bei klarem Wetter wirklich ein Urlaubserlebnis ist, wenngleich etwas anstrengender als erwartet. Starten Sie am besten am nördlichsten Aussichtspunkt bei der oberen Seilbahnstation, erkunden Sie danach die Basilica und gehen Sie dann zu den Türmen, was wir nicht in Badelatschen täten.

Wir hatten in San Marino auch nicht das Bedürfnis nach einem Stellplatz, wir haben uns trotzdem umgesehen und ein erstaunliches Angebot entdeckt, was vermutlich an der hohen Besucherdichte liegt (ca. 3 Millionen pro Jahr – vor Corona):

(175) Offizieller WOMO-Stellplatz: San Marino Parkplatz *'P 10'* – stadtnah

Schneereste am Mittwoch vor Ostern

GPS: N 43°56'06" E 12°26'39", Via Napoleone Bonaparte. **Max. WOMOs**: 10-15. **Öffnungszeit**: Ganzjährig.
Ausstattung: Wenige Stromanschlüsse, Mülleimer.
Beschreibung: Das am Abend bedingt klappstuhlgeeignete Parkplatzgelände auf Asphalt direkt gegenüber dem kostenlosen Personenaufzug ins Zentrum ist leicht abschüssig (Keile sind unbedingt erforderlich) und tagsüber laut, trotzdem eindeutig der beste Platz für die Besichtigung. Gaststätten finden Sie in der Nähe. Am Platz sehen Sie einen Wegweiser zur Entsorgungsstation bei Platz Nr. 176.
Preise: Parkscheinautomat 13 €/24 Std. (im Sommer 15 €), es gibt Kurzzeittarife; der Automat nimmt nur Münzen.
Zufahrt: Der Platz liegt auf der Rückseite (Westseite) des Stadtberges; Sie umrunden den Stadtberg von Süden, fahren an einem großen Kreisverkehr auf den Berg zu und folgen dann dem Wegweiser mit dem Reisemobilsymbol, der Parkplatz liegt an der Talseite der Straße und ist als *'P 10'* bezeichnet; Sie kommen bei der Umrundung der Stadt unweigerlich daran vorbei, wenn Sie die für Wohnmobile verbotenen Strecken meiden;

(176) Offizieller WOMO-Stellplatz: San Marino Parkplatz *'P 12'*

GPS: N 43°55'33" E 12°26'52", Via Gamella. **Max. WOMOs**: 5-7.
Öffnungszeit: Ganzjährig.
Ausstattung: Ver- und Entsorgung, Strom, Picknick-Areal in der Nähe.
Beschreibung: Das klappstuhlgeeignete Gelände mit teilweise schönem Blick liegt außerhalb der Bebauung. Zum Aufzug in die Innenstadt sind es über 2 km bergauf.

Zufahrt: Der Stellplatz liegt deutlich unterhalb der Stadt am Westhang an einer Art Umgehungsstraße, auf deren Seiten allerdings Parkplätze eingezeichnet sind, die nur im Sommer vollgeparkt sein dürften.
Wenn Sie sich von Süden dem Stadtberg nähern, gelangen Sie in der Nähe einer Tankstelle an einen zentralen Kreisverkehr; dort fahren Sie links, leicht bergab.

(177) Offizieller WOMO-Stellplatz: San Marino *Baldasserona – P 13'*

GPS: N 43°56'28" E 12°26'33", Via Bigelli. **Max. WOMOs**: 60.
Öffnungszeit: Ganzjährig. **Ausstattung**: Ver- und Entsorgung (am 3. Parkplatz der übereinander liegenden Plätze), Toilette, Mülleimer.
Beschreibung: Sie stehen klappstuhlgeeignet auf geschottertem Untergrund, teilweise im Schatten, stellenweise schräg und mit schöner Sicht von der unteren Etage. Gaststätten finden Sie in der Nähe.
Der Platz ist etwa 300 m von der Talstation der Seilbahn entfernt. Der Fußweg ins Zentrum dauert mindestens 40 Minuten, wenn die Seilbahn nicht mehr fährt (von Juli bis Anfang September bis 1 Uhr, sonst höchstens bis 20 Uhr – alle 15 Minuten).
Das ist der eindeutig schönste Stellplatz in San Marino. Auf den tiefer gelegenen Terrassen ist es ruhiger als weiter oben. Sie nächtigen außerorts, trotzdem wohl nie alleine.

An der Zufahrt erkennen Sie auch einen waghalsigen Klettersteig mit 157 Stufen zum **Sacello del Santo Marino**, einer Grotte in der Felswand, die dem Heiligen Marinus als Unterschlupf gedient haben soll.

Zufahrt: Der Platz liegt auf der Westseite des Stadtberges.
Wenn Sie von der Küste kommen – und nur in dieser Richtung –, schwenken Sie nach den ersten Serpentinen noch deutlich unterhalb des Burgberges nach rechts zum Parkplatz *,P 13'*, dem ersten Parkplatz, der auf einem großen, braunen Wegweiser ausgeschildert ist; die Zufahrt zu *P 13* ist eine Einbahnstraße; folglich müssen Sie Terrasse für Terrasse hinabkurven, wobei Sie die Entsorgungsstation entdecken.

Infrage kommt schließlich der Campingplatz, der auf der Küstenseite des Berges liegt, ein gutes Stück von der Innenstadt entfernt, der aber einen angenehmen Eindruck macht:

(178) WOMO-Campingplatz: San Marino *Centro Vacanze*

GPS/Kontakt: N 43°57'33" E 12°27'43", Strada San Michele, Tel. 0549 903964; www.centrovacanzesanmarino.com/.
Öffnungszeit: Ganzjährig.
Ausstattung: Pool, geräumiges Restaurant, Laden, Buslinie Nr. 7 nach San Marino (fährt aber nicht abends und am Wochenende), Shuttle.
Beschreibung: Der Nachteil des eigentlich schönen Platzes sind die fünf Kilometer stark befahrener Straße nach San Marino. **Preise**: 26 – 45 €.
Zufahrt: Der Platz liegt östlich von San Marino an der SS 72, der Straße nach Rimini, und ist beschildert.

Der Blick von den Zinnen in San Marino weckt die Neugier auf die anderen Bastionen, die im Grenzgebiet zur Emilia-Romagna aus der lieblichen Landschaft herausragen. Zunächst auf **Verucchio** (der ganze Ort hat 9.000 Einwohner, während das *Centro storico* sehr überschaubar ist), in dessen Burg der Begründer des Geschlechts der Malatesta geboren worden ist (siehe bei Gradara). Die **Rocca** ist daher auch die

Verucchio

Hauptsehenswürdigkeit außer der romanisch-gotischen Pfarrkirche, dem Franziskanerkloster von 1215 (im Innern beachtliche *Kreuzigung* aus dem 13. Jahrhundert) und der Zypresse vor Letzterem, die angeblich schon Franz von Assisi gepflanzt haben soll. Ein Kleinod ist der Schildkrötenbrunnen auf dem Dorfplatz (Foto Seite 332). Der Stellplatz mit ein wenig Sicht bis zum Meer gehört in die Gattung derer, die man gerne an Ostern besucht, im Sommer aber weniger reizvoll findet:

(179) Offizieller WOMO-Stellplatz: Verucchio

GPS: N 43°58'55" E 12°25'31". **Max. WOMOs**: 6-7.
Öffnungszeit: Ganzjährig. **Ausstattung**: Ver- und Entsorgung, Mülleimer.
Beschreibung: Die klappstuhlgeeignete, schattenlose Fläche auf Rasengitter am Rand der Bebauung eignet sich nur für Fahrzeuge bis 7,50 m Länge. Fast alle Wohnmobile müssen quer zu den Markierungen stehen. Wenige genießen einen schönen, weiten Blick. Im etwa 500 m entfernten Ort gibt es Gaststätten und einen Laden.
Zufahrt: Der Platz ist als *,P 7'* auf der Ostseite der Altstadt beschildert; Sie dürfen mit dem WOMO durch das historische Zentrum fahren.

Wer nach Aussichtsplätzen süchtig ist, fährt auf die nördliche Talseite des Flusses Marecchia und schaut oberhalb von **Torriana** vom Castello di Torriana zurück auf Verucchio, San Marino und das Meer; die wahrscheinlich beste Aussicht von allen Plätzen in diesem Buch (und deshalb häufig auch von anderen Lesern besetzt – und den Nutzern anderer Internetportale, die diesen Tipp vom WOMO-Verlag übernommen haben):

(180) WOMO-Parkplatz: Castello di Torriana

GPS: N 43°59'04" E 12°22'58". **Max. WOMOs**: 2-3.
Ausstattung: Mülleimer.
Beschreibung: Unser Foto sagt eigentlich alles. Am Wochenende finden Sie nachmittags keinen Platz. Die Gaststätte in der Burg wird für Events genutzt.
Zufahrt: Fahren Sie in Torriana Richtung Montebello; auf halber Strecke zweigt nach rechts eine Straße hinauf zur Burg ab, dem Castello di Torriana. Parken Sie vor der Burg in der Ausbuchtung rechts der Straße. Ein paar Meter weiter links kann man weniger präsent, allerdings ohne Sicht, stehen; auf diese Weise passen mehr Fahrzeuge an die Stelle.

Deutlich weniger ausgesetzt steht man auf dem offiziellen Stellplatz des benachbarten und ebenfalls hoch gelegenen **Montebello**:

(181) Offizieller WOMO-Stellplatz: Montebello

GPS: N 43°58'18" E 12°22'06".
Max. WOMOs: 4-5.
Öffnungszeit: Ganzjährig.
Ausstattung: Ver- und Entsorgung.
Beschreibung: Sie stehen außerhalb der Bebauung und können auf Klappstühlen sitzen, was wegen des Asphaltes wenig Spaß macht. Im Ort finden Sie nach 450 m zwei Gaststätten (Di. oder Mi. geschlossen), aber keine Einkaufsmöglichkeit. Unsere nachfolgende Wanderung führt hier vorbei.
Zufahrt: Fahren Sie von Torriana nach Montebello, der Stellplatz liegt etwa 400 m vor dem Dorf.

Bei unserer Wanderung haben wir einen Vorschlag aus dem Rother Wanderführer abgewandelt und abgekürzt:

Von Gessi zum Santuario della Madonna di Saiano

Wir parken bei den wenigen Häusern von **Gessi zwischen** den beiden vorerwähnten Stellplätzen. Sie können dort auf einer straffierten Fläche am Straßenrand stehen (Sie dürfen das Fahrzeug auch an der Abzweigung zum Castello di Torriana bei einer Schutzhütte oder auf einem der beiden vorerwähnten Stellplätze parken). Auf der Straße wandern wir hoch nach **Montebello** und missachten, dass die rot-weiße Markierung rechts auf der Westseite unterhalb des Weilers vorbeiführt. Nachdem wir uns das niedliche Dorf betrachtet haben, gehen wir etwa hundert Meter zurück, um zwischen den Häusern und der letzten Straßenkurve auf einem schrägen Weg südlich von Montebello entlang dem Hang abzusteigen und um wieder auf die Markierung zu treffen. Diese schickt uns mit wunderbarem Blick auf San Marino zur in einer Rohrleitung gefassten Quelle **Fontebuono** und zum **Santuario della Madonna di Saiano**.

Leider kann man in der Karwoche die auf einen Felsen gebaute Wallfahrtskirche nicht besichtigen (obgleich sie sonst den ganzen Tag offen ist), weshalb wir bald unterhalb des Santuario auf einer Fahrstraße nach Osten wandern (man könnte auch vom Eingang des Santuario direkt zum sichtbaren Gessi aufsteigen). Vor einer Brücke wandern wir geradeaus auf Asphalt bergauf (auch wenn die Markierung rechts über die Brücke zeigt) und biegen nach einem kleinen Kapellchen nach links ab (hier keine Markierung, obgleich auf der Kompasskarte ein Wanderweg eingezeichnet ist). Nach einem Tennisplatz halten wir uns links und gehen auf ein oranges Haus zu, nach dem wir auf die Straße nach Montebello stoßen, uns also links halten.

Die Wanderung ist nur teilweise schattig, sie ist unkompliziert und dauert auf dieser Wegführung **2 Stunden und 45 Minuten**. Man kann sie mit der Kompasskarte Nr. 2455 oder der App leicht ausbauen oder, wie erwähnt, abkürzen. Und sie lohnt sich, wie unser Foto beweist, auch bei schlechtem Wetter.

in San Leo

Zurück zu den frühchristlichen Missionaren: Marinus' Berufskollege Leo hatte sich einen schrofferen, strategisch aber günstigeren Felsen ausgesucht, den der Massentourismus heute schon deshalb verschont, weil der Berg nur von einer Seite zugänglich ist: nämlich von der flacheren Westseite, auf der auch Platz für das Dorf **San Leo** (2.700 Einwohner) war, das mir, obgleich *Uno dei Borghi più belli d'Italia*, Kummer bereitet hat. Am ehesten war noch die Gebietsreform zu verschmerzen, die den Ort (und sechs weitere) seit August 2009 der Emilia-Romagna angegliedert – und den Marken weggenommen – hat. Schlimmer war die Sperrung des reizenden innerörtlichen Naturstellplatzes. Sie müssen deshalb Ihr Fahrzeug auf dem Parkplatz außerhalb der Häuser abstellen und etwa 450 Meter zu Fuß ins Zentrum spazieren. Dadurch hat San Leo auf der Wohnmobilreise etwas an Reiz verloren, wenngleich es immer noch eines der schönsten Ziele in diesem Buch ist, in der Hochsaison möglicherweise aber nur mit Vorsicht bereist werden sollte (das haben wir noch nicht selbst getestet).

Auf einem großen Parkplatz kann und darf man außerhalb des historischen Kerns übernachten (unser Foto mit Schneeresten zur Zeit eines frühen Osterfestes):

(182) WOMO-Parkplatz: San Leo

GPS: N 43°53'46" E 12°21'00", SP 22. **Max. WOMOs**: 10-15.
Ausstattung: Toilette, Wasser, Mülleimer.
Beschreibung: Der wenig schattige Asphaltparkplatz ist abends klappstuhlgeeignet und grenzt zwar an die nachts nicht nennenswert befahrene Landstraße, ist aber trotzdem schön außerhalb der Bebauung gelegen, zwei Wohnhäuser befinden sich in der Nähe. Einen Lebensmittelladen mit Brotverkauf erreichen Sie links nach etwa 150 m noch weit vor dem eigentlichen Ort; aber die Betreiberin ist betagt. In das historische Zentrum selbst mit Gaststätten und Bäcker sind es etwa 450 m. Unsere Wanderung beginnt hier.
Zufahrt: Sie fahren auf der Strecke nach San Marino, das ist die SP 22, östlich des Ortes an dem großen Parkplatz vorbei.

Für eine Nacht in San Leo spricht, dass sich gegen Abend die Tagestouristen zurückziehen und es eine der schönsten Urlaubstätigkeiten ist, bei klarem Wetter hoch zur **Burg** zu spazieren *(Blick nach San Marino, Waffenausstellung und leider auch Folterinstrumente; 10.30 – 18 Uhr; 9 €)* oder zum **Belvedere**, wo Ihr Blick über bizarre Hügel zu den dicht besiedelten Adriastränden reicht. An der Fußstrecke liegen der

San Leo

schlichte **Duomo** und gegenüber die kleine Kirche, an deren Stelle im 4. Jahrhundert schon der Heilige Leo gesiedelt haben soll. Sehenswert ist dort der Aufbau über dem Altar aus dem 9. Jahrhundert. Wer im Dom nach dem Leichnam von Leo sucht, wird enttäuscht. Die Reliquien ruhen heute in Ferrara, zurückgeblieben ist lediglich der Sargdeckel. Beachten Sie vor dem Dom die Ritzzeichnungen im Fels.

Sie können sich denken, dass wir an einem derart liebenswerten Reiseziel auch ein **Ristorante** gefunden haben. Entscheiden Sie sich für die ***Osteria Belvedere***, wo die Einheimischen einkehren und unter anderem köstliche Pizza bestellen *(Tel. 0541 916361, Reservierung ist nicht erforderlich; Di. geschlossen; preiswert, schöner Freisitz)*. In San Leo wird selbstverständlich auch gewandert:

Von San Leo ins Tal des Marecchia

Verlassen Sie **San Leo** auf der einzig möglichen Zufahrtsstraße und wenden Sie sich an deren Ende und einigen Häusern nach links bergab (Wegweiser *,San Igne';* wenn Sie vom Stellplatz kommen, gehen Sie noch vor dem kleinen Laden rechts). Nach einer lang gezogenen Linkskurve zweigt von der nun geradeaus abwärts führenden Landstraße schräg rechts ein Weg ab, auf dem Sie über eine Stunde lang bleiben werden. Mit Glück finden Sie auch eine verblasste rot-weiße Markierung an der Stelle, wo in einer scharfen Linkskurve nach rechts ein Zuweg zum **Kloster San Igne** abgeht (falls Sie zum Kloster möchten, müssen Sie von dort zurück auf unsere Strecke).

Sie schlendern auf einem geschotterten Weg bei wunderbarer Rundumsicht gemütlich bergab und kommen an verschiedenen Bauernhäusern vorbei, deren Hunde allesamt angeleint sind. Auch die Dobermänner eines neueren orangefarbenen Hauses auf der rechten Seite sind eingesperrt.

Schließlich wandern Sie im Tal des Marecchia, der bei Rimini in die Adria mündet, auf einem ebenen Weg, bis noch vor **Ponte S. Maria Maddalena** nach rechts eine Asphaltstraße abzweigt (Wegweiser *,Legnanone'*). Die Markierung und die Wanderroute von Ursula und Claus-Günter Frank (Rother-Wanderführer) schicken Sie an dieser Stelle noch weiter bis zum Beginn der Landstraße, um dort nach rechts über Montefotogno wieder den Rückweg anzutreten. Auf diese Weise würde die Wanderung schätzungsweise eine Stunde länger dauern.

Bei San Leo

Wir wählen also die Strecke vorbei an den wenigen Häusern von **Legnanone**, wo der breite Weg von Asphalt in Schotter übergeht. Sie müssen einfach immer geradeaus und stetig bergauf gehen. Etwa 45 Minuten nach dem Tal stoßen Sie auf ein Bauerngehöft (Hund wedelt mit dem Schwanz), an dem Sie links vorbei wandern und dahinter nach rechts auf einen noch breiteren Fahrweg einbiegen. Bis hierhin war die Orientierung extrem einfach, man konnte praktisch gar nicht anders gehen. Nun wird es etwas schwieriger:

Etwa 5 Minuten nach dem letzten Bauernhaus, an der Stelle, wo eine Tafel auf das Naturschutzgebiet des Monte Tausano hinweist, verlassen Sie den breiten Schotterweg nach rechts und gelangen nach weiteren knapp 10 Minuten zu einer Wegspinne, wo Sie scharf links bergauf abzweigen müssen (Strada Privata, Markierung Nr. 95). Auf dieser Privatstraße klettern Sie bergauf, Sie überqueren eine Wiese und gelangen danach auf einen Kamm. Ziemlich genau an der Stelle, an der Sie zum ersten Mal **San Marino sehen**, biegen Sie nach rechts auf einen Pfad ab, der an den beiden Gipfelkreuzen des Monte San Severino vorbeiführt und beim Friedhof von San Leo auf die Landstraße stößt. Dort halten Sie sich rechts.

Die gesamte Wanderung dauert auf dieser kürzeren Alternative **3 Stunden und 45 Minuten**, es gibt höchstens zur Hälfte Schatten, eine Karte ist nicht unbedingt erforderlich, aber der Weg ist auf der Kompass-Karte Nr. 2455 und demnach auch auf der App eingezeichnet.

Unser Werk ist noch nicht vollendet, weil der äußerste nordwestliche Zipfel der Marken (bzw. der südliche der Emilia-Romagna), das sogenannte **Montefeltro**, fehlt – und außerdem gibt es mit Tour 14 noch eine Zugabe nach Ravenna.

Pennabilli

Pennabilli (3.000 Einwohner) ist in den Blick gebildeter Touristen geraten, weil hier der im Jahr 2012 verstorbene Lyriker und Drehbuchautor Tonio Guerra gelebt hat (Drehbücher für Filme von Fellini und Antonioni – u.a. *Blow up*, die Älteren unter uns erinnern sich mit Wehmut und Ehrfurcht, *Carmen* oder *Ginger und Fred*). Schlendern Sie durch die Gassen hinauf zum sogenannten ***Roccione***, den Resten des Castello von Penna, und genießen Sie den Blick zum gegenüberliegenden Kloster, das auf den Ruinen des Castello di Billi steht. Pennabilli gehört ins Programm einer Reise durch das Montefeltro, auch wenn man nicht auf dem Stellplatz der Lage 1b hinter dem Rathaus nächtigt [**183**: N 43°49'04" E 12°15'55", rechts hinter dem Rathaus und hinter der Schule kann man vermutlich an einer Grünfläche stehen]. Richtig schön ist ein *Agricampeggio* in fußläufiger Entfernung zum Zentrum:

(184) WOMO-Campingplatz: Pennabilli
Agriturismo La Concia

GPS/Kontakt: N 43°48'43" E 12°16'42", Via Ca'Berbece 13, Tel. 338 8267213; www.agriturismolaconcia.it/.
Öffnungszeit: Unbekannt; vermutlich April bis Oktober.
Ausstattung: Pool, Ristorante (im Juni am Wochenende, Juli, August).
Beschreibung: Das wenig schattige Gelände beherbergt einen kleinen Campingplatz für 20 Einheiten mit schöner Sicht, aber außerhalb jeglicher Ortschaft. Nach Pennabilli sind es 1,7 km. **Preise**: Etwa 30 – 40 €.
Zufahrt: Der Platz liegt südöstlich des Ortes seitlich der SP 1.

Einen gepflegten und empfehlenswerten Eindruck macht der von uns nicht getestete kleine Campingplatz ***Camping Marecchia da Quinto*** zwischen dem benachbarten Ponte Messa und dem Fluss [**185**: N 43°49'34" E 12°14'60"; www.campingmarecchia.it/; mit großem Pool].

Wer nur einen Stellplatz sucht, findet in dem stillen **Perticara** (1.000 Einwohner, 700 m über dem Meer), das ebenfalls schon nördlich der Marken in der Emilia Romagna liegt, eine Lösung, die sich im Sommer nicht für mehrere Urlaubstage anbietet:

(186) Offizieller WOMO-Stellplatz: Perticara

GPS: N 43°54'17" E 12°14'27", Via Circonvallazione. **Max. WOMOs**: 4-5.
Öffnungszeit: Ganzjährig. **Ausstattung**: Ver- und Entsorgung, Strom.
Beschreibung: Klappstühle und Tisch stehen auf holprigem, verunkrautetem Pflaster am Ortsrand, während Sie sich ärgern, dass die Sicht zugewachsen ist. Schöner und mit Blick stehen Sie auf einem Wiesenstück 50 m davor, oberhalb der Straße. Gaststätte und Geschäfte im Ort sind etwa 600 m entfernt, falls es einen direkten Pfad gibt, den wir nicht kennen, sogar weniger.
Zufahrt: Fahren Sie von Novafeltria kommend vor den Häusern links bergab, Wegweiser *,Stadio'*, bis nach etwa 800 m rechts ein Sträßchen bergauf abzweigt mit einem Wegweiser zum *,Camper Service'*.

Auch in **Sant'Agata Feltria** (2.300 Einwohner) wird man fündig und fragt sich, zu welchem Zweck das geräumige Übernachtungsgelände geschaffen wurde. Das Rätsel wird gelöst, wenn man sich im Ort näher umsieht und dort kleine Poster entdeckt, Fotos von einem jährlichen Großereignis, während dem man wegen dicht stehender Fahrzeuge auf dem Stellplatz kaum noch die Tür öffnen kann. Es ist die Trüffelmesse, und wir lernen, dass Italiener nicht nur am Strand und bei Wallfahrten, sondern auch bei Trüffelmessen im WOMO-Konvoi aufkreuzen. Bei der *Fiera Nazionale del Tartufo Bianco Pregiato* werden an sämtlichen Oktobersonntagen neben den teuren weißen auch schwarze Trüffeln, Steinpilze und Käse angeboten *(www.santagatainfiera.com)*:

Sant'Agata Feltria – Schloss

(187) Offizieller WOMO-Stellplatz Sant'Agata Feltria
GPS: N 43°51'50" E 12°12'20", Via Casotti Tosi. **Max. WOMOs**: 40.
Öffnungszeit: Ganzjährig.
Ausstattung: Ver- und Entsorgung, teurer Strom, Mülleimer. **Beschreibung**: Sie verweilen am Ortsrand klappstuhlgeeignet (teilweise auf Asphalt) mit Gaststätten und Geschäften in der Nähe.
Zufahrt: Östlich des Ortes und seitlich der SP 8 können Sie das großräumige Gelände nicht verfehlen, man verwechselt es allenfalls mit dem Bereich daneben, wo offenbar die Trüffelpost abgeht.

Wenn Sie von hier den Heimweg antreten und es eilig haben, wählen Sie die E 45, die Schnellstraße nach Cesena sowie zur Autobahn nach Bologna. Und ein Urlaubsende an einem Sonntag Anfang Oktober, mit zwei, drei weißen Trüffeln im Gepäck, würde Ihnen olfaktorisch ewig in Erinnerung bleiben. Außerdem müssten Sie nicht schon am Montag übel gelaunt wieder an Ihrem Arbeitsplatz erscheinen. Zumindest nicht am sofort folgenden Montag.

Aber wenn Sie noch zwei Tage Zeit haben, begleiten Sie uns doch auf unserer Tour 14, dem Pendant zur Anreise.

Tour 14: Heimreise über Ravenna 115 km

Ravenna – Lido di Dante – Classe

Stellplätze: in Ravenna, in Lido di Dante, in Classe, beim Vergnügungspark Mirabilandia

Campingplatz: bei Classe

Besichtigen: in Ravenna Mausoleum des Theoderich und Mosaike in verschiedenen Gebäuden, in Classe Mosaike in Sant'Apollinare

Sie, liebe Leserinnen und Leser, überlegen sich meistens schon während des Winters die Ziele Ihrer Wohnmobilreise in der nächsten Saison und entscheiden sich für Gebiete, nach denen Ihnen der Sinn steht. Vielleicht fahren Sie auch spontan los, abhängig vom Wetter, dem Sehnsuchtsort Ihrer Freunde, auf Anregung eines gesehenen Films oder eines kürzlich gelesenen Buches, abgeschreckt von den letzten Parlamentswahlen oder animiert von einem WOMO-Führer. Wir hingegen müssen die Region aufsuchen, zu der gerade eine Neuauflage ansteht. Lustziele, die Dordogne, die französische Atlantikküste, die Bretagne oder Griechenland, um nur einige zu nennen, gibt es bei uns nicht mehr, wenn man davon absieht, dass ich mir die Regionen aller meiner Reiseführer nur deshalb ausgesucht habe, weil es mir dort besonders gut gefallen hat und auch immer noch gefällt. Aber trotzdem ist es schade, wenn wir nichts richtig Neues mehr kennenlernen. Anderen Autoren der WOMO-Reihe geht es ähnlich.

Was bleibt, ist eine An- oder Abreise durch unbekanntes Randterrain. Das ist besser als nichts – und manchmal sogar großartig!

So hat uns ein kleiner Umweg nach **Ravenna** (160.000 Einwohner) geführt und uns dermaßen begeistert, dass wir beschlossen haben, diese Stadt unbedingt in vorliegenden Reiseführer und sogar in unsre persönlichen **Top Ten** aufzunehmen. Das bietet sich schon deshalb an, weil es keinen WOMO-Reiseführer über die stellenweise sehr lohnende, aber großflächige Emilia-Romagna – die Region, in der Ravenna liegt – gibt und in absehbarer Zeit voraussichtlich auch nicht geben wird. Und weil der Umweg von der Autobahnabfahrt Cesena-Nord (im Süden) bis zur Autobahnzufahrt Ravenna (im Norden) weniger als 30 Kilometer beträgt (statt 37 Kilometer rund 63 Kilometer, allerdings ohne Ausflug zur Küste). Das ist ein lächerlicher Mehrweg zu den **frühchristlichen Bauwerken**, die bereits seit dem Jahr 1996 zu den UNESCO-Welterbe-Städten in Italien gehören.

Basilika San Vitale

Es sind acht Bauwerke von besonderer kunsthistorischer Bedeutung, aus der Zeit ab 402 n. Chr., als Ravenna **Hauptresidenz der weströmischen Kaiser** war. Das sogenannte Weströmische Reich ist im Jahr 395 n. Chr. dadurch entstanden, dass die beiden Söhne des römischen Kaisers Theodosius das klassische Römische Reich in zwei Verwaltungsbereiche aufgeteilt haben, um es effektiver betreuen zu können: in einen Ostteil mit Sitz in Konstantinopel und einen Westteil mit der Hauptstadt Ravenna und der Nebenhauptstadt Rom. Jene acht Bauwerke sind

die Basilika San Vitale,
das Mausoleum der Kaiserin Galla Placidia,
die Basilika Sant'Apollinare Nuovo,
die Neonische Taufkapelle,
die Kapelle Sant'Andrea (erzbischöfliche Kapelle),
die Taufkapelle der Arianer,
das Mausoleum des Theoderich,
die Basilika Sant'Apollinare in dem Nachbardorf Classe.

Die Begründung zur Eintragung in die Liste des UNESCO Weltkulturerbes war folgende:

»Die gesamten frühchristlichen und byzantinischen Baudenkmäler von Ravenna sind von außerordentlicher Bedeutung aufgrund der großen Meisterhaftigkeit ihrer Mosaikkunst. Darüber hinaus sind sie ein Beispiel für die künstlerischen und religiösen Beziehungen und Verbindungen, die in einer wichtigen Epoche der europäischen Kulturgeschichte bestanden.«

Ravenna – Mosaike in der Basilika Sant'Apollinare Nuovo

Im Klartext: Sehenswert ist die Ausschmückung von Kirchengebäuden mit Mosaiken, die weltweit einmalig und sehr viel prächtiger sind, als wir sie uns jemals vorgestellt haben. Vergessen Sie alle Fotos, die Sie von diesen Mosaiken je gesehen haben und die in vorliegendem Reiseführer abgedruckt sind. Sie sind nichts gegen die Realität!

Wenn Sie acht derart renommierte Baukunstwerke sehen wollten, wenden Sie ein, bräuchten Sie nicht erst den Anstoß in meinem Reiseführer. Dann würden Sie nämlich mit der passenden Literatur im Gepäck gezielt nach Ravenna reisen und Sie seien entsprechend vorbereitet. Ihnen sei oben eine Zugabe für die Heimreise versprochen worden und nicht ein mehrtägiges Kulturprogramm. Kurzum, Sie möchten an dieser Stelle wissen, was die schönsten und sehenswertesten Mosaike sind. Das hängt natürlich von Ihrem Geschmack ab und, wie bei allen Sehenswürdigkeiten, von diversen sich zum Zeitpunkt Ihrer Visite einmischenden Zufälligkeiten. Ich schlage folgenden **Ablauf** vor:

Wenn Sie nicht von Stellplatz Nr. 188 starten, parken Sie auf dem Parkplatz in der Via Don Giovanni Minzoni (N 44°25'19" E 12°11'44"). Sie finden diesen Parkplatz von allen Zufahrtsstraßen mit dem Wegweiser ‚*Zona S. Vitale*' und einem blauen Parkplatzsymbol (auf manchen Zufahrtsstrecken, nach unserem Eindruck aber nicht auf allen, besteht vom 1. Oktober bis Ende März zeitweise eine Zufahrtsbeschränkung; der Parkplatz ist kostenpflichtig, Sie benötigen wahrscheinlich zwei markierte Felder). Am linken Rand jenes Parkplatzes können Sie vielleicht auf größerer Fläche stehen, falls eine temporäre

Ravenna – Basilika San Vitale

Absperrung wieder entfernt worden ist. Sie verlassen zu Fuß den Parkplatz an seiner Südwestseite (also aus Sicht der Einfahrt auf der rechten oberen Seite zur Innenstadt) und gehen durch eine Hausdurchfahrt, an der Sie sich links halten, um dann bald vor einem Torbogen anzukommen, vor dem Sie Hinweisschilder zu den berühmten Bauwerken finden.

Als Erstes besichtigen Sie die **Basilica di San Vitale**, die als das bedeutendste der acht Bauwerke gilt und zu den wichtigsten frühchristlichen Monumenten in Italien gehört (siehe auch Foto Seite 301). Sie werden beim Betreten der Basilika wegen der unerwarteten Raumhöhe und der bis obenhin ausgeführten prachtvollen Mosaike die Luft anhalten und wahrscheinlich (genau vor dem Altar auf der einen Seite des achteckigen Bodens des Presbyteriums) das Labyrinth und die darin zur Orientierung angebrachten Pfeilspitzen übersehen. Wenn Sie die Mosaike von San Vitale betrachten, sie gelten als die schönsten Mosaike der Welt, werden Sie sich fragen, wie es möglich war, dass Sie schon so oft in Italien, aber noch nie in Ravenna gewesen sind. Sie haben bislang nichts Vergleichbares gesehen, und Sie werden womöglich beschließen, nie mehr an die Adria zu fahren, ohne Ravenna zu besuchen *(März – Oktober täglich von 9 – 18.30 Uhr, Nov. – Feb. 10 – 16.30 Uhr; 9.50 € für das Kombiticket; keine Hunde, auch keine ganz kleinen, und zwar in keinem der Mosaikbauwerken).*

Danach eilen Sie mit großen Schritten zum Nachbargebäude, dem **Mausoleo di Galla Placidia**. Die hier bestattete Dame war die Schwester von Honorius, dem weströmischen Kaiser, der im Jahr 402 n.Chr. seinen Hof nach Ravenna verlegt und die Stadt zur Hauptstadt des weströmischen Teilreiches gemacht hat. Dem schlichten Gebäude sehen Sie von außen die vollständige Ausschmückung mit Mosaiken, die auf den ersten Blick den Eindruck erwecken, als sei das Gebäude im Inneren ausgemalt, nicht an. Dargestellt ist der Sieg des Lebens über den Tod, und am beeindruckendsten ist möglicherweise die Sternenkuppel *(ohne Kombiticket 2 €; ansonsten im Kombiticket enthalten; Öffnungszeit wie vorstehend).*

Schon seit der Basilika San Vitale sind Sie im Besitz eines Kombitickets und eines Prospekts, in dem alle acht Baudenkmäler und ihre Lage beschrieben sind. Falls Sie sich schon zu Hause oder bereits früher informieren wollen, empfehle ich Ihnen die bei Drucklegung nur in Englisch oder Italienisch verfügbare Internetseite www.turismo.ra.it/en/follow-your-way/unesco-monuments-ravenna/. Auf dieser Seite werden das Welterbe und alle acht Bauwerke reichlich bebildert und mit Stadtplan dargestellt. Einen Stadtplan finden Sie ebenfalls auf der Seite www.ravennamosaici.it/orari-e-prezzi/.

Ravenna – Basilika Sant'Apollinare Nuovo

Sollten Sie nur noch eine weitere Kirche anschauen möchten, fahren oder spazieren Sie zur **Basilica di Sant'Apollinare Nuovo** (Fotos Seite 305 und 302/303). Dorthin gehen Sie entweder zu Fuß oder Sie parken seitlich der Via Roma, zum Beispiel am Rand eines kleinen Stadtparkes bei N 44°25'07" E 12°12'17". Die Basilika Sant'Apollinare Nuovo wurde zwischen 493 und 526 n. Chr. von Theoderich (zu ihm gleich mehr) gebaut. Zu sehen sind der weltweit flächenmäßig größte Mosaikzyklus des Neuen Testaments und die angeblich ältesten Mosaike von Ravenna. Beeindruckend ist vor allem die große ausgeschmückte Halle *(im Kombiticket enthalten; Öffnungszeiten wie zu der Basilika San Vitale).*

Selbst wenn Sie schon jetzt genug gesehen haben, dürfen Sie noch nicht die Heimreise antreten. Lieber verzichten Sie auf die letzten Mosaike. Denn in Ravenna gibt es noch eine Weltsehenswürdigkeit ohne Mosaikausschmückung, das **Mausoleum des Theoderich** (Mausoleo di Teoderico). Hierhin zu spazieren wäre vertane Zeit. Fahren Sie lieber mit dem WOMO! Sie können nämlich in der Via delle Industrie direkt vor dem

Ravenna – Mausoleum des Theoderich

Mausoleum parken (N 44°25'28" E 12°12'33"). Das Bauwerk wurde im Jahr 520 auf Anweisung Theoderichs als Grabmal für ihn selbst errichtet und besteht aus zwei Geschossen mit zehn Ecken und einem Dach aus einem einzigen Stein mit einem Durchmesser von 10,76 Meter. Es gilt als die herausragendste Bauleistung der sogenannten Ostgoten in Italien.

Damit ist schon geklärt, dass **Theoderich**, genannt der Große, König der **Ostgoten** war. Was aber hat ein ostgotischer König mit dem weströmischen Reich zu tun? Leider ist auch hier die Geschichte nicht einfach:

Zu Zeiten der sogenannten Völkerwanderung hatten Theoderich und seine Leute im Jahr 488 n. Chr. Ungarn verlassen und sind in den Nordosten Italiens gezogen. Dort trafen sie auf den weströmischen Heerführer Odoaker, der im Jahr 476 n. Chr. geputscht und den letzten weströmischen Kaiser namens Romulus im Alter von 16 Jahren abgesetzt hatte. Um dieses weströmische Reich stritten also Odoaker und Theoderich, dessen Volk man Ostgoten nennt, weil sie von Osten nach Italien gewandert waren. Nachdem Odoaker in Ravenna zwei Jahre lang von den Truppen Theoderichs belagert worden war (die Schlacht um Ravenna nennt man in der Geschichte die ‚Rabenschlacht') schloss Theoderich mit Odoaker im Jahr 493 n. Chr. einen Friedensvertrag und lud Odoaker, möglicherweise sogar zum Abschluss der Verhandlungen, zu einem Gelage. Dabei hielt sich Theoderichs Gastfreundschaft allerdings in Grenzen, denn er selbst tötete Odoaker eigenhändig. Angeblich hat er ihn mit dem Schwert in zwei Hälften geteilt, mit der naheliegenden Folge, dass nunmehr die Ostgoten die Herrschaft über das ehemalige weströmische Reich antraten.

Theoderich starb am 30. August 526 in Ravenna ohne tauglichen Nachfolger, was Kaiser Justinian aus dem oströmischen Konstantinopel (heute Istanbul) ausnutzte, indem er die Ostgoten besiegte und mit der Beseitigung des weströmischen Hofes in Ravenna auch den endgültigen Untergang des weströmischen (und ostgotischen) Reiches besiegelte. Soweit die Kurzfassung.

Ob Theoderich selbst und mit ihm Gefolgsleute in dem Mausoleum jemals beigesetzt worden sind, weiß man nicht. Als man es geöffnet und am Anfang des 20. Jahrhunderts das unterste Stockwerk ausgegraben hat, war das Gebäude jedenfalls leer *(Mo. – Do. von 8.30 – 13 Uhr, Fr. – So. bis 18.30 Uhr, Nov. – März vermutlich bis 16.30 Uhr; 4 €, nicht im Kombiticket mit den Mosaikkirchen von Ravenna enthalten, dafür gibt es ein Kombiticket mit anderen Sehenswürdigkeiten, u. a. der Basilika Sant'Apollinare in Classe).*

Vielleicht sind Sie so sehr auf den Geschmack gekommen, dass Sie sich in und bei Ravenna alle acht Bauwerke vornehmen möchten. Dazu brauchen Sie mehrere Tage und einen Übernachtungsplatz. Wegen der Stellplätze wird Ihnen Ravenna in diesem Buch zwar nicht empfohlen, aber Sie finden durchaus brauchbare Flächen, auf denen aber möglicherweise eine Übernachtung nicht erlaubt ist. In Internetforen geistern Meldungen, auf dem ganzen Gemeindegebiet von Ravenna sei es verboten, im Auto zu essen oder zu schlafen. Dazu passt es allerdings nicht, dass auf dem nachfolgenden Platz Nr. 188 ein Vierundzwanzigstundentarif für Wohnmobile ausgewiesen ist. Wer unter solchen Umständen nicht schlafen kann, fährt auf Platz Nr. 194 (am Ende der Tour):

(188) WOMO-Parkplatz: Ravenna Piazza della Resistenza

GPS: N 44°24'52" E 12°11'18". **Max. WOMOs**: 10-15.
Ausstattung: Ver- und Entsorgung, Toilette, Mülleimer.

Beschreibung: Auf dem gepflasterten Parkplatzgelände innerhalb der Bebauung mit deutlichen, nachts aber sehr gut erträglichen Verkehrsgeräuschen und unter einigen Bäumen ist ein Randbereich für eng stehende Wohnmobile ausgewiesen (der auch nicht vom Wochenmarkt beeinträchtigt ist). Kleinere Fahrzeuge können aber auch auf der Restfläche übernachten, nicht jedoch an den Markttagen Montag und Donnerstag. Geschäfte und Gaststätten finden Sie umliegend. Zur Basilika Sant'Apollinare Nuovo sind es 1,4 km.

Preis: 2,25 € / 24 Std. (nur mit Münzen).

Zufahrt: Biegen Sie von der vierspurigen SS 16 zum ‚*Centro*' ab, fahren Sie am Kreisverkehr rechts und folgen Sie dem Wegweiser zum ‚*Ospedale*' und am zweiten Kreisverkehr dem Wegweiser ‚*Zona Duomo*'. Der Stellplatz wird dann angezeigt.
Wenn man die SS 16 bereits bei der Abfahrt ‚*Ospedale*' verlassen hat, sollte man am ersten Kreisverkehr links fahren, Richtung ‚*Zona S. Vitale*', der Stellplatz ist dann ebenfalls angezeigt.

Ich habe Ihnen die Zufahrt von Südwesten empfohlen, der Platz liegt südwestlich vor der Altstadt. Wenn Sie von der anderen Seite, also von Nordosten, beispielsweise vom Mausoleum des Theoderich, herkommen, schickt Sie Ihr Navi wahrscheinlich durch zeitweise verkehrsberuhigte Bereiche. Sie bekommen dann den falschen Eindruck, der Stellplatz könne legal gar nicht angefahren werden.

(189) WOMO-Parkplatz: Ravenna – Via Pomposa

GPS: N 44°25'49" E 12°12'32". **Max. WOMOs**: 20.
Ausstattung: Ver- und Entsorgung.
Beschreibung: Vom schattenlosen, eher einsamen und etwas unheimlichen Asphaltparkplatz, der sich nach meiner Meinung, von der Legalität ganz abgesehen, nur als Notstellplatz eignen würde, sind es zur Basilika Sant'Apollinare Nuovo 2,1 km.

Zufahrt: Der Platz liegt an der nordöstlichen Zufahrt nach Ravenna, nördlich des Hafenbeckens und ist nicht beschildert. Die Via Pomposa führt östlich an der Grünanlage vorbei, in der sich das Mausoleum des Theoderich befindet, der Stellplatz liegt an der nordöstlichsten Ecke dieses Grünanlagenensembles.

(190) WOMO-Parkplatz: Ravenna Via Monsignore F. Lanzoni

GPS: N 44 25 28 E 12 11 56. **Max. WOMOs**: 6-8.
Ausstattung: Keine.
Beschreibung: Die Parkbuchten innerhalb der städtischen Bebauung haben Pkw-Länge, weshalb sehr lange Wohnmobile hier nicht stehen können und kürzere am Rand zu den Wiesen mit der Möglichkeit zum Hecküberhang parken müssen. Der Platz hat den Nachteil, dass er tagsüber häufig zugeparkt ist. Dafür gibt es grasige Randflächen, an denen man richtig gut stehen kann. Nach meinem Geschmack fast der beste Platz in Ravenna, der auch von anderen Wohnmobilisten gerne genutzt wird, auch wenn er möglicherweise nachts illegal ist. Der Platz liegt in der Nähe des Parkplatzes, den ich Ihnen oben schon als Ausgangspunkt für die erste Mosaikkirche empfohlen habe. Man kann auf diesem Parkplatz genauso gut die Besichtigung in Angriff nehmen (650 m) und von hieraus ebenso leicht zum Mausoleum des Theoderich gehen (1,1 km). Dazu muss man jeweils den Parkplatz an der Südseite verlassen.

Zufahrt: Wenn man vom Mausoleum des Theoderich über die Bahn Richtung Innenstadt gefahren ist, macht die Straße nach halb rechts und dann nach halb links einen Knick. An einer Ampel kann man nicht mehr geradeaus fahren. Dort muss man sich rechts halten, bei nächster Gelegenheit an einer Ampel links und nach 100 m links auf den Parkplatz.

Leicht verfällt man in Ravenna der Idee, die Nacht an der nahen **Küste** zu verbringen. Die kurze Entfernung von zehn Kilometern ist kein Hindernis, und schnell kommt der Wunsch auf, nach der Stadtbesichtigung an einem der Badeorte, **Lido di Dante, Lido Adriano, Punta Marina** oder **Marina di Ravenna** das Meer zu riechen. Kein Ziel wäre eine uneingeschränkt gute Idee. Wenn man die Liebe der Italiener zum Strand kennt, kann man sich ausmalen, dass in der Nähe von 160.000 Einwohnern jedenfalls im Hochsommer kein ruhiger Platz zu finden ist. Außerhalb der Hochsaison kommt ein Parkplatz in **Lido di Dante** infrage:

(191) Offizieller WOMO-Stellplatz: Lido di Dante

GPS/Kontakt: N 44°23'19" E 12°18'52", Via Marabina, Tel. 390 54435755. **Max. WOMOs**: 30.
Öffnungszeit: Der privat betriebene Stellplatz wird unregelmäßig über Winter, vermutlich aber erst ab November, geschlossen.

Ausstattung: Ver- und Entsorgung (5 €), Mülleimer.

Beschreibung: Sie sitzen auf Klappstühlen auf Gras und in der Sonne in einem mäßig gefälligen Umfeld. Zum schönen Sandstrand sind es 250 m. Geschäfte und Gaststätten (beides vermutlich nur im Sommer) sind nicht weit. Wir haben hier noch nicht übernachtet. Im Sommer ist der Platz sicher rappelvoll, das Umfeld ist laut, besonders die angrenzende Straße.

Preis: 10 €.
Zufahrt: Der privat betriebene Parkplatz liegt direkt vor Lido di Dante auf der linken Straßenseite.

Sie übernachten nicht gerne auf Parkplätzen in der Großstadt, das Meer habe ich Ihnen gerade ausgeredet. Sie müssen trotzdem noch nicht die Heimreise antreten. Fahren Sie auf einen freundlichen Campingplatz mitten in der Pampa. Ruhiger werden Sie nirgends verweilen, bevor Sie am nächsten Tag bestens ausgeschlafen nach Hause fahren:

(192) WOMO-Campingplatz: Ravenna/Classe *Biocamping*

GPS/Kontakt: N 44°23'19" E 12°14'44", Via Flotta Romana 12, Tel. 333 2248499; www.bio-camping.it.
Öffnungszeit: Mitte April bis Ende Oktober.
Ausstattung: Kleiner Pool, Brotverkauf, Snack.

Beschreibung: Der wenig schattige Platz liegt wirklich völlig isoliert auf dem flachen Land zwischen den Feldern. Mit einem Fahrrad kann man zum 5 km entfernten Strand bei Lido di Dante radeln, wo es praktisch am Ende der Straße auch den oben erwähnten Wohnmobilstellplatz direkt an der lauten Straße gibt, der im Sommer allerdings überfüllt sein dürfte. Ca. 6 km sind es zum weiter südlich gelegenen **Vergnügungspark *Mirabilandia***. Das Zentrum von Ravenna ist etwa. 5 km entfernt, der Betreiber organisiert gerne eine Beförderung. Nach Classe kann man nicht auf direktem Weg laufen, weil man die SS 67 nicht überqueren kann.

Preise: 22 – 32 €; es gibt Sonderpreise.

Zufahrt: Der Platz liegt südöstlich von Ravenna und südlich von Fuori. Verlassen Sie Ravenna auf der SS 71 (Wegweiser '*Tangenziale, Autobahn Ancona*' und dann im Prinzip immer geradeaus) und fahren Sie nach der Überquerung des Flusses Richtung '*Lido di Dante*'. Sie folgen nun dem Fluss, fahren zweimal durch eine Unterführung und biegen gleich nach der zweiten Unterführung nach rechts Richtung '*Porti Fuori*' ab. Der Campingplatz liegt dann nach ca. 400 m auf der linken Seite. Lassen Sie sich nicht von anderen Campingplatzschildern, die Sie an die Küste schicken, verwirren.

Wenn Sie sich erst einmal auf dem Campingplatz eingerichtet haben, könnten Sie auf die Idee kommen, im nahen **Classe** den ehemaligen Handelshafen von Ravenna zurzeit des Römischen Reiches anzuschauen, der damals am Meer

Classe – Basilica di Sant Apollinare

lag, aber schon zu Theoderichs Zeiten zu versanden begann. Vor allem bietet Ihnen der Campingplatz einen optimalen Ausgangspunkt, um die **Basilica di Sant'Apollinare** in **Classe** anzusehen, eine der vorgenannten acht Welterbestätten mit ebenfalls wunderbaren Mosaiken *(Mo. – Sa. 8.30 – 19 Uhr, So. und Feiertage 14 –19 Uhr; 5 €, Kombiticket mit dem Mausoleum des Theoderichs).* Sie können problemlos hinfahren, weil es daneben einen gut gelegenen Parkplatz gibt, der sich auch für die Übernachtung eignet:

(193) WOMO-Parkplatz: Ravenna/Classe

GPS: N 44°22'42" E 12°14'05", Via Pescara. **Max. WOMOs**: 6-8.
Ausstattung: Toilette, Mülleimer, Spielplatz.
Beschreibung: Auf dem gepflasterten Parkplatzgelände kann man am Rand der Bebauung ruhig übernachten. Eine Gaststätte liegt in Sichtweite, das Ortszentrum ist kaum weiter entfernt.
Ich bezeichne dieses Gelände nur als Parkplatz, obwohl für Wohnmobile ein 24-Stunden-Tarif angeschlagen ist, und ich verweise auf die Warnung vor Platz Nr. 188.
Preis: 2,25 € / 24 Std. (nur mit Münzen).
Zufahrt: Das Gelände ist neben der Basilika nicht zu übersehen.

(194) Wer auf Nummer sichergehen will, fährt auf der SS 16 noch 7,5 km nach Süden, um die Nacht auf dem **offiziellen Stellplatz** des gut beschilderten **Vergnügungsparks *Mirabilandia*** zu verbringen:
GPS: N 44°20'06" E 12°16'10"; Ver- und Entsorgung, 10 €.

Noch lange und intensiv werden Sie sich an die einmaligen Mosaike erinnern und sich fragen, wie es möglich war, dass Sie schon so oft in der Gegend waren und dass Sie von Ancona oder von Häfen weiter südlich nach Griechenland übergesetzt sind, ohne diesen Katzensprung nach Ravenna gewagt zu haben.

Ich bitte vorab um Nachsicht, dass sich hier viele Informationen aus meinem Toskana-Reiseführer (Band 8 der WOMO-Reiseführer) wiederholen. Aber ich möchte weder identische Sachverhalte unterschiedlich darstellen, noch kann ich wichtige Hinweise in einem der beiden Bücher einfach weglassen. Vieles kann man auch nicht oft genug lesen.

Anreise

Zum Weg nach Umbrien und in die Marken ist eigentlich in Band 8 schon alles gesagt. Entweder kommen Sie nämlich aus unseren westlichen Reisegebieten oder Sie steuern sofort Umbrien und die Marken an, wozu Sie denselben Hinweg nehmen.

Falls Sie mit unseren Touren an der Adriaküste beginnen, biegen Sie in Bologna nicht nach Süden ab, sondern brettern einfach weiter nach Osten und freuen sich, weil ich Ihnen in Tour 14 mit Ravenna eine Zugabe liefere, der Logik dieses Buches nach also einen Abstecher für Ihre Heimreise.

Ich kann Ihnen in diesem Buch keine neuen Wege nach Bologna nennen, die Stellplätze für unterwegs sind ebenfalls schon abgearbeitet und müssten seitenlang wiederholt werden. Ich beschränke mich daher auf Grundsätzliches:

Für Reisemobile **bis 3,5 t** kostet in der **Schweiz** die Vignette 40 CHF (41 €). WOMOs mit mehr als 3,5 t brauchen in der **Schweiz** keine Vignette, dafür bezahlen sie zwingend eine **Schwerverkehrsabgabe** (PSVA). *Wohnmotorwagen* kosten mindestens 25 CHF für sieben frei wählbare Tage. Die Abgabe wird heute praktikabel mit der **App *Via Strassenabgaben*** entrichtet.

Die 10-Tages-Vignette in **Österreich** kostet 9,60 Euro, die 2-Monats-Vignette 28,20 Euro. Für die Brennerautobahn müssen Sie zusätzlich Maut bezahlen. Die Maut für Reisemobile **über 3,5 t** wird in **Österreich** abhängig von der Fahrstrecke, der Anzahl der Achsen, der Schadstoffemission, der Lärmbelastung und sogar der Tageszeit erfasst. Dazu ist eine *Go-Box* erforderlich, die mit einem Guthaben aufgeladen werden kann *(Pre-Pay)*. Sie können aber auch im Nachhinein auf Rechnung bezahlen *(Post-Pay)*. Für Wohnmobile über 3,5 t mit zwei Achsen werden abhängig von der Emissionsklasse pro Kilometer ab rund 0,22 Euro berechnet (je nach Schadstoffklasse). Dazu kommt auf mehreren Strecken eine Sondergebühr, die ebenfalls über die *Go-Box* abkassiert wird (Zweiachser bezahlen für den österreichischen Teil Brennerstrecke rund 25 Euro; Näheres unter https://go-maut.at/go-maut-bezahlen/tarife-go-maut/). Es ist zu bestimmten Zeiten nicht möglich, von der Brennerstrecke auf Nebenknoten auszuweichen. Es gibt auch kostenlose Streckenbereiche.

Die Autobahngebühr in **Italien** ist bezahlbar geblieben und kein Grund, Autobahnen zu meiden (Näheres unten beim Stichwort *Verkehr*).

Bis in die Schweiz hinein kann man deutsche Verkehrsfunknachrichten hören, die auch von Staus an der Zufahrt zum Gotthard-Tunnel berichten. Bis zum Gotthard-Tunnel und – auf dem Heimweg – sogar südlich desselben empfangen Sie den deutschsprachigen schweizerischen Sender DRS 1 auf den Frequenzen 95,4 oder 89,4 oder DRS 3 auf 104,4. Man kann dann häufig noch rechtzeitig über Zürich, Chur und durch den **Sankt-Bernardino-Tunnel** ausweichen oder neben der Autobahn auf der Landstraße fahren (falls die Einfahrt vor dem Tunnel gesperrt ist, wird Ihnen das an der Straße mitgeteilt). Oder Sie fahren im Sommer einfach über den **Gotthard-Pass**, was für WOMOs aller Größen überhaupt keine Schwierigkeiten bereitet. Bei einer Anreise über Basel rentiert sich der Umweg durch den Sankt-Bernardino-Tunnel nach unseren Erfahrungen (wegen der meistens auch dort entstehenden Staus) erst bei einer Wartezeit am Gotthard von über einer Stunde.

Spätestens im Tessin, bei Locarno, führen alle Strecken wieder zusammen. Das nächste Nadelöhr ist dann die schweizerisch-italienische Grenze bei Chiasso, wo man die Fahrzeugschlange an der Zollstation rechts umfahren darf, wenn man die Fahrspur für Busse und Wohnwagen benutzt, ehe dann auf dem Weg nach Milano bald die erste Mautstelle zum Bremsen nötigt.

Wenn Sie aus den östlichen Gefilden Deutschlands oder Österreichs stammen, werden Sie zwangsläufig die **Brenner-Strecke** nehmen und wissen, dass Sie sich zur Reisezeit am Wochenende auch dort mit ähnlicher Geduld wappnen müssen, weshalb ich auch hier wieder die Landstraße zur Diskussion stelle, falls sie überhaupt befahren werden kann.

Autoaufbrüche / Diebstahl

In meinem Führer über den Westteil der Provence berichte ich Ihnen, dass an unserem Fahrzeug die Seitenscheibe der Beifahrertür eingeschlagen worden ist und wie man sinnvollerweise mit einem solchen Ereignis umgeht. Das Einschlagen einer Scheibe ist in Frankreich eine der gebräuchlichsten Aufbruchvarianten, die nach meinen Erfahrungen in Italien hingegen wesentlich seltener praktiziert wird. Dort werden nach den mir zugehenden Berichten und einem eigenen Erlebnis eher die Schlösser geknackt. Damals wurde bei uns tagsüber auf einem belebten Parkplatz in einem kleinen Ort in Umbrien das Schloss einer Außenklappe aufgebrochen, aber der Dieb hat schnell die Flucht ergriffen, als er statt der erhofften Handtasche nur meinen Gasgrill zu Gesicht bekam und als ihm meine Alarmanlage gehörig den Marsch geblasen hat (die an eine richtige, laute Hupe angeschlossen ist und nicht an eine jämmerliche Sirene). Aber das Schloss, das europäische Wohnmobileinheitsschloss, war mit einer einzigen Schraubenzieherumdrehung aufgebrochen. Mit solchen Schlössern sind immer noch zahlreiche Wohnmobile gesichert. Das heißt, sie sind nicht gesichert. Dabei wäre es ein lächerlicher Kostenaufwand, jede Wohnmobiltür mit einem kräftigen Zylinderschloss auszurüsten.

Gegen eingeschlagene Scheiben kann man sich nur damit schützen, dass man den Ort, an dem man das Auto unbeaufsichtigt parkt, nicht leichtfertig auswählt, dass man die wichtigsten Wertsachen nicht im Fahrzeug zurücklässt (schon gar nicht sichtbar) und dass man Vorkehrungen trifft, die ein Öffnen der Türen durch die eingeschlagene Scheibe einschließlich der Aufbau- oder Schiebetür verhindert, nachdem eine schmale Person in das Fahrzeug geklettert ist. Sonst räumen die Diebe im ungünstigsten Fall das ganze Fahrzeug leer. Um dem vorzubeugen, benötigt man **mechanische**, **abschließbare (!) Verriegelungen, die zugleich gegen aufgebrochene Schlösser** wirken. Der WOMO-Verlag verkauft Ihnen den *WOMO-Knacker-Schreck*, den Sie auch in Mietmobilen einsetzen können und der das Öffnen der Vordertüren verhindert (funktioniert nicht bei Ford-Modellen, weil die Armlehnen in den Türen eine Öffnung zum Einhaken haben müssen). Die beste Lösung auch gegen das Aufbrechen von Schlössern sind die Zusatzschlösser der Firma ***Heosafe*** *(www.heosolution.de). Heosafe* hat auch ein taugliches Angebot im Programm, mit dem sich die Schiebetür eines Fiat Ducato (Peugeot, Citroën) Kastenwagens auch nachts von innen perfekt verriegeln lässt, sowie Schlösser für die Schiebetür und die Hecktür von außen.

Sinnvoll ist außerdem eine **Alarmanlage**, die auch in unserem Fall die Diebe vertrieben hat, bevor besonders viel gestohlen werden konnte. Abgesehen davon, dass eine solche Vorrichtung Lärm macht, den Sie im benachbarten Restaurant oder an einem Badeplatz möglicherweise selbst hören, dürften schon entsprechende Aufkleber an den Seitenscheiben oder ein blinkendes Lichtchen eine gewisse Warnfunktion haben. Der Einbau ist leider teuer und kostet gut und gerne 500 Euro, aber er belohnt Sie mit einem sorgenfreieren Urlaubserleben. Zufrieden bin ich mit der Alarmanlage des Herstellers ***Thitronik***, der einen beeindruckenden Service bereitstellt *(www.thitronik-automotive.de/).*

Wegen der beschädigten Scheibe wenden Sie sich am besten an die Firma *Carglass*, die uns mit einer Notscheibe geholfen hat (siehe im Internet).

Ein ganz wichtiger Tipp: Bewahren Sie wertvolle Dinge und wichtige Utensilien (täglich benötigte Medikamente) nicht in Aktentaschen oder kleinen Koffern auf. Alles, was ein Schloss hat, wird als erstes geklaut; besonders der Schminkkoffer, der, wie uns die Leserbriefe zeigen, nicht nur zum festen Repertoire eines deutschen Mietmobils, sondern auch zur Lieblingsbeute eines eiligen WOMO-Knackers gehört. Ständig benötigte Medikamente sollten Sie doppelt dabeihaben, davon einmal in einem sicheren Versteck. Auch in unserem Fall wurden solche Medikamente gestohlen!

Es gilt eine **Grundregel**, die Sie eisern befolgen müssen: **Verlasse nie dein WOMO mit nichts als dem Autoschlüssel in der Hand**. Denn die Diebe lauern womöglich hinter den Büschen und wissen, dass Sie mehr als diesen Autoschlüssel mit auf die Reise genommen haben: Geld, einen Laptop und die Damen eine Handtasche. Tragen Sie aber nichts unterm Arm, müssen diese Dinge zwangsläufig im WOMO zurückgeblieben sein.

Das betrifft besonders die Leser, die ein Wohnmobil gemietet haben, weil diese Fahrzeuge gegen Autoknacker schlechter gesichert sind. Die Besatzung solcher Mietmobile muss damit rechnen, das schwächste Glied in der Kette zu sein. Den Fahrzeugen, durchweg neuesten Modellen mit wenig individuellen Innereien, sieht der erfahrene Einbrecher an, dass die Mieter unkundiger und sorgloser sind als alte Hasen. Das dürfen Sie in keiner Minute vergessen, schon gar nicht auf dem Autobahnrastplatz oder an anderen Stellen, an denen Sie nur kurz Ihr Fahrzeug verlassen. Die wenige Minuten dauernde Einkehr ist oft die beste Gelegenheit, im Auto herumliegende Wertgegenstände zu stehlen. Wenn es irgendwie geht, sollte auf Rastplätzen immer ein Familienmitglied im Auto bleiben. Ansonsten müssen die Wertsachen zur kurzen Erfrischung (und Entleerung) mitgenommen werden!

Trotz aller Warnungen hören wir immer wieder von Diebstählen, bei denen die Besatzung das WOMO zu einer Besichtigung nur kurze Zeit verlassen und sogar abgeschlossen hat, während aber alle Wertgegenstände im Fahrzeug verblieben sind, einschließlich Geld und Ausweise, häufig in einem Rucksack auf dem Bett oder an einem anderen deutlich sichtbaren Ort.

Das alles hat mit der **Übernachtungssicherheit** auf freien Stellplätzen nichts zu tun. Ich kann mich an keine Italienurlauber erinnern, die mir im Verlauf von über 30 Jahren von einem nächtlichen Einbruch berichtet haben. Ich warne aber in allen Ländern vor den Autobahnrastplätzen! Der nächtliche Diebstahl unterscheidet sich von dem, der tagsüber stattfindet, dadurch, dass man nachts versucht, heimlich und ohne große Geräusche das Schloss zu knacken. Die genannten mechanischen Hürden verhindern natürlich auch das Öffnen der Türen, wenn Schlösser aufgebrochen worden sind.

Falls Sie bestohlen wurden, benötigen Sie eine Bescheinigung der **Polizei**, dass Sie den Diebstahl angezeigt haben, nur dann, wenn das ganze Auto verschwunden ist oder Sie eine Reisegepäckversicherung unterhalten, die normalerweise Leistungen für Diebstähle aus dem Fahrzeug allenfalls erbringt, wenn der Diebstahl auf Campingplätzen stattgefunden hat, nicht aber, wenn das Fahrzeug außerhalb derselben aufgebrochen worden ist. Den Glasschaden einer eingeschlagenen Scheibe ersetzt die Kaskoversicherung auch ohne Nachweis einer Anzeige. Die Polizei nimmt den Diebstahl erst dann auf, wenn sie vorher im Tabakladen für die Verlustanzeige ein Formular gekauft haben, die *Carta bollata*.

Zur etwa notwendigen Kartensperrung lesen Sie Näheres beim Stichwort *Geld*.

Campingplätze

In Umbrien und in den Marken sind die Campingplätze genauso teuer wie überall in Mittelitalien. Dafür bekommt man, von den Flächen an den Badestellen abgesehen, mit hoher Wahrscheinlichkeit auch noch einen Platz, wenn man erst am Nachmittag anreist. Obwohl die Anzahl der Plätze so gering ist, dass ich fast alle im Landesinnern zumindest erwähnt und viele von ihnen auch in Augenschein genommen habe. Die meisten Plätze sind verhältnismäßig gut ausgestattet.

Die Plätze am Meer und an den Seen leiden zwischen Mitte Juli und etwa dem 25. August unter dem Ansturm der Wasserfixierten. Sie können auf fast allen Campingplätzen vorbuchen und sollten, wenn Sie auf gut Glück anreisen, morgens schon vor 12 Uhr am Schlagbaum stehen. Am besten montags, wenn viele Italiener gerade abgereist sind. Ab September wird es leer, teilweise schon öde, und Mitte September schließen häufig bereits die Plätze am Meer.

Auf den meisten Campingplätzen an der märkischen Küste stehen saisonale Dauercamper, die aber nicht an ihre Artgenossen heranreichen, die an deutschen Binnengewässern Jägerzaun und Rollrasen im Gepäck haben. Diverse (in diesem Buch nicht erwähnte) Plätze an der Küste sind fast völlig von solchen Dauer-Wochenend-Campern besetzt, die schon in der ersten Septemberwoche den Wohnwagen für den Winter in Plastik einwickeln.

Auf manchen Plätzen, die wir uns in neuerer Zeit angesehen haben, war ein deutlicher Instandhaltungsstau zu erkennen.

Einige Jahre habe ich eine sogenannte *CampingCard* des **ACSI** besessen *(man spricht nur von der ‚Axicard'; Näheres unter www.campingcard.com/de; Lieferzeit von über zwei Wochen!)*, mit der man in der Nebensaison (!) erhebliche Preisvorteile erzielen kann, für die sich der Preis der Ermäßigungskarte für etwa 17 Euro pro Jahr lohnt. Aber ich wurde seit der letzten Bestellung mit Zahlungserinnerungen und einem Dauerauftrag belästigt, den ich bewusst nicht abgeschlossen hatte. Das hat mir die Freude genommen. Außerdem wurden zunehmend die Preisvorteile nur noch bei der Belegung

Sirolo – Camping Internazionale (Tour 10)

von unattraktiven Parzellen gewährt, jedenfalls nicht für die schönen Stellen, die wir uns auf Campingplätzen ausgesucht hatten.

Auf vielen italienischen Campingplätzen pflegt man eine ausgedehnte **Mittagspause** (häufig zwischen 13 und 15 Uhr), in der Sie sich oftmals nicht anmelden können. Meistens darf man auch nicht auf den Platz fahren. Für die Anreise kommt dieser Zeitraum also nicht infrage.

Wenn ein Campingplatz über ein Schwimmbecken verfügt, darf dieses sehr oft nur mit **Badekappe** benutzt werden, die man vor Ort kaufen kann. Die Bademützen haben daher in unserem WOMO einen festen Platz (Fotos, wie wir damit aussehen, werden nicht veröffentlicht).

Hunde sind meistens erlaubt, ich weise auf Verbote hin, die auf manchen Plätzen nur im Juli/August angeordnet werden. Insoweit sind meine Angaben nicht ganz verlässlich, weil die Platzbetreiber öfters die Regeln ändern. Ein Blick auf die Internetseite des Platzes verschafft in der Regel Klarheit.

WiFi (WLAN) gibt es inzwischen so gut wie auf allen Plätzen. Häufig aber nur innerhalb bestimmter Bereiche, insbesondere der Rezeption. Erstaunlich oft ist es kostenlos, ähnlich oft aber auch langsam. Ich weise bewusst nicht mehr darauf hin, weil ich für eine seriöse Information Angaben über Kosten, Reichweite, Geschwindigkeit und Stabilität machen müsste. Diese Eigenschaften verändern sich ständig, häufig abhängig von der Tageszeit und der Anzahl anderer Nutzer. Hinweise darüber gaukeln demnach verlässliche Infos nur vor.

Freies Camping / Stellplätze / WOMO-Parkplätze

Stellplätze werden Ihnen heute von verschiedenen Internetanbietern zehntausendfach präsentiert, mit Fotos, Koordinaten und Kommentaren der Nutzer. Vorbei sind die Zeiten, in denen ich Ihnen erklären musste, wo und mit welchen Hilfsmitteln alte Hasen die besten Plätze aufspüren. Mit geeigneten Programmen drücken Sie an Ihrem Smartphone auf einen Touchscreen, und es erscheinen alle – geeigneten oder ungeeigneten – Stellplätze (und Campingplätze) im Umkreis, und wenn Sie möchten, können Sie sich sogar dorthin navigieren lassen.

Wer die Szene aufmerksam beobachtet, findet auf diesen Internetseiten auch Plätze, die von Autoren des WOMO-Verlages vor vielen Jahren entdeckt und publiziert worden sind. Bisweilen konnte man dort sogar die eigenen Fehler wiederfinden. Auch insoweit haben sich die Zeiten geändert. Denn die Autoren der WOMO-Reihe – es sind möglicherweise nicht alle, aber ich gehöre dazu – orientieren sich selbstverständlich ebenso an dem reichhaltigen Angebot des Internets. Aber wir wählen aus! Wir trennen die Spreu vom Weizen, und eine Aufgabe meiner Reiseführer besteht heute darin, soweit es um anderweitig veröffentlichte Stellplätze (und Campingplätze) geht, nur diejenigen in meine Bücher aufzunehmen, die ich für geeignet und empfehlenswert halte. Wenn Sie also mit dem erwähnten Klick die Stellplätze der Umgebung abrufen und diese bei mir wiederfinden, können Sie annehmen, dass ich sie mir angesehen habe. Und es gibt immer noch Plätze, die Sie zumindest vorübergehend nur bei mir finden.

San Cipriano – Platz Nr. 163 (Tour 12)

Es existieren zweifellos gute, vielleicht sogar hervorragende Plätze, die ich nicht kenne oder die nach dem Erscheinen dieses Buches neu entstanden sind. Von dieser Einschränkung abgesehen sind Sie auf der sicheren Seite, wenn Sie möglichst solche Plätze anfahren, die wir Autoren für gut befunden haben.

Urbania Barco Ducale – Platz Nr. 165 (Tour 12)

Wenn ich im Internet bei App-Anbietern, unter anderem im Forum des WOMO-Verlages, surfe, lese ich immer wieder Klagen über **Parkgebühren** oder **andere Entgelte**, und es entsteht der Eindruck, dass nur derjenige die perfekte Wohnmobilreise erlebt, der möglichst wenig ausgibt. In einer Welt, in welcher der Tourismus eine feste Wirtschaftsgröße ist, sollten wir in keiner Sekunde daran zweifeln, dass wir nur dort, wo wir auch Geld ausgeben, in Zukunft geduldet sind. Damit meine ich nicht verschwiegene Plätzchen in untouristischen Gebieten, sondern den Wohnmobilurlauber als eine in Haufen auftretende Spezies an touristisch beliebten Orten. Warum sollten einer solchen Gruppierung Wasser, Müllkapazitäten, Toilettenanlagen, wertvolles Bau-, Garten- oder Agrarland unentgeltlich zur Verfügung gestellt werden, wenn der Nutzer nur das konsumiert, was er in seiner voluminösen Heckgarage herangekarrt hat? Diese Zeiten sind in allen Gebieten, in denen mit dem Tourismus Geld verdient wird, vorbei. Sie werden auch nicht wiederkehren, ganz gleich, wie laut man das beklagt.

Ich rate Ihnen demnach, in Ihrem Fahrzeug ein **Depot von Ein- und Zwei-Euro Münzen** anzulegen, vielleicht noch von ein paar Fünfziger, und dafür zu sorgen, dass dieses stets gut gefüllt bleibt. Immer noch müssen nämlich Stellplätze – und dort auch die Automaten für Wasser oder Strom – mittels Münzeinwurf bezahlt werden.

Italien ist **das** Land der Wohnmobile, entsprechend großzügig ist die Obrigkeit. Und wenn Sie wirklich einmal von der Polizei weggeschickt werden, bricht die Welt auch nicht zusammen, allenfalls wird Ihr deutscher Gehorsam angekratzt. Neuerdings berichten Leser allerdings auch mal von Bußgeldern – meistens in Höhe von 42 Euro. Das ist, wenn es Sie nicht ständig erwischt, ein Risiko, welches Ihnen nicht den Urlaub verdirbt, wenn man bedenkt, dass Stellplatzgebühren bis zu 20 Euro betragen können. Obwohl in fast ganz Italien das freie Übernachten unproblematisch ist, möchte ich an dieser Stelle erneut darauf hinweisen, dass weder Verlag noch ich die Gewähr dafür übernehmen, dass Sie auf den in diesem Buch empfohlenen Plätzen legal die Nacht verbringen dürfen.

Der Wohnmobiltourismus wäre ohne die sogenannten Offiziellen Stellplätze in den touristischen Regionen Mitteleuropas gar nicht mehr möglich. Schilder mit Symbolen oder den Hinweisen ***Sosta Camper*** oder ***Area di Sosta*** weisen Ihnen in Italien den Weg zu Stellplätzen, die ganz unterschiedlich und häufig mit Stromsteckdosen ausgestattet sind. Vor allem an der Küste geht der Trend zum ebenso bezeichneten, **privat betriebenen** und kostenpflichtigen Stellplatz, weil sich damit eine schlichte Wiese oder auch nur ein Asphaltplatz gut vermarkten lassen. Manchmal sieht man auch dort das Schild mit *‚No Camping'* (Markisen, sowie Klappstühle sind verboten), weil der Wiesenbesitzer keine Campingplatz-Lizenz bekommen hat und man bei ihm nur Tag und Nacht – auch mehrere Nächte hintereinander – »parken« darf. Längst nicht alle dieser privaten Plätze sind von ihrer Lage empfehlenswert, und ich habe mir eine vollständige Auflistung in diesem Buch nicht zur Aufgabe gemacht.

In diesem Zusammenhang interessiert Sie vielleicht ein kurzes Glossar:

Area Attrezzata	speziell hergerichteter Platz (meistens mit Wohnmobilsymbol)
Camper	Wohnmobil
Camper Service	Ver- und Entsorgung
Camper Sosta	Wohnmobilparkplatz
Punto Sosta	Parkplatz

Ein Problem nimmt in den letzten Jahren gerade auf schön gelegenen Stellplätzen zu, wir führen es darauf zurück, dass junge Italiener immer länger zu Hause wohnen bleiben. Und dass sie fast alle ein Auto besitzen,

Blick von Mondavio (Tour 12)

in dem sie mit der Partnerin einer Tätigkeit nachgehen, für die ein Autositz nicht geschaffen, wenngleich dafür schon millionenfach zweckentfremdet worden ist. Man erkennt diese Plätze bisweilen daran, dass sie von Papiertaschentüchern (und anderem) verunziert werden. Zumeist erkennt man sie aber nicht. Die Störung tritt daher überraschend ein, in der Regel aber nur in der Nacht von Samstag auf Sonntag, mit Abstrichen auch in der Nacht davor. Lästig daran ist das ständige An- und Abfahren, weil die Verweildauer unerwartet kurz ist. Und das ist deshalb lästig, weil die Liebenden erstaunlich wenig Schamgefühl besitzen und demgemäß beim Einparken kaum Abstand zu einem Wohnmobil einhalten. Entweder hat Sie der liebe Gott mit einem festen Schlaf gesegnet oder Sie stellen sich in eine andere Ecke des Parkplatzes, wo sich Ihnen die fahrbaren Liebeslauben wenigstens nur von einer Seite nähern können. Am besten stellt man sich zwischen zwei schon vorhandene Wohnmobile, und zwar so, dass kein Pkw mehr dazwischen passt.

Gas

Das Stichwort hat an Aktualität verloren, nachdem fast alle Wohnmobile über zwei **11-Kilo-Flaschen** verfügen. Wenn Ihr Gas trotzdem zur Neige geht, können Sie sich in Italien auf vielen Campingplätzen und in Eisenwaren-/ Freizeitgeschäften *(Ferramenta)* eine teure blaue *Camping-Gaz* Flasche kaufen. Für den Einsatz im WOMO benötigen Sie aber auch ein spezielles Anschlussstück (möglichst schon zu Hause kaufen und ausprobieren, ob es an Ihren Regler passt). Man kann auch die kleine, blaue italienische Gasflasche (5 kg) leihen, die billiger ist als die *Camping-Gaz* Flasche und in den deutschen Flaschenkasten passt. Das Pfand wird bei der Rückgabe ersetzt. Sie brauche auch dazu einen Adapter oder einen anderen Regler (siehe unten).

Langzeiturlauber benötigen ein Füll- und Anschluss-Set, mit dem sie in Italien an wenigen Stationen die eigene Flasche füllen lassen können. Zuständig ist hier die *Ferramenta* oder der *Distributore-Gas*, die meistens daran zu erkennen sind, dass sich am Haus oder im Schaufenster ein kleines Dreieck mit Flamme befindet. Eine Liste von Gasverkäufern finden Sie unter www.paginegialle.it/umbria/gas.html. Wenn Sie nach dem Öffnen der

Seite in das Suchfeld *‚bombole gas‘* eingeben, grenzen Sie auf Füllstationen ein (in den Marken geben Sie statt *‚umbria‘ ‚marche‘* ein). Nach einer Füllstation fragt man außerdem auf Campingplätzen, die bisweilen sogar von mobilen Abfüllern besucht werden (*füllen* heißt *riempire* und *Gasflasche* heißt *Bombola di gas).*

Ein Leser hat von einer erfolgreichen Füllung bei *DI Rossignol P & C* in Bastia Umbra – das liegt westlich von Assisi – berichtet *(unmittelbar neben einer IP-Tankstelle in der Via Firenze 72; N 43°04'18" E 12°32'59").*

Ohne Adapter aus dem **Euro-Flaschenfüll-Set D** (kostet ca. 20 €) geht in der Regel nichts, weil es das passende Teil, mit dem man eine deutsche Flasche auffüllen kann, in Italien nicht gibt.

Falls Sie eine italienische Gasflasche anschließen möchten, benötigen Sie außerdem das **Euro-Entnahme-Set**, mit dem Ihr Anschlussschlauch an die fremde Flasche passt.

Wohnmobilbesitzer mit **fest eingebautem Gastank** oder einer **Tankflasche** können die Hoffnung, diese betanken zu können, endgültig aufgeben. G.P.L.' (das heißt Gas Propano Liquido) an Tankstellen darf nämlich nur für den Betrieb von Kraftfahrzeugen, nicht aber zum Heizen, Kochen und Kühlen verkauft werden. Von meinen früheren Tipps, schnell heimlich zu tanken oder den Tankwart zu bestechen, distanziere ich mich ausdrücklich. Abgesehen davon, dass ich zu nichts Illegalem raten möchte, funktioniert das auch nicht. Selbstbedienung ist beim Gastank nicht möglich, und Tankwarte sind schon aus Furcht nicht korrupt. Sie verweisen darauf, dass die Polizei von Zeit zu Zeit die Daten der Videoüberwachung auswertet und dabei erkennt, wenn eine Tankflasche befüllt worden ist bzw. ein Wohnmobil betankt worden ist, das praktisch nie mit Gas betrieben wird. Sie müssen sich daher eine italienische Gasflasche anschaffen, die sie vor Ort tauschen können. Eigene Erfahrungen – wie in Frankreich – dazu, mit welchen Flaschen das funktioniert, haben wir nicht.

Die meisten neuzeitlichen Fahrzeuge sind mit einer Schlauchbruchsicherung und/oder dem Strömungswächter ***Monocontrol CS*** (oder *Duocontrol CS*, beides von Truma und Nachfolger von *SecuMotion*) ausgerüstet, der serienmäßig einen Crashsensor enthält. Dieser Regler ist am Fahrzeug montiert, danach folgt der Schlauch und dann meistens noch eine Schlauchbruchsicherung, die an die Flasche oder den Euro-Entnahme-Adapter geschraubt wird.

Für (ältere) Fahrzeuge ohne diesen Schutz empfehle ich eine **Schlauchbruchsicherung**, der Einbau dauert 15 Minuten. Sie ist unerlässlich, wenn Sie unterwegs mit Gas kühlen. Die Sicherung verhindert, dass Gas bei einem Unfall oder nach einem Schlauchbruch in großer Menge ausströmt.

Geld

Geld zog man bislang flächendeckend mit PIN-Code aus dem **Bankautomaten**, entweder mit der (deutschen) **Girocard** (so heißt seit 2007 die frühere ec-Karte), fast genauso oft auch mit der **Kreditkarte** (Visa oder Eurocard), was aber deutlich teurer war. Ab 2023 kann möglicherweise nicht mehr jede Girocard aus Gründen, die ich hier nicht erläutern möchte, im Ausland eingesetzt werden. Es ist bei Redaktionsschluss dieses Buchs nicht abzusehen, ob eine Zahlung mit der Girocard in Zukunft möglich oder praktikabel ist.

Die Kreditkarte steht allerdings nicht auf der Kippe, weshalb ich dringend dazu rate. Sie benötigen diese ohnehin beim Tanken, was häufig nur entweder mit Kreditkarte oder mit Geldscheinen funktioniert (oder nur gegen teuren Aufschlag für die Bedienung). Beim Gaststättenbesuch sollten Sie zur Sicherheit ausreichend Bares dabeihaben oder zumindest vorher fragen, jedenfalls dann, wenn Sie in einem Dorf speisen, in dem kein Bankautomat montiert ist. Es gibt auch Campingplätze oder kleiner Läden, die nur Bargeld annehmen.

Zu den Reisedokumenten höchster Wichtigkeit, deren diebstahlgeschützter Ablageplatz niemals in Vergessenheit geraten darf, gehört der Zettel mit der Kreditkarten- und Scheckkartennummer sowie der Telefonnummer der Zentrale. Beides brauchen Sie für die Kartensperre: In Deutschland erreichen Sie unter 0049-116 116 die Hotline für etwa 90 Prozent aller Bank- und Zahlungskarten wie Maestro, EC, Euro/MasterCard, VISA und American Express (Näheres unter *www.kartensicherheit.de*). Rufen Sie dort **umgehend** an, wenn die Karte abhandengekommen ist, und sei es auch mitten in der Nacht. Nur wenn Sie davon berichten können, dass Ihnen das Stück Plastik gerade erst, vor wenigen Minuten, verlustig gegangen ist (und dass Sie die Geheimzahl nirgends aufgeschrieben haben), zahlt die im Kredit- oder Scheck-Kartenvertrag enthaltene Versicherung, falls ein Bösewicht Missbrauch treibt!

GPS / Navigation

In diesem Reiseführer sind für alle Stell- und Campingplätze die Koordinaten angegeben. Das nutzt Ihnen nur, wenn Sie selbst ein Navigationsgerät (oder Smartphone) besitzen, in das man Koordinaten eingeben oder, noch besser, zugleich eine Datei mit allen Koordinaten aufspielen kann. Sie können beim WOMO-Verlag die Koordinaten in den von Ihnen benötigten Formaten aller Stell- und Campingplätze als sogenannte **POIs** (das ist die Abkürzung von **P**oint **o**f **I**nterest) beziehen und auf Ihr Navi überspielen. Falls Sie das Navi wechseln und die Koordinaten in einem anderen Format benötigen, können Sie diese mit dem kostenlosen Computerprogramm *RouteConverter* selbst umwandeln.

Viele Leser navigieren mit dem **Smartphone** und dabei mit ***Google Maps***. Man kann sogar offline navigieren, wenn man sich zuvor den Kartenausschnitt heruntergeladen hat. Die Routensuche mit *Google Maps* funktioniert überraschend gut, wenn man weiß, wie man dort Koordinaten eingibt: Man tippt N oder E (groß oder klein) ein und danach die Ziffern. Sonderzeichen für Grad, Minuten und Sekunden sind bei Google Maps nicht erforderlich. Anstelle dieser Sonderzeichen muss man ein Leerzeichen eingeben, bei etwaigen Nachkommastellen anstelle des Kommas einen Punkt.

Ich bekomme immer wieder Zuschriften von Lesern, die mir andere Apps empfehlen, vor allem *Navigator* oder *maps.me*. Die meisten Ratschläge probiere ich aus, aber ich würde mich verzetteln, wenn ich mich an dieser Stelle damit näher befassen würde. Nach meinem Eindruck navigieren die meisten Menschen, besonders die jüngeren, mit Google Maps, oft sogar dann, wenn im Fahrzeug ein anderes Navigationssystem eingebaut ist.

Bei fast allen festeingebauten Geräten kann man die **Darstellung** der Koordinaten einstellen. Der WOMO-Verlag hat sich für die Angabe von **Grad, Minuten und Sekunden** entschieden, aber es gibt sowohl Geräte wie auch Publikationen mit anderer Schreibweise. **Wir bekommen immer noch Zuschriften irritierter Leser, die die Stellplätze nicht finden, weil sie in ihr Gerät statt Sekunden einen Nachkomma-Wert von Minuten eingeben!**

Wer sein Gerät nicht umstellen kann, benötigt eine App (zum Beispiel *LatLon Convertor* oder *www.fcc.gov/media/radio/dms-decimal*) für das Smartphone oder einen Taschenrechner im Handschuhfach und muss umrechnen: Um die Sekunden und Minuten zu dezimalisieren, muss man jeweils mit 0,01667 multiplizieren (zuerst also den Sekundenwert multiplizieren, danach dasselbe mit dem Minutenwert). Umgekehrt geht es auch: Man nehme den Nachkomma-Anteil der Gradzahl, multipliziere mit 60 und setze das Komma nach der zweiten Stelle (Beispiel: aus 43,84537 Grad rechnet man 0,84537 x 60 = 50.7222 Minuten = 43°50.722'). Um die Sekunden zu erhalten, muss man den Nachkomma-Wert erneut mit 60 multiplizieren und bekommt so 43 Sekunden; die Winkelschreibweise führt nun also zu 43 Grad,

50 Minuten und 43 Sekunden (= 43°50'43"). Sie müssen das ausprobieren. Vielfaches Hin- und Herrechnen bringt allerdings Rundungsdifferenzen.

In diesem Buch werden Ihnen überwiegend keine Nachkommastellen genannt, die viele Geräte gar nicht anzeigen. Sie werden die Nachkommastelle für die Navigation zu einem Stell- oder Campingplatz allenfalls in extremen Ausnahmefällen benötigen.

Ich warne Sie vor allzu großer Navigationshörigkeit. Sie müssen die vorgeschlagene Strecke und vor allem das Ziel überprüfen, bevor Sie der Technik vertrauen und die Navigationsführung bei jeder zweifelhaften Abbiegung infrage stellen. Man wird sehr häufig auf ungeeignete Strecken geleitet. Außerdem sollten Sie meine Ratschläge unter *Landkarten* sorgfältig beachten. Ich bekomme immer wieder Zuschriften, in denen sich Leser beklagen, sie hätten das Ziel aufgrund der Koordinaten nicht gefunden, was vielfältige Gründe haben kann (z. B. geänderter Straßenverlauf, neue Zufahrten, niedrige Brücken).

Beim Fest der Ceri werden in Gubbio (Tour 11) sogar die Hunde kostümiert

Hunde

Die schlechte Nachricht zuerst: Sie dürfen höchstens fünf Hunde mitbringen.

Im Übrigen benötigen Sie den **EU-Heimtierausweis** mit einer Beschreibung des Tieres, mit dem Namen und der Adresse des Eigentümers, dem Nachweis der Tollwutimpfung sowie mit der Chip-Identifizierungsnummer.

Für in Deutschland geimpfte Hunde muss das Mindestalter bei der Erstimpfung 3 Monate betragen und diese muss wenigstens 21 Tage zurückliegen. Sie sind verpflichtet, eine Identifikation (Chip) bei ihren Hunden anbringen zu lassen. Ist Ihr Liebling jünger als drei Monate, gelten Sonderbestimmungen.

Maulkorb und Leine müssen stets zur Hand sein, und angeblich drohen Geldbußen bis 200 Euro, wenn der Vierbeiner bei der Fahrt nicht im WOMO festgezurrt ist. Nicht auf allen Campingplätzen sind Hunde erlaubt. Das gilt auch für die Strände.

Aktuelle Infos finden Sie unter https://italien.diplo.de/it-de/themen/willkommen/-/1604976.

Landkarten – auf Papier und virtuell

Selbst neben dem tollsten und teuersten Navigationsgerät benötigen Sie für das Verständnis dieses Reiseführers eine detailgenaue Landkarte.

Dazu empfehle ich die Karten von **freytag&berndt**, die nur den Nachteil haben, dass sie zwei benötigen, nämlich die Karte ***Umbrien*** und die Karte ***Marken***. Dafür sind sie mit dem Maßstab 1:150 000 (1 cm = 1,5 km) besonders genau.

Alternativ kommt die **Marco Polo** Karte ***Umbrien, Marken*** im Maßstab 1:200.000 (1 cm = 2 km) infrage.

Wenn ich mich online orientieren oder nur die Verkehrslage checken möchte, verwende ich die kostenlose Seite von ***ViaMichelin***. Sobald Sie (am Smartphone) am Rand der Karte den Punkt mit den beiden Fahrzeugsymbolen berühren, wird die Verkehrslage ein- oder ausgeschaltet. Grüne Straßen sind freie Straßen, schwarze Straßen zeigen Sperrungen an, rote bedeuten Staus und orange Zähflüssigkeit. Man muss für diese Funktion, im Gegensatz zu *Google Maps*, keine Route eingeben.

Mit ***Google Maps*** orientieren wir uns kostenlos online innerhalb von **Städten** und **Dörfern**, wenn wir konkrete Ziele, beispielsweise eine Gaststätte, (zu Fuß oder mit dem Rad) suchen. Das funktioniert derart perfekt, dass ich bei den Touren kaum noch Wegbeschreibungen zu Gaststätten angebe.

Falls Sie ab und zu wandern möchten, suchen Sie nach **Wanderkarten**, die es inzwischen von den meisten Wandergebieten gibt; Näheres wie auch zu brauchbaren Apps können Sie unter der Überschrift *Wandern* nachlesen.

Besitzer eines Smartphones laden ***maps.me*** und orientieren sich gerade in Städten, und zwar **offline**, also völlig kostenlos (siehe beim Stichwort *GPS*).

Lebensmittel / Getränke

Das Angebot an **Lebensmitteln** ist enorm. Sie brauchen also nicht Ihr WOMO mit heimischen Konserven zu überladen. Nur dunkles Brot, das sich mehrere Wochen hält, sollten Sie einpacken. Brot und *Panini* in unserem Zielgebiet sind meist salzarm. Die Auswahl an Obst und vor allem Gemüse ist erwartungsgemäß breiter als in unseren Läden. Aber die Preise sind nicht unbedingt niedriger.

Linsen und Wilderbsen (Tour 8)

Dies mag auch daran liegen, dass sich die Verbrauchergroßmärkte auf der »grünen Wiese« vor der Stadt in Italien nur langsam durchsetzen. Der tägliche Einkauf findet entweder im kleinen oder mittelgroßen Selbstbedienungsladen statt, in geringem Umfang auch noch in einem Geschäft, das bei uns »Tante-Emma-Laden« heißt, aber in unseren Städten schon fast ausgestorben ist (solch ein Laden heißt in Italien *negozio*).

Über Mittag macht fast jeder kleinere Laden zu, meist zwischen 13 und 16:30 Uhr; am Abend bedient man Kunden normalerweise noch bis 20 Uhr. Es gibt keine einheitlichen Ladenöffnungszeiten.

Das **Getränkeangebot** ist groß. Der Deutsche freut sich vor allem darüber, dass er aus Flaschen sogar 0,65 l Bier in seine durstige Kehle schütten darf. In den italienischen Bars – nicht in den Restaurants – gibt es häufig auch Fassbier. Sprudel und stilles Mineralwasser haben gemeinsam, dass auf beiden zumeist *Aqua minerale naturale* steht, auf der Sprudelflasche muss zusätzlich noch *addizionata di anitride carbonica* oder *frizzante* aufgedruckt sein. Wenn man nach Sprudel fragt, muss man *Aqua minerale con gas* verlangen. Fruchtsäfte werden relativ teuer verkauft. Dem *Wein* gönnen wir weiter hinten ein eigenes Stichwort.

Literatur

Ständig werden über die Toskana neue Reiseführer und Zeitschriften-Sonderhefte veröffentlicht. Umbrien wird stiefmütterlicher behandelt, und über die Marken schreibt (fast) kein Mensch.

Da ich mich in einem Wohnmobil-Reiseführer bei Kunst, Geschichte und Literatur zwangsläufig kurzfasse, müssen Sie sich anderweitig informieren. Am besten eignen sich dazu die beiden Bücher aus dem **Michael Müller Verlag**, ***Umbrien*** von Marcus X. Schmid und ***Marken*** von Sabine Becht. Falls Sie schon Elba bereist haben, ist Ihnen Sabine Becht mit ihrem Führer aus demselben Verlag vielleicht noch in guter Erinnerung.

Wer gerne kocht, freut sich über ***Tausend Tage in Orvieto: Eine umbrische Romanze mit Rezepten*** von Marlena de Blasi.

Notfälle

Ärzte

Wir empfehlen dringend eine sehr preisgünstige **Auslandskrankenversicherung** (bis zu 45 Tagen). Sie sollte für jeden Wohnmobilreisenden eine Selbstverständlichkeit sein. Wer sich dazu nicht entschließen kann, benötigt für Italien und die Transitländer die **europäische Krankenversichertenkarte** (EHIC). Das Dokument kann direkt bei Ärzten und Kliniken vorgelegt werden. Wer in Deutschland gesetzlich versichert ist, muss die Karte nicht beantragen, sie ist automatisch auf der Rückseite der Versichertenkarte aufgedruckt. Gewährt werden bei der Vorlage alle notwendigen Leistungen – allerdings zu den Bedingungen, die vor Ort gültig sind. Wer die EHIC nicht vorweisen kann, wird zu entsprechenden Tarifen als Privatpatient behandelt und muss in Vorleistung treten. Gegen Rechnungsvorlage wird in der Heimat möglicherweise ein Teil wiedererstattet. Das gilt auch für zahnärztliche Behandlungen, bei denen Ihnen die EHIC nicht hilft.

Adressen deutschsprachiger **Ärzte** erhält man bei den Konsulaten oder vom ADAC, München (Tel. 0049 89 22 22 22), aber auch bei den örtlichen Touristenbüros oder beim Campingplatzverwalter.

Im schlimmsten aller schlimmen Fälle: Wenn Sie einen Auslandsschutzbrief haben, werden Sie, Ihre Familie und das WOMO kostenlos nach Hause transportiert; ADAC siehe eben.

Apotheken:
Die Öffnungszeiten: 9 – 13 und 16 – 20 Uhr; die Anschrift der Nachtapotheke kann man an jeder anderen Apotheke erfahren, zumeist unter der Überschrift *turno*.

Botschaften:
Deutsche Botschaft in Rom, Tel. +39 06 492131, Notruf in dringenden Fällen +39 335 7904170; https://italien.diplo.de/itde/vertretungen/botschaft.
Österreichische Botschaft in Rom, Tel. +39 06 841 8212; Notruf in dringenden Fällen +39 335 7089749; www.bmeia.gv.at/oeb-rom/.
Schweizerische Botschaft in Rom, Tel. +39 06 809 571;
www.eda.admin.ch/countries/italy/de/home/vertretungen/botschaft.html.

Notruf:
Polizeinotruf und Rettungsdienst: 113, Feuerwehr: 115, Carabinieri: 112 (funktioniert alles auch per Handy).

Pannendienst:
Automobil Club Italiano - ACI: 116
Notrufdienst des ADAC: Tel. +49 89 22 22 22
ÖAMTC-Notrufzentrale Wien: +43 1 38 31 111.
Weitere Infos erhalten Sie unter dem Stichwort *Unfall.*

Preise

Fast nichts ist teurer als Campingplätze. Billig sind Speiseeis, Pizza, Café und Mineralwasser im Restaurant. Der Rest kostet ähnlich viel wie in Deutschland. Restaurants in Italien sind, solange man nicht Pizza bestellt, unter dem Strich teurer als in Deutschland. Eintrittspreise reißen ebenfalls große Löcher in die Urlaubskasse.

Radfahren

Ich habe mich schon frühzeitig entschlossen, in meinen Reiseführern Aktivurlaubern bevorzugt Wanderstrecken anzubieten, da jeder gesunde Wohnmobilreisende zu Fuß unterwegs sein kann, aber nicht unbedingt Fahrräder dabeihat. Außerdem kann ich nicht sowohl Wandervorschläge als auch Radtouren seriös recherchieren.

Das gilt umso mehr, als es unter den Radfahrern inzwischen unterschiedliche Gruppierungen gibt: die Rennradfahrer, die E-Biker und den Rest, der immer kleiner wird. Diese Gruppierungen fahren auf unterschiedlichen Strecken, und sie erfordern auch unterschiedliche Wohnmobile, weil man die E-Bikes nicht mehr ohne Weiteres auf allen Heckgepäckträgern transportieren kann.

Wer seinen Urlaub hauptsächlich auf einem Campingplatz verbringt, der abseits einer Ortschaft liegt, wer sein WOMO dort wohnwagenmäßig installiert, kann auf einen Drahtesel nicht verzichten. Wer das Fahrrad hingegen mitnimmt, um damit unser Reisegebiet zu durchstreifen, wird möglicherweise etwas enttäuscht. Denn die Bedingungen sind keineswegs ideal: Es gibt in Italien kaum Radwege.

Wer es dennoch wagen will, kauft am besten ***Das Umbrien GPS RadReiseBuch*** von Kay Wewior, der es auf jeden Fall besser weiß als ich.

Sie können sich die besten Radwege auch im Internet ansehen: Unter www.bicitalia.org/it/percorsi den ***Percorso Assisi – Spoleto*** mit 45 Kilometer; und unter www.lifeintravel.it/umbria-in-bici.html den ***Ferrovia Spoleto – Norcia*** (auf der ehemaligen Bahntrasse) sowie weitere Strecken. Die beiden erwähnten sind vor Ort gut beschildert und können problemlos auf Teilstücken befahren werden.

Achtung: Ihre Räder ragen mit einem Gepäckträger über das Wagenheck hinaus, weshalb Sie unbedingt eine rot-weiße **Warntafel** *(Panello)* brauchen. Ohne dieses Teil riskieren Sie Strafen sogar dann, wenn Ihr Gepäckträger gar nicht benutzt wird und hochgeklappt ist, aber übersteht.

Reisezeit / Klima / Feiertage

Der **Frühling** beginnt in Mittelitalien eher später als bei uns in Baden und nicht viel früher als in den meisten Regionen unserer Herkunftsländer. Denn unser Reiseziel ist, von der Küste abgesehen, bergig, was die Temperaturen nach unten und die Regenhäufigkeit nach oben treibt. An Ostern wird die

Heizung häufiger als erwartet in Betrieb genommen, es kann auch mal länger regnen. Wappnen Sie sich also für durchwachsenes Wetter. Bei einer unserer Recherchen lagen Ende März in San Marino – das Meer in Sichtweite – riesige Schneehaufen am Straßenrand. Das war wohl eine Ausnahme, aber Sie werden keinen vorgezogenen Sommerurlaub erleben. Kalkulieren Sie über Ostern ein beachtliches Tourismusaufkommen von Italienern ein. Jeder, der in Italien ein WOMO besitzt, das sind bekanntlich viele, ist dann unterwegs. Die Stellplätze in den Städten sind rappelvoll. Ganz schlimm ist es, wenn der Nationalfeiertag, der 25. April, nahe an Ostern liegt, dann ist wirklich ganz Italien auf der Straße; genauso, wenn sich mit dem 1. Mai ein Wochenende verbinden lässt. Darunter leiden in hohem Maß die religiösen Ziele, besonders Assisi, das an Ostern einen regelrechten Ansturm erlebt. Man muss das unbedingt beachten, zumindest darf man nicht enttäuscht sein, wenn man an diesem Wochenende im Gewühl steckt, von der Kirche bis zum Freiluft-Café. Dabei möchte ich Ihnen gar nicht davon abraten, sich auch zwischen die italienischen Kurzurlauber zu mischen, denn es gibt viel zu sehen, vor allem am Abend des Karfreitags, wenn in fast jedem Ort eine Prozession abgeht.

Auf vielen Stellplätzen im Landesinnern werden Sie sich gerade an Ostern in mobiler Nachbarschaft besonders wohlfühlen. Überall herrschen Leben und Betriebsamkeit, die im Sommer oftmals fehlen. **Ostern ist für viele Ziele im Landesinnern die ideale Reisezeit!** Das gilt auch für das Gebiet des Monte Conero, südlich von Ancona, aber nicht für die restliche Adria-Küste, die ich nur in den Sommermonaten, wenn man baden kann, empfehle – weil man dort eigentlich nur baden kann.

Ostern in Loreto – Platz Nr. 125 (Tour 10)

Zum **Frühsommer** hin nimmt die Niederschlagshäufigkeit ab. Anfang Mai sprießt in den waldreichen Regionen zartes Grün, die Weinberge haben Laub angesetzt und die fotogenen Mohnfelder blühen. Früher haben wir die Zeit um Pfingsten als die schönste empfunden, bis wir Ende Mai und Anfang Juni mehrfach total verregnete Ferien erleben mussten. An den über 1000 Meter hohen Bergen bleiben die Wolken hängen, und es gewittert häufiger als weiter im Westen. Das Wetter ist in den westlicheren, flachen Gebieten, beispielsweise am Trasimenischen See und am See von Bolsena, ebenso an der Adria, deutlich stabiler als in den Bergregionen. In den Frühsommermonaten sind Umbrien und die Marken touristisch so gut wie leer. Eine Ausnahme bildet das **Wochenende um den 2. Juni**, der in Italien ein Feiertag ist.

Touristische Hauptreisezeit ist selbstverständlich der **Sommer**, etwa ab Mitte Juli, wobei dann in erster Linie die Badeplätze am Meer, an den Seen oder die großen Campingplätze mit Schwimmbädern gut besucht sind. Dann kann es auch schon mal vorkommen, dass Sie wegen Überfüllung keinen Stellplatz mehr finden, wenn Sie erst am Nachmittag anreisen. Aber auch im höchsten Hochsommer gibt es derzeit in Umbrien noch keinen Massentourismus, man kann sich mit kleineren Engpässen gut arrangieren, zum Beispiel wenn man Campingplätze vor der Mittagspause ansteuert. Das gilt nicht für die Campingplätze in den Marken am Meer, die teilweise belegt sind.

Der weiterhin erfreulich zurückhaltende Tourismus war sicher einer der Gründe, der Sie zu einer Umbrien-Marken-Reise bewegt hat. Die Realität wird Sie vermutlich nicht enttäuschen.

Das gilt auch für das Wetter, das im Hochsommer deutlich stabiler und besser ist als in Mitteleuropa. Freilich ist es heiß, aber es ist fast nie drückend. Und falls Sie doch einmal eine Hitzeperiode erwischt haben, müssen Sie nur ein paar Kilometer weiter fahren bis zum Rand der Berge, von denen abends und nachts ein kühler Luftzug weht. Eine Umbrien-Marken-Reise ist daher auch für die hitzeempfindlichen Freunde, die aber dennoch gerne im Hochsommer reisen (oder dann reisen müssen) eine gute Entscheidung.

Sehr viele Italiener beenden ihre Sommerferien am **Wochenende nach dem 15.8.** (dem sogenannten *Ferragosto*, Mariä Himmelfahrt und in Italien Feiertag). Es ist der Kardinalfehler schlechthin, sich an dem Samstag oder Sonntag, die diesem Feiertag folgen, zwecks Heimfahrt (umgekehrt ist es eher möglich) auf die Autobahn zu begeben. Sie setzen dann Ihre ganze Erholung aufs Spiel. Auch den größten Optimisten sei gesagt, dass sie an diesem Wochenende mit absoluter Sicherheit auf der Autobahn wertvolle Urlaubs- und Lebenszeit vertun. Wenn es Ihr Terminplan irgendwie möglich macht, verlängern Sie den Urlaub so, dass sie erst später starten oder gönnen Sie sich einen Urlaubsabschluss in Südtirol, in Österreich, der Schweiz oder in Süddeutschland. Gerne erinnere ich an dieser Stelle an meinen Piemont-Reiseführer.

Ab Ende August wird es ruhig, und in der ersten Septemberwoche müssen Sie Campingplatz-Besitzer und alle anderen, die vom Tourismus leben, fast bedauern. Deshalb schließen auch die meisten Campingplätze schon Mitte September (Näheres siehe bei den Touren). Unsere Erfahrungen reichen nur bis dahin. So lange bleibt das Wetter einwandfrei; der Sommer dauert noch bis in den Oktober.

Der Literatur habe ich entnommen, dass der **Herbst** genauso schön sein soll wie der Frühsommer, und dass es im **Winter** empfindlich kalt wird. Allerdings findet dann die Trüffel-Ernte statt, mit der wir uns aber unter dem entsprechenden Stichwort beschäftigen wollen. Zur **Jahreswende** herrscht auf Stellplätzen Hochbetrieb ähnlich dem Ansturm an Ostern. Das weiß ich aber nur zweiter Hand. Denn zur Winterreise fehlt uns jede eigene Erfahrung.

Die meisten **Regentage** verzeichnen die Meteorologen in den Monaten März, April, Mai sowie von Oktober bis Dezember. Die geringste Niederschlagsmenge fällt in den Monaten Januar und Februar, dann ist es auch wesentlich milder als beispielsweise in Süddeutschland. Temperaturen unter dem Gefrierpunkt kann man im Winter nur im Gebirge messen, sodass ein Urlaub im Januar oder Februar gar nicht so abwegig wäre.

Feiertage in der Zielregion sind:

1. Januar	Neujahr *(Anno Nuovo)*, gefeiert wird an 31.12. *(Capodanno)*
6. Januar	Heilige Drei Könige *(Befana)*
März / April	Ostersonntag *(Pasqua)* sowie Ostermontag (*Pasquetta*)
25. April	Befreiungstag *(Festa della Liberazione)*. Dieser Tag erinnert an den Sieg der Alliierten in Italien und an das Ende der deutschen Besatzung und Mussolinis
1. Mai	Tag der Arbeit *(Festa del Lavoro)*
2. Juni	Gründung der Italienischen Republik *(Festa della Republica)*
15. August	Mariä Himmelfahrt *(Ferragosto)*
1. November	Allerheiligen *(Ognissanti)*
8. Dezember	Tag der Unbefleckten Empfängnis *(Concezione Immaculata)*
25. Dezember	Erster Weihnachtstag *(Natale)*
26. Dezember	Zweiter Weihnachtstag *(Festa di Santo Stefano)*

Restaurants

Pizza gibt es in Italien, von Touristenlokalen mal abgesehen, nur, wenn Pizzeria an der Fassade steht. Dort ist inzwischen die Pizza in Form, Zubereitungsart und Geschmack der bei uns gebräuchlichen angeglichen. Die Pizzapreise sind wirklich so anständig, dass man mit einer vierköpfigen Familie auch mal mit 50 Euro hinkommt.

Im *Ristorante* wird Ihnen nur selten ein komplettes Menü angeboten, und bei der Vorstellung an aus der Speisekarte gesondert auszuwählende *Antipasti, Primi, Secondi e Dolci*, genau genommen bei der Addition der Preise dafür, wird Ihnen ganz schwach, weil Sie gehört haben, jeder italienische Kellner werde Sie schlecht behandeln, wenn nicht sogar des Lokals verweisen, falls Sie nicht das volle Programm abarbeiten – und bezahlen. Das ist Quatsch! In normalen wie auch in besseren oder teuren *Ristoranti* dürfen Sie bestellen so viel, aber auch so wenig Sie wollen. Italiener machen das nicht anders.

Sie bekommen, wenn Sie das wollen, auch zweimal Pasta nacheinander und müssen nur beherzigen, dass das Hauptgericht *(Secondo)* bisweilen immer noch nur aus einem Stück Fleisch oder Fisch besteht, wenn Sie keine *Contorni* (Gemüse oder Kartoffeln) dazu ordern.

Die Preise unterscheiden sich nicht so sehr danach, ob sich das Etablissement *Ristorante, Locanda* oder *Trattoria* nennt. Am Ende ist die Rechnungssumme höher als in Deutschland. Preiswert, und zwar auf niedrigerem

Niveau als in Deutschland, sind die Preise für **Pizzas**. **Fisch** ist deutlich teurer als Fleisch. Das gilt für *Primi* (erste Gänge) ebenso wie für *Secondi* (Hauptspeisen). Der Geschmack wird oft durch ein wenig Salz und etwas Olivenöl erheblich verbessert.

Wein ist in italienischen Gaststätten erstaunlich preiswert. Selbst gute Flaschen kosten kaum mehr als im Geschäft oder beim Erzeuger.

Pane e coperto, also der Grundpreis dafür, dass Sie zu Tisch sitzen dürfen, sind immer noch üblich, wenngleich nicht mehr flächendeckend.

Wenn Sie sogleich, nachdem Sie Platz genommen haben, vom Kellner nach Ihrem **Wasserwunsch** gefragt werden, ist das keine Geschäftemacherei, sondern italienische Höflichkeit, zumal das Mineralwasser in italienischen Gaststätten fast nichts kostet.

Ich bin nicht mehr sicher, ob und in welcher Höhe in Italien **Trinkgeld** zur Selbstverständlichkeit gehört. Und fragen Sie mich nicht, wie man das Trinkgeld übergibt, wenn die Rechnung, wie es in den meisten Lokalen üblich geworden ist, nicht am Tisch, sondern an der Kasse bezahlt wird. Ich übergebe das Trinkgeld dort, nachdem mir aufgefallen ist, dass Italiener am Tisch kein Geld liegen lassen (vielleicht gewähren sie auch keins). Es gibt auch keine Gesetzmäßigkeit, ob in *Ristoranti* überhaupt noch die Rechnung an den Tisch gebracht wird – außer derjenigen, dass dies umso naheliegender ist, je edler der Laden daherkommt. Am besten beobachten Sie, wie Italiener bezahlen.

Bitte beachten Sie, dass sich die von uns bei den einzelnen Touren angegebenen Öffnungszeiten von Jahr zu Jahr verändern.

Gerne folgen wir den Tipps der App ***Osterie d'Italia***, die aber leider längst nicht flächendeckend sind. Sie können sich die App kostenlos runterladen. Kostenpflichtig sind die Daten für die jeweilige Region *(ganz Italien 6,99 Euro für iPhone und Android erhältlich)*.

In den bekannten Restaurants sollte man sich so frühzeitig wie möglich anmelden, insbesondere für das Wochenende. Andererseits reicht es nach unseren Erfahrungen, wenn man sich um die Mittagszeit (nachmittags nimmt oft niemand das Telefon ab) für denselben Abend noch einen Platz vormerken lässt. Die notwendige Redewendung hierfür: »*Vorrei ordinare un tavolo per questa sera*« (»*Ich möchte für heute Abend einen Tisch reservieren*«).

Sehenswürdigkeiten / Öffnungszeiten

Montags sind außer den Kirchen viele Sehenswürdigkeiten geschlossen!

Auch an anderen Tagen scheitern Besichtigungen häufig an **Öffnungszeiten**, die für Mitteleuropäer ungewohnt sind. Sie müssen nämlich davon ausgehen, dass über Mittag, also zwischen 13 und 15 Uhr, vieles dicht ist, wobei wir auch die Kirchen mit einbeziehen. Es gibt zwar Gotteshäuser und Museen, die den ganzen Tag über offen sind, gerade bei den Kirchen ist das aber nicht selbstverständlich. Leider gibt es keine Gesetzmäßigkeit oder Verlässlichkeit. Soweit ich bei den Reisebeschreibungen Öffnungszeiten angegeben habe, sind diese also mit Vorsicht zu genießen, sie betreffen meistens auch nur das Sommerhalbjahr.

Orvieto - Dom (Tour 2)

Die italienischen Eintrittspreise sind in den letzten Jahren brutal und teilweise unverschämt gestiegen, als könnte man damit die maroden Staatsfinanzen retten. Umso wichtiger sind daher Ermäßigungen (die ich bei den Preisangaben in den Touren nicht berücksichtigt habe): Kleinere Schulkinder haben häufig freien Eintritt. Dabei ist man bezüglich des Alters der Kinder großzügig. Staatliche Museen gewähren älteren Bürgern der EU bisweilen zum reduzierten, Schülern und Studenten (gegen Ausweis) zum halben Preis Eintritt. Behinderten (und deren Begleitpersonen) bewilligt man ebenfalls häufig einen Nachlass.

Kirchen sind längst nicht mehr flächendeckend eintrittsfrei. Außerdem wird dort mittels Beleuchtungsautomaten kassiert. Will man Fresken, ein Altarbild oder eine Kanzel richtig genießen, sollte man Geldstücke in der Tasche klimpern lassen und darf damit nicht knausern. Das Licht bewirkt oft Wunder.

Zu unseren beliebtesten Zielen gehören die Orte, die von der Vereinigung ***I borghi più belli d'Italia*** *(Die schönsten* Dörfer Italiens) als Mitglieder aufgenommen worden sind. In Umbrien und in den Marken gibt es derzeit 59 Ortschaften mit nicht mehr als 15.000 Einwohnern. Wir zählen Ihnen die bei den Touren beschriebenen Orte hier nochmals auf. Soweit Dörfer in diesem Buch nicht behandelt werden (und in der nachfolgenden Aufstellung fehlen), liegen sie abseits unserer Touren:

Acquasparta (Tour 6)	Arcevia (Tour 11)	Arrone (Tour 7)
Bettona (Tour 5)	Bevagna (Tour 4)	Castiglione d. L. (Tour 1)
Cíngoli (Tour 10)	Corinaldo (Tour 12)	Gradara (Tour 13)
Grottammare (Tour 9)	Montecósaro (Tour 10)	Mondavio (Tour 12)
Montefalco (Tour 4)	Montelupone (Tour 10)	Montone (Tour 11)
Nocera Umbra (Tour 11)	Norcia (Tour 8)	Offida (Tour 9)
Paciano (Tour 1)	Panicále (Tour 1)	Passignano (Tour 1)
Pergola (Tour 12)	Piediluco (Tour 6)	Preci (Tour 8)
San Gemini (Tour 6)	San Leo (Tour 13)	Spello (Tour 4)
Torgiano (Tour 5)	Torre di Palme (Tour 9)	Trevi (Tour 4)
Vallo di Nera (Tour 8)	Visso (Tour 8)	

Wenn wir uns mit Listen beschäftigen, sollen hier auch die Bauwerke unseres Reisegebietes zusammengefasst werden, die auf der **UNESCO-Liste des Welterbes** stehen, welche sich zusammensetzt aus Stätten des Weltkulturerbes, des Weltnaturerbes und des Erbes der immateriellen Kulturgüter:

‚Die Langobarden in Italien, Orte der Macht – 568 - 774 n.Chr.' (Tour 4)
Basilika San Francesco von Assisi und Gedenkstätten des Heiligen Franziskus (Tour 5)
Historisches Zentrum von Urbino (Tour 12)
Historisches Stadtzentrum von San Marino und der Berg Titano (Tour 13)
Frühchristliche Bauwerke in Ravenna (Tour 14)

Telefonieren

Die **Ländervorwahlziffer** nach Italien ist stets die 0039, danach **muss die 0 der Ortsvorwahl mitgewählt** werden. Von Italien sind die Ländervorwahlziffern (ohne 0 der Ortsvorwahl):

von Italien nach Deutschland 0049
von Italien in die Schweiz 0041
von Italien nach Österreich 0043

In Italien wird (außer bei Notruf) immer die Ortsvorwahl einschließlich der 0 mitgewählt – auch aus demselben Ortsnetz – wie aus dem Ausland! Aber bei Anrufen auf ein italienisches **Handy** *(cellulare)* ist das anders: Dort wird keine 0 gewählt. Eine italienische Handynummer beginnt immer mit einer 3. Bitte beachten Sie das bei den in diesem Buch angegebenen Telefonnummern.

Toiletten / Entsorgungsstationen / Wasser

Viele Leser denken bei dem Stichwort Toilette nur an die legalen Entleerungsmöglichkeiten für das Chemieklo. Eine saubere **öffentliche Toilette** entlastet aber auch das eigene Klo und spart Chemie; darauf kann man gar nicht oft genug hinweisen. Wenn wir bei den Stellplatzempfehlungen Toiletten nennen, geschieht das nicht, um Ihnen einen Fingerzeig zur Entleerung Ihrer bordeigenen Chemietoilette zu geben, sondern das dient den Lesern, die ohne Toilette unterwegs sind oder ein Örtchen nur außerhalb der fahrbaren vier Wände aufsuchen (die Anzahl derer ist größer als man denkt). Die Chemietoilette sollten Sie dort möglichst nicht entleeren, weil das so gut wie nie ohne Spritzer abgeht und weil es dazu ausreichend Alternativen an den zahlreichen **Entsorgungsstationen** gibt. Sie finden diese auf unseren Touren und den Tourenkarten flächendeckend, wenn auch längst nicht immer kostenlos. Seien Sie sparsam im Umgang mit Chemie.

Ständig beobachte ich Kollegen, die einen an der Station angebrachten Schlauch oder Wasserhahn in den **Ausguss ihres Toilettentanks** (!!!!) halten. Machen Sie das auch? Weil ich das befürchte, meide ich viele Wasserstellen an solchen Stationen und desinfiziere im Zweifel den Hahn. Ich benutze so gut wie nie einen fremden Schlauch!

In Verucchio (Tour 13)

Wir haben noch in keinem anderen Reisegebiet so viele öffentliche Wasserzapfstellen gesehen. Wir verfügen allerdings über einen etwa 8 m langen Wasserschlauch und setzen ähnliches auch bei Ihnen voraus. Wenn Sie nämlich nur ein kurzes Schläuchlein mit einem einzigen Anschlussstück mitführen, wird es gelegentlich Probleme geben. Wir besitzen außerdem verschiedene, etwa 40 cm lange Schlauchenden (es gibt in den Baumärkten bei uns durchsichtige PVC-Schläuche, bei denen der jeweils kleinere genau in den nächstgrößeren hineingesteckt werden kann), mit deren Hilfe man seinen Schlauch jeder Dicke eines Wasserhahns, der vorne kein Gewinde hat, anpassen kann. Notfalls kann man den Schlauch auch in den Wasserhahn hineinstecken. Außerdem gibt es im WOMO-Handel (zumeist mit einem Duschkopf) einen kurzen Schlauch mit einem dehnbaren Gummianschluss, den man über die meisten Wasserhähne schieben kann. Befestigen Sie dieses Gummiteil an Ihrem Füllschlauch! Wir halten es allerdings für völlig unangebracht, den Schlauch in einem Friedhof anzuschließen – oder generell fremdes Wasser im Übermaß kostenlos und ungefragt zu bunkern.

Wir hantieren seit Jahren mit einer Zehnlitergießkanne, es gibt nichts Praktischeres, wenn man diese sauber hält und unterwegs Platz für sie hat. Alternativ empfehle ich einen faltbaren Wasserkanister, bei dem das Umfüllen in den eigenen Tankstutzen allerdings schwieriger ist.

An den öffentlichen Zapfstellen bekommen Sie durchweg Trinkwasser, dessen Qualität von uns natürlich nicht analysiert werden kann, dafür entkeimen wir ziemlich regelmäßig mit *Micropur*, einem geruchs- und geschmacklosen Mittelchen auf der Basis von Silberionen, frei von Chlor und Jod, das auch der Veralgung Ihrer WOMO-Wasserleitungen vorbeugen soll.

Unfall

Wenn das Schicksal Sie ereilt, sollten Sie als Erstes daran denken, dass Sie auf sich selbst gestellt sind. So Sie einen Unfallgegner haben, fotografieren Sie sofort dessen Kennzeichen und notieren Sie unbedingt seine Versicherungsgesellschaft sowie die Versicherungsnummer.. Es ist nämlich weiterhin schwierig, nur anhand des Kennzeichens den Haftpflichtversicherer zu ermitteln. Machen Sie möglichst eine Vielzahl von Fotos von Kennzeichen und den

Unfallendständen, den Verkehrszeichen, Spuren und der Gesamtsituation. Die Polizei kommt nur bei schweren Sachschäden oder wenn Personen verletzt wurden. Falls der Unfallgegner keine Polizei möchte und Sie eindeutig schuld sind (die Verkehrsregeln sind im Wesentlichen die gleichen wie bei uns), falls niemand schwer verletzt worden ist, können Sie auch mit Ihrem Kontrahenten Formalitäten austauschen, ohne die Polizei zu rufen. Dann ersparen Sie sich nämlich mit hoher Wahrscheinlichkeit ein nicht geringes Bußgeld oder gar eine Kautionszahlung. Ihr **Haftpflichtversicherer** wird den Schaden auch regulieren, wenn Sie ohne Zuhilfenahme der Polizei über den Unfall wahrheitsgemäß berichten. Nur unverzüglich, das heißt so schnell Sie können, also spätestens am nächsten Tag, sollten Sie die Haftpflichtversicherung telefonisch informieren und Weisungen zu weiteren Verhaltensmaßnahmen entgegennehmen. Einzelheiten können Sie meistens in der Heimat nach Rückkehr aus dem Urlaub nachreichen. Unterschreiben Sie nichts, was Sie nicht verstehen und lassen Sie sich nicht von gegnerischen Mitfahrern oder von Passanten beeinflussen.

Seit einiger Zeit hat der EU-Gesetzgeber die **Regulierung von Unfallschäden** deutlich leichter gemacht: Wenn sich der Unfall in einem EU-Staat ereignet hat oder wenn der Unfallgegner aus der EU stammt, kann der Schaden von zu Hause aus in deutscher Sprache reguliert werden. Beim Zentralruf der Autoversicherer erfahren Sie in Deutschland (unsere Leser aus Österreich und der Schweiz bitten wir um Nachsicht, dass wir die Einzelheiten nicht recherchieren konnten) unter 0800-2502600 (Anrufer aus dem Ausland erreichen den Zentralruf unter +49 40 300 330 300), falls Sie das Kfz-Kennzeichen und möglichst auch die Versicherung des Unfallverursachers angegeben haben, einen Regulierungsbeauftragten, meist ein anderes Versicherungsunternehmen. Wenn Sie die Versicherung nicht kennen, ermittelt der Zentralruf zunächst auch diese und den sogenannten Schadensrepräsentanten Dort melden Sie Ihre Ansprüche an. Es gilt aber das Schadensrecht des Unfallortes (also die dortigen Verkehrsregeln und auch die dortige Gesetzgebung über Schadensersatz, Schmerzensgeld, Rentenansprüche etc.). Informationen finden Sie unter *www.adac.de/Auslandsunfall*. Inzwischen können deutsche Bürger Schadensersatzansprüche aus einem in Italien von einem Italiener verursachten Verkehrsunfall auch in Deutschland vor deutschen Gerichten, aber nach italienischem Recht, einklagen. Das ist wesentlich besser als früher, aber immer noch so kompliziert, dass ich Ihnen weiterhin eine **Rechtsschutzversicherung** dringend empfehle. Dass Sie für Ihr Wohnmobil eine Vollkaskoversicherung abschließen sollten, muss ich nicht gesondert erwähnen.

Sie haben ein Wohnmobil **gemietet**? Fragen Sie Ihren Vermieter *vor* Abschluss des Mietvertrages, ob das Fahrzeug auch vollkaskoversichert ist. Fragen Sie Ihren Vermieter nach der Rechtsschutzversicherung. Falls er keine unterhält, Sie sich aber selbst rechtsschutzversichert haben, beispielsweise für Ihr normales Auto, genießen Sie Rechtsschutzversicherungsschutz auch als Fahrer eines fremden Autos, sofern Ihre eigenen Rechte betroffen sind. Dieses gilt für den gesamten strafrechtlichen Bereich, also für Geldstrafen, Freiheitsstrafen und auch für die Durchsetzung Ihrer eigenen Schadensersatzansprüche, wenn Sie einen Körperschaden erlitten haben. Achten Sie darauf, dass Ihre Familienmitglieder in dieser Rechtsschutzversicherung mitversichert sind. Wir können Sie, um dieses unheilvolle Kapitel zu beschließen, nicht eindringlich genug bitten, alle diese Dinge nicht auf die leichte Schulter zu nehmen.

Schließen Sie nach einem Unfall sofort das **Gasflaschenventil**. Weitere Tipps geben wir Ihnen oben unter dem Stichwort *Notfälle* und zur **Schlauchbruchsicherung** an der Gasflasche unter *Gas*.

Zuletzt verweisen wir auf das Stichwort *Notfälle*. Sowie darauf, dass unsere versicherungsrechtlichen Ratschläge nur für Deutschland überprüft sind.

Verkehr / Straßen / Umweltzonen / Tankstellen

Dem miserablen **Zustand** vieler Straßen sieht man die schlechte Lage der italienischen Staatsfinanzen zunehmend an. Es besteht eindeutig ein Nord-Süd-Gefälle. Selbst Schnellstraßen weisen teilweise tiefe Schlaglöcher und brutale Spurrinnen auf und verrotten von Jahr zu Jahr mehr. Zuletzt waren nur noch die Autobahnen einigermaßen schadensfrei. Der Italienurlaub gerät durch den Zustand der Straßen allerdings nicht in Gefahr.

Auf zahlreichen Straßen muss man bis ins Frühjahr (beispielsweise vom 15.11. bis zum 15.4.) **Schneeketten** mitführen oder auf Winterreifen rollen – nicht jeder tut das (wir jedenfalls nicht). Absurderweise war beispielsweise Ende März auf der Adriaautobahn auf jeder riesigen Leuchttafel über der Fahrbahn jene Schneekettenpflicht angezeigt – bei strahlender Sonne, 20 Grad und einem ortsfesten Hoch. Die sich in diesem Zusammenhang aufdrängende Diskussion über Rechtstreue und Rechtsempfinden der Bevölkerung angesichts solcher Vorschriften führen wir hier allerdings nicht.

Das gilt auch für den **Reservekanister**. Der ist nämlich verboten. Aber Sie wären vermutlich der erste Leser, der kurz vor der Grenze die 5 l in den Fahrzeugtank umfüllt (wir besitzen übrigens keinen Kanister, sondern tanken rechtzeitig, was mit Kreditkarte rund um die Uhr möglich ist).

Ein Bußgeld riskieren Sie, wenn Sie keine **Warntafel** an Ihrem überstehenden Heckgepäckträger angebracht haben, selbst wenn dieser hochgeklappt ist. Der sogenannte *Panello* muss aus Alu sein, die früher gebräuchliche Plastiktafel ist bei Einheimischen noch häufig im Einsatz, sie wurde aber schon vor Jahren verboten. Und es hört sich nicht an wie ein Gerücht, wenn gemunkelt wird, die Warntafelindustrie habe Dankesschreiben an die Bürokratie geschickt.

Die Empfänger solcher Post sind dieselben, denen die Warnwestenindustrie die Füße küsst, muss doch in Italien und Österreich, wie längst auch in Deutschland und der Schweiz, jeder, der pannen- oder unfallbedingt sein Auto verlässt, eine **Warnweste** tragen, also auch die Beifahrer. Sie müssen diese also griffbereit aufbewahren.

Die Glühlampenindustrie wird sich über verstärkten Birnenverbrauch freuen und ebenfalls Danke sagen: Seit dem Jahr 2003 ist in Italien <u>außerorts</u> auch tagsüber auf <u>allen</u> Straßen **Abblendlicht** oder **Tagfahrlicht** vorgeschrieben. Österreich hat die Lichtpflicht wieder abgeschafft, dafür wurde sie in der Schweiz eingeführt.

Die Strafen sind saftig: 200 Euro, wenn der *Panello* fehlt. 1.000 Euro und der Führerschein sind nach einer Geschwindigkeitsüberschreitung von mehr als 40 km/h in den Händen der Polizei. Für Geschwindigkeitsüberschreitung unter 40 km/h können zwischen 100 und 400 Euro fällig werden. Selbst wer nur bis zu 10 km/h zu schnell ist, zahlt zwischen 45 und 100 Euro. Kurvenschneiden oder das Befahren des Seitenstreifens der Autobahn bringen ebenfalls den Führerschein in Gefahr.

Dafür werden **stationäre Blitzer** durch Verkehrsschilder deutlich angezeigt. Man zahlt also für seine Unaufmerksamkeit.

Wenn die Parkplatzmarkierungen aus **blauen Linien** bestehen, ist der Parkscheinautomat nicht weit, das Parken kostet nämlich Geld. Gerade auf kommunalen Stellplätzen kommt immer mehr blaue Farbe zum Einsatz. **Gelbe Linien** bedeuten Parkverbot.

Zebrastreifen sind für deutsche Fußgänger gefährlich, weil italienische Autos nicht anhalten – und für deutsche Autos, wenn sie anhalten. Damit rechnet kein italienischer Hintermann. Beides hat sich allerdings in den letzten Jahren gebessert.

Auf den Autobahnen ist an den **Mautstellen** größte Vorsicht geboten. Wer sich auf der falschen Spur eingeordnet hat, weil er zum Beispiel die **gelbe** Spur für den *Telepass* mit der **blauen** Spur für die *VIAcard* verwechselt hat und dann rückwärtsfährt, muss sich einen Ersatzfahrer suchen, falls die Polizei zuschaut. Die zieht dann den Führerschein ein, weil man auf der Autobahn bekanntlich nicht rückwärtsfahren darf. Wenn Sie also in die falsche Spur gelangt sind, bleiben Sie besser stehen und warten Sie, bis Ihnen das Personal zu Hilfe kommt. Nehmen Sie dennoch auf **italienischen Autobahnen** die mit ***VIAcard*** (oder *CARTE*) gekennzeichnete **blaue Spur** und stecken Sie Ihre Kreditkarte (*Visa* und *Eurocard* funktionieren, aber nicht die sogenannte *ec-Karte = girocard*) in den Schlitz, und ziehen Sie die Karte erst raus, wenn ein grünes Licht leuchtet! Viele italienische Wohnmobilisten und deutsche Vielfahrer besitzen einen *Telepass,* ein kleines elektronisches Gerät, das man hinter die Windschutzscheibe legt. Die Maut wird dann vom Konto eingezogen (www.tolltickets.com/country/italy/telepass.aspx).

Ab **1,5 Promille Blutalkohol** wird Ihr WOMO vom italienischen Staat eingezogen und versteigert. Sie bekommen vom Erlös aber keinen Cent ab!

Zur Schonung Ihrer Urlaubskasse nachfolgend eine Tabelle über die erlaubten Höchstgeschwindigkeiten (km/h) für Fahrzeuge bis 3,5 t zulässiges Gesamtgewicht. Fahranfänger dürfen in Italien in den ersten drei Jahren auf Autobahnen nur 100 km/h fahren; WOMOs über 3,5 t müssen außerorts, auf Schnellstraßen bei 80 Km/h und auf Autobahnen bei 100 km/h vom Gas gehen:

	Autobahn	**Landstraße**	**Ortschaft**
Schweiz	120	80	50
Österreich	130	100	50
Italien	130	90	50

Eine **grüne Versicherungskarte** ist für Italien wie auch für die Transitländer nicht erforderlich, sie wird aber allgemein empfohlen. Wir empfehlen Ihnen ferner dringend eine **Vollkaskoversicherung** und einen **Schutzbrief**, beides halten wir, genauso wie die **Rechtsschutzversicherung** für eine Selbstverständlichkeit wie auch die Auslandskrankenversicherung.

Bei Drucklegung gab es im Zielgebiet zwar verschiedene **Umweltzonen** oder **Fahrverbotszonen**, aber keine hat uns erwähnenswert beeinträchtigt. Eine Fahrverbotszone heißt *‚zona traffico limitato‘* oder *‚ZTL‘*. Solche Zonen werden automatisch kameraüberwacht, die Kennzeichen werden

fotografiert. Die Strafe für verbotenes Einfahren beginnt bei 85 Euro.

Bei den **Umweltzonen** werden Dieselfahrzeuge als Euro 0 bezeichnet, die unterhalb der Schadstoffklasse Euro 1 liegen. Auf den Einfahrtverbotsschildern stehen häufig nicht einfach die Euro-Klassen, sondern (allein oder zusätzlich) die Kürzel der EU-Verordnungen, die die Euro Klassen definieren. Demnach fallen beispielsweise Fahrzeuge in die Klasse Euro 1, wenn in der Zulassungsbescheinigung die Kürzel 91/441, 91/542 oder 93/59 erscheinen usw. Mit anderen Worten: Sie müssen die Eintragung in der Zulassungsbescheinigung (ich weiß nicht, wie dieses Papier in Österreich und in der Schweiz heißt – ein Leser könnte das mal übersetzen) mit dem Verkehrsschild vergleichen.

Das **Tankstellennetz** ist in Italien dicht. Man tankt nur noch an **Selbstbedienungssäulen** (Achtung dort gibt es oft auch mit *‚servito‘* gekennzeichnete Bediensäulen, die wesentlich teurer sind) und bezahlt mit Scheinen oder der Kreditkarte. Manchmal klappt der Vorgang nicht auf Anhieb, meistens hat man dann den Zapfhahn zu früh an der Säule abgehängt, bevor der Automat die Säule freigegeben hat. Aber unsere Visa-Karte hat seit Jahren ausnahmslos funktioniert.

Wanderungen

Wir möchten Sie bei den Reisebeschreibungen mit einigen selbst getesteten Vorschlägen zu Wanderungen und Spaziergängen verleiten. Wandern oder, wie die Italiener sagen, *Trekking*, ist in Mittelitalien längst in Mode. Nur sind leider die äußeren Voraussetzungen dafür nicht ideal. Damit meine ich weniger die Landschaft, wenngleich auch hier ein paar Einschränkungen zu beachten sind: Im Sommer ist es heiß, und lange schattige Wege dürfen Sie nicht überall erwarten. Sie müssen bedenken, dass Sie durch ein südeuropäisches Land stiefeln, das auf größeren Abschnitten nicht be-

Bei Mondavio (Tour 12)

Römische Wasserleitung bei Spello (Tour 4)

waldet ist. Sie sollten deshalb ausreichend Wasser mitschleppen. Auch im Sommer muss man sich gegen plötzliche Witterungsumschläge wappnen, da es in den Bergen, wo die reizvollsten Wanderrouten verlaufen, unvorhergesehen gewittern kann. Und noch im späteren Frühjahr müssen Sie in den höheren Regionen der Sibillinischen Berge mit Schneefeldern rechnen. Bei allen Witterungen und in jeder Jahreszeit würde ich mich schon wegen der in Italien beheimateten Schlangen ohne stabile Wanderschuhe nirgends auf den Weg machen!

Die Anzahl der markierten Wanderwege hat sehr stark zugenommen. Das gilt auch für die **Wanderkarten**: Der Südtiroler Kompass-Verlag *(www.kompass.at)* hat im Maßstab 1:50.000 sieben ordentliche Karten herausgegeben, die Sie in Italien in fast jedem touristisch orientierten Ort bekommen. In Deutschland können Sie alle Karten, wenn Sie es wünschen, nach kompetenter Beratung, beim Reisebuchladen Heidelberg/Karlsruhe bestellen (www.reisebuchladen-heidelberg.de). Das habe ich getestet, und überhaupt ist diese Adresse eine erste Adresse für Reiseliteratur. Hier werden Sie auch darüber beraten, was es überhaupt noch aktuell an Karten gibt. Fast flächendeckend sind auch italienische Karten über die Marken im Maßstab 1:50.000 im Handel *(Carta Escursionistica* des *Instituto Geografico Adriatico)*.

Gedruckte Wanderführer von unserem Zielgebiet gibt es inzwischen nur noch vom **Bergverlag Rother** (Rother Wanderführer): ***Umbrien*** von **Rolf Goetz** und ***Marken-Adriaküste*** von **Ursula und Claus-Günter Frank**. Die Bücher sind aus unserem Wanderleben nicht wegzudenken und haben mich auch bei einigen meiner Vorschläge geleitet. Perfekt sind die sogenannt ***Guides***. Das sind Apps, mit denen alle Touren eines Buches digital – und zwar offline – zur Verfügung stehen, also nach der Karte problemlos nachgewandert werden können. Bei Redaktionsschluss für dieses Buch gab es diese App nur für das Buch über die Marken für 9,99 Euro (sie müssen dann nicht das Buch zusätzlich kaufen).

Die beste Lösung ist das **Gold-Abo** von **Rother**, bei dem Sie für 29,99 € pro Jahr alle *Guides* laden können und zahlreiche Wanderungen dazubekommen sowie gute Karten mit den meisten markierten Wanderwegen. Denn früher oder später werden Sie sich mit einer solchen **Karten-App** auf dem Smartphone anfreunden. Dabei sollte man in das Kartenprogramm eine Karte laden können, auf der Wanderwege eingezeichnet sind. Dann sieht man auf dem Smartphone stets, ob man noch auf dem richtigen Weg ist. Digitale Karten ohne eingezeichnete Wanderwege sind daher nach unseren

Erfahrungen weniger sinnvoll. Außer mit der Rother-App haben wir gute Erfahrungen mit ***ape@map*** gemacht, die in der Pro-Version sinnvoll ist, weil man Karten offline benutzen kann (29,99 € für das Komplettprogramm) und wo verfügbare Kompasskarten enthalten sind. Das hat im nordwestlichen Bereich dieses Führers gut funktioniert, wenngleich die Kompass-Karten und damit auch die App nicht ganz fehlerfrei sind. Soweit die Kompass-App unser Gebiet nicht abdeckt, werden von ape@map weitere Karten mit Wanderwegen mitgeliefert, was ebenfalls erstaunlich hilfreich ist. Wir benutzen zusätzlich die beiden verbreiteten Apps von ***Outdooractive*** und ***Komoot***, die beide nur in der jeweiligen Pro-Version sinnvoll sind, mit der man offline wandern kann. *Komoot* ist preiswerter und verbreiteter, *Outdooractive* bietet aber teilweise andere Strecken an. Das ist aber nach unseren Erfahrungen alles nichts gegen die Vorschläge von Rother.

Eine Ergänzung ist die App ***maps.me***, die es kostenlos für alle Betriebssysteme gibt, auf der tatsächlich alle Wege (aber nicht als Wanderwege erkennbar) verzeichnet sind und die man offline (!) benutzt.

Nachfolgend fasse ich die in diesem Buch abgewanderten 22 Strecken zur besseren Übersicht noch einmal zusammen:

Von Tuoro zum Feld der Schlacht am Trasimenischen See (Tour 1)
Von Panicale nach Paciano (Tour 1)
Kurzer Rundweg bei Sant'Arcangelo (Tour 1)
Von Spello nach Collepino (Tour 4)
Von Assisi zur Eremo delle Carceri (Tour 5)
Von Assisi zur Basilika Santa Maria degli Angeli (Tour 5)
Von Cesi auf den Monte Torre Maggiore (Tour 6)
Von Ferentillo zur Abtei San Pietro in Valle (Tour 7)
Von Scheggino nach Sant'Anatolia di Narco (Tour 7)
Von Spoleto auf den Monteluco (Tour 7)
Von Preci zur Abbazia di Sant'Eutizio (Tour 8)
Von der Forca d'Ancarano auf den Monte Patino (Tour 8)
Rundweg bei Castelluccio (Tour 8)
Zur Einsiedelei von Colle San Marco (Tour 9)
Von der Abbadia di Fiastra zur römischen Urbs Salvia (Tour 10)
Von Sirolo zum Ex Convento Camaldolesi (Tour 10)
Von Gubbio auf den Monte Ingino (Tour 11)
Rundweg bei Mondavio (Tour 12)
Rundwanderung ab San Cipriano (Tour 12)
Rundweg bei Trasanni (Tour 12)
Auf das *Dach der Welt* bei Gabicce Monte (Tour 13)
Von Gessi zum Santuario della Madonna di Saiano (Tour 13)
Von San Leo ins Tal des Marecchia (Tour 13)

Wein

Im Toskanaführer habe ich Sie in die Geheimnisse der italienischen Weinklassifizierung eingeführt. Daran möchte ich anknüpfen.

Das meiste, was ich in einer frühen Auflage über umbrische Rotweine geschrieben habe, können Sie vergessen. Das war noch kurzlebiger als ein Gastrotipp. Die Preise sind nämlich gestiegen, vor einigen Jahren jedoch wieder leicht gesunken. Aktuell geblieben ist meine Beschreibung des Weins, insbesondere die Behauptung, dass Sie in Umbrien guten Rotwein kaufen können, wenngleich die Spitzenerzeugnisse ein wenig lieblicher sind als in der Toskana und nicht ganz die Klasse eines guten *Brunello* besitzen. Aber preislich rangiert die Mehrheit noch mindestens eine Klasse tiefer. Der berühmteste Rotwein Umbriens ist der ***Sagrantino di Montefalco***. Er wächst, Sie ahnen es, bei Montefalco und wird aus einer eigenen Traube hergestellt, der Sagrantinotraube, und war ursprünglich hauptsächlich ein Süßwein, der zwar heute auch noch produziert wird, aber nur noch in geringer Menge. Er nennt sich dann *Passito*.

Der *Sagrantino* begegnet Ihnen in fast allen Geschäften Umbriens, die Wein verkaufen. Die Preisunterschiede sind allerdings deutlich, es gibt leider auch viel schlechten *Sagrantino*. Die großen Supermärkte bieten ihn am preisgünstigsten an. Nach meinen Erfahrungen sparen Sie nur wenig, wenn Sie direkt zum Winzer fahren (der allerdings meistens nicht so zulangt wie der Touristen-Shop). Ich decke mich inzwischen häufig bei *Coop* (zum Beispiel in Spoleto) ein. Der größte Nachteil besteht darin, dass Sie den Wein dann nicht fertig in Kartons verpackt ins WOMO tragen können. Sehr zufrieden war ich stets von den verschiedenen Jahrgängen des Winzers *Caprai*, dessen Wein aber der teuerste von Montefalco ist (ein Besuch des Weingutes lohnt sich nicht, der Wein ist dort nicht preisgünstig, und das Personal ist unlustig). Wesentlich billiger ist ein *Sagrantino*, der gar nicht in Montefalco abgefüllt wird, den es fast überall bei *Coop* gibt – zuletzt für rund 14 Euro. Es ist der *Sagrantino* von *Spoleto Ducale*, den Sie daran erkennen, dass auf dem Etikett ein Ritter zu Rosse abgebildet ist. Unter allen Rotweinen, die mir auch jetzt, bei der Überarbeitung und nach neuen Recherchereisen, in Erinnerung sind, ist er der Tropfen mit dem besten Preis-/Leistungsverhältnis. Selbst echte Weinkenner werden sicher zugeben, dass man lange suchen muss, um für diesen Preis einen ähnlich ausgewogenen Rotwein zu finden. Wobei an dieser Stelle einmal gesagt werden muss, dass die Zeiten, in denen man für unter 10 Euro einen wirklich guten Rotwein finden konnte, lange vorbei sind.

Wer weniger tief in die Tasche greifen möchte, muss auch nicht verdursten. Dem sei der ***Rosso di Montefalco***, der kleine Bruder des *Sagrantino*, empfohlen, der meistens von jungen Sagrantino-Weinstöcken stammt und der ebenfalls ein Wein mit überdurchschnittlicher Qualität ist. Hier habe ich mich auf den *Rosso* von *Caprai* eingestimmt, den man für 11 Euro kaufen konnte.

Berühmt ist ferner der ***Rubesco***, der keine Traubensorte, sondern eine Marke ist, unter welcher die Fattoria *Lungarotti* verschiedene Traubensorten, die in der Nähe des Städtchens Torgiano (Tour 5) wachsen, verschneidet. Der *Riserva*, ein Wein mit 3 Jahren Fasslagerzeit, gehört zu den besten Rotweinen Mittelitaliens, der allerdings wenigstens 5, besser 10 Jahre braucht, um vollends zu reifen. Ein solcher *Rubesco* von *Lungarotti* war zuletzt nicht unter 20 Euro zu haben. Der einfache *Rubesco* kostet so viel wie ein *Rosso di Montefalco* und schmeckt auch so ähnlich.

Die dritte Weingröße Umbriens ist die unbekannteste: Es ist Rotwein aus der Weinlage *Assisi*, der von den Brüdern ***Sportoletti*** bei Spello (Tour 4) produziert wird und den Sie nicht im Supermarkt – aber in Lebensmittelgeschäften in Spello – kaufen können (am günstigsten jedoch direkt beim Erzeuger an der alten Landstraße von Spello nach Assisi, etwa zwei Kilometer nördlich von Spello). Das Spitzenerzeugnis ist die *Villa Fidelia*. Kaum hatte die WOMO-Reihe sie entdeckt, kamen im Jahr 2001 auch schon die Leute vom berühmten Weinführer *Gambero Rosso* und verpassten ihr die Höchstnote: *3 Gläser*. Die Folgen waren ein beim Direkteinkauf auf 19 Euro gestiegener Flaschenpreis und ein gewaltiger Neubau – ebenfalls beim Direkteinkauf. Bei den jüngeren Jahrgängen hat eine Reduzierung der Bewertung auf nur noch *2 Gläser* den Preisanstieg gedämpft. Mit 15 Prozent Alkohol ist mir der Wein auch zu schwer geworden, und der Preis liegt bei über 20 Euro.

Ein guter Tipp unter den Roten ist aber weiterhin *Sportolettis* schlichtere Variante, die sich *Rosso Assisi* nennt. Für unter 10 Euro müssen Sie immer noch lange nach Besserem suchen!

Unter den **umbrischen Weißweinen** ist eigentlich nur der *Orvieto* bekannt, der mich nie überzeugt hat und der im Grunde ein Allerweltswein ist. Die Mitnahme nach Hause lohnt sich also nicht. Falls Sie eingefleischter Weißweintrinker sind, sollten Sie in Umbrien zur nicht ganz billigen weißen *Villa Fidelia* von *Sportoletti* (etwa 10 Euro) greifen.

Auch in den **Marken** wächst guter Wein: Vom **weißen Verdicchio dei Castelli di Jesi**, aus der Verdicchio-Traube, ist bei den Touren die Rede. Ich empfehle die Erzeugnisse des Hauses ***Garofoli***, Loreto (Tour 10), den *Macrina* für 8 Euro oder die Steigerung, den *Serra Fiorese*, für gut 10 Euro, ein richtig guter Weißwein. Das Konkurrenzprodukt ist der *Gaiospino* von der **Fattoria *Coroncino*** in Staffolo (das liegt südlich der SS 76, der vierspurigen Straße von Ancona nach Fabbriano – Tour 11), ein überdurchschnittlich guter Weißwein für rund 12 Euro, dessen Eigenimport lohnt und der Ihnen auch zu Hause bestens gefallen wird.

Unter den märkischen **Roten** sind unsere Erfahrungen aus Kostengründen geringer. Aber der *Sassi Neri* der **Fattoria *Le Terrazze*** aus Numana (südlich von Sirolo – Tour 10; Via del Musone 4, an der Straße von Numana nach Loreto, südwestlich von Marcelli) ist eine Wucht, exzellent bewertet und mit rund 22 Euro relativ (!!) preiswert. Unser Tipp für Leser, die was Gutes für Weihnachten und zur Gans einpacken möchten (der einfache *Rosso* hat mich nicht so überzeugt).

Das Stichwort *Wein* am Ende jeden Buches ist eine schwere Hypothek, erweckt es nämlich den Eindruck, mit meinen Büchern sei der Urlaub teuer. Das täuscht und liegt an der Preisexplosion europäischen Rotweins und weil ich Ihnen hier keine Durchschnittsware empfehle. Aber soll ich deshalb das Weinkapitel streichen – und mit dem *Wasser* mein Werk vollenden? Wir haben am Schluss der Bücher oftmals angestoßen, und im Toskana-Buch gab es an dieser Stelle, nicht zuletzt wegen der Hypothek, schon ordinäres Bier und später sogar Campari. Das muss man aber nicht wiederholen.

Der Wein ist immer noch für viele einer der schönsten Gründe für eine WOMO-Reise nach Italien.

Stichwortverzeichnis

Spoleto – Madonna mit Kind

Bildnachweise

Autorenfoto: ©Regine Staudt
Seite 25 unten: ©wikimedia commons/Cocaletta (Lorena Passeri) - File:La torre pendente di Vernazzano.jpg; S. 57 oben: ©iStock.com/dulezidar; S. 64 unten, S. 142 unten, S. 142: ©Reinhard Korn; S. 70/71: ©iStock.com/stevenallan; S. 112 oben: ©iStock.com/pavel068; S. 118: ©iStock/Flavio Vallenari; S. 135: ©wikimedia commons/LigaDue - MassaMartanaPonte-Fonnaia 9.jpg; S. 142 oben: ©iStock.com/milla1974; S. 144 unten: ©AdobeStock/ Wirestock Creators; S. 171 oben: ©iStock.com/Paolo Paradiso; S. 192/193 oben ©AdobeStock/rudiernst; S 192 unten: ©iStock.com/PinoPhoto; S. 193 unten: ©AdobeStock/ Buffy1982; S 194: ©iStock.com/Richard Semik; S. 209 beide Bilder: ©Dierk von Steldern; S. 212: ©AdobeStock/evannovostro; S. 219 oben: ©wikimedia commons/Florian Prischl; S. 240 unten: ©wikimedia commons/Superchilum - File:Grotte di Frasassi 10.jpg; S. 242 oben: ©AdobeStock/franceskoraucci; S. 277: ©wikimedia commons/Nalcos980 - File:Mummie all'interno della chiesa dei Morti Urbania.jpg; S. 287: ©iStock.com/infografick; S. 288 oben: ©iStock.com/irenvladimir;

bei allen vorstehenden Fotos wurde der Bildinhalt nicht verändert

alle anderen Fotos: ©Ralf Gréus

Der WOMO® Online-Service

Nutzen Sie auch das Angebot unseres Online-Shops!
Unter **www.womo.de** finden Sie nicht nur alle Reiseführer, sondern weitere wertvolle Anregungen und Zusatzinformationen – von der Gesamtübersicht aller Touren eines WOMO-Reiseführers bis zu weiterführendem Material.
Dazu gehören:

- die **besten Autokarten**, die garantiert die komplette Reiseroute abdecken
- und die **passenden Rother-Wanderführer** mit den schönsten Wanderregionen Ihres Reiselandes.

Einfach sicher unterwegs.

Sichern Sie Ihr Wohnmobil ab: mit unserer **exklusiven**, universellen und **sofort sichtbaren** Einbruchssperre. Sie wird **ganz einfach** in die beiden Tür-Armlehnen eingehängt, zusammengeschoben und abgeschlossen.

Der WOMO® Knackerschreck

- Passend für Ducato, Peugeot, Renault Master, MB Sprinter bis 2018 und VW (alle Typen)
- Krallen aus **10 mm massivem**, einbrennlackiertem, also nahezu unverwüstlichem Stahl

und nur bei **www.womo.de**

Alle WOMO® Reiseführer auf einen Blick

Albanien, Ulrike und Frank Staub
Allgäu, Heiner Newe
Andalusien, Christina und Christian Winkler
Auvergne, Esther Vergenz
Baden-Württemberg, Heiner Newe
Baltikum, Stefanie Holtkamp und Andrea Bergmann
Bayern Der Nordosten, Heiner Newe
Bayern Der Südosten, Christina und Christian Winkler
Bayern Der Nordwesten, Heiner Newe
Belgien/Luxemburg, Ulrike und Frank Staub
Bretagne, Anette Scharla-Dey und Franz Peter Tschauner — Neu 2023
Burgund, Ralf Gréus
Dänemark, Anke Globi
Elsass, Ralf Gréus
England Der Süden, Christina und Christian Winkler
England Der Norden, Christina und Christian Winkler
Finnland, Uwe und Annegret Rohland
Französische Alpen, Heiner Newe — Neu 2023
Französische Atlantikküste Der Norden, Esther Vergenz
Französischer Jura, Heiner Newe
Griechenland, Waltraud Roth-Schulz und Reinhard Schulz — Neu 2023
Harz, Heiner Newe
Hessen Der Norden, Anette Scharla-Dey und Franz Peter Tschauner
Hessen Mitte und Süden, Anette Scharla-Dey und Franz Peter Tschauner
Hunsrück/Mosel/Eifel, Anette Scharla-Dey und Franz Peter Tschauner
Irland, Uwe und Annegret Rohland
Island, Jutta und Alexander Ramin — Neu 2023
Korsika, Waltraud Roth-Schulz und Reinhard Schulz
Kroatien, Silvia Sussmann und Peter Simm
Languedoc-Roussillon, Ralf Gréus
Ligurien, Ralf Gréus — Neu 2023
Lothringen, Friedrich Riehl
Lüneburger Heide, Heiner Newe
Marokko, Ulrike und Frank Staub
Mecklenburg-Vorpommern Teil 1, Stefanie Holtkamp und Andrea Bergmann
Mecklenburg-Vorpommern Teil 2, Stefanie Holtkamp und Andrea Bergmann
Mittel-Italien, Friedrich Riehl
Münsterland, Regina Stockmann
Namibia, Ute Nast-Linke und Frank Linke
Neuseeland Der Norden, Andrea Lossen und Dieter Giesen
Neuseeland Der Süden, Andrea Lossen und Dieter Giesen
Niederlande, Friedrich Riehl
Normandie, Anette Scharla-Dey und Franz Peter Tschauner
Norwegen Der Süden, Waltraud Roth-Schulz und Reinhard Schulz
Norwegen Der Norden, Waltraud Roth-Schulz und Reinhard Schulz
Österreich Der Osten, Christina und Christian Winkler
Österreich Der Westen, Christina und Christian Winkler

Weitere Infos unter **www.womo.de**

Ostfriesland, Heiner Newe
Pfalz, Ralf Gréus
Piemont und Aostatal, Ralf Gréus
Peloponnes, Waltraud Roth-Schulz und Reinhard Schulz
Polen Der Norden, Nicola Kluftinger
Portugal Der Norden, Stephanie Seufert
Portugal Der Süden, Stephanie Seufert
Provence Der Westen, Ralf Gréus
Provence Der Osten, Ralf Gréus
Pyrenäen, Stefanie Holtkamp und Andrea Bergmann Neu 2023
Rumänien, Christina und Christian Winkler
Sachsen, Anette Scharla-Dey und Franz Peter Tschauner
Sardinien, Waltraud Roth-Schulz und Reinhard Schulz
Schleswig-Holstein und Hamburg, Heiner Newe
Schottland, Uwe und Annegret Rohland
Schwarzwald, Ralf Gréus
Schweden Der Norden, Uwe und Annegret Rohland Neu 2023
Schweden Der Süden, Waltraud Roth-Schulz und Reinhard Schulz
Schweiz Der Osten, Stefanie Holtkamp und Andrea Bergmann
Schweiz Der Westen, Stefanie Holtkamp und Andrea Bergmann
Sizilien, Christina und Christian Winkler
Slowakei, Ulrike und Frank Staub
Slowenien, Silvia Sussmann und Peter Simm
Spanien Der Norden, Waltraud Roth-Schulz und Reinhard Schulz Neu 2023
Spanien Der Osten, Waltraud Roth-Schulz und Reinhard Schulz
Süditalien Der Osten, Waltraud Roth-Schulz und Reinhard Schulz
Süditalien Der Westen, Waltraud Roth-Schulz und Reinhard Schulz
Südafrika Krügernationalpark, Ute Nast-Linke und Frank Linke
Südwestfrankreich, Stefanie Holtkamp und Andrea Bergmann
Südtirol, Waltraud Roth-Schulz und Reinhard Schulz
Tal der Loire und Paris, Anette Scharla-Dey und Franz Peter Tschauner Neu 2023
Thüringen, Katja Eisenschmidt
Toskana und Elba, Ralf Gréus Neu 2023
Trentino, Silvia Sussmann und Peter Simm
Tschechien, Eva und Steffen Peuker
Umbrien und Marken, Ralf Gréus Neu 2023
Ungarn, Silvia Sussmann und Peter Simm
Venetien und Friaul, Christina und Christian Winkler Neu 2023
Wales, Christina und Christian Winkler
Zentralspanien Der Osten, Ulrike und Frank Staub Neu 2023
Zentralspanien Der Westen, Ulrike und Frank Staub Neu 2023

Außerdem im Programm:

Die gordische Lüge – Reiseroman, Ralf Gréus
Allgemeines Wohnmobil Handbuch, Reinhard Schulz
Allgemeines Wohnmobil Kochbuch, Waltraud Roth-Schulz
Heitere Wohnmobil Geschichten, Silvia Sussmann und Peter Simm

Ihr WOMO® Stellplatz-Dienst

Wir führen Sie zu den **schönsten Orten**, die unsere erfahrenen Autoren **selbst besucht und getestet** haben. Die GPS-Daten ihrer Stell- und Campingplatz-Empfehlungen finden Sie im Online-Shop unter **www.womo.de**

Mehr erfahren. Mehr erleben.

womo.de ist der **Spezialist** für Ihren entspannten **Erlebnisurlaub auf vier Rädern**. Profitieren Sie für Ihre Reisevorbereitung und -planung von unserer **jahrzehntelangen Erfahrung**.
Seit 2022 arbeiten wir daran, Bewährtes noch besser zu machen: Dazu gehört die **moderne Optik** unserer neu gestalteten und **neu aufgelegten** Reiseführer.

Selbstverständlich werden unsere WOMO-Reiseführer permanent auf einen **aktuellen inhaltlichen Stand** gebracht. Jeder einzelne bietet eine Fülle an Ideen, Inspiration und Information **für Ihren Erlebnisurlaub**.

Wenn Sie persönliche Anregungen oder **konkrete Fragen zu Ihrer Reiseplanung haben**, dann schreiben Sie uns gern unter: **verlag@womo.de**

Den kostenlosen Download-Link für die **GPS-Daten** zu diesem WOMO-Reiseführer finden Sie im Shop unter: **www.womo.de**
Ihr Passwort lautet: **U6vkxG**

WOMO®
Der Wohnmobil-Verlag
An der Liethe 4
36452 Kaltennordheim
Telefon: 036946 20691
www.womo.de